《普通话水平(计算机辅助测试)训练教程》

# 编委会


| | | | | |
|---|---|---|---|---|
| 主　　编 | 孟庆荣 | 吴良勤 | | |
| 副 主 编 | 黄　键 | 张庆丰 | | |
| 编委会成员 | 孟庆荣 | 常　鸣 | 张庆丰 | 黄　键 |
| | 肖　征 | 王乌兰 | 王立军 | 张永力 |
| | 王莉华 | 吴良勤 | 贺存乡 | 韩开绯 |
| | 任小平 | 陈建国 | 李长城 | 许贵研 |
| | 单　超 | 赵　超 | | |

# 普通话水平（计算机辅助测试）训练教程

主　编◎孟庆荣　吴良勤
副主编◎黄　键　张庆丰

PUTONGHUA SHUIPING
JISUANJI FUZHU CESHI
XUNLIAN JIAOCHENG

暨南大学出版社
JINAN UNIVERSITY PRESS
中国·广州

**图书在版编目（CIP）数据**

普通话水平（计算机辅助测试）训练教程/孟庆荣，吴良勤主编；黄键，张庆丰副主编．—广州：暨南大学出版社，2014.8
ISBN 978-7-5668-1001-4

Ⅰ.①普… Ⅱ.①孟… ②吴… ③黄… ④张… Ⅲ.①普通话—水平考试—计算机辅助测试—自学参考资料 Ⅳ.①H102-39

中国版本图书馆 CIP 数据核字(2014)第 081239 号

**出版发行：暨南大学出版社**

地　址：中国广州暨南大学
电　话：总编室（8620）85221601
营销部（8620）85225284　85228291　85228292（邮购）
传　真：（8620）85221583（办公室）　85223774（营销部）
邮　编：510630
网　址：http：//www.jnupress.com　http：//press.jnu.edu.cn

排　版：广州市天河星辰文化发展部照排中心
印　刷：湛江日报社印刷厂

开　本：787mm×1092mm　1/16
印　张：16.75
字　数：408 千
版　次：2014 年 8 月第 1 版
印　次：2014 年 8 月第 1 次
印　数：1—3000 册

定　价：38.00 元

# 前 言

普通话是我国各族人民共同进行交际的语言工具。在全国推广普通话有利于克服民族语言性障碍、消除方言性隔阂，有效促进沟通和交流，达到社会交际的目的。

为推动全国普通话规范化、制度化、科学化的发展，我国建立了普通话水平测试制度。2000 年，我国在《中华人民共和国国家通用语言文字法》中明确规定：“以普通话作为工作语言的播音员、节目主持人和影视话剧演员、教师、国家机关工作人员的普通话水平，应当分别达到国家规定的等级标准，对尚未达到国家规定的普通话等级标准的，分别进行培训。”2007 年，国家语言文字工作委员会开始在全国开展计算机辅助测试工作。2009 年，国家语言文字工作委员会普通话培训测试中心发布了《计算机辅助普通话水平测试评分试行办法》、《计算机辅助普通话水平测试操作规程》和《关于推进计算机辅助普通话水平测试工作等有关问题的通知》，通过计算机辅助测试的实践积累了很多经验，目前全国各地正在稳妥地推进计算机辅助普通话水平测试工作的开展。

为帮助广大读者迅速掌握普通话的基本语音知识、发音技巧以及如何参加计算机辅助普通话水平测试，我们编写了本书。本书具有较强的应试价值与实用性，内容设计为九章：第一章“普通话水平测试概述”；第二章“普通话水平测试项的内容、方式与模式”；第三章“普通话基础知识”；第四章“普通话语音知识”；第五章“普通话水平测试第一项——单音节字词朗读”；第六章“普通话水平测试第二项——多音节词语朗读”；第七章“普通话水平测试第三项——短文朗读”；第八章“普通话水平测试第四项——命题说话”；第九章“国家普通话水平测试样题”。

本书由广州大学华软软件学院孟庆荣教授、南京钟山职业技术学院吴良勤副教授担任主编，编委会成员均为普通话课程教学的专业教师，有丰富的教学经验和理论知识。在编写的过程中，参考了众多的教材和参考资料，这里一并表示衷心的谢忱。当然也会存在疏漏之处，欢迎广大读者批评指正。

本书可供下列人员参加“计算机辅助普通话水平测试”使用：中小学教师；中等师范学校教师和高等院校教师；师范院校毕业生；广播、电视播音员和主持人；电影与戏剧演员；国家公务员；其他职场应当接受普通话水平测试的人员。

编 者

2014 年 6 月

# 目　录
CONTENTS

## 下　编

# 上　编

# 第一章 普通话水平测试概述

## 第一节 普通话概述

### 一、普通话的概念及国家政策

1956 年 2 月 6 日国务院在《关于推广普通话的指示》中明确提出了普通话的含义，即普通话是以北京语音为标准音，以北方话为基础方言，以典范的现代白话文著作为语法规范的现代汉民族共同语。

《中华人民共和国宪法》第 19 条规定“国家推广全国通用的普通话”。《中华人民共和国广播电视管理条例》第 36 条规定：“广播电台、电视台应当使用规范的语言文字。广播电台、电视台应当推广全国通用的普通话。”国家语言文字工作委员会、国家教育委员会、广播电影电视部联合颁布的文件《关于开展普通话水平测试工作的决定》（国语〔1994〕43 号）中规定：“县级以上（含县级）广播电台和电视台的播音员、节目主持人应达到一级水平。”《中华人民共和国国家通用语言文字法》规定：“地方各级人民政府及其有关部门应当采取措施，推广普通话和推行规范汉字。”到了 2013 年 6 月，国务院同意教育部、国家语言文字工作委员会组织制定的《通用规范汉字表》，并颁布了《国务院关于公布〈通用规范汉字表〉的通知》（国发〔2013〕23 号）。

### 二、普通话推广工作

1949 年 10 月 10 日，新中国成立伊始，国家就成立了中国文字改革协会，承担整理和简化汉字，推广普通话，制定和推广《汉语拼音方案》三大任务。1956 年 1 月 28 日国务院决定成立中央推广普通话工作委员会，同年 2 月 6 日国务院向全国发出《关于推广普通话的指示》，明确提出了普通话的含义，该指示是我国推广普通话历史上的一个里程碑。

我国进入新的历史时期后，推广普通话工作逐步走上正轨。1982 年 12 月 4 日，第五届全国人民代表大会第五次会议通过了新的《中华人民共和国宪法》，第 19 条规定“国家推广全国通用的普通话”。从此，普通话推广工作进入了一个新的阶段。1985 年国家语言文字工作委员会、国家教育委员会、广播电影电视部联合发布了《普通话异读词审音表》。

1986 年 1 月召开了全国语言文字工作会议，这是我国推广普通话历史上的又一个重要里程碑。1997 年国务院第 134 次总理办公会议批准，自 1998 年起，每年 9 月份第三周为全国推广普通话宣传周。同年召开的全国语言文字工作会议提出了推广普通话工作的新世纪目标——2010 年以前普通话在全国范围内初步普及，21 世纪中叶普通话在全国范围内普及。2000 年 10 月 31 日，第九届全国人大常委会第十八次会议通过《中华人民共和国国家通用语言文字法》，推广普通话工作从此全面走上了法制道路。

### 三、推广普通话工作的意义

在全国范围内推广通用的普通话具有多方面的重要意义。推广普通话有利于增进各民族各地区之间的交流，随着改革开放的深入进行和社会经济的迅速发展，我国社会对民族共同语的客观要求日益迫切，人员和商品的大流动伴随着语言和信息的交流，普通话在社会经济生活中具有不可或缺的作用。尤其在当今的信息时代，计算机及网络的应用对于信息载体的基本要求是语言的规范化和文字的标准化。为适应科技发展的需要，推广普通话工作方针已调整为“大力推广，积极普及，逐步提高”。普通话推广工作已由1956年的政府行为到1982年的法律行为，再到1986年的走上快车道。新世纪普通话工作以城市为中心，以学校为基础，以党政机关为龙头，以广播电视等新闻媒体为榜样，以公共服务行业为窗口，带动全社会推广普通话。《国家通用语言文字法》明确规定了普通话是国家机关公务语言，是学校及其他教育机构的教育教学用语，是广播电台、电视台基本的播音用语，汉语文出版物应当符合国家通用语言文字的规范和标准，提倡公共服务行业以普通话为服务用语。

## 第二节　普通话水平测试的目的、性质和作用

### 一、普通话水平测试

普通话水平测试是由国家语言文字工作委员会、国家教育委员会、广播电影电视部三部委于1994年10月发布并执行至今的一项普通话水平测试制度。2007年，国家语言文字工作委员会开始了在全国开展计算机辅助普通话水平测试的工作。

普通话水平测试主要检测应试者掌握和运用普通话能力的水平，并非检测应试者的口才如何。测试结束后，取得足够成绩的应试者可以获得对应的普通话水平证书。

### 二、普通话水平测试的目的

《中华人民共和国宪法》关于“国家推广全国通用的普通话”的规定，从法律上确立了规范的汉民族共同语的地位和作用，普通话是中华人民共和国国家通用语言。推广和普及普通话是国家的基本语言政策，开展普通话水平测试是推广普通话的重要措施之一。

普通话水平测试是中华人民共和国国家级别的考试。它是对人们运用普通话能力的考核和评定，也是促进汉语规范化，推动普及普通话工作走上科学化、标准化道路的重要措施。

为加快普及普通话的进程，使推广普通话工作逐步走向科学化、规范化、制度化，国家语言文字工作委员会、国家教育委员会、广播电影电视部联合于1994年作出了《关于

开展普通话水平测试工作的决定》，从而确定了普通话是以汉语授课的各级各类学校的教学用语；是以汉语传送的各级广播电台、电视台和汉语电影、电视剧、话剧等专题片配音必须使用的规范用语；是我国党政机关、团体、企事业单位干部在工作中必须使用的公务用语；是不同方言区以及国内不同民族之间人们的交际用语。明确了在以普通话作为工作语言的配音员、节目主持人、公务员和教师等范围内先进行普通话水平的测试，逐步实行普通话等级制度和持证上岗制度。

### 三、普通话水平测试的性质

普通话水平测试是中华人民共和国国家级别的考试。1994 年 10 月国家语言文字工作委员会、国家教育委员会、广播电影电视部联合发布了《关于开展普通话水平测试工作的决定》，普通话水平测试使推广普通话工作逐步走向科学化、规范化、制度化。

2000 年通过的《中华人民共和国国家通用语言文字法》第 19 条明确规定：“以普通话作为工作语言的播音员、节目主持人和影视话剧演员、教师、国家机关工作人员的普通话水平，应当分别达到国家规定的等级标准，对尚未达到国家规定的普通话等级标准的，分别进行培训。”第 24 条还明确规定：“国务院语言文字部门颁布普通话等级标准。”普通话水平测试成为列入国家法律的名副其实的国家级考试。它是宪法中所规定的“国家推广全国通用的普通话”这一基本语言政策的具体体现，具有国家法规的严肃性和强制性。

1997 年国家语言文字工作委员会、国家教育委员会和广播电影电视部正式颁布《普通话水平测试等级标准（试行）》，2003 年教育部、国家语言文字工作委员会正式公布《普通话水平测试大纲》。

### 四、普通话水平测试的作用

开展普通话水平测试工作是我国的一项基本国策，推广和普及普通话，有利于国家统一、民族团结、社会进步和文明复兴。开展普通话水平测试工作，将使推广和普及普通话工作走上制度化、规范化、科学化的道路，并且加强工作的力度，加快工作的速度，从而极大地提高全社会的普通话水平和汉语规范化水平，使语言更好地为社会发展服务，为现代化建设服务。

## 第三节　普通话水平测试等级的标准及其要求

### 一、普通话水平测试等级的标准

普通话是现代汉语的标准语。由国家语言文字工作委员会、国家教育委员会和广播电影电视部联合颁布的《普通话水平测试等级标准（试行）》（国语〔1997〕64 号）把普通话水平分为三个级别（一级可称为标准的普通话，二级可称为比较标准的普通话，三级可称为一般水平的普通话），每个级别内划分为甲、乙两个等次。三级六等是普通话水平测试中评定应试者普通话水平等级的依据。

根据国家及有关部委的要求，现阶段各类人员的普通话水平应达到的等级标准如下：播音员、节目主持人、影视话剧演员为一级以上水平；教师和大学生为二级以上水平；公务员和社会公共服务行业从业人员为三级以上水平。

目前，一些省市和行业系统根据实际需要，在依照国家原则要求的基础上，对部分人员的普通话水平达标要求作了细化，以促进普通话进一步普及，促进运用普通话的能力进一步提高。

普通话水平测试等级证书是证明应试者普通话水平的有效凭证，证书由国家语言文字工作委员会统一印制。普通话一级乙等以下成绩的证书由省（直辖市）级语言文字工作委员会加盖印章后颁发，普通话一级甲等的证书须经国家普通话水平测试中心审核并加盖国家普通话水平测试中心印章后方为有效。有效的普通话水平测试等级证书全国通用。

## 二、普通话水平测试等（分）级的标准要求

《普通话水平测试等级标准（试行）》是划分普通话水平等级的全国统一标准。普通话水平测试等级标准要求如下：

### （一）等级的标准要求

1. 一级标准要求

一级标准又分为甲、乙两等。

甲等，朗读和自由交谈时，语音标准，语汇、语法正确无误，语调自然，表达流畅。测试总失分率在3%以内，测试得分在97～100分之间。

乙等，朗读和自由交谈时，语音标准，语汇、语法正确无误，语调自然，表达流畅。偶有字音、字调失误。测试总失分率在8%以内，测试得分在92～96.99分之间。

2. 二级标准要求

二级标准又分为甲、乙两等。

甲等，朗读和自由交谈时，声韵调发音基本标准，语调自然，表达流畅。少数难点音（平翘舌音、前后鼻尾音、边鼻音等）有时出现失误。语汇、语法极少有误。测试总失分率在13%以内，测试得分在87～91.99分之间。

乙等，朗读和自由交谈时，个别调值不准，声韵母发音有不到位现象。难点音较多（平翘舌音、前后鼻尾音、边鼻音、fu－hu、z－zh－j、送气不送气、i－ü不分，保留浊塞音、浊塞擦音、丢介音、复韵母单音化等），失误较多。方言语调不明显。有使用方言词、方言语法的情况。测试总失分率在20%以内，测试得分在80～86.99分之间。

3. 三级标准要求

三级标准又分为甲、乙两等。

甲等，朗读和自由交谈时，声韵母发音失误较多，难点音超出常见范围，声调调值多不准。方言语调较明显。语汇、语法有失误。测试总失分率在30%以内，测试得分在70～79.99分之间。

乙等，朗读和自由交谈时，声韵调发音失误多，方音特征突出。方言语调明显。语汇、语法失误较多。外地人听其谈话有听不懂的情况。测试总失分率在40%以内，测试得分在60～69.99分之间。

**（二）失分的关键问题**

1. 不能进入一级甲等的

有明显的语音缺陷。

2. 不能进入一级乙等的

（1）读单字失去1分的。

（2）读多音节词语失去2分的。

（3）朗读中的“语音错误”项失去1分（不包括漏读的失分情况）或“方言色彩”失去1.5分的。

（4）“命题说话”语音面貌项失去5分，或词汇语法项、流畅自然项失去2分的。

3. 不能进入二级甲等的

（1）“短文朗读”项“方言色彩”失去2分的。

（2）“命题说话”语音面貌项失去7分的。

# 第二章　普通话水平测试项的内容、方式与模式

## 第一节　普通话水平测试项的内容

普通话水平测试由四个测试项构成，即朗读单音节字词、朗读多音节词语、朗读短文和说话，总分为100分。各项检测量、时限及分值如下：

第一项为单音节字词朗读。朗读单音节字词100个，限时3.5分钟，占10分。

第二项为多音节词语朗读。朗读多音节词语50个，限时2.5分钟，占20分。（此项以双音节为主）

第三项为短文朗读。朗读400字的短文，限时4分钟，占30分。

第四项为命题说话。限时3分钟，占40分。

### 一、单音节字词朗读的目的、要求和评分标准

#### （一）目的

考查应试者声母、韵母、声调发音的准确程度。

#### （二）要求

100个音节里，每个声母出现一般不少于3次，方言里缺少的或容易混淆的酌量增加1～2次；每个韵母的出现一般不少于2次，方言里缺少的或容易混淆的韵母酌量增加1～2次。字音声母或韵母相同的要隔开排列，不使相邻的音节出现双声或叠韵的情况。

#### （三）评分标准

此项成绩占总分的10%，即10分。字音（声、韵、调）错误，每个字扣0.1分；字音（声、韵、调）有缺陷的，每个字扣0.05分；声调属于系统性缺陷的，每类一次性扣0.5分。该题限时3.5分钟，超时1分钟以内扣0.5分，超时1分钟以上扣0.8分。

此项测试由计算机自动评出分数。

### 二、多音节词语朗读的目的、要求和评分标准

#### （一）目的

除检测应试者声母、韵母和声调的发音外，还要检测上声变调、儿化韵和轻声等读音。

#### （二）要求

50个多音节词语可视为100个单音节，声母、韵母的出现次数大体与单音节字词相

同。此外，上声和上声相连的词语不少于 2 次，上声和其他声调相连不少于 4 次；轻声不少于 3 次；儿化韵不少于 4 次，词语的排列要避免同一测试项的集中出现。

**（三）评分标准**

此项成绩占总分的 20%，即 20 分。读错一个字，扣 0.2 分；字音有缺陷，扣 0.1 分，声调属于系统性缺陷的，每类一次性扣 1 分。限时 2.5 分钟，超时 1 分钟以内扣 1 分，超时 1 分钟以上扣 1.6 分。

此项测试由计算机自动评出分数。

**（四）说明**

在上述两项测试中，如果其中有一项或两项分别失分达 10%，即 1 题失 1 分，或 2 题失 2 分即判定应试者的普通话水平不能进入一级。应试者有较为明显的语音缺陷的，即使总分达到一级甲等也要降低等级，评定为一级乙等。

## 三、短文朗读的目的、要求和评分标准

短文朗读测试以抽签的方式确定朗读篇目（作品 1～60 号），从中任选 400 字的短文。

**（一）目的**

检测应试者用普通话朗读书面材料的水平，重点考查语音、连读音变（上声、“一”、“不”），语调（语气）等项目。

**（二）要求**

准确、熟练运用普通话，做到读音（声、韵、调）准确，吐字清晰、语流音变正确；领会作品内容，准确把握作品思想感情；忠实于原作品，不添字、不丢字和不改字；语调自然，停、连恰当，重音处理正确，语速快慢得当。

**（三）评分标准**

此项成绩占总分的 30%，即 30 分。对每篇材料的前 400 字（不包括标点）作累积计算，每次语音错误扣 0.1 分，漏读一个字扣 0.1 分，不同程度地存在方言语调一次性扣分（问题突出，扣 3 分；比较明显，扣 2 分；略有反映，扣 1.5 分），停顿、断句不当每次扣 1 分，语速过快或过慢一次性扣 2 分。此项检测限时 4 分钟。超过 4 分 30 秒以上扣 1 分。

此项测试由计算机自动评出分数。

**（四）说明**

朗读材料（1～60 号）各篇的字数略有出入，为了做到评分标准一致，测试中对应试者选读材料的前 400 个字（每篇 400 字之后均有标志）的失误作累积计算；但语调、语速的考查应贯穿全篇。从测试的要求来看，应把提供应试者做练习的 50 篇作品作为一个整体，应试前通过练习全面掌握。

## 四、命题说话的目的、要求和评分标准

### （一）目的

检测应试者在没有文字凭借的情况下，说普通话的能力和所能达到的规范程度。以单向说话为主，必要时辅以主试人和应试者的双向对话。单向对话：应试者根据抽签确定的话题，说话3分钟（不得少于3分钟，说满3分钟主试人应请应试者停止）

### （二）要求

在没有文字凭借的自然状态下，能把即时的思维内部语言转化为自然、准确、流畅的外部语言的口语表述，合乎运用普通话语音、词汇、语法的标准，语句之间的意义具有合理的逻辑关系。

### （三）评分标准

此项成绩占总分的40%，即40分。其中：

1. 语音面貌占25分

档次为：

一档：扣0分、1分、2分。

二档：扣3分、4分。

三档：扣5分、6分。

四档：扣7分、8分。

五档：扣9分、10分、11分。

六档：扣12分、13分、14分。

语音面貌确定为二档（或二档以下）的，即使总积分在96分以上，也不能进入一级甲等；语音面貌确定为五档的，即使总积分在87分以上，也不能进入二级甲等；有以上情况的，都应在等级内降等评定。

2. 词汇、语法规范程度占10分

计分档次为：

一档：扣0分。

二档：扣1分、2分。

三档：扣3分、4分。

3. 自然流畅程度占5分

计分档次为：

一档5分，自然流畅。

二档4分，基本流畅，口语化较差（比如有类似背稿子的表现）。

三档3分，语速不当，话语不连贯；用词错误；说话时间不足。

此项测试由计算机自动评出分数。

## 第二节　普通话水平测试的方式与模式

### 一、普通话水平测试的方式

普通话水平测试是国家认证的一种考试，体现在对测试者的资格认定上，测试的范围、制卷原则、评分标准、证书发放等均在全国范围作出了明确的规定和统一。普通话水平测试是一种口语测试，全部测试内容均以口头方式进行。测试者应该清楚普通话水平测试不是普通话系统知识考试，不是口才水平的评定，更不是汉语文化水平的考试，而是根据国家统一的标准，使用科学、合理、公平的方法，按照严格的程序对应试者的普通话规范和熟练程度的测查和评定。

### 二、普通话水平测试的模式

开展计算机辅助普通话水平测试，是普通话水平测试模式发展进程中的根本性改革，是语言文字应用水平测试的发展方向。为进一步推动全国普通话水平测试工作健康快速发展，2007 年国家语言文字工作委员会开始在全国开展计算机辅助测试工作。2009 年开始，国家语言文字工作委员会普通话培训测试中心发布了《计算机辅助普通话水平测试评分试行办法》（教语用司函〔2009〕5 号）、《计算机辅助普通话水平测试操作规程》和《关于推进计算机辅助普通话水平测试工作等有关问题的通知》（教语用司函〔2010〕72 号）。经过几年的试点，目前全国各地相关部门正在积极稳妥地推进计算机辅助普通话水平测试工作的开展。

## 第三节　计算机辅助普通话水平测试流程

### 一、应试者机位的确定与计算机测试流程

#### （一）应试者机位的确定

考试采取网上报名的形式，应试者可根据当地普通话测试站通告的时间进行报名。报名时按系统的提示输入个人信息，填写“证件信息”时应选“身份证”。填写完毕后按要求上传本人电子相片（用于报名表）并打印报名表，然后持报名表、身份证和相关证件（如果是学生就持学生证）于指定时间到当地普通话测试站交费和照相（用于制作证书和发放准考证）。

应试者报名后经相关部门核准，在规定的测试日期，凭本人准考证和身份证，进入指定的考场。

根据《计算机辅助普通话水平测试操作规程》有关“测试”项的规定：“依据报到顺

序随机安排应试者在相应的机位进行测试，每台测试机只允许一名应试者应试，其他人员不得同时进入测试室。”

### （二）计算机测试流程

1. 佩戴耳机

应试者就座后戴上耳机，并将麦克风移置脸颊左侧，以麦克风距离嘴巴 2～3 厘米的位置为宜，然后点击“下一步”按钮。

2. 登录

屏幕出现登录界面后，应试者填入自己的准考证号。系统会自动显示准考证号的前几位，应试者只需填写最后四位数字。输入后，点击“进入”按钮登录；如果输入有误，单击“修改”按钮即可重新输入。

3. 核对信息

应试者登录成功后，考试机屏幕上会显示该人信息，应试者要仔细核对所显示信息是否与自己的相符。核对无误后，单击“确认”按钮继续；核对时如果发现错误，点击“返回”按钮即可重新登录。

4. 试音

进入试音页面后，应试者会听到系统的提示语。提示语结束后，可用适中的音量和语速开始朗读页面呈现的句子，进行试音。如果试音顺利，系统会出现“试音结束”的对话框，点击“确认”按钮，进入下一程序；倘若试音失败，可提高朗读音量并根据系统提示重新进入试音页面。

5. 开始测试

普通话水平测试的四个项目中，每个测试项开始时都有一段关于该项的语言提示，语言提示结束时会发出“嘟”的结束提示音，这时，应试者才可以开始测试。

测试过程中，应试者要做到语速适中，吐字清晰，最好做到音量与试音时音量保持一致。应特别注意的是，应试者要根据屏幕下方时间提示条的提示，充分利用好时间。假如某项测试在规定的时间以前结束，应试者可单击屏幕右下方“下一题”按钮，进入下一项测试。假如某项测试规定的时间用完，系统会自动进入下一项试题。测试过程中，应试者如遇突发问题，要举手示意，请工作人员予以解决。

第一项测试：朗读单音节字词。

应试者横向依次朗读单音节字词。100 个单音节字词以黑色字体和蓝色字体隔行显示，以便于应试者识别。应试者应逐行朗读，避免漏字、漏行。该项测试结束时，应试者需单击屏幕右下方“下一题”按钮，进入下一项测试。

第二项测试：朗读多音节词语。

应试者横向依次朗读词语，与第一项同样，应试者应逐行朗读，避免漏词、漏行。该项测试结束后，应试者需单击屏幕右下方“下一题”按钮，进入下一项测试。

第三项测试：朗读短文。

应试者朗读时，要注意语音清晰、语义连贯，避免添字、漏字和改字。该项测试结束后，应试者需单击屏幕右下方“下一题”按钮，进入下一项测试。

第四项测试：命题说话。

应试者应先说出自己所选的某个话题。该题时间为 3 分钟。应试者应根据屏幕下方的时间提示条把握好时间。3 分钟用完后该项测试自动结束，不需要点击“提交试卷”按钮，系统会自动提交试卷。

6. 考试结束

试卷提交后，应试者点击屏幕中央的“确定”按钮，结束测试。应试者摘下耳机放在桌子上，经工作人员确认后即可离开测试室。

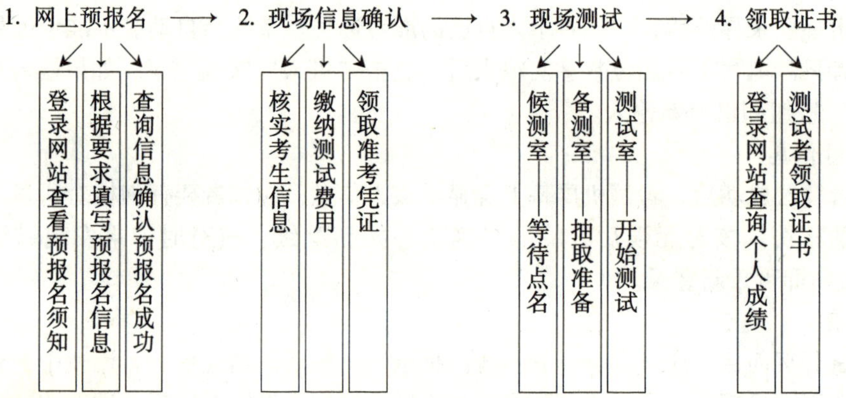


计算机辅助普通话水平测试流程图

## 二、分数的评定与证书的发放

依据《计算机辅助普通话水平测试操作规程》有关“评分”项规定：第一项“朗读单音节字词”、第二项“朗读多音节词语”、第三项“朗读短文”和第四项“命题说话”均由计算机自动评定分数，最终应试者可获取相应的普通话水平等级证书。

为配合计算机辅助测试工作的推进，教育部从 2010 年 8 月起，启用新版《普通话水平测试等级证书》，由各省（市、区）语言文字工作培训测试中心征订、发放和管理。

# 中 编

# 第三章　普通话基础知识

## 第一节　普通话释义

普通话定义为“以北京语音为标准音，以北方话为基础方言，以典范的现代白话文著作为语法规范的现代汉民族共同语”。这就从实质上对普通话在语音、词汇和语法三个方面提出了标准。

### 一、语音标准

“以北京语音为标准音”，指的是以北京话的语音系统为标准，并不是把北京话的一切读音全部照搬，普通话并不等于北京话。北京话有许多土音，例如北京人把连词“和（hé）”说成“hàn”，把“蝴蝶（húdié）”说成“húdiěr”，把“告诉（gàosu）”说成“gàosong”，这些土音使其他方言区的人难以接受。另外，北京话里还有异读音现象，例如“侵略”一词，有人说成“qǐnlüè”，也有人说成“qīnlüè”；“附近”一词，有人说成“fùjìn”，也有人念成“fǔjìn”，如此就给普通话的推广添加了不准确性因素。从1956年至1996年，国家对北京土话的字音进行了多次审订，制定了普通话的标准读音。因此，普通话的语音标准，当前应该以1985年公布的《普通话异读词审音表》以及2012年版的《现代汉语词典》为语音规范。

### 二、词汇标准

普通话“以北方话为基础方言”，指的是以广大北方话地区普遍通行的说法为准，同时也要从其他方言吸取所需词语。北方话词语中也有许多北方各地的土语，例如北京人把“傍晚”说成“晚半晌”，把“斥责”说成“呲儿”，把“吝啬”说成“抠门儿”；北方不少地区将“玉米”称为“棒子”，将“肥皂”称为“胰子”，将“馒头”称为“馍馍”；东北人将“很好”说成“贼好”，将肯定语“是的”说成“嗯呐”。所以，不能将所有北方话的词汇都作为普通话的词汇，要有一个“大众化”的选择。有的非北方话地区的方言词有共性的表达力，北方话里没有相应的同义词，这样的词语可吸收到普通话词汇中来。例如“搞”、“尴尬”、“噱头”等词已经在书面语中经常出现，早已纳入了普通话词汇的行列。普通话所选择的词汇，一般都是流行较广而且早就用于书面语中的词语。

### 三、语法标准

普通话的语法标准是“以典范的现代白话文著作为语法规范”。比起语音和词汇来，语法是非常抽象的。语法标准包含四方面的含义：语法是以“著作”的“书面语”作为标准，书面语是在口语基础上加工提炼出来的，是口语的高级形式，它消除了口语中随意性的不稳定的成分，严密精练，具有相对的规范性和示范性；语法规范的书面语是以白话文著作作为标准的，白话文排除了文言文；白话文著作指“五四”新文化运动以后出现的白话文著作；“典范的现代白话文著作”中的“典范”指具有代表性，能够成为使用语言的楷模，它使用的是现代汉民族的文学语言，吸收了人民群众的语言实践的精华，对现代汉语的健康发展具有引导作用，使用的语言精密、完整、正确，其中的一般用例是规范、典范的，当然不是著作中的全部用例，所谓典范，是就其著作的整体而言。

## 第二节　普通话语音的规范

汉语是世界上最发达的语言之一，是世界使用人数最多的语言，也是联合国的工作语言之一。

语言文字工作关系国家的统一，民族的团结，社会的发展和文化的进步，是社会主义物质文明和精神文明建设的重要内容。社会主义市场经济的迅速发展和语言文字信息处理技术的不断革新，使推广普通话的紧迫性日益突出。

普通话是汉民族的共同语，是规范化的现代汉语。共同的语言和规范化的语言是不可分割的统一体，没有一定的规范就不能成为真正的共同语。普通话的规范指的是现代汉语在语音、词汇、语法方面的规范。学习普通话必须兼顾语音、词汇、语法三个方面。不过语法、词汇的学习和规范可以通过书面进行，而语音的学习和规范则必须通过口耳的训练才能实现。

汉语有七大方言区，即北方方言区（以北京话为代表，使用人口占汉族总人口的70%，“北方方言”包括华北、东北、西北、西南和江淮等方言地区）、吴方言区（分布于上海、江苏省东南部及浙江省大部分地区）、湘方言区（湖南省大部分地区）、赣方言区（江西省大部分地区及湖北省东南部地区）、客家方言区（广东、广西、福建和江西部分地区）、粤方言区（广东中部及西南部地区、广西东南部地区）、闽方言区（福建、台湾、广东潮汕一带及海南省部分地区）。汉语方言的分歧突出地表现在语音方面。各方言区在语音系统上存在较大的差异，但这种差异存在一定的对应关系。普通话以北京语音为标准音，是就整个语音体系而言，其中并不包括北京话中的土音、土语成分。

普通话是规范化的汉民族共同语。普通话以北京语音为标准音，这也是汉语历史发展的必然，是早已为大多数人所公认的。

语言是人类交际的工具，语音是语言的本质。词汇概念均以语音的形式储存在人的大脑中，人的大脑的言语区只承担语音信息的处理。人们用语言表达思想、进行交流，必须凭借语音。我们说话要凭借发音器官发出的语音表达自己的思想、情感，听话也要凭借听觉器官感觉到的语音来了解对方的思想和情感。无论是说还是听都离不开语言的本质——语音。

普通话语音需要从发音和辨音两个方面进行学习。需要掌握一定的语音学的理论知识，按正确的发音部位和方法，发准每个音素、每个音节。同时又需要凭借掌握的语音知识系统地纠正所受方言影响的语音习惯。

准确、熟练是普通话语音学习的基本要求，既要动脑又要上口，需要通过反复训练以加深熟练程度。

## 第三节　普通话语音的特点

每一种语言的语音都有自己的特点。汉语普通话以北京语音为标准音，语音富有内涵，表达力强，主要表现在：

（1）北京语音音系的音节结构形式较少，容易掌握。

（2）音节中元音占优势，清声母多，听觉清脆、响亮。

（3）声调系统比较简单，但变化鲜明。四个声调的调值高音成分多，低音成分少，使语音清亮、高扬，且具有高低抑扬的音乐色彩。

（4）音节之间区分鲜明，使语音具有节奏感。

（5）词汇的双音节化，词的轻重格式的区分以及轻声、儿化的音变作用，使语言表现力更加悦耳动听。

## 第四节　普通话语音的属性

语音是语言的物质外壳，是从人的发音器官发出来的能够表达一定意义的声音。作为交际工具的语言，在发送、传递、接收信息时都离不开语音，可以说，语音是语言的载体，是语言交际功能的体现者，是语言的物质外壳，是从人的发音器官发出来的能够表达一定意义的声音。譬如自然界的风声、雨声都不是由人的发音器官发出来的，所以不是语音；气喘声、打喷嚏声虽然是由人的发音器官发出来的，但那只是人的本能生理反应，并不具有任何意义，当然起不到交流的作用。

语音具有物理属性、生理属性和社会属性。语音同自然界的其他声音相同，都是由物体的振动而产生的，是一种物理现象，具有物理属性。语音又是人的发音器官活动的产物，因而具有生理属性。此外，语言要完成交际任务，语义必须要和一定的语音相结合，而音义的结合是由使用该语言的社会全体成员组成的，是约定俗成的结果，所以语音又具有社会属性。社会属性是语音的本质属性。了解语音的性质可帮助我们学习标准音以及纠正方言。

## 一、语音的物理属性

语音同其他声音一样，具有音高、音强、音长、音色四大物理要素，认识语音的物理属性，就需从此四个方面入手。

### （一）音高

音高指声音的高低。音高取决于发音体振动的频率，发音体在单位时间内振动快，次数多，频率就大，声音就高，反之声音则低。语音的高低和声带的长短、厚薄、松紧有关。一般地说，妇女、儿童的声带较薄较短，音高就高些；成年男子、老人的声带较厚较长，音高就低些。同一个人发的声音有高低差别，这是由于喉部肌肉运动控制声带的松紧不同造成的，声带松，振动慢，音高就低，反之则音高就高。音高的变化造成了声调的不同，从而造成意义不同，如“买”与“卖”。

### （二）音强

音强指声音的强弱。音强取决于发音体振动幅度的大小，与发音时用力的大小有关，振幅大，声音就强；振幅小，声音就弱。音强在普通话中有区别语音轻重的作用。如读“莲子”和“帘子”时，其中的两个“子”声音的强弱就不同：前者重读，表示“种子”的意义；后者读得较轻较短，是名词后缀，不表示实际意义。我们称后者为轻声，轻声是音强在普通话里的具体表现。

### （三）音长

音长指声音的长短。音长取决于发音体振动时间的长短。语音的长短是由气流的输出和停止来调节的。

### （四）音色

音色指声音的特色。音色是声音的个性、品质，是一种声音区别于其他声音的本质特征。音色决定于发音体的音波振动形式（波形）的不同。造成不同音色的条件主要有三个：发音体不同，发音方法不同，发音时共鸣器形状不同。

1. 发音体不同

不同的人有不同的音色，是因为他们的声带等发音体不同所形成的。钢琴和风琴的声音不同，是因为发音体不同。

2. 发音方法不同

发音部位相同的“b”与“p”不同，是因为发“b”时气流较弱，发“p”时气流较强，因而音色也不同。

3. 发音时共鸣器形状不同

同样是拉弦乐器，但二胡与小提琴的音色是不同的。主要是发音时共鸣器的形状不同。人的口腔、鼻腔就是人发音的共鸣器，在发音时，人不断调整口腔的形态以发出不同的音。人的共鸣腔由于唇、舌、腭的活动而能灵活自如地改变其形状和大小，从而发出不同的音色。

## 二、语音的生理属性

语音是由人的发音器官互相合作发出来的声音，发音器官的部位、活动及其配合的方式决定语音的生理特性。要了解语音的发音原理必须先搞清发音器官的构造和它们的活动情况。人的发音器官可以分为肺和气管、喉头和声带、口腔和鼻腔三部分。

### （一）肺和气管

肺是发音的动力站，是呼吸器官的中心，它提供发音所需要的气流。气管是气流出入的通道。肺部呼出的气流，首先经过支气管、气管，然后到达喉头，作用于声带、口腔、鼻腔等器官，从而发出各种各样的声音。

### （二）喉头和声带

喉头和声带是发音体，当气流从肺和气管呼出时，就振动声带产生声音。喉头是由四块软骨构成的一个圆筒形的小空腔，声带就位于其间，是薄薄的两片富有弹性的肌肉。组成喉头的四块软骨是甲状软骨、环状软骨和两块杓状软骨。声带的前端连在甲状软骨上，后端分别连在两块杓状软骨上。两片声带之间的通道叫声门，声门随着杓状软骨的活动可松可紧，可开可闭。呼吸或发噪音时，声门打开，气流可以自由出入；发乐音时，声门合拢，气流从声门的窄缝中挤出，声带发生振动，从而发出响亮的声音。

### （三）口腔和鼻腔

口腔和鼻腔是发音体的共鸣器，声带发的音都是单一的，于是人就通过调整口腔的形状来控制声音的特点。口腔和鼻腔都是调节声音、形成各种音素的重要器官。口腔的活动可以改变口腔共鸣器的形状，所以有人称口腔是声音的制造厂。

口腔从前往后，依次为上唇、下唇、上齿、下齿。上齿的后边是齿龈、硬腭、软腭和小舌，下齿的后边是舌。舌又分为舌尖、舌面、舌根三部分，它是发音器官中最灵活的。鼻腔是一个固定的空腔，它和口腔的通道靠软腭和小舌控制。呼吸时小舌悬在中间，口腔和鼻腔的通道同时打开。说话时，如果软腭、小舌上升，鼻腔通道关闭，气流在口腔发生共鸣，发出的就是单纯的口音；如果软腭、小舌下垂，关闭口腔通路，气流通过鼻腔，声音在鼻腔中发生共鸣，发出的就是鼻音。如果让气流同时从口腔和鼻腔呼出，就会发出鼻化音，也叫口鼻音。

## 三、语音的社会属性

语音的生理属性和物理属性是自然属性，是将语音作为一种客观存在的自然物质来认识的，但语音的社会属性才是最重要最本质的属性，它主要表现在以下两个方面：

### （一）音义的约定俗成性

用什么样的声音表达什么样的意义，并非必然的，而是全社会成员约定俗成的。如“人”，在不同民族的语言里运用不同的声音来记录它：汉语为“人（rén）”，英语为“man”，其他语言还有别的语音形式。正因如此，世界上才会有不同的语言。

### （二）语音的系统性

语音的社会属性还表现在各种语言都有自己的语音系统。英语和汉语是两种语言，各有自己的语音系统。英语中有舌叶音，汉语里则没有，是汉族人发不出这个音吗？显然不是。汉族人学英语，照样可以把舌叶音发得很准确。这说明，不同语言的语音系统不同，是各个语言团体的成员使用语音的系统不同造成的。

# 第四章　普通话语音知识

## 第一节　音节和音素

音节和音素都是汉语普通话语音最基本的概念，学好普通话需要掌握一定的语音学的理论知识。

### 一、音节

音节是语音的基本结构单位，是人们听觉上最容易分辨的语音片断。在汉语中，一般说来，除了如“鸟儿、兰花儿”这种儿化情况，基本一个汉字的读音就是一个音节。如“明天我去北京”，6 个汉字也就是 6 个音节。

### 二、音素

音素是最小的语音单位，音素是从音质角度划分出来的最小语音单位。一个音节可以由一个或几个音素构成，汉语音节中包含的音素最少 1 个，最多 4 个。如“普（pu）通（tong）话（hua）练（lian）习（xi）”的音素分别是 2 个、3 个、3 个、4 个、2 个；“阿（a）姨（yi）好（hao）”的音素分别是 1 个、1 个、3 个。

## 第二节　元音和辅音

根据音素发音的特征，普通话音素可分为元音（母音）、辅音（子音）两大类。

### 一、元音

元音是气流振动声带在口腔、咽头不受阻碍而形成的音。普通话语音系统中有 10 个元音音素：a，o，e，i，u，ü，ê，-i [z　c　s]，-i [zh　ch　sh]，er。

元音的发音主要取决于口腔的形式，即舌位的高低、舌位的前后和圆唇不圆唇等。据此，可将元音分为舌面元音和舌尖元音。

舌面元音有：a，o，e，i，u，ü，ê。

舌尖元音有：-i [z　c　s]，-i [zh　ch　sh]，er。

## 二、辅音

辅音是气流在口腔或咽头受到阻碍而形成的音。普通话语音系统中有22个辅音音素：b，p，m，f，d，t，n，l，g，k，h，ng，j，q，x，zh，ch，sh，r，z，c，s。

辅音的发音主要是由发音部位和发音方法的不同造成的。发音部位指发音时气流受到阻碍的部位；发音方法指发音时形成阻碍和克服阻碍的方式。

### （一）按发音部位分

双唇音：b，p，m；
唇齿音：f；
舌尖中音：d，t，n，l；
舌根音：g，k，h，ng；
舌面音：j，q，x；
舌尖后音：zh，ch，sh，r；
舌尖前音：z，c，s。

### （二）按发音方法分

按发音方法分类比较复杂，可按成阻和除阻方式、声带振动与否和气流强弱划分。
按成阻和除阻方式分：
塞音：b，p，d，t，g，k；
擦音：f，s，sh，r，x，h；
塞擦音：z，c，zh，ch，j，q；
鼻音：m，n，ng；
边音：l。
按声带振动与否分：
清音，声带不振动：b，p，f，d，t，g，k，h，j，q，x，zh，ch，sh，z，c，s；
浊音，声带振动：m，n，ng，l，r。
按气流强弱分：
不送气音，气流弱：b，d，g，j，zh，z；
送气音，气流强：p，t，k，q，ch，c。

## 三、元音与辅音的区别

发元音时，气流通过喉头、口腔不受阻碍；发辅音时，气流通过喉头、口腔要受到某个部位的阻碍。

发元音时，发音器官各部位保持均衡的紧张状态；发辅音时，发音器官成阻的部位特别紧张。

发元音时，气流较弱；发辅音时，气流较强。

发元音时，声带振动，声音比发辅音响亮；发辅音时，声带不一定振动，声音一般不响亮。

# 第三节　声母、韵母和声调

普通话的音节一般由声母、韵母、声调三部分构成。一般说来，一个汉字的读音就是一个音节。声母是音节的起始部分，此外还包括零声母（零声母也是一种声母）；韵母是声母后面的部分，普通话的韵母是由元音或以元音为主要成分构成的。声调是指一个音节发音时的高低升降，担负着重要的辨义作用，是音节结构中不可或缺的组成部分。

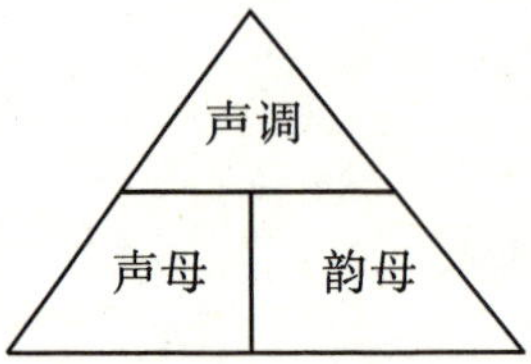


声母、韵母、声调结构图

## 一、声母

声母是汉语音节开头的辅音部分，普通话有 21 个辅音声母，声母和辅音不是同一个概念。虽然声母由辅音充当，但有的辅音不作声母，只作韵尾，如普通话语音中的辅音 -ng；而辅音 -n，既能作声母，又能作韵尾。

不同的声母是由不同的发音部位和发音方法决定的。发音部位指气流受到阻碍的位置。发音方法阻碍气流和解除阻碍的方式、气流的强弱及声带是否颤动等，按发音部位将声母分为七类：双唇音、唇齿音、舌尖前音、舌尖中音、舌尖后音、舌面音、舌根音。按发音方法声母可分为五类：塞音、塞擦音、擦音、鼻音、边音。

普通话声母表

| 发音部位 | 发音方法 | | | | | | | |
|---|---|---|---|---|---|---|---|---|
| | 塞音 | | 塞擦音 | | 擦音 | | 鼻音 | 边音 |
| | 清音 | | 清音 | | 清音 | 浊音 | 浊音 | 浊音 |
| | 不送气 | 送气 | 不送气 | 送气 | | | | |
| 双唇音 | b | p | | | | | m | |
| 唇齿音 | | | | | f | | | |
| 舌尖前音 | | | z | c | s | | | |
| 舌尖中音 | d | t | | | | | n | l |
| 舌尖后音 | | | zh | ch | sh | r | | |
| 舌面音 | | | j | q | x | | | |
| 舌根音 | g | k | | | h | | | |

（一）双唇音

b 发音时，双唇闭合，软腭上升，堵塞鼻腔通路，声带不颤动，较弱的气流冲破双唇的阻碍，迸裂而出，爆发成音。例如“辨别”、“标本”的声母。

p 发音的状况与 b 相近，只是发 p 时有一股较强的气流冲开双唇。例如“乒乓”、“批评”的声母。

m 发音时，双唇闭合，软腭下降，气流振动声带从鼻腔通过。例如“美妙”、“弥漫”的声母。

（二）唇齿音

f 发音时，下唇接近上齿，形成窄缝，气流从唇齿间摩擦出来，声带不颤动。例如“丰富”、“芬芳”的声母。

（三）舌尖中音

d 发音时，舌尖抵住上齿龈，软腭上升，堵塞鼻腔通路，声带不颤动，较弱的气流冲破舌尖的阻碍，迸裂而出，爆发成声。例如“等待”、“定夺”的声母。

t 发音的状况与 d 相近，只是发 t 时气流较强。例如“淘汰”、“团体”的声母。

n 发音时，舌尖抵住上齿龈，软腭下降，打开鼻腔通路，气流振动声带，从鼻腔通过。例如“能耐”、“泥泞”的声母。

l 发音时，舌尖抵住上齿龈，软腭上升，堵塞鼻腔通路，气流振动声带，从舌头两边通过。例如“玲珑”、“嘹亮”的声母。

（四）舌根音

g 发音时，舌根抵住软腭，软腭后部上升，堵塞鼻腔通路，声带不颤动，较弱的气流冲破舌根的阻碍，爆发成声。例如“巩固”、“改革”的声母。

k 发音的状况与 g 相近，只是发 k 时气流较强。例如“宽阔”、“刻苦”的声母。

h 发音时，舌根接近软腭，留出窄缝，软腭上升，堵塞鼻腔通路，声带不颤动，气流从窄缝中摩擦出来。例如“欢呼”、“辉煌”的声母。

（五）舌面音

j 发音时，舌面前部抵住硬腭前部，软腭上升堵塞鼻腔通路，声带不颤动，较弱的气流把阻碍冲开，形成一条窄缝，气流从窄缝中挤出，摩擦成声。例如“境界”、“将就”的声母。

q 发音的状况与 j 相近，只是发 q 时气流较强。例如“秋千”、“亲切”的声母。

x 发音时，舌面前部接近硬腭前部，留出窄缝，软腭上升，堵塞鼻腔通路，声带不颤动，气流从窄缝中挤出，摩擦成声。例如“形象”、“虚心”的声母。

（六）舌尖后音

zh 发音时，舌尖上翘，抵住硬腭前部，软腭上升，堵塞鼻腔通路，声带不颤动。较弱的气流把阻碍冲开一条窄缝，从窄缝中挤出，摩擦成声。例如“庄重”、“主张”的声母。

ch 发音的状况与 zh 相近，只是发 ch 时气流较强。例如“车床”、“长城”的声母。

sh 发音时，舌尖上翘接近硬腭前部，留出窄缝，气流从缝间挤出，摩擦成声，声带不颤动。例如“闪烁”、“山水”的声母。

r 发音状况与 sh 相近，只是发 r 时声带不颤动。例如“容忍”、“柔软”的声母。

## 二、韵母

韵母是指一个音节中声母后面的部分。普通话中共有 39 个韵母。其中 23 个由元音充当，16 个由元音附带鼻辅音韵尾构成。韵母有的由单元音或复合元音构成，有的由元音带辅音构成。

普通话韵母的主要成分是元音。韵母的结构可以分为韵头、韵腹、韵尾三个部分。

### （一）韵头

韵头是主要元音前面的元音，又叫介音。由 i、u、ü 充当，发音总是轻而短，只表示韵母的起点。例如 ia、ua、üe、iao、uan 中的 i、u、ü。

### （二）韵腹

韵腹是韵母中的主要元音。充当韵腹的主要元音口腔开度最大，声音最响亮。韵腹是韵母的主要构成部分，由 a、o、e、ê、i、u、ü、－i（前）、－i（后）、er 充当。

### （三）韵尾

韵尾是韵腹后面的音素，又叫尾音。由 i、u 或鼻辅音 n、ng 充当。韵母中只有一个元音时，这个元音就是韵腹；有 2 个或 3 个元音时，开口度最大、声音最响亮的元音是韵腹。韵腹前面的元音是韵头，后面的元音或辅音是韵尾。韵腹是韵母的主要成分，一个韵母可以没有韵头或韵尾，但是不可以没有韵腹。

**普通话韵母表**

| 内部结构 | 发音口形 | | | |
|---|---|---|---|---|
| | 开口呼 | 齐齿呼 | 合口呼 | 撮口呼 |
| 单韵母 | －i | i | u | ü |
| | a | ia | ua | |
| | o | | uo | |
| | e | | | |
| | ê | ie | | üe |
| | er | | | |
| 复韵母 | ai | | uai | |
| | ei | | uei | |
| | ao | iao | | |
| | ou | iou | | |

（续上表）

| 内部结构 | 发音口形 | | | |
|---|---|---|---|---|
| | 开口呼 | 齐齿呼 | 合口呼 | 撮口呼 |
| 鼻韵母 | an | ian | uan | üan |
| | en | in | uen | ün |
| | ang | iang | uang | |
| | eng | ing | ueng | |
| | ong | iong | | |

1. 按照韵母开头元音的发音口形的不同

可以分成以下四类，又称“四呼”：

开口呼：不是 i、u、ü 或不以 i、u、ü 开头的韵母。

齐齿呼：是 i 或以 i 开头的韵母。

合口呼：是 u 或以 u 开头的韵母。

撮口呼：是 ü 或以 ü 开头的韵母。

2. 按照韵母的内部结构

分成以下三类：

单韵母：由一个元音构成的韵母，又叫单元音韵母。单韵母的发音特点是发音时舌位、唇形及开口度按发音要求维持发音状态，始终不变，没有动程。

复韵母：由两个或三个元音结合构成的韵母，又叫复元音韵母。复韵母的发音特点是有明显的动程。

鼻韵母：元音后面带上鼻辅音构成的韵母，又叫鼻音尾韵母。鼻韵母的发音特点是发鼻韵母时由元音向鼻辅音滑动。

## 三、声调

声调是指音节的高低升降变化，它主要是由音高决定的，声调在音节中具有区别意义的作用。普通话有 4 个声调，即阴平、阳平、上声、去声。

### （一）阴平

阴平读念高平调，起音由高至高，用五度标记法表示从 5 到 5，写作 55。声带绷到最紧，始终无明显变化，保持音高不变。

### （二）阳平

阳平读念中升调，起音比阴平稍低，然后升到高。用五度标记法表示从 3 升到 5，写作 35。声带从不松不紧开始，逐步绷紧，直到最紧，声音从不低不高到最高。

### （三）上（shǎng）声

上声读念降升调，起音半低，先降后升，用五度标记法表示从 2 降到 1 再升到 4，写作214。声带从略微有些紧张开始，立刻松弛下来，稍稍延长，然后迅速绷紧，但没有绷到最紧。

**（四）去声**

去声读念高降调（或称全降），起音高，接着往下滑，用五度标记法表示从5降到1，写作51。声带从紧开始到完全松弛为止，声音从高到低，音长是最短的。

**（五）普通话的调值、调类和调号**

1. 调值

调值指声调的高低升降和曲直长短的变化形式，就是声调的实际读法。普通话里有高平调（55）、中升调（35）、降升调（214）、高降调（51）。

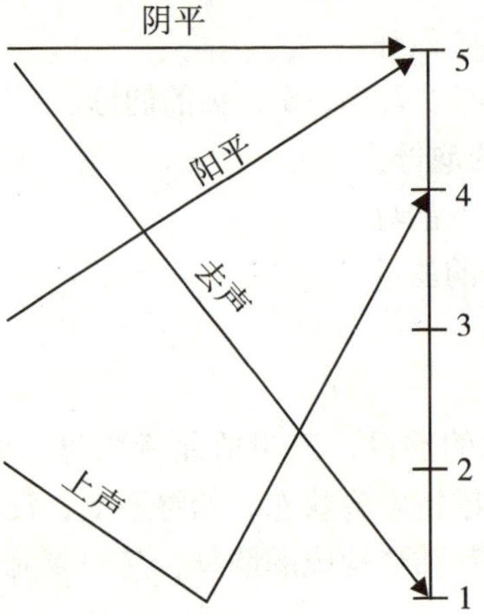


**普通话调值五度标记法**

2. 调类

调类是声调的分类，是根据声调的实际读法归纳出来的。有几种实际读法就有几种调类，也就是将相同调值的字归为一类。普通话有四种基本的调值，所以归纳为四个调类，即阴平、阳平、上声、去声，习惯上称为第一声、第二声、第三声、第四声，也称四声。声调符号要标在音节的主要元音上。按ɑ、o、e、i、u、ü的顺序，在i和u同时出现的韵母中调值需要标在最后一个元音上，给i标调值时应先去i上的点，再标调值。

3. 调号

调号是标记调类的符号，分别有以下4种写法：

阴平调（高平调）55度用“—”表示；

阳平调（中升调）35度用“/”表示；

上声调（降升调）214度用“V”表示；

去声调（高降调）51度用“\”表示。

声调说明表

| 调类（四声） | 调号 | 例字 | 调型 | 调值 | 调值说明 |
|---|---|---|---|---|---|
| 阴平 | — | 咽 yān | 高平 | 55 | 起音高高一路平 |
| 阳平 | / | 炎 yán | 中升 | 35 | 由中到高往上升 |
| 上声 | V | 眼 yǎn | 降升 | 214 | 先降然后再扬起 |
| 去声 | \ | 厌 yàn | 高降 | 51 | 从高降到最底层 |

# 第四节　变调

## 一、变调

普通话的音节在连续发出时，其中有一些音节的调值会受到后面的音节声调的影响，从而发生改变，这种现象就是变调。变调是一种自然音变现象，对语言的表达没有影响。值得注意的是，在给汉字注音时变调音节一律标原调。

普通话变调主要包括上声变调，“一”、“不”的变调，语气词“啊”的变调、去声变调以及带叠音后缀的形容词的变调。

## 二、普通话变调汇总

### （一）上声变调

普通话上声音节在单念或处于句尾以及处于句子中语音停顿位置时，没有后续音节的影响，即可读原调。在其他情况下一般要作变调处理，具体分为以下几种情况：

“上声＋非上声”变为“半上＋非上声”。上声音节在非上声音节（阴平、阳平、去声、轻声）之前，上声音节的调值由降升调变成只降不升的低降调，丢掉了本来要上升的后半段，变成了半上声（“半上”）。例如：

（1）上声＋阴平。

眼睛　火车　饼干　雨衣　省心　警花　老师　捕捞　取消　紧张　减轻　感激　补充　打针　北京　表彰

（2）上声＋阳平。

品尝　古人　祖国　考察　企图　补偿　乞求　可能　厂房　起床　理由　改革　抢夺　斧头　漂白　反常

（3）上声＋去声。

法院　跑步　宝贝　女士　巩固　本质　法律　讲话　美术　狡辩　改变　腐败　请假　恐吓　采购　呕吐

（4）上声＋轻声。

耳朵　底下　里面　买卖　口气　脸面　马虎　打扮　本钱　外头　暖和　影子　本事　姐姐　枕头　讲究

如果后面的轻声音是由上声变来的，那么前面的上声大都变为半上，少部分变为阴平，如“打扫”。

（5）“上声+上声”变为“阳平+上声”。

两个上声相连时，前面一个上声音节调值由降升调变为与阳平调值相当的中升调。

尽管　老板　古典　简短　保险　保养　党委　本领　引导　古老　岛屿　鼓舞　永远　饱满　远景　彩笔

（6）三个上声相连的变调。

三个上声音节相连，词语的组合可以有不同的层次。层次不同，上声的变调情况也不相同。

第一类情况叫做“双单格”，也称为“2+1”结构。指在该词组中前两个音节的意义关系密切，这样前两个上声变成“直上”，第三个上声读原调。即（上声+上声）+上声→阳平+阳平+上声。例如：

展览馆　水彩笔　洗脚水　演讲稿　跑马场　蒙古语　古典舞

第二类情况叫做“单双格”，也称为“1+2”结构。指在该词组中后两个音节的意义关系更密切，这样第一个上声变为“前半上”，第二个上声变为“直上”，第三个上声读原调。例如：

冷处理　李小姐　党小组　跑百米　纸老虎　李厂长

第三类情况叫做“单三格”，也称为“1+1+1”结构。指在该词组中三个音节的意义关系都相近。这样第一、第二个上声变成阳平，第三个上声读原调。即上声+上声+上声→阳平+阳平+上声。例如：

缓减免　软懒散　好理想

**（二）“一”、“不”的变调**

目前在普通话改革推广过程中，“七”、“八”已趋向于不变调，因此，这里只分析“一”、“不”的变调情况。

“一”的单字是阴平，“不”的单字调是去声。它们在单念或处于词尾、句尾时读原调，例如“二〇一三”、“统一”、“你不”、“不”等。但是当“一”作序数表示“第一”的意义时，不变调，而在其他情况下均作变调处理。

（1）“一”、“不”在去声音节前面都要变调，变成阳平调值。

下面的“一”全读作“yí”：

一度　一道　一致　一面　一类　一切　一再　一旦　一定　一律　一瞬　一共　一味　一带　一向　一色

下面的“不”全读作“bú”：

不用　不对　不是　不顾　不错　不赖　不过　不测　不干　不妙　不看　不累　不但　不怕　不断　不利

（2）“一”、“不”在非去声音节（阴平、阳平、上声）前，“一”变读去声，“不”不变调，仍念去声。

下面的“一”全读作“yì”：

一早　一些　一朝　一瞥　一般　一年　一心　一缕　一生　一齐　一同　一直　一身　一回　一群

（3）“一”夹在动词中间，读轻声；“不”夹在动词中间、形容词中间或动词补语中间时，读轻声。例如：

要不要　走一走　遛一遛　看一看　让一让　想一想　读一读　去不去　美不美　乐不乐　输不起　搞不懂　起不来

**（三）语气词“啊”的变调**

句子末尾的语气助词“啊”因为与前一音节连读而受其末尾音素的影响，常常发生音变现象。“啊”的音变是一种增音现象（包括同化增音和异化增音）。在不同的语音环境中，“啊”的读音有不同的变化形式。关键的问题是“啊”的不同读音导致必须使用不同的汉字，但是用汉语拼音拼写音节时，“啊”仍写作 a，不必写出音变情况。

（1）前面音节的末尾音素是 a、o、e、i、ü、ê 的，读作“呀”（ya）。例如：

快去找他啊（tāya）！

你去说啊（shuōya）！

今天好热啊（rèya）！

你可要拿定主意啊（yìya）！

我来买些鱼啊（yúya）！

赶紧向他道谢啊（xièya）！

（2）前面音节的末尾音素是 u（包括 ao、iao）的，读作“哇”（wa）。例如：

你在哪里住啊（zhùwa）？

他人挺好啊（hǎowa）！

口气可真不小啊（xiǎowa）！

（3）前面音节的末尾音素是 n 的，读作“哪”（na）。例如：

早晨的空气多清新啊（xīnna）！

多好的人啊（rénna）！

你猜得真准啊（zhǔnna）！

（4）前面音节的末尾音素是 ng 的，读作“啊”（nga）。例如：

这幅图真漂亮啊（liàngnga）！

注意听啊（tīngnga）！

最近太忙啊（mángnga）！

（5）前面音节的末尾音素是 -i（前）的，读作“啊”（za）；前面音节的末尾音素是 -i（后）的，读作“啊”（ra）。例如：

今天来回几次啊（cìza）？

你有什么事啊（shìra）？

你怎么撕了一地纸啊（zhǐra）？

掌握“啊”的变读规律，并不需要一一硬记，只要将前一个音节顺势连读“a”（像念声母与韵母拼音一样，其间不要停顿）自然就会念出“a”的变音来。

**（四）去声变调**

两个去声音节相连，前面的去声变调为“半去”，调值不能降到底，并且有时会影响到后面的去声起点比第一个去声略低。若三个去声音节相连时，前面两个去声都变调为“半去”，最后的去声音节读原调。例如：

教室　电扇　借鉴　大会　笑料　炸药　立刻　电话　赤道　大跃进　看电视　亚运会　大陆架　录像带

**（五）带叠音后缀的形容词的变调**

由词根附加叠音后缀构成的形容词，叠音后缀部分的实际读音，大多念阴平。例如：

绿油油　亮堂堂　红彤彤　湿漉漉　闹哄哄　沉甸甸　慢腾腾　软绵绵　灰蒙蒙　火辣辣

# 第五节　轻声

在词语或句子里，有的音节常常失去原有的声调而读成又轻又短的调子，这种调子就是轻声。普通话的轻声都是由阴平、阳平、上声、去声四个声调变化而来。轻声作为一种变调的语音现象，必定体现在词语和句子中，因此，轻声音节的读音不能独立存在。

普通话中有 8 种情况在一定的语境中读轻声：语气词、助词、名词后缀、重叠词、表示趋向的动词作补语、方位词、量词、作宾语的代词，另有一些特殊轻声的类型。

## 一、常用轻声的类型

（1）语气词：吧、吗、啊、阿、呢，例如行啊、好吧、去吗。

（2）助词：着、了、过、的、地、得，例如大的、看了、买得起。

（3）名词后缀：头、子、儿、们，例如桌子、罐头、老头儿。

（4）重叠词，或重叠式动词的末一个音节：例如哥哥、娃娃、猩猩、走走、说说、想想、谈谈、跳跳。

（5）表示趋向的动词作补语：例如过来、过去、干起来。

（6）方位词：上、下、左、右、前、后，例如天上、家里、地下、那边。

（7）量词：例如那次、那盘。

（8）作宾语的代词：例如“有人找你”中的“你”。

## 二、特殊轻声的类型

**（一）双音节词**

某些常用的双音节词的第二个音节习惯上读作轻声。例如：

明白　暖和　萝卜　玻璃　葡萄　知道　丈夫　事情　衣服　眼睛　商量

（二）动词的重叠形式

动词重叠表示动作的短暂或尝试状态，动作的时量较短或动量幅度较小。

1. 单音节动词按 AA 式重叠，第二个音节读作轻声

例如：走—走走　坐—坐坐　看—看看　听—听听　读—读读　想—想想　说—说说　念—念念

2. 双音节动词按 ABAB 式重叠，第二、四两个音节读作轻声

例如：商量—商量商量　活动—活动活动　讨论—讨论讨论　休息—休息休息　回忆—回忆回忆　研究—研究研究　整理—整理整理

3. 有些动词可按 AABB 式重叠，突出表示动作的状态

例如：唠叨—唠唠叨叨　说笑—说说笑笑　打闹—打打闹闹

（三）联绵词

有些联绵词，第二个音节一般要读轻声。联绵词包括双声的、叠韵的、既双声又叠韵的、既不双声又不叠韵的等。

1. 双声联绵词，指两个音节的声母相同

例如：辉煌　惆怅　蜘蛛　枇杷　吩咐　尴尬

2. 叠韵联绵词，指两个音节的韵母相同

例如：逍遥　彷徨　缤纷　窈窕　荒唐　霹雳　龌龊

3. 既双声又叠韵联绵词，指两个音节的声母相同，韵母的韵腹相同

例如：辗转　流离　伶丁　缱绻　鸳鸯　伶俐

4. 既不双声又不叠韵联绵词，指两个音节的声母、韵母都不相同或相近

例如：铿锵　囫囵　蝴蝶　蟋蟀　蜈蚣

5. 外来词，外来词是一个整体

例如：马达　咖啡　吉他　卡通　妯娌　琵琶　鹦鹉　胭脂

值得注意的是，轻声音节的音色变化是不稳定的。语音训练中应该掌握已经固定下来的轻声现象，即掌握好字典和词典已经收入的联绵词。

## 三、轻声的作用

普通话里有些词或词组靠轻声音节与非轻声音节来区别意义和词性。

例词 1：地道

地道（dao 去声）——《地道战》是一部反映我国军民抗日故事的电影。

地道（dao 轻声）——厉害啊！汉语说得还挺地道的！

例词 2：东西

东西（xi 阴平，指方向）——在海上，看日出日落是辨别东西方向最基本的方法。

东西（xi 轻声，指物品）——明天咱俩去超市买点东西吧！

例词 3：兄弟

兄弟（di 去声）——我们是兄弟院校，理应合作啊！

兄弟（di 轻声）——我是你亲兄弟，干吗这么客气呵。

## 第六节　儿化韵

### 一、儿化韵

普通话中有许多词汇的字音韵母因卷舌动作而发生音变现象，这种现象就叫做儿化。儿化的韵母就叫“儿化韵”，其标志是在韵母后面加上“r”。儿化后的字音仍是一个音节，但是带儿化韵的字一般由两个汉字来书写，例如：小鱼儿（xiǎoyúr）、老头儿（lǎotóur）。

### 二、儿化韵的功能

普通话中，儿化主要具有区别词义、区分词性和感情色彩的功能。在具有区别词义和辨别词性作用的语境中，可使用儿化的方法达到区别词义和辨别词性的目的，否则可能会产生歧义。因此，在媒体语言中尤其是政治类、科学类、学术类的节目中，对使用语言的严谨程度要求较高，要尽量少用儿化，在书面语或比较正式语言环境中也不宜多用儿化。

例词 1：顶

怎么能气馁呢，坚决顶上去！（“顶”作动词）

一只蝴蝶竟然落在了小猫儿的头顶儿。（“顶儿”作名词）

例词 2：信

请周秘书务必在今天把所有来信处理完毕。（信件）

你能不能把信儿捎到？我可是信你了！（消息；信任）

例词 3：傻

周傻子咧着嘴一直在笑呢。（表示智障人）

老顽童领着个小傻瓜儿，开心极了。（表示喜爱）

### 三、儿化韵的发音及写法

儿化是否使韵母产生音变，取决于韵母的最末一个音素发音动作是否与卷舌动作发生冲突，即前一个动作是否妨碍了后一个动作的发生，如果二者发生冲突，妨碍了卷舌动作，儿化时韵母发音就必须有所改变。普通话中除 er 韵、ê 韵外，其他韵母均可儿化。

普通话的儿化现象主要由词尾“儿”变化而来。儿化的词尾本来是一个独立的音节，但是由于在口语中处于轻读的地位，经过长期与前面的音节流利连读而产生了变化，致使其前面的韵母或多或少地带上了卷舌色彩。儿化韵音变及写法是：

（1）韵母为 a、o、e、u 的音节，儿化后主要元音不变，后面加上表示卷舌动作的“r”，例如：饭盒儿 fànhér、水珠儿 shuǐzhūr。

（2）韵母 ia、ua、ao、ou、uo 和 iao、iou 等，儿化后主要元音或韵尾基本不变，直接加“r”，例如：鲜花儿 xiānhuār、小牛儿 xiǎoniúr。

（3）韵母 i、ü 儿化后在原韵母之后加上 er，i、ü 仍保留，例如：小米儿 xiǎomǐr 读作 xiǎomiěr，有趣儿 yǒuqùr 读作 yǒuquèr。

（4）韵母 -i（前、后）儿化后失去原韵母，加上 er，例如：单词儿 dāncír 读作 dāncér，果汁儿 guǒzhīr 读作 guǒzhēr。

（5）以 i 或 n 为韵尾的韵母，儿化后丢掉韵尾，同时在主要元音后面加 r，例如：树根儿 shùgēnr 读作 shùgēr，饭馆儿 fànguǎnr 读作 fànguǎr。

（6）以 ng 为韵尾的韵母，儿化后丢掉韵尾 ng，主要元音鼻化，同时在鼻化元音后加上 r，例如：板凳儿 bǎndèngr 读作 bǎndèr，西瓜瓤儿 xīguārángr 读作 xīguārár。

（7）韵母 in、ün 儿化后，丢掉韵尾 n，主要元音保留，后面加上 er；韵母 ing 儿化后，丢掉韵尾 ng，主要元音保留，后面另加上鼻化的 er，例如：花瓶儿 huāpíngr 读作 huāpiér，手印儿 shǒuyìnr 读作 shǒuyièr。

## 附　录　普通话水平测试用必读轻声词语表

（1）本表根据《普通话水平测试用普通话词语表》编制。

（2）本表供普通话水平测试第二项——朗读多音节词语（100 个音节）测试使用。

（3）本表共收词 546 条（其中“子”尾词 206 条），按汉语拼音字母顺序排列。

（4）条目中的非轻声音节只标本调，不标变调；条目中的轻声音节，注音不标调号，如：“明白　míngbai”。

| | | | |
|---|---|---|---|
| 1. 爱人　àiren | 2. 案子　ànzi | 3. 巴掌　bāzhang | 4. 把子　bǎzi |
| 5. 把子　bàzi | 6. 爸爸　bàba | 7. 白净　báijing | 8. 班子　bānzi |
| 9. 板子　bǎnzi | 10. 帮手　bāngshou | 11. 梆子　bāngzi | 12. 膀子　bǎngzi |
| 13. 棒槌　bàngchui | 14. 棒子　bàngzi | 15. 包袱　bāofu | 16. 包涵　bāohan |
| 17. 包子　bāozi | 18. 豹子　bàozi | 19. 杯子　bēizi | 20. 被子　bèizi |
| 21. 本事　běnshi | 22. 本子　běnzi | 23. 鼻子　bízi | 24. 比方　bǐfang |
| 25. 鞭子　biānzi | 26. 扁担　biǎndan | 27. 辫子　biànzi | 28. 别扭　bièniu |
| 29. 饼子　bǐngzi | 30. 拨弄　bōnong | 31. 脖子　bózi | 32. 簸箕　bòji |
| 33. 补丁　bǔding | 34. 不由得　bùyóude | 35. 不在乎　bùzàihu | 36. 步子　bùzi |
| 37. 部分　bùfen | 38. 财主　cáizhu | 39. 裁缝　cáifeng | 40. 苍蝇　cāngying |
| 41. 差事　chāishi | 42. 柴火　cháihuo | 43. 肠子　chángzi | 44. 厂子　chǎngzi |
| 45. 场子　chǎngzi | 46. 车子　chēzi | 47. 称呼　chēnghu | 48. 池子　chízi |
| 49. 尺子　chǐzi | 50. 虫子　chóngzi | 51. 绸子　chóuzi | 52. 除了　chúle |

（续上表）

| | | | |
|---|---|---|---|
| 53. 锄头　chútou | 54. 畜生　chùsheng | 55. 窗户　chuānghu | 56. 窗子　chuāngzi |
| 57. 锤子　chuízi | 58. 刺猬　cìwei | 59. 凑合　còuhe | 60. 村子　cūnzi |
| 61. 耷拉　dāla | 62. 答应　dāying | 63. 打扮　dǎban | 64. 打点　dǎdian |
| 65. 打发　dǎfa | 66. 打量　dǎliang | 67. 打算　dǎsuan | 68. 打听　dǎting |
| 69. 大方　dàfang | 70. 大爷　dàye | 71. 大夫　dàifu | 72. 带子　dàizi |
| 73. 袋子　dàizi | 74. 单子　dānzi | 75. 耽搁　dānge | 76. 耽误　dānwu |
| 77. 胆子　dǎnzi | 78. 担子　dànzi | 79. 刀子　dāozi | 80. 道士　dàoshi |
| 81. 稻子　dàozi | 82. 灯笼　dēnglong | 83. 凳子　dèngzi | 84. 提防　dīfang |
| 85. 笛子　dízi | 86. 底子　dǐzi | 87. 地道　dìdao | 88. 地方　dìfang |
| 89. 弟弟　dìdi | 90. 弟兄　dìxiong | 91. 点心　diǎnxin | 92. 调子　diàozi |
| 93. 钉子　dīngzi | 94. 东家　dōngjia | 95. 东西　dōngxi | 96. 动静　dòngjing |
| 97. 动弹　dòngtan | 98. 豆腐　dòufu | 99. 豆子　dòuzi | 100. 嘟囔　dūnang |
| 101. 肚子　dǔzi | 102. 肚子　dùzi | 103. 缎子　duànzi | 104. 对付　duìfu |
| 105. 对头　duìtou | 106. 队伍　duìwu | 107. 多么　duōme | 108. 蛾子　ézi |
| 109. 儿子　érzi | 110. 耳朵　ěrduo | 111. 贩子　fànzi | 112. 房子　fángzi |
| 113. 废物　fèiwu | 114. 份子　fènzi | 115. 风筝　fēngzheng | 116. 疯子　fēngzi |
| 117. 福气　fúqi | 118. 斧子　fǔzi | 119. 盖子　gàizi | 120. 甘蔗　gānzhe |
| 121. 杆子　gānzi | 122. 杆子　gǎnzi | 123. 干事　gànshi | 124. 杠子　gàngzi |
| 125. 高粱　gāoliang | 126. 膏药　gāoyao | 127. 稿子　gǎozi | 128. 告诉　gàosu |
| 129. 疙瘩　gēda | 130. 哥哥　gēge | 131. 胳膊　gēbo | 132. 鸽子　gēzi |
| 133. 格子　gézi | 134. 个子　gèzi | 135. 根子　gēnzi | 136. 跟头　gēntou |
| 137. 工夫　gōngfu | 138. 弓子　gōngzi | 139. 公公　gōnggong | 140. 功夫　gōngfu |
| 141. 钩子　gōuzi | 142. 姑姑　gūgu | 143. 姑娘　gūniang | 144. 谷子　gǔzi |
| 145. 骨头　gǔtou | 146. 故事　gùshi | 147. 寡妇　guǎfu | 148. 褂子　guàzi |
| 149. 怪物　guàiwu | 150. 关系　guānxi | 151. 官司　guānsi | 152. 罐头　guàntou |
| 153. 罐子　guànzi | 154. 规矩　guīju | 155. 闺女　guīnü | 156. 鬼子　guǐzi |
| 157. 柜子　guìzi | 158. 棍子　gùnzi | 159. 锅子　guōzi | 160. 果子　guǒzi |
| 161. 蛤蟆　háma | 162. 孩子　háizi | 163. 含糊　hánhu | 164. 汉子　hànzi |
| 165. 行当　hángdang | 166. 合同　hétong | 167. 和尚　héshang | 168. 核桃　hétao |
| 169. 盒子　hézi | 170. 红火　hónghuo | 171. 猴子　hóuzi | 172. 后头　hòutou |
| 173. 厚道　hòudao | 174. 狐狸　húli | 175. 胡萝卜　húluóbo | 176. 胡琴　húqin |
| 177. 糊涂　hútu | 178. 护士　hùshi | 179. 皇上　huángshang | 180. 幌子　huǎngzi |
| 181. 活泼　huópo | 182. 火候　huǒhou | 183. 伙计　huǒji | 184. 机灵　jīling |
| 185. 脊梁　jǐliang | 186. 记号　jìhao | 187. 记性　jìxing | 188. 夹子　jiāzi |

（续上表）

| | | | |
|---|---|---|---|
| 189. 家伙 jiāhuo | 190. 架势 jiàshi | 191. 架子 jiàzi | 192. 嫁妆 jiàzhuang |
| 193. 尖子 jiānzi | 194. 茧子 jiǎnzi | 195. 剪子 jiǎnzi | 196. 见识 jiànshi |
| 197. 毽子 jiànzi | 198. 将就 jiāngjiu | 199. 交情 jiāoqing | 200. 饺子 jiǎozi |
| 201. 叫唤 jiàohuan | 202. 轿子 jiàozi | 203. 结实 jiēshi | 204. 街坊 jiēfang |
| 205. 姐夫 jiěfu | 206. 姐姐 jiějie | 207. 戒指 jièzhi | 208. 金子 jīnzi |
| 209. 精神 jīngshen | 210. 镜子 jìngzi | 211. 舅舅 jiùjiu | 212. 橘子 júzi |
| 213. 句子 jùzi | 214. 卷子 juànzi | 215. 咳嗽 késou | 216. 客气 kèqi |
| 217. 空子 kòngzi | 218. 口袋 kǒudai | 219. 口子 kǒuzi | 220. 扣子 kòuzi |
| 221. 窟窿 kūlong | 222. 裤子 kùzi | 223. 快活 kuàihuo | 224. 筷子 kuàizi |
| 225. 框子 kuàngzi | 226. 阔气 kuòqi | 227. 喇叭 lǎba | 228. 喇嘛 lǎma |
| 229. 篮子 lánzi | 230. 懒得 lǎnde | 231. 浪头 làngtou | 232. 老婆 lǎopo |
| 233. 老实 lǎoshi | 234. 老太太 lǎotàitai | 235. 老头子 lǎotóuzi | 236. 老爷 lǎoye |
| 237. 老子 lǎozi | 238. 姥姥 lǎolao | 239. 累赘 léizhui | 240. 篱笆 líba |
| 241. 里头 lǐtou | 242. 力气 lìqi | 243. 厉害 lìhai | 244. 利落 lìluo |
| 245. 利索 lìsuo | 246. 例子 lìzi | 247. 栗子 lìzi | 248. 痢疾 lìji |
| 249. 连累 liánlei | 250. 帘子 liánzi | 251. 凉快 liángkuai | 252. 粮食 liángshi |
| 253. 两口子 liǎngkǒuzi | 254. 料子 liàozi | 255. 林子 línzi | 256. 翎子 língzi |
| 257. 领子 lǐngzi | 258. 溜达 liūda | 259. 聋子 lóngzi | 260. 笼子 lóngzi |
| 261. 炉子 lúzi | 262. 路子 lùzi | 263. 轮子 lúnzi | 264. 萝卜 luóbo |
| 265. 骡子 luózi | 266. 骆驼 luòtuo | 267. 妈妈 māma | 268. 麻烦 máfan |
| 269. 麻利 máli | 270. 麻子 mázi | 271. 马虎 mǎhu | 272. 码头 mǎtou |
| 273. 买卖 mǎimai | 274. 麦子 màizi | 275. 馒头 mántou | 276. 忙活 mánghuo |
| 277. 冒失 màoshi | 278. 帽子 màozi | 279. 眉毛 méimao | 280. 媒人 méiren |
| 281. 妹妹 mèimei | 282. 门道 méndao | 283. 眯缝 mīfeng | 284. 迷糊 míhu |
| 285. 面子 miànzi | 286. 苗条 miáotiao | 287. 苗头 miáotou | 288. 名堂 míngtang |
| 289. 名字 míngzi | 290. 明白 míngbai | 291. 蘑菇 mógu | 292. 模糊 móhu |
| 293. 木匠 mùjiang | 294. 木头 mùtou | 295. 那么 nàme | 296. 奶奶 nǎinai |
| 297. 难为 nánwei | 298. 脑袋 nǎodai | 299. 脑子 nǎozi | 300. 能耐 néngnai |
| 301. 你们 nǐmen | 302. 念叨 niàndao | 303. 念头 niàntou | 304. 娘家 niángjia |
| 305. 镊子 nièzi | 306. 奴才 núcai | 307. 女婿 nǚxu | 308. 暖和 nuǎnhuo |
| 309. 疟疾 nüèji | 310. 拍子 pāizi | 311. 牌楼 páilou | 312. 牌子 páizi |
| 313. 盘算 pánsuan | 314. 盘子 pánzi | 315. 胖子 pàngzi | 316. 狍子 páozi |
| 317. 盆子 pénzi | 318. 朋友 péngyou | 319. 棚子 péngzi | 320. 脾气 píqi |
| 321. 皮子 pízi | 322. 痞子 pǐzi | 323. 屁股 pìgu | 324. 片子 piānzi |

（续上表）

| | | | |
|---|---|---|---|
| 325. 便宜 piányi | 326. 骗子 piànzi | 327. 票子 piàozi | 328. 漂亮 piàoliang |
| 329. 瓶子 píngzi | 330. 婆家 pójia | 331. 婆婆 pópo | 332. 铺盖 pūgai |
| 333. 欺负 qīfu | 334. 旗子 qízi | 335. 前头 qiántou | 336. 钳子 qiánzi |
| 337. 茄子 qiézi | 338. 亲戚 qīnqi | 339. 勤快 qínkuai | 340. 清楚 qīngchu |
| 341. 亲家 qìngjia | 342. 曲子 qǔzi | 343. 圈子 quānzi | 344. 拳头 quántou |
| 345. 裙子 qúnzi | 346. 热闹 rènao | 347. 人家 rénjia | 348. 人们 rénmen |
| 349. 认识 rènshi | 350. 日子 rìzi | 351. 褥子 rùzi | 352. 塞子 sāizi |
| 353. 嗓子 sǎngzi | 354. 嫂子 sǎozi | 355. 扫帚 sàozhou | 356. 沙子 shāzi |
| 357. 傻子 shǎzi | 358. 扇子 shànzi | 359. 商量 shāngliang | 360. 晌午 shǎngwu |
| 361. 上司 shàngsi | 362. 上头 shàngtou | 363. 烧饼 shāobing | 364. 勺子 sháozi |
| 365. 少爷 shàoye | 366. 哨子 shàozi | 367. 舌头 shétou | 368. 身子 shēnzi |
| 369. 什么 shénme | 370. 婶子 shěnzi | 371. 生意 shēngyi | 372. 牲口 shēngkou |
| 373. 绳子 shéngzi | 374. 师父 shīfu | 375. 师傅 shīfu | 376. 虱子 shīzi |
| 377. 狮子 shīzi | 378. 石匠 shíjiang | 379. 石榴 shíliu | 380. 石头 shítou |
| 381. 时候 shíhou | 382. 实在 shízai | 383. 拾掇 shíduo | 384. 使唤 shǐhuan |
| 385. 世故 shìgu | 386. 似的 shìde | 387. 事情 shìqing | 388. 柿子 shìzi |
| 389. 收成 shōucheng | 390. 收拾 shōushi | 391. 首饰 shǒushi | 392. 叔叔 shūshu |
| 393. 梳子 shūzi | 394. 舒服 shūfu | 395. 舒坦 shūtan | 396. 疏忽 shūhu |
| 397. 爽快 shuǎngkuai | 398. 思量 sīliang | 399. 算计 suànji | 400. 岁数 suìshu |
| 401. 孙子 sūnzi | 402. 他们 tāmen | 403. 它们 tāmen | 404. 她们 tāmen |
| 405. 台子 táizi | 406. 太太 tàitai | 407. 摊子 tānzi | 408. 坛子 tánzi |
| 409. 毯子 tǎnzi | 410. 桃子 táozi | 411. 特务 tèwu | 412. 梯子 tīzi |
| 413. 蹄子 tízi | 414. 挑剔 tiāoti | 415. 挑子 tiāozi | 416. 条子 tiáozi |
| 417. 跳蚤 tiàozao | 418. 铁匠 tiějiang | 419. 亭子 tíngzi | 420. 头发 tóufa |
| 421. 头子 tóuzi | 422. 兔子 tùzi | 423. 妥当 tuǒdang | 424. 唾沫 tuòmo |
| 425. 挖苦 wāku | 426. 娃娃 wáwa | 427. 袜子 wàzi | 428. 晚上 wǎnshang |
| 429. 尾巴 wěiba | 430. 委屈 wěiqu | 431. 为了 wèile | 432. 位置 wèizhi |
| 433. 位子 wèizi | 434. 蚊子 wénzi | 435. 稳当 wěndang | 436. 我们 wǒmen |
| 437. 屋子 wūzi | 438. 稀罕 xīhan | 439. 席子 xízi | 440. 媳妇 xífu |
| 441. 喜欢 xǐhuan | 442. 瞎子 xiāzi | 443. 匣子 xiázi | 444. 下巴 xiàba |
| 445. 吓唬 xiàhu | 446. 先生 xiānsheng | 447. 乡下 xiāngxia | 448. 箱子 xiāngzi |
| 449. 相声 xiàngsheng | 450. 消息 xiāoxi | 451. 小伙子 xiǎohuǒzi | 452. 小气 xiǎoqi |
| 453. 小子 xiǎozi | 454. 笑话 xiàohua | 455. 谢谢 xièxie | 456. 心思 xīnsi |
| 457. 星星 xīngxing | 458. 猩猩 xīngxing | 459. 行李 xíngli | 460. 性子 xìngzi |

（续上表）

| | | | |
|---|---|---|---|
| 461. 兄弟　xiōngdi | 462. 休息　xiūxi | 463. 秀才　xiùcai | 464. 秀气　xiùqi |
| 465. 袖子　xiùzi | 466. 靴子　xuēzi | 467. 学生　xuésheng | 468. 学问　xuéwen |
| 469. 丫头　yātou | 470. 鸭子　yāzi | 471. 衙门　yámen | 472. 哑巴　yǎba |
| 473. 胭脂　yānzhi | 474. 烟筒　yāntong | 475. 眼睛　yǎnjing | 476. 燕子　yànzi |
| 477. 秧歌　yāngge | 478. 养活　yǎnghuo | 479. 样子　yàngzi | 480. 吆喝　yāohe |
| 481. 妖精　yāojing | 482. 钥匙　yàoshi | 483. 椰子　yēzi | 484. 爷爷　yéye |
| 485. 叶子　yèzi | 486. 一辈子　yībèizi | 487. 衣服　yīfu | 488. 衣裳　yīshang |
| 489. 椅子　yǐzi | 490. 意思　yìsi | 491. 银子　yínzi | 492. 影子　yǐngzi |
| 493. 应酬　yìngchou | 494. 柚子　yòuzi | 495. 冤枉　yuānwang | 496. 院子　yuànzi |
| 497. 月饼　yuèbing | 498. 月亮　yuèliang | 499. 云彩　yúncai | 500. 运气　yùnqi |
| 501. 在乎　zàihu | 502. 咱们　zánmen | 503. 早上　zǎoshang | 504. 怎么　zěnme |
| 505. 扎实　zhāshi | 506. 眨巴　zhǎba | 507. 栅栏　zhàlan | 508. 宅子　zháizi |
| 509. 寨子　zhàizi | 510. 张罗　zhāngluo | 511. 丈夫　zhàngfu | 512. 帐篷　zhàngpeng |
| 513. 丈人　zhàngren | 514. 帐子　zhàngzi | 515. 招呼　zhāohu | 516. 招牌　zhāopai |
| 517. 折腾　zhēteng | 518. 这个　zhège | 519. 这么　zhème | 520. 枕头　zhěntou |
| 521. 芝麻　zhīma | 522. 知识　zhīshi | 523. 侄子　zhízi | 524. 指甲　zhǐjia（zhījia） |
| 525. 指头　zhǐtou（zhítou） | 526. 种子　zhǒngzi | 527. 珠子　zhūzi | 528. 竹子　zhúzi |
| 529. 主意　zhǔyi（zhúyi） | 530. 主子　zhǔzi | 531. 柱子　zhùzi | 532. 爪子　zhuǎzi |
| 533. 转悠　zhuànyou | 534. 庄稼　zhuāngjia | 535. 庄子　zhuāngzi | 536. 壮实　zhuàngshi |
| 537. 状元　zhuàngyuan | 538. 锥子　zhuīzi | 539. 桌子　zhuōzi | 540. 字号　zìhao |
| 541. 自在　zìzai | 542. 粽子　zòngzi | 543. 祖宗　zǔzong | 544. 嘴巴　zuǐba |
| 545. 作坊　zuōfang | 546. 琢磨　zhuómo | | |

# 下 编

# 第五章　普通话水平测试第一项——单音节字词朗读

## 第一节　单音节字词朗读

### 一、单音节字词朗读检测点

单音节字词朗读检测重点在声母、韵母和声调是否有朗读方面的错误与缺陷。

### 二、单音节字词朗读的评判细则

**（一）测试时针对声母的评判细则**

1. *声母错误*

主要指将普通话的一类声母读成另一类声母，造成音节的辨义错误。常见的声母错误有：

（1）将 n 读成 l，或将 l 读成 n，或将 n 读成 ng；

（2）将 z、c、s 读成 zh、ch、sh，或将 zh、ch、sh 读成 z、c、s；

（3）将送气音读成同部位的非送气音，或将非送气音读成同部位的送气音；

（4）将普通话音系中不同部位的声母换位，如将 h（花）、f（发）换位，将 zh（朱）、j（居）换位；

（5）将 r 声母读成 z、l、n 或零声母，或将零声母字读成 m（如“舞”）、ng（如“眼”）声母字。

2. *声母缺陷*

主要指声母的发音部位不准确、不到位，以致产生辨义错误。常见的声母缺陷有：

（1）将舌面前声母 j、q、x 读得太接近舌尖前声母 z、c、s，但还不是 z、c、s；

（2）将舌面前声母 j、q、x 读成舌叶音；

（3）将舌尖后音声母 zh、ch、sh、r 读得偏前，舌尖趋近于上齿或上牙床的位置；

（4）将舌尖前塞擦音声母读成齿间的塞擦音声母；

（5）将舌根擦音 h [x] 读成深喉的 h [x]；

（6）将清塞音或清塞擦音声母读成浊塞音或浊塞擦音声母。

**（二）测试时针对韵母的评判细则**

1. *韵母错误*

韵母错误主要指韵母发音类型错误而造成音节辨义的错误，或按方音模式对普通话音素结构进行改造。主要表现有：

（1）将前鼻音韵母读成后鼻音韵母，或将后鼻音韵母读成前鼻音韵母；

（2）韵母四呼发生错误，将撮口呼韵母读成齐齿呼韵母或合口呼韵母，或将合口呼韵母读成撮口呼韵母；

（3）将舌面后半高不圆唇单元音韵母 e（如“车”、“河”）读成舌面前半低不圆唇单元音韵母 ê，或将一类单元音韵母换成另一类单元音韵母；

（4）er 或儿化韵无卷舌音色彩；

（5）将复元音韵母单元音化（如将 uo 改作［o］或［ɜ］，将 ai 改作［ɛ］），将三合元音韵母改作二合元音韵母（如将 uai 改作［uɛ］）；

（6）将普通话的宽窄复韵母（ai—ei、uai—uei、an—en、uan—uen 等）换位；

（7）将鼻尾韵母改作鼻化韵母；

（8）遗留明显的方言入声韵尾。

2. 韵母缺陷

韵母缺陷主要指韵母发音不到位、不准确，但还不至于发生韵类与辨义错误。常见的韵母缺陷有：

（1）单元音韵母 i、u、ü 或舌尖元音带有明显摩擦成分；

（2）单元音 u 舌位明显偏前；

（3）卷舌韵母 er 发音不自然，主元音偏高、偏低或偏前，或将一个音素发成两个音素；

（4）合口呼与撮口呼的圆唇度明显不够，听感上有明显差异；

（5）复元音韵母动作程度明显不够，主元音发音不到位或韵尾咬得过死；

（6）ou、iou 韵腹、韵尾整体舌位偏前；

（7）in、ing 韵腹、韵尾之间加入流音 ei；

（8）鼻音韵尾发音过长或咬得太死，或前鼻音韵尾成阻位置偏后，后鼻音韵尾成阻位置偏前。

### （三）测试时针对声调的评判细则

1. 声调错误

声调错误指普通话四个声调调类的错读以及各调类调形（升降曲折）行进方向和调值高低的明显错误。常见的声调错误有：

（1）将普通话的一类调值读成另一类调值，如将“室”（去声）读成上声，将“微”（阴平）读成阳平，将“穴”（阳平）读成去声；

（2）按方言调形将普通话的平调读成升调或降调，或将普通话的升、降、曲折调读作平调；

（3）将普通话的阴平调读作中平、半低平或低平；

（4）将普通话的升、降调形倒置；

（5）将阳平 35 读作低升 13，或将去声 51 读作低降 31；

（6）上声调只降不升。

2. 声调缺陷

声调缺陷指在调形、调势基本正确的前提下调值偏低或偏高，尤其是普通话四个声调起点和落点的相对高低的明显不一致。主要表现有：

（1）阴平保持平调，但（尤其在重读音节中）调值略低（44，尚高于中平33）；

（2）阳平略带曲折（中间曲折作325，或调尾又作降势拖音）；

（3）上声开头略高，或上升不到4；

（4）去声为降调，但起点不足5或落点不到1。

应试者在把握声、韵、调各自发音要求的基础上，还要注意音节与音节之间的相互影响，从整体上全面辩证地把握“坚实、明亮、饱满”的要求，更应注重实际操练。

## 第二节　单音节字词朗读技巧与训练指导

普通话水平测试的“单音节字词朗读”，主要是从微观上检测应试者“语音点”上标准程度的非应用性水平。100个单音节字词，应试者需要一个字一个字地朗读。测试员通过音质听辨，判断其每个字的音节中声母、韵母、声调的发音标准程度，然后综合决定该字发音是正确还是有缺陷，或者是错误，进而精确给出量化的分数。这里评判的正确要求比较高，它不同于语流中一个字的读音正确。正确的内涵应该是完整、清楚、饱满，要把一个单音节字词读得完整、清楚、饱满，关键是要把音节中的声母、韵母、声调读得完美正确。完美正确应该理解为“坚实、明亮、饱满”。

### 一、坚实

“坚实”，就声母而言，指发音时既要有力度，又要利索。基础是发音训练时熟悉掌握声母的发音部位和发音方法。训练的形式多种多样，如口腔操、绕口令等形式都是有效而实用的强化训练方法。

**（一）声母基础训练（以下列词语第一个字的声母为主）**

b　包办　报表　不必　辨别　弊病　步兵　标榜　把柄

p　批评　匹配　偏僻　枇杷　瓢泼　澎湃

m　秘密　美满　默默　埋没　命脉　茂密

f　仿佛　非法　丰富　犯法　防范　芬芳　肺腑

d　达到　等待　地点　奠定　单调　大豆　打斗

t　团体　探讨　淘汰　体态　推脱　体贴　跳台　天堂

n　能耐　扭捏　泥泞　袅袅　奶奶　南宁

l　来临　力量　联络　历来　流利　理论　冷落

g　规格　巩固　公告　国歌　改观　故宫　高贵

k　可靠　慷慨　苛刻　旷课　亏空　困苦　开垦

h　合乎　荷花　呼唤　豪华　红火　辉煌　黄河　憨厚

j　经济　解决　紧急　即将　基建

q　祈求　亲切　确切　牵强　前期　窃取　全权

x　相信　学习　喜讯　详细　谢谢　现行　形象

zh 支柱　政治　主张　住宅　专职　注重　站长
ch 长城　出差　拆除　超车　惩处　查处　车床
sh 神圣　事实　少数　省事　设施　失实　闪烁
r　荣辱　仍然　柔弱　荏苒　容忍　柔韧
z　自尊　罪责　总则　做作　栽赃　遭罪
c　粗糙　参差　层次　仓促　残存
s　三思　松散　搜索　琐碎　诉讼

### （二）声母难点训练

第一组：zh、ch、sh—z、c、s

1. zh、ch、sh 组声母字与 z、c、s 组声母字单独练习

政治　指正　专职　出差　车窗　闪烁　神圣　手术　做作　遭罪　造作　粗糙
仓促　从此　思索　搜索

2. zh、ch、sh 组声母字与 z、c、s 组声母字综合练习

制作　沼泽　指责　贞操　政策　仲裁　诊所　竹笋　周岁　超载　插足　赤字
冲刺　成才　纯粹　沉思　陈述　场所　擅自　上座　肾脏　赏赐　水彩　顺从
输送　深思　申诉

3. z、c、s 组声母字与 zh、ch、sh 组声母字混合训练

自主　组织　总之　组成　资产　赞成　资深　姿势　杂税　存折　村镇　磁场
促成　慎重　草创　残杀　措施　磋商　诉状　苏州　松针　松弛　酸楚　丝绸
散失　随手　宿舍

4. z、c、s 组声母字与 zh、ch、sh 词语对比训练

资源—支援　阻力—主力　自理—治理　自愿—志愿　造就—照旧　自序—秩序
赞歌—战歌　散光—闪光　从来—重来　电磁—电池　粗布—初步　激素—基数
木材—木柴　新村—新春　鱼刺—鱼翅　死结—使节

第二组：n—l

1. 单字训练

那—辣　耐—赖　内—累　脑—老　南—兰　能—棱　囊—狼　你—里　聂—列
尿—料　牛—流　年—连　您—林　娘—良　宁—零　怒—路　暖—卵　农—龙
女—吕　虐—略　挪—罗　讷—乐　嫩—轮

2. 利用前一个音节韵尾的 -n，发好后一个音节的鼻音声母 n

新年　今年　困难　电脑　观念　喧闹　烦恼　忍耐　信念　愤怒　搬弄　叛逆
本能　沉溺　患难　按钮　悬念　端倪

3. 训练在不受鼻音干扰的情况下发好边音声母 l

大量　波浪　活力　治疗　绝路　劳累　迷恋　法律　系列　希腊　道理　吃力
贿赂　石榴　巴黎　锅炉　牢笼　波兰

4. 训练在有鼻音干扰的情况下发好边音声母 l

分类　森林　锻炼　公路　建立　村落　谈论　贪婪　眼泪　战略　婚礼　残留
饮料　原料　伴侣　绚丽　统领

5. n组声母字与l组声母字单独训练
联络　拦路　流浪　浏览　伦理　料理　劳力　笼络　轮流
男女　能耐　泥泞　农奴　袅娜　南宁　牛奶　拿捏　泥淖
6. n组声母字与l组声母字综合训练
留念　辽宁　尼龙　来年　老农　落难　流脑　岭南　冷暖　两难　遛鸟　那里
耐力　农历　暖流　嫩绿　奶酪　内陆　女郎　哪里　逆流　耐劳　能量　能力
内乱　纳凉　笼中之鸟　南来北往　年轻力壮　能者多劳
第三组：f—h
1. 单字训练
发—花　翻—欢　方—荒　非—挥　分—昏　风—轰　夫—乎
2. f声母字音与h（u）声母字音综合训练
返回　分化　符合　防护　繁华　挥发　豪放　混纺　回复　反悔　耗费　会费
废话　恢复　互访　防洪　化肥　荒废　风华正茂　风云变幻　返老还童　翻天覆地
呼风唤雨　狐假虎威　奋发图强　胡作非为　飞黄腾达　逢凶化吉　回光返照　防患未然
3. 词语对比训练
公费—工会　船夫—传呼　俯视—虎视　放荡—晃荡　反冲—缓冲　翻阅—欢悦
风干—烘干　发凡—花环　富丽—互利　西服—西湖　犯病—患病　复句—沪剧
废置—绘制　发誓—花市
第四组：j、q、x—g、k、h
1. j、q、x声母字音与g、k、h声母字音混合训练
基　欺　希　哥　科　喝　焦急　计较　清泉　欠缺　想象　休息　小学　详细
喜讯　玄虚　相信　虚心
2. j、q、x声母字音与g、k、h声母字音综合训练
给予　街道　阶级　地窖　首届　眼角　敲打　惊吓　衔接　小巷　项链　银杏
鞋油　咸菜　镶嵌　睡觉　解开　项目

## 二、明亮

“明亮”，就韵母而言，指发音时要注意韵头、韵腹、韵尾三者之间的比例关系。韵母中的韵腹应最突出，发音既要重又要响，使韵头、韵腹、韵尾连成一个没有任何痕迹的整体，最终呈现出一个明晰的亮点。为达到此种程度，应试者必须熟悉所有韵母各自单独的发音动程图，并实行强化训练。

### （一）基础训练

ɑ　大厦　喇叭　发达　话匣　发卡　打压
o　渊博　观摩　琢磨　广播
e　合格　客车　色泽　特色　苛刻
i　地理　礼仪　体系　毅力　利益
u　初步　读书　舒服　嘱咐　富户　吐露　补助

ü 区域 语序 聚居 絮语 语序
-i（前） 司机 私自 此次
-i（后） 知识 迟滞 指示 吃食
er 耳朵 偶尔 儿童 女儿
ai 白菜 爱戴 海带 彩排 买卖 灾害 拆开 拍卖 采摘
ei 北美 霏霏 蓓蕾 配备 肥美 飞贼
ao 报告 牢靠 草稿 号召 草包 吵闹 逃跑
ou 欧洲 口头 丑陋 猴头 筹谋 手头 抖擞 收购 兜售
ia 假芽 假牙 加价 压价
ie 结业 斜街 谢谢 铁鞋 贴切
iao 苗条 叫嚣 教条 巧妙 妙药 吊桥 逍遥
iou 悠久 绣球 久留 求救 优秀 牛油 金秋
ua 夸奖 中华 转化 狠抓 耍滑 花袜 娃娃
uo 蹉跎 过错 骆驼 没落 啰唆 懦弱 脱落
uai 摔坏 坦率 揣度 奇怪 外快 怀揣
uei 回归 水位 摧毁 灰堆 鬼祟 归队 回味
üe 绝学 雪月 约略 雀跃 决绝
an 繁难 淡蓝 坦然 橄榄 反感 感叹 勘探 漫谈
en 人参 深圳 愤恨 沉闷 本分 车门 根本 认真
ang 纲常 螳螂 上当 盲肠 帮忙 当场 商场 厂房
eng 风声 萌生 鹏程 丰盛 更正 冷风 整风
ian 变迁 偏见 连绵 沿线 电线 简便 鲜艳
iang 向阳 响亮 想象 将相 湘江
in 尽心 殷勤 金银 琴音 濒临 拼音 辛勤 近亲 亲近 紧邻
ing 情景 倾听 精兵 经营 命令 宁静 清明 庆幸 明星 英明
uan 传唤 贯穿 宽缓 专断 婉转 转弯
uen 温顺 温存 昆仑 论文 分寸 困顿 沉稳
uang 狂妄 矿床 装潢 状况 双簧
ong 公众 轰动 总统 从容 共同 空洞 隆重
ueng 老翁 水瓮 蓊郁
üan 渊源 全权 圆圈 轩辕 源泉
ün 军训 均匀 逡巡 纭纭 云吞
iong 汹涌 运用 穷凶

## （二）容易出错的韵母训练

第一组：in—ing

1. in 组音节和 ing 组音节字对比训练

宾—兵 贫—平 民—名 您—凝 林—灵 近—竟 亲—轻
新—兴 音—英

2. in 组音节和 ing 组音节词语对比训练

拼音　濒临　辛勤　薪金　音信　信心　近邻　殷勤　金银　清醒　评定　情形
平行　聆听　精明　精兵　命令　倾听
民心—明星　金银—经营　禁止—静止　亲近—清净　寝室—请示　人民—人名
信服—幸福　贫民—平明　辛勤—性情　辛勤—心情

3. in 组音节和 ing 组音节词语综合训练

拼命　尽兴　心情　进兵　品行　进行　民警　引擎　尽情　新型　领巾　品性
精心　清贫　清音　凭信　倾心　近景　病因　隐形　心灵　新颖　听信　金星
清馨　轻信　巾帼英雄　临危授命　前程似锦　心心相印　心惊胆战

第二组：en—eng

1. en 组音节训练

门诊　人参　身份　粉尘　愤恨　本分　沉闷　认真　深沉

2. eng 组音节训练

整风　逞能　更正　丰盛　升腾　成风　吭声

3. en 组音节和 eng 组音节字对比训练

笨—蹦　盆—棚　门—盟　分—风　嫩—能　跟—耕　肯—坑　痕—横　真—争
晨—成　身—生　人—仍　怎—增　岑—层　森—僧　扽—邓　疼—冷

4. en 组音节和 eng 组音节词语对比训练

陈旧—成就　身世—声势　市镇—市政　瓜分—刮风　人参—人生　诊治—整治
阵势—正式　珍异—争议　审视—省事

5. en 组音节和 eng 组音节词语综合训练

人生　真诚　本能　认生　奔腾　证人　烹饪　成分　省份　横亘　冷门　人称
憎恨　神圣　胜任　风尘　纷争　政审　诚恳　深耕　喷香　成本　缝纫　生辰
承认　仁政　愣神

第三组：e—uo

1. e 组音节训练

客车　割舍　折射　苛刻　隔阂　折合　特色　苛责　褐色

2. uo 组音节训练

蹉跎　阔绰　脱落　活捉　火锅　过错　啰唆　懦弱　骆驼

3. e 组音节和 uo 组音节字对比训练

德—夺　特—唾　讷—诺　乐—落　哥—锅　课—扩　喝—或　遮—桌　车—戳
社—硕　热—若　则—昨　侧—错　色—所

4. e 组音节和 uo 组音节词语对比训练

褐色—货色　开课—开阔　恭贺—供货　河水—活水　客气—阔气　黄河—惶惑
合力—活力　客人—阔人　格式—国事

5. e 组音节和 uo 组音节词语综合训练

客座　课桌　恶魔　惹祸　胳膊　恶果　撮合　作恶　或者　国歌　磨合　破格
折磨　勒索　薄荷　隔膜　刻薄　波折

### 三、饱满

“饱满”，就声调而言，指发音时韵尾收音到位并使调值完整。假如音节的结束音素部分还没读完就戛然而止，会使整个音节显得不饱满。元音音素和辅音音素是普通话音节韵尾音素的两种类型，元音音素韵尾为 i、u、(o)，辅音音素韵尾为 n、ng。由于韵尾比韵腹的发音弱、轻、短些，容易匆匆收尾而滑落掉韵尾。声调发音贯穿于音节的全过程，应试者发音时切忌操之过急而造成缺陷。

**(一) 基础训练**

妈　麻　马　骂　一　移　已　易　屋　无　五　误　迂　鱼　语　遇　温　文　稳
问　汪　王　往　忘　灰　回　悔　会　非　肥　匪　费　夫　扶　府　副　七　骑
起　器　踢　提　体　剔　师　石　使　市　歌　阁　舸　个　滩　谈　坦　叹

**(二) 词语基础训练**

攀登　公司　倾听　中心　金牛　声明　温和　宣传　伤感　亲友　钢笔　经理
欺诈　工作　书架　音乐　成功　成都　时间　原因　年龄　民族　轮流　灵活
民主　填写　词典　名胜　培训　文化　服务　组织　指挥　嗓音　脑筋　阻拦
旅游　品德　指南　展览　领取　勇敢　打扫　伪造　总算　掌握　体验　信心
切身　假象　丧失　耐烦　内容　预防　视察　电网　地点　历史　后果　利润
论证　下降　现代　积极肯干　千锤百炼　光明磊落　胸怀广阔　大好河山
破釜沉舟　大有文章　墨守成规　风调雨顺　和颜悦色　平易近人　交头接耳
革故鼎新　得心应手　同舟共济　日新月异

**(三) 综合训练（诗词朗读）**

《春夜喜雨》：

好雨知时节，当春乃发生。随风潜入夜，润物细无声。野径云俱黑，江船火独明。晓看红湿处，花重锦官城。

《水槛遣心二首》：

去郭轩楹敞，无村眺望赊。澄江平少岸，幽树晚多花。细雨鱼儿出，微风燕子斜。城中十万户，此地两三家。

蜀天常夜雨，江槛已朝晴。叶润林塘密，衣干枕席清。不堪祗老病，何得尚浮名？浅把涓涓酒，深凭送此生。

## 第三节　单音节字词朗读模拟题

第一组（100 个单音节字词）

捣　阀　昆　拗（拗不过）　雨（雨水）　劣　染　最　鼓　脖　惨　留　哑
片（片刻）　得（得到）　履　让　瓜　笋　纠　喆　怒　襟　你　葱　耗　渣

眺 私 闫 凹（凹陷） 慨 棉 饵 促 烘 纹 摘 疗 硬 说（说谎）
绕 栓 逛 傻 宁（宁静） 血（吐血） 涩 闯 默 醇 贬 舱 馆 冤
跨 品 购 僵 唤 习 湃 往 税 捂（捂着） 快 掐 笨 剖 赛 宣
费 铁 炮（炮弹） 担（担心） 表 腔 森 噔 虐 洲 熔 上（上级）
准（准确） 鸥 雄 蛆 明 分（分辨） 别（区别） 蜜 吃 括 翁 怎
屉 则 训 给（给予） 横（一横）

第二组（100 个标注拼音的单音节字词）

| | | | | | | |
|---|---|---|---|---|---|---|
| 粗 cū | 忍 rěn | 藏 cáng | 午 wǔ | 缸 gāng | 震 zhèn | 纺 fǎng |
| 挂 guà | 忙 máng | 耍 shuǎ | 憎 zēng | 祸 huò | 乘 chéng | 索 suǒ |
| 正 zhèng | 踹 chuài | 缝 féng | 坏 huài | 梦 mèng | 隋 suí | 戏 xì |
| 褪 tùi | 溺 nì | 霞 xiá | 款 kuǎn | 颊 jiá | 环 huán | 掖 yè |
| 蒜 suàn | 谢 xiè | 弯 wān | 爹 diē | 舜 shùn | 飘 piāo | 损 sǔn |
| 表 biǎo | 闯 chuǎng | 铡 zhá | 白 bái | 杀 shā | 鹤 hè | 痣 zhì |
| 喆 zhé | 逮 dài | 若 ruò | 池 chí | 筛 shāi | 得 dé | 字 zì |
| 给 gěi | 二 èr | 鳃 sāi | 棉 mián | 宰 zǎi | 拣 jiǎn | 凹 āo |
| 淋 lín | 槽 cáo | 品 pǐn | 朝 zhāo | 腔 qiāng | 挠 náo | 巷 xiàng |
| 泡 pào | 柄 bǐng | 藕 ǒu | 另 lìng | 邹 zōu | 氢 qīng | 轴 zhóu |
| 腹 fù | 岸 àn | 努 nǔ | 榄 lǎn | 筑 zhù | 瘫 tān | 哭 kū |
| 判 pàn | 修 xiū | 撞 zhuàng | 玖 jiǔ | 童 tóng | 约 yuē | 胸 xiōng |
| 劝 quàn | 孔 kǒng | 徐 xú | 绒 róng | 俊 jùn | 翁 wēng | 略 lüè |
| 宋 sòng | 闫 yán | 掘 jué | 总 zǒng | 荀 xún | 穷 qióng | 旅 lǚ |
| 婶 shěn | 卷 juàn | | | | | |

# 附 录 普通话常用平翘舌辨音表

## zh－z 辨音字表

| | zh | z |
|---|---|---|
| a | ①扎（驻～）渣②闸铡扎（挣～）札（信～）③眨④乍炸榨蚱栅 | ①扎（包～）匝②杂砸 |
| e | ①遮②折哲辙③者④蔗浙这 | ②泽择责则 |
| u | ①朱珠蛛株诸猪②竹烛逐③主煮嘱④注蛀住柱驻贮祝铸筑箸 | ①租②族足卒③组阻祖 |
| －i | ①之芝支枝肢知蜘汁只织脂②直植殖值执职③止址趾旨指纸只④至窒致志治质帜挚掷秩置滞制智稚痔 | ①兹滋孳姿咨资孜龇甾辎③子仔籽梓滓紫④字自恣渍 |

（续上表）

| | zh | z |
|---|---|---|
| ai | ①摘斋②宅③窄④寨债 | ①灾哉栽③宰载④再在载（～重） |
| ei | | ②贼 |
| ao | ①昭招朝②着③找爪沼④照召赵兆罩 | ①遭糟②凿③早枣澡④造皂灶躁燥 |
| ou | ①周粥②轴③帚肘④宙昼咒骤皱 | ①邹③走④奏揍 |
| ua | ①抓 | |
| uo | ①桌捉拙卓②着酌灼浊镯啄琢 | ①作（～坊）②昨凿（确～）③左④坐座作柞祚做 |
| ui | ①追锥④缀赘坠 | ③嘴④最罪醉 |
| an | ①沾毡粘③盏展斩④占战站栈绽蘸 | ①簪②咱③攒④赞暂 |
| en | ①贞侦祯桢真③疹诊枕缜④振震帧阵镇 | ③怎 |
| ang | ①张章樟彰③长掌涨④丈仗杖帐涨瘴障 | ①赃脏（肮～）④葬藏脏 |
| eng | ①正（～月）征争睁挣③整拯④正政症证郑 | ①曾僧增缯④赠 |
| ong | ①中盅忠钟衷终③肿种（～子）④中（打～）种（～植）仲重众 | ①宗踪棕综鬃③总④纵粽 |
| uan | ①专砖③转④传转（～动）撰篆赚 | ①钻③纂④钻（～石） |
| un | ③准 | ①尊遵 |
| uang | ①庄桩装妆④壮状撞 | |

## ch－c 辨音字表

| | ch | c |
|---|---|---|
| a | ①叉杈插差（～别）②茶搽查察③衩④岔诧差（～错） | ①擦嚓 |
| e | ①车③扯④彻撤掣 | ④册策厕侧测 |
| u | ①出初②除厨橱锄躇刍雏③楚础杵储处（～分）④畜触矗处 | ①粗④卒猝促（仓～）醋簇 |
| －i | ①吃痴嗤②池弛迟持匙③尺齿耻侈豉④斥炽翅赤叱 | ①疵差（参～）②雌辞词祠瓷慈磁③此④次伺刺赐 |
| ai | ①差拆钗②柴豺 | ①猜②才财材裁③采彩睬④菜蔡 |
| ao | ①抄钞超②朝潮嘲巢③吵炒 | ①操糙②曹漕嘈槽③草 |
| ou | ①抽②仇筹畴踌绸稠酬愁③瞅丑④臭 | ④凑 |
| uo | ①踔戳④绰（～号）辍啜 | ①搓蹉撮　④措错挫锉 |

（续上表）

| | ch | c |
|---|---|---|
| uai | ③揣④踹 | |
| ui | ①吹炊②垂锤捶槌 | ①崔催摧④萃悴淬翠粹瘁脆 |
| an | ①搀掺②蝉禅谗潺缠蟾③铲产阐④忏颤 | ①餐参②蚕残惭③惨④灿 |
| en | ①琛嗔②辰晨宸沉忱陈橙臣④趁衬称（相～） | ①参（～差）②岑 |
| ang | ①昌猖娼伥②常嫦尝偿场肠长③厂场敞氅④倡唱畅怅 | ①仓苍舱沧②藏 |
| eng | ①称撑②成诚城盛（～水）呈程承乘澄惩③逞骋④秤 | ②曾层④蹭 |
| ong | ①充冲舂②重虫崇③宠④冲（～压） | ①匆葱囱聪②从丛淙 |
| uan | ①川穿②船传椽③喘④串钏 | ①蹿④窜篡 |
| un | ①春椿②唇纯淳醇③蠢 | ①村②存③忖④寸 |
| uang | ①窗疮创（～伤）②床③闯④创（～造） | |

## sh－s 辨音字表

| | sh | s |
|---|---|---|
| a | ①沙纱砂痧杀杉③傻④煞厦（大～） | ①撒③洒撒（～种）④卅萨飒 |
| e | ①奢赊②舌蛇③舍（～弃）④社舍射麝设摄涉赦 | ④塞（～责）瑟啬穑（稼～）色（～彩）涩 |
| u | ①书梳疏蔬舒殊叔淑输抒纾枢②孰塾赎③暑署薯曙鼠数属黍④树竖术述束漱恕数 | ①苏酥②俗④素塑诉肃粟宿速 |
| -i | ①尸师狮失施诗湿虱②十什拾石时识实食蚀③史使驶始屎矢④世势誓逝市示事是视室适饰士氏恃式试拭轼弑 | ①司私思斯丝鸶③死④四肆似寺 |
| ai | ①筛④晒 | ①腮鳃塞④塞（要～）赛 |
| ao | ①捎稍艄烧②勺芍杓韶③少（多～）④少（～年）哨绍邵 | ①臊骚搔③扫（～除）嫂④扫（～帚）臊（害～） |
| ou | ①收②熟③手首守④受授寿售兽瘦 | ①溲嗖飕搜艘馊③叟擞④嗽 |
| ua | ①刷③耍 | |
| uo | ①说④硕烁朔 | ①缩娑蓑梭唆③所锁琐索 |

（续上表）

| | sh | s |
|---|---|---|
| uai | ①衰③甩④帅率蟀 | |
| ui | ②谁③水④税睡 | ①虽尿②绥隋随③髓④岁碎穗隧燧遂 |
| an | ①山舢删衫珊姗栅跚③闪陕④扇善膳缮擅赡 | ①三叁③伞散（～文）④散 |
| en | ①申伸呻身深参（人～）②神③沈审婶④慎肾甚渗 | ①森 |
| ang | ①商墒伤③晌垧赏④上尚 | ①桑丧（～事）③嗓④丧 |
| eng | ①生牲笙甥升声②绳③省④圣胜盛剩 | ①僧 |
| ong | | ①松③悚④送宋颂诵 |
| uan | ①拴栓④涮 | ①酸④算蒜 |
| un | ④顺 | ①孙③笋损 |
| uang | ①双霜③爽 | |

# 第六章　普通话水平测试第二项——多音节词语朗读

## 第一节　多音节词语朗读

普通话水平测试多音节词语朗读是单音节字词朗读项测试的继续与提升，要求应试者在3.5分钟内正确读出规定的50个多音节词语，这50个词语中包括普通话音系的所有声母、韵母、声调，重点检测词语的轻声、儿化与变调等“错误”和“缺陷”的问题。

### 一、多音节词语的界定

普通话水平测试的多音节词语朗读的50个词语中，大多数为双音节词语，其余还有少量的三音节及其以上的多音节词语。

### 二、多音节词语朗读的评判细则

#### （一）测试时针对多音节词语“错误”的评判

（1）基本声、韵、调的发音评判标准与“单音节字词”测试相同；

（2）两个上声音节相连时变调不准确；

（3）“一”和“不”在连续变调时发生变调错误；

（4）轻声音节没有读轻声；

（5）轻声音节违背轻声的音高模式；

（6）儿化音节没有读儿化韵；

（7）儿化音节读成两个音节；

（8）语气助词“啊”在连续读变调中未按规律音变。

#### （二）测试时针对多音节词语“缺陷”的评判

（1）基本声、韵、调发音的评判标准与“音节字词”测试相同；

（2）儿化卷舌色彩不明显或发音生硬；

（3）“一”、“不”和语气助词“啊”在连续读变调中没有按规律音变。

（4）轻声音节没有按规律读出轻声；

（5）上声音节相连时没有按应有的规律变调；

（6）中重格式的双音节词语将第一音节读成重音节。

## 第二节　多音节词语朗读技巧与训练指导

多音节词语朗读要求在达到声母、韵母和声调的“坚实、明亮、饱满”的基础上，还要掌握朗读词语在轻声、儿化和变调等方面的变化规律和朗读技巧。

### 一、多音节词语基础训练

#### （一）上声变调训练

1. 基础训练

（1）上声＋上声。

舞蹈　典雅　水果　手表　起码　美好　了解　小姐　火种　检讨　首领　奖赏

（2）上声＋非上声。

小心　假装　铁钉　水兵　武松　永恒　典当　马路　韭菜　狡辩　酒店　小陈
简裙　省城　可怜

2. 难点训练（上声＋上声＋上声）

勇敢者　五百里　展览馆　百米跑　水彩笔　场景美　处理品　举手礼　写检讨
找厂长　孔乙己　老保守　纸雨伞　耍笔杆　炒米粉　小两口　永远友好
美好理想　处理稳妥

3. 综合训练

（1）词语训练。

日程表　一准　非常好　表彰　表扬　好多　好看　表演　好久　斩首　展览　辗转
掌管　一体　一统　一早　不但　不过　不论　好人　不幸　不要　表现　不辞而别
一脉相承　一毛不拔　不出所料　一面之词　旅行　导游　表达　语言

（2）句段训练。

没有一片绿叶，没有一缕炊烟，没有一粒泥土，没有一丝花香，只有水的世界，云的海洋。一阵台风袭过，一只孤单的小鸟无家可归，落到被卷到洋里的木板上……

（3）绕口令。

五组的小组长姓鲁，九组的小组长姓李，鲁组长比李组长小，李组长比鲁组长老。比李组长小的鲁组长有个表姐比李组长老，比鲁组长老的李组长有个表姐比鲁组长小。小的小组长比老的小组长长得美，老的小组长比小的小组长长得丑。丑小组长的表姐比美小组长的表姐美，美小组长的表姐比丑小组长的表姐丑。

#### （二）轻声词语训练

1. 基础训练

（1）结构助词“的、地、得”和动态助词“着、了、过”。

我的　他的　飞快地　走得动　睡了　吃了　微笑着　走着　去过

（2）语气词“吧、吗、呢、啊”等。

去吧　得了吧　沉吗　还早呢　谁啊　是啊

（3）叠音词和动词的重叠形式后面的字。

弟弟　太太　星星　看看　走走　打听打听　商量商量　研究研究

哥哥　姐姐　舅舅　叔叔　谢谢　笑笑　检查检查　学习学习

（4）名词和代词的后缀“子、头、巴、们、么”等。

桌子　燕子　骨头　拳头　嘴巴　泥巴　我们　同学们　怎么　什么

（5）用在名词、代词后面表示方位的“上、下、边、面、里”。

山上　楼上　阳光下　南边　外边　里面　后面　屋里　教室里　心里

（6）用在动词、形容词后面的“来、去、起来、下去”等。

进来　回来　出去　拿去　藏起来　好起来　做下去　溜出去

（7）嵌在词语中的“一、不”。

坐一坐　想一想　去不去　好不好　漂亮不漂亮

（8）某些量词“个、些、封”等。

六个　有些　写封信

（9）叠音词的第二个音节和重叠动词的第二、第四个音节。

爸爸看看　讨论讨论　研究研究

（10）口语中有一批双音节词第二个音节习惯上读轻声。

葡萄　玻璃　嘱咐　钥匙　庄稼　尴尬

2. 难点训练

跟头　巴掌　多么　熟了　石头　学过　云彩　省得　本子　里头　打算　姐姐

坐着　木头　嘱咐　豆腐　枕头　困难　商量　指甲　窝棚　应酬　包涵　搭理

官司　功夫　工钱　清楚　摸索　掺和　抽屉　稀罕　说法　挑剔　招呼　知识

知道　周到　扎实　舒服　规矩　疏忽　生意　公家　别致　长处　残疾　格式

和气　合同　行家　活泼　来路　迷惑　苗条　牌楼　明白　名堂　门路　脾气

凉快　麻烦　糊涂　行李　便宜　随和　本钱　本事　比方　打扮　打算　打听

讲究　老实　考究　暖和　体面　喜欢　委屈

3. 综合训练

（1）词语训练。

稳当　怎么　眼睛　已经　显得　脑袋　洒脱　养活　报酬　悲愤　别扭　部分

凑合　大方　动静　队伍　对付　故事　会计　客气　利索　见识　力气　漂亮

岁数　笑话　钥匙　意思　位置　运气

（2）句段训练。

一个有月亮的晚上，姑娘到亲戚家玩，认识了一位洒脱、有出息的男人。他眼睛近视，戴着一副眼镜，长得白净，看上去斯文、有学问。姑娘喜欢上了他，眯缝着眼睛，上下打量了一番，还扭捏着卖弄脸蛋儿。谁知那男的很不自在，也不搭理她。姑娘着急了，想了个主意，等那男的走后，打听了他的名字和他的情况，才知道他是正经的男人，说话随和，经济宽绰，但有点儿做作，喜欢穿花哨的衣服，姑娘还知道这男的有个要好的朋友，正好是自己的街坊。

(3）绕口令训练。

天上看，满天星；地上看，有个坑；坑里看，有盘冰。坑外长着一老松，松上落着一老鹰，松下坐着一老僧，僧前放着一部经，经前点着一盏灯，墙上钉着一根钉，钉上挂着一张弓。说刮风就刮风，刮得男女老少难把眼睛睁。刮散了天上的星，刮平了地上的坑，刮化了坑里的冰，刮倒了坑外的松，刮飞了松上的鹰，刮走了松下的僧，刮乱了僧前的经，刮灭了经前的灯，刮掉了墙上的钉，刮翻了钉上的弓。

**(三）儿化词语训练**

1. 基础训练

(1）有拼音标注。

奔头儿（bèntour）　冰棍儿（bīnggùnr）　大伙儿（dàhuǒr）　刀把儿（dāobàr）
电影儿（diànyǐngr）　调号儿（diàohàor）　调门儿（diàoménr）　兔儿（tùr）
味儿（wèir）　号码儿（hàomǎr）　花儿（huār）　粉末儿（fěnmòr）
书桌儿（shūzhuōr）　草帽儿（cǎomàor）　麦苗儿（màimiáor）
唱歌儿（chànggēr）　眼珠儿（yǎnzhūr）　小猴儿（xiǎohóur）　打球儿（dǎqiúr）

(2）无拼音标注。

价码儿　小孩儿　豆芽儿　一点儿　好样儿　一块儿　烟卷儿　杂院儿　嗓门儿
板凳儿　小街儿　一会儿　光棍儿　打盹儿　玩意儿　金鱼儿　铜子儿　没事儿
媳妇儿　小熊儿　符号儿　年头儿　一溜儿

2. 难点训练

盖儿（gàr）　一块儿（yíkuàir）　刀背儿（dāobèir）　味儿（wèir）
心眼儿（xīnyǎnr）　弯儿（wānr）　花园儿（huāyuánr）　窍门儿（qiàoménr）
电影儿（diànyǐngr）　帮忙儿（bāngmángr）　玩意儿（wányìr）
毛驴儿（máolǘr）　词儿（cír）　事儿（shìr）　麦穗儿（màisùr）
干劲儿（gànjìr）　飞轮儿（fēilúnr）　花裙儿（huāqúnr）　瓜瓤儿（guārángr）
板凳儿（bǎndèngr）

3. 综合训练

(1）词语训练。

快板儿　大个儿　公鸡儿　单词儿　倍棒儿　符号儿　小事儿　菜芽儿　今儿
街边儿　粉条儿　捎话儿　赶明儿　有准儿　小心眼儿　玩玩儿　帮忙儿　铁盖儿
嗓门儿　镐把儿

(2）句段训练。

进了门儿，倒杯水儿，喝了两口儿运运气儿，顺手儿拿起小唱本儿。唱一曲儿，又一曲儿，练完嗓子练嘴皮儿。绕口令儿，练字音儿，还有单弦儿牌子曲儿；小快板儿，大鼓词儿，越说越唱越带劲儿。

小哥儿俩，红脸蛋儿，胖乎乎儿，一块玩儿。小哥儿俩，一个班儿，一路上学，唱着歌儿。学造句儿，一串串儿，唱小曲儿，一段段儿。学画画儿，不贪玩儿。画小猫儿，钻圆圈儿；画小狗儿，蹲小庙儿；画小鸡儿，吃小米儿；画个小虫儿，顶火星儿。小哥俩儿，一股劲儿，努力学习，不分心儿。这一对儿，小哥俩儿，真是父母，好宝贝儿。

## 二、多音节词语音变综合训练

草屋　港湾　一尘不染　喘气　不卑不亢　尾巴　美好　强求　掌管　一律　不但
一些　一齐　一朝　拿不动　慢慢儿　听一听　走不走啊　不拘一格　不一而足
不屑一顾　一蹶不振　一文不名　一草一木　擎不住　一唱一和　一针一线
不明不白　不偏不倚　听不懂啊

# 第三节　多音节词语朗读模拟题

**第一组（50 个双音节词语）**

库存　打算　首先　规律　偶尔　空想　底座　单调　精简　暑期　军阀　逛荡
正中　下船　篮球　事物　成套　努力　豆芽儿　我们　推进　干活儿
偏偏　平川　产量　占有　不好　枪子儿　保温　通知　必然　长者　逢迎　吩咐
校徽　人儿　皮匠　堵塞　原来　难得　飘扬　举行　目前　口号　牺牲　准备
牛排　沿海　危机　一股脑儿

**第二组（50 个标注拼音的多音节词语）**

深入 shēnrù
增加 zēngjiā
青梅竹马 qīngméizhúmǎ
违反 wéifǎn
沙哑 shāyǎ
贫苦 pínkǔ
思想 sīxiǎng
妨碍 fáng'ài
下班 xiàbān
往常 wǎngcháng
从而 cóng'ér
拐弯 guǎiwān
特别 tèbié
受穷 shòuqióng
抽风 chōufēng
恩怨 ēnyuàn
消费 xiāofèi
损坏 sǔnhuài
大气压 dàqìyā
健全 jiànquán
拨弄 bōnòng
创作 chuàngzuò
旦角儿 dànjüér
平局 píngjú
榫头 sǔntou
酌量 zhuóliàng
伺候 cìhou
接洽 jiēqià
侵略 qīnlüè
少女 shàonǚ
修改 xiūgǎi
烹饪 pēngrèn
鬼混 guǐhùn
审美 shěnměi
尿炕 niàokàng
水电站 shuǐdiànzhàn
英雄 yīngxióng
千瓦 qiānwǎ
调整 tiáozhěng
群众 qúnzhòng
唇齿 chúnchǐ
沉默 chénmò
一块儿 yīkuàir
运转 yùnzhuǎn
仍然 réngrán
日子 rìzi
惠存 huìcún
夸奖 kuājiǎng
拈阄儿 niānjiūr
打扰 dǎrǎo

# 第七章　普通话水平测试第三项——短文朗读

## 第一节　普通话水平测试用短文朗读作品

短文朗读作品60篇供普通话水平测试第三项——朗读测试使用，全部从国家《普通话水平测试实施纲要（新大纲）》中的“普通话水平测试用朗读作品”摘录，作品顺序仍保持原样。

### 一、普通话水平测试用短文朗读作品目录

普通话水平测试用短文朗读作品共60篇，如下：

| 作品号 | 作品（节选）名称 | 作品号 | 作品（节选）名称 |
|---|---|---|---|
| 1 | 白杨礼赞 | 2 | 差别 |
| 3 | 丑石 | 4 | 达瑞的故事 |
| 5 | 第一场雪 | 6 | 读书人是幸福人 |
| 7 | 二十美金的价值 | 8 | 繁星 |
| 9 | 风筝畅想曲 | 10 | 父亲的爱 |
| 11 | 国家荣誉感 | 12 | 海滨仲夏夜 |
| 13 | 海洋与生命 | 14 | 和时间赛跑 |
| 15 | 胡适的白话电报 | 16 | 火光 |
| 17 | 济南的冬天 | 18 | 家乡的桥 |
| 19 | 坚守你的高贵 | 20 | 金子 |
| 21 | 捐诚 | 22 | 可爱的小鸟 |
| 23 | 课不能停 | 24 | 莲花和樱花 |
| 25 | 绿 | 26 | 落花生 |
| 27 | 麻雀 | 28 | 迷途笛音 |
| 29 | 莫高窟 | 30 | 牡丹的拒绝 |
| 31 | “能吞能吐”的森林 | 32 | 朋友和其他 |
| 33 | 散步 | 34 | 神秘的“无底洞” |
| 35 | 世间最美的坟墓 | 36 | 苏州园林 |
| 37 | 态度创造快乐 | 38 | 泰山极顶 |
| 39 | 陶行知“四块糖果” | 40 | 提醒幸福 |

（续上表）

| 作品号 | 作品（节选）名称 | 作品号 | 作品（节选）名称 |
|---|---|---|---|
| 41 | 天才的造就 | 42 | 我的母亲独一无二 |
| 43 | 我的信念 | 44 | 我为什么当教师 |
| 45 | 西部文化和西部开发 | 46 | 喜悦 |
| 47 | 香港：最贵的一棵树 | 48 | 小鸟的天堂 |
| 49 | 野草 | 50 | 一分钟 |
| 51 | 一个美丽的故事 | 52 | 永远的记忆 |
| 53 | 语言的魅力 | 54 | 赠你四味长寿药 |
| 55 | 站在历史的枝头微笑 | 56 | 中国的宝岛——台湾 |
| 57 | 中国的牛 | 58 | 住的梦 |
| 59 | 紫藤萝瀑布 | 60 | 最糟糕的发明 |
| 注明 | 文章后半部分有“//”之处即400个字的界限。“//”之前读错要扣分，之后的内容可以不读。 | | |

## 二、普通话水平测试用短文朗读作品

短文朗读作品1~60号，个别字拼音标注。朗读短文只需读400音节，即读到“//”处为止。

### 作品1号

那是力争上游的一种树，笔直的干（gàn），笔直的枝。它的干呢，通常是丈把高，像是加以人工似的（shìde），一丈以内，绝无旁枝；它所有的丫枝（yāzhī）呢，一律向上，而且紧紧靠拢，也像是加以人工似的，成为一束，绝无横斜逸出；它的宽大的叶子也是片片向上，几乎（jīhū）没有斜生的，更不用说倒垂了；它的皮，光滑而有银色的晕圈（yùnquān），微微泛出淡青色。这是虽在北方的风雪的压迫下却保持着倔强（juéjiàng）挺立的一种树！哪怕只有碗来粗细罢，它却努力向上发展，高到丈许，两丈，参天耸立，不折不挠，对抗着西北风。

这就是白杨树，西北极普通的一种树，然而决不是平凡的树！

它没有婆娑（pósuō）的姿态，没有屈曲（qū）盘旋的虬枝（qiúzhī），也许你要说它不美丽，——如果美是专指“婆娑”或“横斜逸出”之类而言，那么，白杨树算不得树中的好女子；但是它却是伟岸，正直，朴质，严肃，也不缺乏温和，更不用提它的坚强不屈与挺拔，它是树中的伟丈夫！当你在积雪初融的高原上走过，看见平坦的大地上傲然挺立这么一株或一排白杨树，难道你就只觉得树只是树，难道你就不想到它的朴质，严肃，坚强不屈，至少也象征了北方的农民；难道你竟一点儿（yīdiǎnr）也不联想到，在敌后的广大//土地上，到处有坚强不屈，就像这白杨树一样傲然挺立的守卫他们家乡的哨兵！难道你又不更远一点想到这样枝枝叶叶靠紧团结，力求上进的白杨树，宛然象征了今天在华北平原纵横决荡用血（xuè）写出新中国历史的那种精神（jīngshén）和意志。

节选自茅盾《白杨礼赞》

**作品 2 号**

两个同龄的年轻人同时受雇于一家店铺，并且拿同样的薪水（xīn · shuǐ）。

可是一段时间后，叫阿诺德的那个小伙子青云直上，而那个叫布鲁诺的小伙子却仍（réng）在原地踏步。布鲁诺很不满意老板的不公正待遇。终于有一天他到老板那儿（nàr）发牢骚（láo · sāo）了。老板一边耐心地听着他的抱怨，一边在心里盘算（pánsuan）着怎样向他解释清楚他和阿诺德之间的差别（chābié）。

“布鲁诺先生，”老板开口说话了，“您现在到集市上去一下，看看今天早上（zǎoshang）有什么卖的。”

布鲁诺从集市上回来向老板汇报说，今早集市上只有一个农民拉了一车土豆在卖。

“有多少？”老板问。

布鲁诺赶快戴上帽子又跑到集上，然后回来告诉老板一共四十袋土豆。

“价格是多少？”

布鲁诺又第三次跑到集上问来了价格。

“好吧，”老板对他说，“现在请您坐到这把椅子上一句话也不要说，看看阿诺德怎么说。”

阿诺德很快就从集市上回来了。向老板汇报说到现在为止只有一个农民在卖土豆，一共四十口袋（kǒudai），价格是多少多少；土豆质量很不错，他带回来一个让老板看看。这个农民一个钟头以后还会弄来几箱西红柿，据他看价格非常公道（gōng · dào）。昨天他们铺子的西红柿卖得很快，库存已经不//多了。他想这么便宜（piányi）的西红柿，老板肯定会要进一些的，所以他不仅带回了一个西红柿做样品，而且把那个农民也带来了，他现在正在外面等回话呢。

此时老板转向了布鲁诺，说：“现在您肯定知道为什么阿诺德的薪水比您高了吧！”

节选自张健鹏、胡足青主编《故事时代》中《差别》

**作品 3 号**

我常常遗憾我家门前那块丑石：它黑黝黝（hēiyǒuyǒu）地卧在那里，牛似的模样（múyàng）；谁也不知道是什么时候留在这里的，谁也不去理会它。只是麦收时节，门前摊了麦子，奶奶总是说：这块丑石，多占地面呀，抽空把它搬走吧。

它不像汉白玉那样的细腻，可以刻字雕花，也不像大青石那样的光滑，可以供

(gōng) 来浣纱（huànshā）捶布；它静静地卧在那里，院边的槐阴没有庇覆（bìfù）它，花儿（huā’ ·ér）也不再在它身边生长。荒草便繁衍（fányǎn）出来，枝蔓（zhīmàn）上下，慢慢地，它竟锈上了绿苔、黑斑。我们这些做孩子的，也讨厌起它来，曾合伙要搬走它，但力气（lìqi）又不足；虽时时咒骂它，嫌弃（xiánqì）它，也无可奈何，只好任它留在那里了。

终有一日，村子里来了一个天文学家。他在我家门前路过，突然发现了这块石头，眼光立即（lìjí）就拉直了。他再没有离开，就住了下来；以后又来了好些人，都说这是一块陨石（yǔnshí），从天上落下来已经有二三百年了，是一件了不起（liǎo · bùqǐ）的东西(dōngxi)。不久便来了车，小心翼翼地将它运走了。

这使我们都很惊奇，这又怪又丑的石头，原来是天上的啊（a）！它补过天，在天上发过热、闪过光，我们的先祖或许仰望过它，它给了他们光明、向往、憧憬(chōngjǐng)；而它落下来了，在污土里，荒草里，一躺就//是几百年了！

我感到自己的无知，也感到了丑石的伟大，我甚至怨恨它这么多年竟会默默地忍受着这一切！而我又立即深深地感到它那种不屈于误解、寂寞的生存的伟大。

节选自贾平凹《丑石》

**作品 4 号**

在达瑞八岁的时候，有一天他想去看电影。因为（yīn · wèi）没有钱，他想是向爸妈要钱，还是自己挣钱（zhèngqián)。最后他选择了后者。他自己调制（tiáozhì）了一种汽水，向过路的行人出售。可那时正是寒冷的冬天，没有人买，只有两个人例外——他的爸爸和妈妈。

他偶然有一个和非常成功的商人谈话的机会。当他对商人讲述了自己的“破产史”后，商人给了他两个重要的建议：一是尝试为别人解决一个难题；二是把精力集中在你知道的、你会的和你拥有的东西上。

这两个建议很关键。因为对于一个八岁的孩子而言，他不会做的事情很多。于是他穿过大街小巷，不停地思考：人们会有什么难题，他又如何利用这个机会？

一天，吃早饭时父亲（fù · qīn）让达瑞去取报纸。美国的送报员总是把报纸从花园篱笆（líba）的一个特制的管子里塞（sāi）进来。假如你想穿着睡衣舒舒服服(shūshu – fúfú 或 shūshu – fūfū）地吃早饭和看报纸，就必须离开温暖的房间，冒着寒风，到花园去取。虽然路短，但十分麻烦（máfan）。

当达瑞为父亲取报纸的时候，一个主意（zhǔyi 或 zhúyi）诞生了。当天（dàng tiān）他就按响邻居（lín · jū）的门铃，对他们说，每个月只需付给他一美元，他就每天早上把报纸塞到他们的房门底下。大多数人都同意了，很快他有//了七十多个顾客。一个月后，当他拿到自己赚（zhuàn）的钱时，觉得自己简直是飞上了天。

很快他又有了新的机会，他让他的顾客每天把垃圾袋放在门前，然后由他早上运到垃圾桶里，每个月加一美元。之后他还想出了许多孩子赚钱的办法，并把它集结（jíjié）成书，书名为《儿童挣钱的二百五十个主意》。为此，达瑞十二岁时就成了畅销书作家，十五岁有了自己的谈话节目，十七岁就拥有了几百万美元。

节选自［德］博多·舍费尔《达瑞的故事》，刘志明译

**作品5号**

这是入冬以来，胶东半岛上第一场雪。

雪纷纷扬扬，下得很大。开始还伴着一阵儿（yīzhènr）小雨，不久就只见大片大片的雪花，从彤云密布的天空中飘落下来。地面上一会儿（yīhuìr）就白了。冬天的山村，到了夜里就万籁俱寂（wànlài－jùjì），只听得雪花簌簌地（sùsù de）不断往下落，树木的枯枝被雪压断了，偶尔咯吱一声响。

大雪整整下了一夜。今天早晨，天放晴了，太阳出来了。推开门一看，嗬！好大的雪啊（ɑ）！山川、河流、树木、房屋，全都罩上了一层厚厚的雪，万里江山，变成了粉妆玉砌的世界。落光了叶子的柳树上挂满了毛茸茸（máoróngróng）亮晶晶的银条儿（yíntiáor）；而那些冬夏常青的松树和柏树上，则挂满了蓬松松沉甸甸（chéndiàndiàn）的雪球儿。一阵风吹来，树枝轻轻地摇晃，美丽的银条儿和雪球儿簌簌地落下来，玉屑（yùxiè）似的雪末儿（xuěmòr）随风飘扬，映着清晨的阳光，显出一道道五光十色的彩虹。

大街上的积雪足有一尺多深，人踩上去，脚底下发出咯吱咯吱的响声。一群群孩子在雪地里堆雪人，掷（zhì）雪球。那欢乐的叫喊声，把树枝上的雪都震落下来了。

俗话说，“瑞雪兆丰年”。这个话有充分的科学根据，并不是一句迷信的成语。寒冬大雪，可以冻死一部分越冬的害虫；融化了的水渗进土层深处，又能供应（gōngyìng）//庄稼（zhuāngjia）生长的需要。我相信这一场十分及时的大雪，一定会促进明年春季作物，尤其是小麦的丰收。有经验的老农把雪比作是“麦子的棉被”。冬天“棉被”盖得越厚，明春麦子就长得越好，所以又有这样一句谚语：“冬天麦盖三层被，来年枕着馒头（mántou）睡。”

我想，这就是人们为什么把及时的大雪称为“瑞雪”的道理吧。

节选自峻青《第一场雪》

**作品6号**

我常想读书人是世间幸福人，因为他除了拥有现实的世界之外，还拥有另一个更为（gèng wéi）浩瀚（hàohàn）也更为丰富的世界。现实的世界是人人都有的，而后一个世界却为（wéi）读书人所独有。由此我想，那些失去或不能阅读的人是多么的不幸，他们的丧失是不可补偿的。世间有诸多（zhūduō）的不平等，财富的不平等，权力的不平等，而阅读能力的拥有或丧失却体现为精神的不平等。

一个人的一生，只能经历自己拥有的那一份欣悦，那一份苦难，也许再加上他亲自闻知的那一些关于自身以外的经历和经验。然而，人们通过阅读，却能进入不同时空的诸多他人的世界。这样，具有阅读能力的人，无形间获得了超越有限生命的无限可能性。阅读不仅使他多识了草木虫鱼之名，而且可以上溯（shàngsù）远古下及未来，饱览存在的与非存在的奇风异俗。

更为重要的是，读书加惠于人们的不仅是知识（zhīshi）的增广，而且还在于精神的感化与陶冶（táoyě）。人们从读书学做人，从那些往哲先贤以及当代才俊的著述中学得（xuédé）他们的人格。人们从《论语》（Lúnyǔ）中学得智慧的思考，从《史记》中学得严肃的历史精神，从《正气歌》中学得人格的刚烈，从马克思学得人世//的激情，从鲁迅学得批判精神，从托尔斯泰学得道德的执着（zhízhuó）。歌德的诗句刻写着睿智（ruìzhì）的人生，拜伦的诗句呼唤着奋斗的热情。一个读书人，一个有机会拥有超乎个人生命体验的幸运人。

节选自谢冕《读书人是幸福人》

**作品7号**

一天，爸爸下班回到家已经很晚了，他很累也有点儿（yǒu diǎnr）烦，他发现五岁的儿子靠在门旁正等着他。

“爸，我可以问您一个问题吗？”

“什么问题？”“爸，您一小时可以赚多少钱？”“这与你无关，你为什么问这个问题？”父亲生气地说。

“我只是想知道（zhī · dào ），请告诉我，您一小时赚多少钱？”小孩儿（xiǎoháir）哀求道。“假如你一定要知道的话，我一小时赚二十美金。”

“哦，”小孩儿低下了头，接着又说，“爸，可以借我十美金吗？”父亲发怒了：“如果你只是要借钱去买毫无意义的玩具的话，给我回到你的房间睡觉去。好好想想为什么你会那么自私。我每天辛苦工作，没时间和你玩儿（wánr）小孩子的游戏。”

小孩儿默默地回到自己的房间关上门。

父亲坐下来还在生气。后来，他平静下来了。心想他可能对孩子太凶了——或许孩子真的很想买什么东西，再说他平时很少要过钱。

父亲走进孩子的房间：“你睡了吗？”“爸，还没有，我还醒着。”孩子回答。

“我刚才可能对你太凶了，”父亲说，“我不应该（yīnggāi）发那么大的火儿（huǒr）——这是你要的十美金。”“爸，谢谢您。”孩子高兴地从枕头下拿出一些被弄皱的钞票，慢慢地数着。

“为什么你已经有钱了还要？”父亲不解地问。

“因为原来不够，但现在凑够了。”孩子回答：“爸，我现在有//二十美金了，我可以向您买一个小时的时间吗？明天请早一点儿回家——我想和您一起吃晚餐。”

节选自唐继柳编译《二十美金的价值》

## 作品 8 号

我爱月夜，但我也爱星天。从前在家乡七八月的夜晚在庭院里纳凉的时候，我最爱看天上密密麻麻的繁星。望着星天，我就会忘记一切，仿佛（fǎngfú）回到了母亲的怀里似的。

三年前在南京我住的地方（dìfang）有一道后门，每晚我打开后门，便看见一个静寂（jìngjì）的夜。下面是一片菜园，上面是星群密布的蓝天。星光在我们的肉眼里虽然微小，然而它使我们觉得（jué · dé）光明无处不在。那时候我正在读一些天文学的书，也认得（rènde）一些星星（xīngxing），好像它们就是我的朋友，它们常常在和我谈话一样。

如今在海上，每晚和繁星相对，我把它们认得很熟了。我躺在舱面上，仰望（yǎngwàng）天空。深蓝色的天空里悬着无数半明半昧（bànmíng－bànmèi）的星。船在动，星也在动，它们是这样低，真是摇摇欲坠（yáoyáo－yùzhuì）呢！渐渐地我的眼睛模糊（móhu）了，我好像看见无数萤火虫在我的周围飞舞。海上的夜是柔和的，是静寂的，是梦幻的。我望着许多认识的星，我仿佛看见它们在对我眨眼，我仿佛听见它们在小声说话。这时我忘记了一切。在星的怀抱中我微笑着，我沉睡着。我觉得自己是一个小孩子，现在睡在母亲的怀里了。

有一夜，那个在哥伦波上船的英国人指给我看天上的巨人。他用手指着：//那四颗明亮的星是头，下面的几颗是身子（shēnzi），这几颗是手，那几颗是腿和脚，还有三颗星算是腰带。经他这一番指点，我果然看清楚（qīngchu）了那个天上的巨人。看，那个巨人还在跑呢！

节选自巴金《繁星》

## 作品 9 号

假日到河滩上转转，看见许多孩子在放风筝（fēngzheng）。一根根长长的引线，一头（yītóur）系（jì）在天上，一头系在地上，孩子同风筝都在天与地之间悠荡，连心也被悠荡得恍恍惚惚了，好像又回到了童年。

儿时放的风筝，大多是自己的长辈或家人编扎（biānzā）的，几根削（xiāo）得很薄（báo）的篾（miè），用细纱线扎成各种鸟兽的造型，糊（hú）上雪白的纸片，再用彩笔勾勒出面孔与翅膀的图案。通常扎得最多的是“老雕”“美人儿”“花蝴蝶”等。

我们家前院就有位叔叔，擅扎风筝，远近闻名。他扎的风筝不只体型好看，色彩艳丽，放飞得高远，还在风筝上绷一叶用蒲苇（púwěi）削成的膜片，经风一吹，发出“嗡嗡”（wēngwēng）的声响，仿佛是风筝的歌唱，在蓝天下播扬，给开阔的天地增添了无尽的韵味，给驰荡的童心带来几分疯狂。

我们那条胡同（hútòngr）的左邻右舍的孩子们放的风筝几乎（jīhū）都是叔叔编扎的。他的风筝不卖钱，谁上门去要，就给谁，他乐意自己贴钱买材料。

后来，这位叔叔去了海外，放风筝也渐与孩子们远离了。不过年年叔叔给家乡写信，总不忘提起儿时的放风筝。香港回归之后，他在家信中说到，他这只被故乡放飞到海外的风筝，尽管飘荡游弋（yóuyì），经沐（mù）风雨，可那线头儿（xiàntóur）一直在故乡和//亲人手中牵着，如今飘得太累了，也该要回归到家乡和亲人身边来了。

是的。我想，不光是叔叔，我们每个人都是风筝，在妈妈手中牵着，从小放到大，再从家乡放到祖国最需要的地方去啊（ɑ）！

节选自李恒瑞《风筝畅想曲》

**作品 10 号**

爸不懂得（dǒng · dé）怎样表达爱，使我们一家人融洽（róngqià）相处（xiāngchǔ）的是我妈。他只是每天上班下班，而妈则把我们做过的错事开列清单，然后由他来责骂我们。

有一次我偷了一块糖果，他要我把它送回去，告诉（gàosu）卖糖的说是我偷来的，说我愿意替他拆箱卸货作为赔偿。但妈妈（māma）却明白（míngbai）我只是个孩子。

我在运动场打秋千跌断了腿，在前往医院的途中一直抱着我的，是我妈。爸把汽车停在急诊室门口，他们叫他驶开，说那空位（kòngwèi）是留给紧急车辆停放的。爸听了便叫嚷道："你以为这是什么车？旅游车？"

在我生日会上，爸总是显得（xiǎn · dé）有些不大相称（xiāngchèn）。他只是忙于吹气球，布置餐桌，做杂务。把插着蜡烛的蛋糕推过来让我吹的，是我妈。

我翻阅照相册时，人们总是问："你爸爸（bàba）是什么样子的？"天晓得！他老是忙着替别人拍照。妈和我笑容可掬（xiàoróng－kějū）地一起拍的照片（zhàopiàn），多得不可胜数（bùkě－shèngshǔ）。

我记得（jì · dé）妈有一次叫他教我骑自行车。我叫他别放手，但他却说是应该放手的时候了。我摔倒之后，妈跑过来扶我，爸却挥手要她走开。我当时生气极了，决心要给他点儿（diǎnr）颜色看。于是我马上爬上自行车，而且自己骑给他看。他只是微笑。

我念大学时，所有的家信都是妈写的。他//除了寄支票外，还寄过一封短柬（jiǎn）给我，说因为我不在草坪上踢足球了，所以他的草坪长得很美。

每次我打电话回家，他似乎都想跟我说话，但结果总是说："我叫你妈来接。"

我结婚（jiéhūn）时，掉眼泪的是我妈。他只是大声擤（xǐng）了一下鼻子，便走出房间。

我从小到大都听他说："你到哪里去？什么时候回家？汽车有没有汽油？不，不准去。"爸完全不知道怎样表达爱。除非……

会不会是他已经表达了，而我却未能察觉？

节选自［美］艾尔玛 · 邦贝克《父亲的爱》

**作品 11 号**

一个大问题一直盘踞在我脑袋（nǎodai）里：

世界杯怎么会有如此巨大的吸引力？除去足球本身的魅力之外，还有什么超乎其上而更伟大的东西？

近来观看世界杯，忽然从中得到了答案：是由于一种无上崇高的精神（jīngshén）情感——国家荣誉感！

地球上的人都会有国家的概念，但未必时时都有国家的感情。往往人到异国，思念家乡，心怀故国，这国家概念就变得有血（xiě）有肉，爱国之情来得非常具体。而现代社会，科技昌达，信息快捷，事事上网，世界真是太小太小，国家的界限似乎（sìhū）也不那么清晰了。再说足球正在快速世界化，平日里各国球员频繁转会，往来随意，致使越来越多的国家联赛都具有国际的因素。球员们不论国籍，只效力于自己的俱乐部，他们比赛时的激情中完全没有爱国主义的因子（yīnzǐ）。

然而，到了世界杯大赛，天下大变。各国球员都回国效力，穿上与光荣的国旗同样色彩的服装。在每一场比赛前，还高唱国歌以宣誓对自己祖国的挚爱（zhì'ài）与忠诚。一种血缘（xuèyuán）情感开始在全身的血管里燃烧起来，而且立刻热血（rèxuè）沸腾。

在历史时代，国家间经常发生对抗，好男儿（nán'ér）戎装（róngzhuāng）卫国。国家的荣誉往往需要以自己的生命去换//取。但在和平时代，惟有这种国家之间大规模对抗性的大赛，才可以唤起那种遥远而神圣的情感，那就是：为祖国而战！

节选自冯骥才《国家荣誉感》

**作品 12 号**

夕阳落山不久，西方的天空，还燃烧着一片橘红色的晚霞。大海，也被这霞光染成了红色，而且比天空的景色更要壮观。因为它是活动的，每当一排排波浪涌起的时候（shíhou），那映照在浪峰上的霞光，又红又亮，简直就像一片片霍霍燃烧着的火焰，闪烁着，消失了。而后面的一排，又闪烁着，滚动着，涌了过来。

天空的霞光渐渐地淡下去了，深红的颜色变成了绯红（fēihóng），绯红又变为浅红。最后，当这一切红光都消失了的时候，那突然显得高而远了的天空，则呈现（chéngxiàn）出一片肃穆的神色。最早出现的启明星，在这蓝色的天幕上闪烁起来了。它是那么大，那么亮，整个广漠的天幕上只有它在那里放射着令人注目的光辉，活像一盏悬挂在高空的明灯。

夜色加浓，苍空中的"明灯"越来越多了。而城市各处的真的灯火也次第亮了起来，尤其是围绕（wéirào）在海港周围山坡上的那一片灯光，从半空倒映在乌蓝的海面上，随着波浪，晃动着，闪烁着，像一串流动着的珍珠，和那一片片密布在苍穹（cāngqióng）里的星斗互相辉映，煞（shà）是好看。

在这幽美的夜色中，我踏着软绵绵（ruǎnmiánmián）的沙滩，沿着海边，慢慢地向前走去。海水，轻轻地抚摸着细软的沙滩，发出温柔的//刷刷声。晚来的海风，清新而又凉爽。我的心里，有着说不出的兴奋（xīngfèn）和愉快。

夜风轻飘飘地吹拂着，空气中飘荡着一种大海和田禾相混合（hùnhé）的香味儿，柔软的沙滩上还残留着白天太阳炙晒（zhìshài）的余温。那些在各个工作岗位上劳动了一天的人们，三三两两地来到这软绵绵的沙滩上，他们浴着凉爽的海风，望着那缀满了星星的夜空，尽情地说笑，尽情地休憩（xiūqì）。

节选自峻青《海滨仲夏夜》

**作品 13 号**

生命在海洋里诞生绝不是偶然的，海洋的物理和化学性质，使它成为孕育（yùnyù）原始生命的摇篮。

我们知道，水是生物的重要组成部分，许多动物组织的含水量在百分之八十以上，而一些海洋生物的含水量高达百分之九十五。水是新陈代谢（xīnchén－dàixiè）的重要媒介（méijiè），没有它，体内的一系列生理和生物化学反应就无法进行，生命也就停止。因此，在短时期内动物缺水要比缺少食物更加危险。水对今天的生命是如此重要，它对脆弱的原始生命，更是举足轻重（jǔzú－qīngzhòng）了。生命在海洋里诞生，就不会有缺水之忧。

水是一种良好的溶剂。海洋中含有许多生命所必需的无机盐，如氯化钠（lǜhuànà）、氯化钾、碳酸盐、磷酸盐（línsuānyán），还有溶解氧，原始生命可以毫不费力地从中吸取它所需要的元素。

水具有很高的热容量，加之海洋浩大，任凭夏季烈日曝晒（pùshài），冬季寒风扫荡，它的温度变化却比较（bǐjiào）小。因此，巨大的海洋就像是天然的“温箱”，是孕育原始生命的温床。

阳光虽然为（wéi）生命所必需，但是阳光中的紫外线却有扼杀（èshā）原始生命的危险。水能有效地吸收紫外线，因而（yīn'ér）又为（wèi）原始生命提供（tígōng）了天然的“屏障”（píngzhàng）。

这一切都是原始生命得以产生和发展的必要条件。//

节选自童裳（Cháng）亮《海洋与生命》

**作品 14 号**

读小学的时候（shíhou），我的外祖母去世了。外祖母生前最疼爱我，我无法排除自己的忧伤，每天在学校的操场上一圈儿（quānr）又一圈儿地跑着，跑得累倒在地上，扑在草坪上痛哭。

那哀痛的日子（rìzi），断断续续地持续了很久，爸爸（bàba）妈妈（māma）也不知道如何安慰我。他们知道与其骗我说外祖母睡着（shuìzháo）了，还不如对我说实话：外祖母永远不会回来了。

“什么是永远不会回来呢?”我问着。

“所有时间里的事物，都永远不会回来。你的昨天过去，它就永远变成昨天，你不能再回到昨天。爸爸以前也和你一样小，现在也不能回到你这么小的童年了；有一天你会长大，你会像外祖母一样老；有一天你度过了你的时间，就永远不会回来了。”爸爸说。

爸爸等于给我一个谜语，这谜语比课本上的“日历挂在墙壁，一天撕去一页，使我心里着急（zháojí）”和“一寸光阴一寸金，寸金难买寸光阴”还让我感到可怕；也比作文本上的“光阴似箭，日月如梭（suō）”更让我觉得（jué · dé）有一种说不出的滋味。

时间过得那么飞快，使我的小心眼儿里不只是着急，还有悲伤。有一天我放学回家，看到太阳快落山了，就下决心说：“我要比太阳更快地回家。”我狂奔回去，站在庭院前喘气的时候，看到太阳//还露着（lòuzhe）半边脸，我高兴地跳跃起来，那一天我跑赢了太阳。以后我就时常做那样的游戏，有时和太阳赛跑，有时和西北风比快，有时一个暑假才能做完的作业，我十天就做完了；那时我三年级，常常把哥哥五年级的作业拿来做。每一次比赛胜过时间，我就快乐得不知道怎么形容。

如果将来我有什么要教（jiāo）给我的孩子，我会告诉（gàosu）他：假若你一直和时间比赛，你就可以成功！

节选自（台湾）林清玄《和时间赛跑》

**作品 15 号**

三十年代初，胡适（Hú Shì）在北京大学任教授。讲课时他常常对白话文大加称赞，引起一些只喜欢文言文而不喜欢白话文的学生的不满。

一次，胡适正讲得（de）得意的时候，一位姓魏的学生（xuésheng）突然站了起来，生气地问：“胡先生，难道说白话文就毫无缺点吗?”胡适微笑着回答说：“没有。”那位学生更加激动了：“肯定有！白话文废话太多，打电报用字多，花钱多。”胡适的目光顿时变亮了，轻声地解释说：“不一定吧！前几天有位朋友（péngyou）给我打来电报，请我去政府部门工作，我决定不去，就回电拒绝了。复电是用白话写的，看来也很省字。请同学们根据我这个意思（yìsi），用文言文写一个回电，看看究竟是白话文省字，还是文言文省字?”胡教授刚说完，同学们立刻认真地写了起来。

十五分钟过去，胡适让同学举手，报告用字的数目，然后挑了一份用字最少的文言电报稿，电文是这样写的：

“才疏学浅，恐难胜任，不堪从命。”白话文的意思是：学问不深，恐怕很难担任这个工作，不能服从安排。

胡适说，这份写得确实不错，仅用了十二个字。但我的白话电报却只用了五个字：

“干不了（gàn · bùliǎo），谢谢（xièxie）!”

胡适又解释说："干不了"就有才疏学浅、恐难胜任的意思；"谢谢"既//对朋友的介绍表示感谢，又有拒绝的意思。所以，废话多不多，并不看它是文言文还是白话文，只要注意选用字词，白话文是可以比文言文更省字的。

节选自陈灼主编《实用汉语中级教程》（上）中《胡适的白话电报》

## 作品 16 号

很久以前，在一个漆黑的秋天的夜晚，我泛舟在西伯利亚一条阴森森的河上。船到一个转弯处，只见前面黑黢黢（hēiqūqū）的山峰下面一星火光蓦地（mò · dì）一闪。

火光又明又亮，好像就在眼前……

"好啦，谢天谢地！"我高兴地说，"马上就到过夜的地方（dìfang）啦！"

船夫扭头朝身后的火光望了一眼，又不以为然地划起浆来。

"远着呢！"

我不相信他的话，因为（yīn · wèi）火光冲破朦胧的夜色，明明就在那儿（nàr）闪烁。不过船夫是对的，事实上，火光的确（díquè）还远着呢。

这些黑夜的火光的特点是：驱散黑暗，闪闪发亮，近在眼前，令人神往。乍一看，再划几下就到了……其实却还远着呢！……

我们在漆黑如墨的河上又划了很久。一个个峡谷和悬崖，迎面驶来，又向后移去，仿佛消失在茫茫的远方，而火光却依然停在前头（qiántou），闪闪发亮，令人神往——依然是这么近，又依然是那么远……

现在，无论是这条被悬崖峭壁的阴影笼罩的漆黑的河流，还是那一星明亮的火光，都经常浮现在我的脑际，在这以前和在这以后，曾有许多火光，似乎近在咫尺（zhǐchǐ），不止使我一人心驰神往。可是生活之河却仍然在那阴森森的两岸之间流着，而火光也依旧非常遥远。因此，必须加劲划桨……

然而，火光啊（a）……毕竟……毕竟就//在前头！……

节选自［俄］柯罗连科《火光》，张铁夫译

## 作品 17 号

对于一个在北平住惯的人，像我，冬天要是不刮风，便觉得（jué · dé）是奇迹；济南（Jǐnán）的冬天是没有风声的。对于一个刚由伦敦回来的人，像我，冬天要能看得见日光，便觉得是怪事；济南的冬天是响晴的。自然，在热带的地方，日光永远是那么毒，响亮的天气，反有点儿（yǒudiǎnr）叫人害怕。可是，在北中国的冬天，而能有温晴的天气，济南真得（děi）算个宝地。

设若单单是有阳光，那也算不了（suàn · bùliǎo）出奇。请闭上眼睛（yǎnjing）想：一个老城，有山有水，全在天底下晒着阳光，暖和（nuǎnhuo）安适地睡着，只等春风来把它们唤醒，这是不是理想的境界？小山把济南围了个圈儿（quānr），只有北边缺着点口儿（kǒur）。这一圈小山在冬天特别可爱，好像是把济南放在一个小摇篮里，它们安静不动地低声地说："你们放心吧，这儿（zhèr）准保暖和。"真的，济南的人们在冬天是面上含笑的。他们一看那些小山，心中便觉得有了着落（zhuóluò），有了依靠。他们由天上看到山上，便不知不觉地想起：明天也许就是春天了吧？这样的温暖，今天夜里山草也许就绿起来了吧？就是这点儿幻想不能一时实现，他们也并不着急（zháojí），因为（yīn · wèi）这样慈善的冬天，干什么还希望别的呢！

最妙的是下点儿小雪呀。看吧，山上的矮松越发的青黑，树尖儿（jiānr）上//顶着一髻儿（jìr）白花，好像日本看护妇（kānhùfù）。山尖儿全白了，给蓝天镶上一道银边（yínbiānr）。山坡上，有的地方雪厚点儿，有的地方草色还露着（lòuzhe）；这样，一道儿白，一道儿暗黄，给山们穿上一件带水纹儿的花衣；看着看着，这件花衣好像被风儿（fēng · ér）吹动，叫你希望看见一点儿更美的山的肌肤。等到快日落的时候，微黄的阳光斜射在山腰上，那点儿薄（báo）雪好像忽然害羞，微微露出点儿粉色。就是下小雪吧，济南是受不住（shòu · bùzhù）大雪的，那些小山太秀气（xiùqi）。

节选自老舍《济南的冬天》

**作品 18 号**

纯朴的家乡村边有一条河，曲曲弯弯（qūqū－wānwān），河中架一弯石桥，弓样的小桥跨两岸。

每天，不管是鸡鸣晓月，日丽中天，还是月华泻地，小桥都印下串串足迹，洒落串串汗珠。那是乡亲（xiāngqīn）为了追求多棱（duōléng）的希望，兑现（duìxiàn）美好的遐想。弯弯小桥，不时荡过轻吟低唱，不时露出（lùchū）舒心的笑容。

因而，我稚小（zhìxiǎo）的心灵，曾将心声献给小桥：你是一弯银色的新月，给人间普照光辉；你是一把闪亮的镰刀，割刈（gēyì）着欢笑的花果；你是一根晃悠悠的扁担（biǎndan），挑起了彩色的明天！哦，小桥走进我的梦中。

我在飘泊（piāobó）他乡的岁月，心中总涌动着故乡的河水，梦中总看到弓样的小桥。当我访南疆探北国，眼帘闯进座座雄伟的长桥时，我的梦变得丰满了，增添了赤橙黄绿青蓝紫。

三十多年过去，我带着满头霜花回到故乡，第一（dì yī）紧要的便是去看望小桥。

啊！小桥呢？它躲起来了？河中一道长虹，浴着朝霞熠熠（yìyì）闪光。哦，雄浑的大桥敞开胸怀，汽车的呼啸、摩托（mótuō）的笛音、自行车的叮铃，合奏着进行交响乐；南来的钢筋、花布，北往的柑橙、家禽，绘出交流欢跃图……

啊！蜕变（tuìbiàn）的桥，传递了家乡进步的消息（xiāoxi），透露了家乡富裕的声音。时代的春风，美好的追求，我蓦地（mòdì）记起儿时唱//给小桥的歌，哦，明艳艳的太阳照耀了，芳香甜蜜的花果捧来了，五彩斑斓的岁月拉开了！

我心中涌动的河水，激荡起甜美的浪花。我仰望一碧蓝天，心底轻声呼喊：家乡的桥啊（a），我梦中的桥！

节选自郑莹《家乡的桥》

## 作品19号

三百多年前，建筑设计师莱伊恩受命设计了英国温泽市政府大厅。他运用工程力学的知识（zhīshi），依据自己多年的实践，巧妙地设计了只用一根柱子支撑的大厅天花板。一年以后，市政府权威人士进行工程验收时，却说只用一根柱子支撑天花板太危险，要求莱伊恩再多加几根柱子。

莱伊恩自信只要一根坚固的柱子足以保证大厅安全，他的“固执（gù · zhí）”惹恼了市政官员，险些被送上法庭。他非常苦恼，坚持自己原先的主张吧，市政官员肯定会另找人修改设计；不坚持吧，又有悖（yǒubèi）自己为人的准则。矛盾了很长一段时间，莱伊恩终于想出了一条妙计，他在大厅里增加了四根柱子，不过这些柱子并未与天花板接触，只不过是装装（zhuāngzhuang）样子。

三百多年过去了，这个秘密始终没有被人发现。直到前两年，市政府准备修缮（xiūshàn）大厅的天花板，才发现莱伊恩当年的“弄虚作假”。消息传出后，世界各国的建筑专家和游客云集，当地政府对此也不加掩饰，在新世纪到来之际，特意将大厅作为一个旅游景点对外开放，旨（zhǐ）在引导人们崇尚（chóngshàng）和相信科学。

作为一名建筑师，莱伊恩并不是最出色的。但作为一个人，他无疑非常伟大，这种//伟大表现在他始终恪守（kèshǒu）着自己的原则，给高贵的心灵一个美丽的住所，哪怕是遭遇到最大的阻力，也要想办法抵达胜利。

节选自游宇明《坚守你的高贵》

## 作品20号

自从传言有人在萨文河畔散步时无意发现了金子（jīnzi）后，这里便常有来自四面八方的淘金者。他们都想成为富翁，于是寻遍了整个河床，还在河床上挖出很多大坑，希望借助它们找到更多的金子。的确，有一些人找到了，但另外一些人因为（yīn · wèi）一无所得而只好扫兴归去。

也有不甘心落空的，便驻扎（zhùzhā）在这里，继续寻找。彼得 · 弗雷特就是其中一员。他在河床附近买了一块没人要的土地，一个人默默地工作。他为了找金子，已把所有的钱都押在这块土地上。他埋头苦干了几个月，直到土地全变成了坑坑洼洼（kēngkeng - wāwā），他失望了——他翻遍了整块土地，但连一丁点儿（yīdīngdiǎnr）金子都没看见。

六个月后，他连买面包的钱都没有了。于是他准备离开这儿（zhèr）到别处去谋生。

就在他即将（jíjiāng）离去的前一个晚上，天下起了倾盆大雨，并且一下就是三天三夜。雨终于停了，彼得走出小木屋，发现眼前的土地看上去好像和以前不一样：坑坑洼洼已被大水冲刷平整，松软的土地上长出一层绿茸茸（lùróngróng）的小草。

“这里没找到金子，”彼得忽有所悟地说，“但这土地很肥沃，我可以用来种花，并且拿到镇上去卖给那些富人，他们一定会买些花装扮他们华丽的客厅。//如果真是这样的话，那么我一定会赚（zhuàn）许多钱，有朝一日我也会成为富人……”

于是他留了下来。彼得花了不少精力培育花苗，不久田地里长满了美丽娇艳的各色鲜花。

五年以后，彼得终于实现了他的梦想——成了一个富翁。“我是唯一的一个找到真金的人!”他时常不无骄傲地告诉（gàosu）别人，“别人在这儿找不到金子后便远远地离开，而我的‘金子’是在这块土地里，只有诚实的人用勤劳才能采集到。”

节选自陶猛译《金子》

**作品21号**

我在加拿大学习期间遇到过两次募捐，那情景至今使我难以忘怀。

一天，我在渥太华（Wòtàihuá）的街上被两个男孩子拦住去路，他们十来岁，穿得整整齐齐，每人头上戴着个做工精巧、色彩鲜艳的纸帽，上面写着“为帮助患小儿麻痹（mábì）的伙伴募捐”。其中的一个，不由分说就坐在小凳上给我擦起皮鞋来，另一个则彬彬有礼地发问：“小姐，您是哪国人？喜欢渥太华吗?”“小姐，在你们国家有没有小孩儿（xiǎoháir）患小儿麻痹？谁给他们医疗费?”一连串的问题，使我这个有生以来头一次在众目睽睽（zhòngmù－kuíkuí）之下让别人擦鞋的异乡人，从近乎狼狈的窘态（jiǒngtài）中解脱出来。我们像朋友（péngyou）一样聊起天儿（tiānr）来……

几个月之后，也是在街上。一些十字路口处或车站坐着几位老人。他们满头银发（yínfà），身穿各种老式军装，上面布满了大大小小形形色色的徽章、奖章，每人手捧一大束鲜花，有水仙、石竹、玫瑰（méi・guī）及叫不出名字的，一色雪白。匆匆过往的行人纷纷止步，把钱投进这些老人身旁的白色木箱内，然后向他们微微鞠躬，从他们手中接过一朵花。我看了一会儿（yīhuìr），有人投一两元，有人投几百元，还有人掏出支票填好后投进木箱。那些老军人毫不注意人们捐多少钱，一直不//停地向人们低声道谢。同行（tóngxíng）的朋友告诉我，这是为纪念二次大战中参战的勇士，募捐救济残废军人和烈士遗孀（yíshuāng），每年一次；认捐的人可谓踊跃，而且秩序井然，气氛（qì・fēn）庄严。有些地方（dìfang），人们还耐心地排着队。我想，这是因为他们都知道（zhī・dào）：正是这些老人们的流血牺牲换来了包括他们信仰自由在内的许许多多。

我两次把那微不足道的一点儿钱捧给他们，只想对他们说声“谢谢（xièxie）”。

节选自青白《捐诚》

**作品22号**

没有一片绿叶，没有一缕炊烟，没有一粒泥土，没有一丝花香，只有水的世界，云的海洋。

一阵台风袭（xí）过，一只孤单的小鸟无家可归，落到被卷到洋里的木板上，乘

（chéng）流而下，姗姗而来，近了，近了！……

忽然，小鸟张开翅膀，在人们头顶盘旋了几圈儿（quānr），“噗啦（pūlā）”一声落到了船上。许是累了？还是发现了“新大陆”？水手撵它它不走，抓它，它乖乖地落在掌心。可爱的小鸟和善良的水手结成（jiéchéng）了朋友（péngyou）。

瞧，它多美丽，娇巧的小嘴，啄理（zhuólǐ）着绿色的羽毛，鸭子样的扁脚，呈现（chéngxiàn）出春草的鹅黄。水手们把它带到舱里，给它“搭铺”，让它在船上安家落户，每天，把分到的一塑料（sùliào）桶淡水匀给它喝，把从祖国带来的鲜美的鱼肉分给它吃，天长日久，小鸟和水手的感情日趋笃厚（dǔhòu）。清晨，当第一束（shù）阳光射进舷窗（xiánchuāng）时，它便敞开美丽的歌喉，唱啊（a）唱，嘤嘤有韵，宛如春水淙淙（cóngcóng）。人类给它以生命，它毫不悭吝（qiānlìn）地把自己的艺术青春奉献给了哺育它的人。可能都是这样？艺术家们的青春只会献给尊敬他们的人。

小鸟给远航生活蒙上了一层浪漫色调。返航时，人们爱不释手，恋恋不舍地想把它带到异乡。可小鸟憔悴（qiáocuì）了，给水，不喝！喂肉，不吃！油亮的羽毛失去了光泽。是啊（a），我//们有自己的祖国，小鸟也有它的归宿，人和动物都是一样啊（a），哪儿（nǎr）也不如故乡好！

慈爱的水手们决定放开它，让它回到大海的摇篮去，回到蓝色的故乡去。离别前，这个大自然的朋友与水手们留影纪念。它站在许多人的头上，肩上，掌上，胳膊（gēbo）上，与喂养过它的人们，一起融进那蓝色的画面……

节选自王文杰《可爱的小鸟》

## 作品 23 号

纽约的冬天常有大风雪，扑面的雪花不但令人难以睁开眼睛（yǎnjing），甚至呼吸都会吸入冰冷的雪花。有时前一天晚上还是一片晴朗，第二天拉开窗帘，却已经积雪盈尺，连门都推不开了。

遇到这样的情况，公司、商店常会停止上班，学校也通过广播，宣布停课。但令人不解的是，惟有公立小学，仍然开放。只见黄色的校车，艰难地在路边接孩子，老师则一大早就口中喷着热气，铲去车子（chēzi）前后的积雪，小心翼翼（xiǎoxīn－yìyì）地开车去学校。

据统计，十年来纽约的公立小学只因为（yīn · wèi）超级暴风雪停过七次课。这是多么令人惊讶的事。犯得着（fàndezháo）在大人都无须上班的时候让孩子去学校吗？小学的老师也太倒霉了吧？

于是，每逢大雪而小学不停课时，都有家长打电话去骂。妙的是，每个打电话的人，反应全一样——先是怒气冲冲地责问，然后满口道歉，最后笑容满面地挂上电话。原因是，学校告诉家长：

在纽约有许多百万富翁，但也有不少贫困的家庭。后者白天开不起暖气，供不起（gōng · bùqǐ）午餐，孩子的营养全靠学校里免费的中饭，甚至可以多拿些回家当

(dàng)晚餐。学校停课一天，穷孩子就受一天冻，挨（ái）一天饿，所以老师们宁愿（nìngyuàn）自己苦一点儿，也不能停//课。

或许有家长会说：何不让富裕的孩子在家里，让贫穷的孩子去学校享受暖气和营养午餐呢？

学校的答复是：我们不愿让那些穷苦的孩子感到他们是在接受救济，因为施舍的最高原则是保持受施者的尊严。

节选自（台湾）刘墉《课不能停》

**作品 24 号**

十年，在历史上不过是一瞬间（shùnjiān）。只要稍加注意，人们就会发现：在这一瞬间里，各种事物都悄悄经历了自己的千变万化。

这次重新访日，我处处感到亲切和熟悉（shú · xī），也在许多方面发觉了日本的变化。就拿奈良（Nàiliáng）的一个角落来说吧，我重游了为（wèi）之感受很深的唐招提寺，在寺内各处匆匆走了一遍，庭院依旧，但意想不到还看到了一些新的东西（dōngxi）。其中之一，就是近几年从中国移植来的"友谊之莲"。

在存放鉴真遗像的那个院子（yuànzi）里，几株中国莲昂然挺立，翠绿的宽大荷叶正迎风而舞，显得十分愉快（yúkuài）。开花的季节已过，荷花朵朵已变为莲蓬（liánpeng）累累（léiléi）。莲子（liánzǐ）的颜色正在由青转紫，看来已经成熟了。

我禁不住（jīn · bùzhù）想："因"已转化为"果"。

中国的莲花开在日本，日本的樱花开在中国，这不是偶然。我希望这样一种盛况延续不衰。可能有人不欣赏花，但决不会有人欣赏落在自己面前的炮弹。

在这些日子（rìzi）里，我看到了不少多年不见的老朋友，又结识（jiéshí）了一些新朋友。大家喜欢涉及的话题之一，就是古长安和古奈良。那还用得着（yòngdezháo）问吗，朋友们缅怀（miǎnhuái）过去，正是瞩望（zhǔwàng）未来。瞩目于未来的人们必将获得未来。

我不例外，也希望一个美好的未来。

为//了（wèile）中日人民之间的友谊，我将不浪费今后生命的每一瞬间。

节选自严文井《莲花和樱花》

**作品 25 号**

梅雨潭闪闪的绿色招引着我们，我们开始追捉她那离合的神光了。揪着（jiūzhe）草，攀着乱石，小心探身下去，又鞠躬过了一个石穹门（shíqióngmén），便到了汪汪一碧的潭边了。

瀑布（pùbù）在襟袖（jīnxiù）之间，但是我的心中已没有瀑布了。我的心随潭水的绿而摇荡。那醉人的绿呀！仿佛一张极大极大的荷叶铺（pū）着，满是奇异的绿呀。我想张开两臂抱住她，但这是怎样一个妄想啊。

站在水边，望到那面，居然觉着有些远呢！这平铺着、厚积着的绿，着实（zhuóshí）可爱。她松松地皱缬（zhòuxié）着，像少妇拖着的裙幅；她滑滑的明亮着，像涂了“明油”一般，有鸡蛋清那样软，那样嫩；她又不杂些尘滓（chénzǐ），宛然一块温润的碧玉，只清清的一色——但你却看不透她！

我曾见过北京什刹海（Shíchàhǎi）拂地（fúdì）的绿杨，脱不了鹅黄的底子（dǐzi），似乎太淡了。我又曾见过杭州虎跑寺（Hǔpáosì）近旁高峻而深密的“绿壁”，丛叠着无穷的碧草与绿叶的，那又似乎太浓了。其余呢，西湖的波太明了，秦淮河的也太暗了。可爱的，我将什么来比拟（bǐnǐ）你呢？我怎么比拟得出呢？大约潭是很深的，故能蕴蓄（yùnxù）着这样奇异的绿；仿佛蔚蓝的天融了一块在里面似的，这才这般的鲜润啊（a）。

那醉人的绿呀！我若能裁你以为带，我将赠给那轻盈的//舞女，她必能临风飘举了。我若能挹（yì）你以为眼，我将赠给那善歌的盲妹，她必能明眸善睐（míngmóu－shànlài）了。我舍不得（shě · bù · dé）你，我怎舍得你呢？我用手拍着你，抚摩（fǔmó）着你，如同一个十二三岁的小姑娘。我又掬（jū）你入口，便是吻着她了。我送你一个名字（míngzi），我从此叫你“女儿绿”，好吗？

第二次到仙岩的时候，我不禁（bùjīn）惊诧（jīngchà）于梅雨潭的绿了。

节选自朱自清《绿》

### 作品 26 号

我们家的后园有半亩空地（kòngdì），母亲（mǔ · qīn）说：“让它荒着怪可惜的，你们那么爱吃花生，就开辟出来种花生吧。”我们姐弟几个都很高兴，买种（mǎizhǒng），翻地，播种（bōzhǒng），浇水，没过几个月，居然收获了。

母亲说：“今晚我们过一个收获节，请你们父亲（fù · qīn）也来尝尝我们的新花生，好不好（hǎo · bù　hǎo）？”我们都说好。母亲把花生做成了好几样食品，还吩咐（fēn · fù）就在后园的茅亭里过这个节。

晚上天色不太好，可是父亲也来了，实在很难得（nándé）。

父亲说：“你们爱吃花生吗？”

我们争着答应（dāying）：“爱！”

“谁能把花生的好处（hǎo · chù）说出来？”

姐姐（jiě · jie）说：“花生的味儿（wèir）美。”

哥哥说（gē · ge）：“花生可以榨油。”

我说：“花生的价钱（jià · qián）便宜（piányi），谁都可以买来吃，都喜欢吃。这就是它的好处。”

父亲说：“花生的好处很多，有一样最可贵，它的果实埋在地里，不像桃子（táozi）、石榴（shíliu）、苹果那样，把鲜红嫩绿的果实高高地挂在枝头上，使人一见就生爱慕之心。你们看它矮矮地长在地上，等到成熟了，也不能立刻分辨出来它有没有果实，必须挖出来才知道。”

我们都说是，母亲也点点头。

父亲接下去说：“所以你们要像花生，它虽然不好看，可是很有用，不是外表好看而没有实用的东西（dōngxi）。”

我说：“那么，人要做有用的人，不要做只讲体面（tǐ · miàn），而对别人没有好处的人了。”//

父亲说：“对。这是我对你们的希望。”

我们谈到夜深才散。花生做的食品都吃完了，父亲的话却深深地印在我的心上。

节选自许地山《落花生》

**作品 27 号**

我打猎归来，沿着花园的林阴路（línyīn）走着。狗跑在我前边。

突然，狗放慢脚步，蹑足潜行（nièzú－qiánxíng），好像嗅（xiù）到了前边有什么野物。

我顺着林阴路望去，看见了一只嘴边还带黄色、头上生着柔毛的小麻雀（máquè）。风猛烈地吹打着林阴路上的白桦树（báihuàshù），麻雀从巢里跌落下来，呆呆地伏在地上，孤立无援地张开两只羽毛还未丰满的小翅膀。

我的狗慢慢向它靠近。忽然，从附近一棵树上飞下一只黑胸脯（xiōngpú）的老麻雀，像一颗石子（shízǐ）似的（shìde）落到狗的跟前。老麻雀全身倒竖（dàoshù）着羽毛，惊慌万状，发出绝望、凄惨的叫声，接着向露出（lòuchū）牙齿、大张着的狗嘴扑去。

老麻雀是猛扑下来救护幼雀的。它用身体掩护着自己的幼儿（yòu’ér）……但它整个小小的身体因恐怖而战栗（zhànlì）着，它小小的声音也变得粗暴嘶哑，它在牺牲自己！

在它看来，狗该是多么庞大的怪物啊（a）！然而它还是不能站在自己高高的、安全的树枝上……一种比它的理智更强烈的力量，使它从那儿（nàr）扑下身来。

我的狗站住了，向后退了退……看来，它也感到这种力量（lì · liàng）。

我赶紧唤住惊惶失措的狗，然后我怀着崇敬（chóngjìng）的心情，走开了。

是啊（a），请不要见笑。我崇敬那只小小的、英勇的鸟儿（niǎo’ · ér），我崇敬它那种爱的冲动和力量。

爱，我//想，比死和死的恐惧更强大。只有依靠它，依靠这种爱，生命才能维持下去，发展下去。

节选自［俄］屠格涅夫《麻雀》，巴金译

**作品 28 号**

那年我六岁。离我家仅一箭之遥的小山坡旁，有一个早已被废弃的采石场，双亲从来不准我去那儿（nàr），其实那儿风景十分迷人。

一个夏季的下午，我随着一群小伙伴偷偷上那儿去了。就在我们穿越了一条孤寂的小路后，他们却把我一个人留在原地，然后奔（bēn）向“更危险的地带”了。

等他们走后，我惊慌失措（jīnghuāng－shīcuò）地发现，再也找不到要回家的那条孤寂的小道了。像只无头的苍蝇（cāngying），我到处乱钻，衣裤上挂满了芒刺。太阳已经落山，而此时此刻，家里一定开始吃晚餐了，双亲正盼着我回家……想着想着，我不由得（bùyóude）背靠着一棵树，伤心地呜呜大哭起来……

突然，不远处传来了声声柳笛。我像找到了救星，急忙循声（xúnshēng）走去。一条小道边的树桩上坐着一位吹笛人，手里还正削（xiāo）着什么。走近细看，他不就是被大家称为“乡巴佬儿（xiāngbalǎor）”的卡廷（Kǎtíng）吗？

“你好，小家伙儿（xiǎojiāhuor），”卡廷说，“看天气多美，你是出来散步的吧？”

我怯生生地点点头，答道：“我要回家了。”

“请耐心等上几分钟，”卡廷说，“瞧，我正在削一支柳笛，差不多就要做好了，完工后就送给你吧！”

卡廷边削边不时把尚未成形的柳笛放在嘴里试吹一下。没过多久，一支柳笛便递到我手中。我俩在一阵阵清脆悦耳的笛音//中，踏上了归途……

当时，我心中只充满感激，而今天，当我自己也成了祖父时，却突然领悟到他用心之良苦！那天当他听到我的哭声时，便判定我一定迷了路，但他并不想在孩子面前扮演“救星”的角色（juésè），于是吹响柳笛以便让我能发现他，并跟着他走出困境！就这样，卡廷先生（xiānsheng）以乡下人（xiāngxiarén）的纯朴，保护了一个小男孩儿（xiǎonánháir）强烈的自尊。

节选自唐若水译《迷途笛音》

**作品 29 号**

在浩瀚无垠（wúyín）的沙漠里，有一片美丽的绿洲，绿洲里藏着一颗闪光的珍珠。这颗珍珠就是敦煌莫高窟。它坐落在我国甘肃省敦煌市三危山和鸣沙山的怀抱中。

鸣沙山东麓（dōnglù）是平均高度为十七米的崖壁。在一千六百多米长的崖壁上，凿（záo）有大小洞窟七百余个，形成了规模宏伟的石窟群。其中四百九十二个洞窟中，共有彩色塑像（sùxiàng）两千一百余尊，各种壁画共四万五千多平方米。莫高窟是我国古代无数艺术匠师留给人类的珍贵文化遗产。

莫高窟的彩塑，每一尊都是一件精美的艺术品。最大的有九层楼那么高，最小的还不如一个手掌大。这些彩塑个性鲜明，神态各异。有慈眉善目的菩萨（pú · sà），有威风凛凛（wēifēng－lǐnlǐn）的天王，还有强壮勇猛的力士……

莫高窟壁画的内容丰富多彩，有的是描绘古代劳动人民打猎、捕鱼、耕田、收割的情景，有的是描绘人们奏乐、舞蹈、演杂技的场面，还有的是描绘大自然的美丽风光。其中最引人注目的是飞天。壁画上的飞天，有的臂挎花篮，采摘鲜花；有的反弹琵琶（pí ·

pá)，轻拨银弦；有的倒悬身子（shēnzi)，自天而降；有的彩带飘拂，漫天遨游(áoyóu)；有的舒展着双臂，翩翩起舞（piānpiān－qǐwǔ）。看着这些精美动人的壁画，就像走进了//灿烂辉煌的艺术殿堂。

莫高窟里还有一个面积（miànjī）不大的洞窟——藏经洞。洞里曾藏有我国古代的各种经卷、文书、帛画（bóhuà)、刺绣、铜像等共六万多件。由于清朝政府腐败无能，大量珍贵的文物被外国强盗掠走。仅存的部分经卷，现在陈列于北京故宫等处。

莫高窟是举世闻名的艺术宝库。这里的每一尊彩塑、每一幅壁画、每一件文物，都是中国古代人民智慧的结晶。

节选自小学《语文》第六册中《莫高窟》

**作品 30 号**

其实你在很久以前并不喜欢牡丹（mǔ·dān)，因为它总被人作为富贵膜拜（mó bài)。后来你目睹了一次牡丹的落花，你相信所有的人都会为（wèi）之感动：一阵清风徐来，娇艳鲜嫩的盛期牡丹忽然整朵整朵地坠落（zhuìluò)，铺撒（pūsǎ）一地绚丽(xuànlì）的花瓣。那花瓣落地时依然鲜艳夺目，如同一只奉上祭坛的大鸟脱落的羽毛，低吟着壮烈的悲歌离去。

牡丹没有花谢花败之时，要么烁于（shuòyú）枝头，要么归于泥土，它跨越委顿(wěidùn）和衰老，由青春而死亡，由美丽而消遁（xiāodùn)。它虽美却不吝惜（lìnxī）生命，即使（jíshǐ）告别也要展示给人最后一次的惊心动魄。

所以在这阴冷的四月里，奇迹不会发生。任凭游人扫兴和诅咒，牡丹依然安之若素(ānzhī－ruòsù)。它不苟且（gǒuqiě)、不俯就、不妥协、不媚俗，甘愿自己冷落自己。它遵循自己的花期自己的规律，它有权利为自己选择每年一度的盛大节日。它为什么不拒绝寒冷？

天南海北的看花人，依然络绎不绝（luòyì－bùjué）地涌入洛阳城。人们不会因牡丹的拒绝而拒绝它的美。如果它再被贬谪（biǎnzhé）十次，也许它就会繁衍（fányǎn）出十个洛阳牡丹城。

于是你在无言的遗憾中感悟到，富贵与高贵只是一字之差（chā)。同人一样，花儿(huā·ér)也是有灵性的，更有品位之高低。品位这东西为（wéi）气为魂为//筋骨为神韵，只可意会。你叹服牡丹卓尔不群（zhuó'ěr－bùqún）之姿，方知品位是多么(duōme）容易被世人忽略或是漠视的美。

节选自张抗抗《牡丹的拒绝》

**作品 31 号**

森林涵养水源，保持水土，防止水旱灾害的作用非常大。据专家测算，一片十万亩面积的森林，相当于一个两百万立方米的水库，这正如农谚所说的："山上多栽树，等于修水库。雨多它能吞，雨少它能吐。"

说起森林的功劳，那还多得很。它除了（chúle）为人类提供（tígōng）木材及许多种生产、生活的原料之外，在维护生态环境方面也是功劳卓著（zhuózhù），它用另一种"能吞能吐"的特殊功能孕育了人类。因为地球在形成之初，大气中的二氧化碳（èryǎnghuàtàn）含量很高，氧气很少，气温也高，生物是难以生存的。大约在四亿年之前，陆地才产生了森林。森林慢慢将大气中的二氧化碳吸收，同时吐出新鲜氧气，调节气温：这才具备了人类生存的条件，地球上才最终有了人类。

森林，是地球生态系统的主体，是大自然的总调度室（diàodùshì），是地球的绿色之肺。森林维护地球生态环境的这种"能吞能吐"的特殊功能是其他任何物体都不能取代的。然而，由于地球上的燃烧物增多，二氧化碳的排放量急剧增加，使得地球生态环境急剧恶化，主要表现为全球气候（qìhòu）变暖，水分蒸发加快，改变了气流的循环，使气候变化加剧，从而引发热浪、飓风（jùfēng）、暴雨、洪涝及干旱。

为了//使地球的这个"能吞能吐"的绿色之肺能恢复健壮，以改善生态环境，抑制全球变暖，减少水旱等自然灾害，我们应该大力造林、护林，使每一座荒山都绿起来。

节选自《中考语文课外阅读试题精选》中《"能吞能吐"的森林》

**作品 32 号**

朋友（péngyou）即将远行。

暮春时节，又邀了几位朋友在家小聚。虽然都是极熟的朋友，却是终年难得一见，偶尔电话里相遇，也无非是几句寻常话。一锅小米稀饭，一碟大头菜，一盘自家酿制（niàngzhì）的泡菜，一只巷口买回的烤鸭，简简单单，不像请客，倒像家人团聚。

其实，友情也好，爱情也好，久而久之都会转化为亲情。

说也奇怪，和新朋友会谈文学、谈哲学、谈人生道理等等，和老朋友却只话家常，柴米油盐，细细碎碎，种种琐事。很多时候（shíhou），心灵的契合（qìhé）已经不需要太多的言语来表达。

朋友新烫了个头，不敢回家见母亲，恐怕惊骇（jīnghài）了老人家（lǎo · rén · jiā），却欢天喜地来见我们，老朋友颇能以一种趣味性的眼光欣赏这个改变。

年少的时候，我们差不多（chà · bùduō）都在为别人而活，为苦口婆心的父母活，为循循善诱（xúnxún－shànyòu）的师长活，为许多观念、许多传统的约束力而活。年岁逐增，渐渐挣脱（zhèngtuō）外在的限制与束缚（shùfù），开始懂得为自己活，照自己的方式做一些自己喜欢的事，不在乎（zàihu）别人的批评意见，不在乎别人的诋毁流言，只在乎那一分随心所欲的舒坦（shūtan）自然。偶尔，也能够纵容自己放浪一下，并且有一种恶作剧的窃喜。

就让生命顺其自然，水到渠成吧，犹如窗前的//乌桕（wūjiù），自生自落之间，自有一份圆融丰满的喜悦。春雨轻轻落着，没有诗，没有酒，有的只是一份相知相属（xiāng zhǔ）的自在（zìzài）自得。

夜色在笑语中渐渐沉落，朋友起身告辞，没有挽留，没有送别，甚至也没有问归期。

已经过了大喜大悲的岁月，已经过了伤感流泪的年华，知道了聚散原来是这样的自然和顺理成章，懂得这点，便懂得珍惜每一次相聚的温馨，离别便也欢喜。

节选自（台湾）杏林子《朋友和其他》

**作品 33 号**

我们在田野散步：我，我的母亲，我的妻子（qī · zi）和儿子（érzi）。

母亲本不愿出来的。她老了，身体不好，走远一点儿就觉得很累。我说，正因为如此，才应该（yīnggāi）多走走。母亲信服地点点头，便去拿外套。她现在很听我的话，就像我小时候很听她的话一样。

这南方初春的田野，大块小块的新绿随意地铺（pū）着，有的浓，有的淡，树上的嫩芽（nènyá）也密了，田里的冬水也咕咕地起着水泡。这一切都使人想着一样东西——生命。

我和母亲走在前面，我的妻子和儿子走在后面。小家伙突然叫起来："前面是妈妈和儿子，后面也是妈妈和儿子。"我们都笑了。

后来发生了分歧：母亲要走大路，大路平顺；我的儿子要走小路，小路有意思（yìsi）。不过，一切都取决于我。我的母亲老了，她早已习惯听从她强壮的儿子；我的儿子还小，他还习惯听从他高大的父亲；妻子呢，在外面，她总是听我的。一霎时（shàshí）我感到了责任的重大。我想找一个两全的办法，找不出；我想拆散一家人，分成两路，各得其所，终不愿意。我决定委屈（wěiqu）儿子，因为我伴同他的时日还长。我说："走大路。"

但是母亲摸摸孙儿（sūn'ér）的小脑瓜儿，变了主意（zhǔyi 或 zhúyi）："还是走小路吧。"她的眼随小路望去：那里有金色的菜花，两行整齐的桑树，//尽头一口水波粼粼（línlín）的鱼塘。"我走不过去的地方（dìfang），你就背着我。"母亲对我说。

这样，我们在阳光下，向着那菜花、桑树和鱼塘走去。到了一处，我蹲下来，背起了母亲；妻子也蹲下来，背起了儿子。我和妻子都是慢慢地，稳稳地，走得很仔细，好像我背上的同她背上的加起来，就是整个世界。

节选自莫怀戚（qī）《散步》

**作品 34 号**

地球上是否真的存在"无底洞"？按说地球是圆的，由地壳（dìqiào）、地幔（dìmàn）和地核三层组成，真正的"无底洞"是不应存在的，我们所看到的各种山洞、裂口、裂缝，甚至火山口也都只是地壳浅部的一种现象。然而中国一些古籍却多次提到海外有个深奥莫测的无底洞。事实上地球上确实有这样一个“无底洞”。

它位于希腊亚各斯古城的海滨。由于濒临（bīnlín）大海，大涨潮时，汹涌的海水便会排山倒海般地涌入洞中，形成一股湍湍（tuāntuān）的急流。据测，每天流入洞内的海水量达三万多吨。奇怪的是，如此大量的海水灌入洞中，却从来没有把洞灌满。曾有人怀疑，这个“无底洞”，会不会就像石灰岩地区的漏斗、竖井、落水洞一类的地形。然而从二十世纪三十年代以来，人们就做了多种努力企图寻找它的出口，却都是枉费心机（wǎngfèi－xīnjī）。

为了揭开这个秘密，一九五八年美国地理学会派出一支考察队，他们把一种经久不变的带色染料溶解在海水中，观察染料是如何随着海水一起沉下去。接着又察看了附近海面以及岛上的各条河、湖，满怀希望地寻找这种带颜色的水，结果令人失望。难道是海水量太大把有色水稀释得太淡，以致无法发现？//

至今谁也不知道为什么这里的海水会没完没了（méiwán－méiliǎo）地“漏”下去，这个“无底洞”的出口又在哪里，每天大量的海水究竟都流到哪里去了？

节选自罗伯特·罗威尔《神秘的“无底洞”》

**作品 35 号**

我在俄国见到的景物再没有比托尔斯泰墓更宏伟、更感人的。

完全按照托尔斯泰的愿望，他的坟墓成了世间最美的，给人印象最深刻的坟墓。它只是树林中的一个小小的长方形土丘，上面开满鲜花——没有十字架，没有墓碑，没有墓志铭，连托尔斯泰这个名字也没有。

这个比谁都感到受自己的声名所累（lěi）的伟人，却像偶尔（ǒu’ěr）被发现的流浪汉，不为（wéi）人知的士兵，不留名姓地被人埋葬了。谁都可以踏进他最后的安息地，围在四周的稀疏的木栅栏（zhàlan）是不关闭的——保护列夫·托尔斯泰得以安息的没有任何别的东西，惟有人们的敬意；而通常，人们却总是怀着好奇，去破坏伟人墓地的宁静。

这里，逼人的朴素禁锢（jìngù）住任何一种观赏的闲情，并且不容许你大声说话。风儿（fēng’ér）俯临，在这座无名者之墓的树木之间飒飒（sàsà）响着，和暖（hénuǎn）的阳光在坟头（féntóur）嬉戏；冬天，白雪温柔地覆盖这片幽暗的土地。无论你在夏天或冬天经过这儿，你都想象不到，这个小小的、隆起的长方体里安放着一位当代最伟大的人物。

然而，恰恰是这座不留姓名的坟墓，比所有挖空心思（xīnsi）用大理石和奢华装饰建造的坟墓更扣人心弦（xián）。在今天这个特殊的日子里，//到他的安息地来的成百上千人中间，没有一个有勇气，哪怕仅仅从这幽暗的土丘上摘下一朵花留作纪念。人们重新感到，世界上再没有比托尔斯泰最后留下的、这座纪念碑式的朴素坟墓，更打动人心的了。

节选自［奥］茨威格《世间最美的坟墓》，张厚仁译

## 作品 36 号

我国的建筑，从古代的宫殿到近代的一般住房，绝大部分（bùfen）是对称（duìchèn）的，左边怎么样，右边怎么样。苏州园林可绝不讲究（jiǎng · jiū）对称，好像故意避免似的（shìde）。东边有了一个亭子或者一道回廊，西边决不会来一个同样的亭子或者一道同样的回廊。这是为什么？我想，用图画来比方（bǐfang），对称的建筑是图案画，不是美术画，而园林是美术画，美术画要求自然之趣，是不讲究对称的。

苏州园林里都有假山和池沼（chízhǎo）。

假山的堆叠，可以说是一项艺术而不仅是技术。或者是重峦叠嶂（chóngluán－diézhàng），或者是几座小山配合着竹子花木，全在乎（zàihu）设计者和匠师们生平多阅历，胸中有丘壑（qiūhè），才能使游览者攀登的时候忘却苏州城市，只觉得身在山间。

至于池沼，大多引用活水。有些园林池沼宽敞（kuān · chǎng），就把池沼作为全园的中心，其他景物配合着布置。水面假如成河道模样（múyàng），往往安排桥梁。假如安排两座以上的桥梁，那就一座一个样，决不雷同。

池沼或河道的边沿很少砌齐整（qízhěng）的石岸，总是高低屈曲任其自然。还在那儿（nàr）布置几块玲珑的石头（shítou），或者种些花草。这也是为了取得从各个角度看都成一幅画的效果。池沼里养着金鱼或各色鲤鱼，夏秋季节荷花或睡莲开//放，游览者看“鱼戏莲叶间”，又是入画的一景。

节选自叶圣陶《苏州园林》

## 作品 37 号

一位访美中国女作家，在纽约遇到一位卖花的老太太（lǎotàitai）。老太太穿着（chuānzhuó）破旧，身体虚弱，但脸上的神情却是那样祥和兴奋（xīngfèn）。女作家挑了一朵花说：“看起来，你很高兴。”老太太面带微笑地说：“是的，一切都这么美好，我为什么不高兴呢？”“对烦恼，你倒真能看得开。”女作家又说了一句。没料到，老太太的回答更令女作家大吃一惊：“耶稣在星期五被钉上十字架时，是全世界最糟糕的一天，可三天后就是复活节。所以，当我遇到不幸（xìng）时，就会等待三天，这样一切就恢复正常了。”

“等待三天”，多么富于哲理的话语，多么乐观的生活方式。它把烦恼和痛苦抛下，全力去收获快乐。

沈从文在“文革”期间，陷入了非人的境地。可他毫不在意，他在咸宁时给他的表侄、画家黄永玉写信说：“这里的荷花真好，你若来……”身陷苦难却仍为（wèi）荷花的盛开欣喜赞叹不已，这是一种趋于澄明（chéngmíng）的境界，一种旷达洒脱（sǎ · tuō）的胸襟，一种面临磨难坦荡从容的气度，一种对生活童子（tóngzǐ）般的热爱和对美好事物无限向往的生命情感。

由此可见，影响一个人快乐的，有时并不是困境及磨难，而是一个人的心态。如果把自己浸泡在积极、乐观、向上的心态中，快乐必然会//占据你的每一天。

节选自《态度创造快乐》

**作品 38 号**

泰山极顶看日出，历来被描绘成十分壮观的奇景。有人说：登泰山而看不到日出，就像一出大戏没有戏眼，味儿（wèir）终究有点（diǎnr）寡淡。

我去爬山那天，正赶上个难得的好天，万里长空，云彩（yúncai）丝儿都不见，素常，烟雾腾腾的山头，显得眉目分明。同伴们都欣喜地说："明天早晨准可以看见日出了。"我也是抱着这种想头（xiǎngtou），爬上山去。

一路从山脚往上爬，细看山景，我觉得挂在眼前的不是五岳独尊的泰山，却象一幅规模惊人的青绿山水画，从下面倒（dào）展开来。在画卷中最先露出（lòuchū）的是山根底那座明朝建筑岱宗坊（Dàizōngfāng），慢慢地便现出王母池、斗母宫（Dǒumǔgōng）、经石峪。山是一层比一层深，一叠比一叠奇，层层叠叠，不知还会有多深多奇。万山丛中，时而点染着极其工细的人物。王母池旁的吕祖殿里有不少尊明塑（sù），塑着吕洞宾等一些人，姿态神情是那样有生气，你看了，不禁（bùjīn）会脱口赞叹说："活啦。"

画卷继续展开，绿阴森森的柏洞露面（lòumiàn）不太久，便来到对松山。两面奇峰对峙（duìzhì）着，满山峰都是奇形怪状的老松，年纪怕都有上千岁了，颜色竟那么浓，浓得好象要流下来似的。来到这儿，你不妨权当（quándàng）一次画里的写意人物，坐在路旁的对松亭里，看看山色，听听流//水和松涛。

一时间，我又觉得自己不仅是在看画卷，却又像是在零零乱乱翻着一卷历史稿本。

节选自杨朔《泰山极顶》

**作品 39 号**

育才小学校长陶行知在校园看到学生王友用泥块砸自己班上的同学，陶行知当即喝止（hèzhǐ）了他，并令他放学后到校长室去。无疑，陶行知是要好好教育这个"顽皮"的学生。那么他是如何教育的呢？

放学后，陶行知来到校长室，王友已经等在门口准备挨（ái）训了。可一见面，陶行知却掏出一块糖果送给王友，并说："这是奖给你的，因为你按时来到这里，而我却迟到了。"王友惊疑地接过糖果。

随后，陶行知又掏出一块糖果放到他手里，说："这第二块糖果也是奖给你的，因为当我不让你再打人时，你立即就住手了，这说明你很尊重我，我应该奖你。"王友更惊疑了，他眼睛睁得大大的。

陶行知又掏出第三块糖果塞到王友手里，说："我调查过了，你用泥块砸那些男生，是因为他们不守游戏规则，欺负女生；你砸他们，说明你很正直善良，且有批评不良行为的勇气，应该奖励你啊（ɑ）!”王友感动极了，他流着眼泪后悔地喊道：“陶……陶校长你打我两下吧！我砸的不是坏人，而是自己的同学啊（ɑ）……”

陶行知满意地笑了，他随即掏出第四块糖果递给王友，说：“为你正确地认识错误，我再奖给你一块糖果，只可惜我只有这一块糖果了。我的糖果//没有了，我看我们的谈话也该结束了吧!”说完，就走出了校长室。

节选自《教师博览·百期精华》中《陶行知的“四块糖果”》

**作品 40 号**

享受幸福是需要学习的，当它即将（jíjiāng）来临的时刻需要提醒。人可以自然而然地学会感官（gǎnguān）的享乐，却无法天生地掌握幸福的韵律（yùnlǜ）。灵魂的快意同器官的舒适像一对孪生（luánshēng）兄弟，时而相傍相依，时而南辕北辙（nányuán－běizhé）。

幸福是一种心灵的震颤。它像会倾听音乐的耳朵一样，需要不断地训练。

简而言之，幸福就是没有痛苦的时刻。它出现的频率（pínlǜ）并不像我们想象的那样少。人们常常只是在幸福的金马车已经驶过去很远时，才捡起地上的金鬃毛说，原来我见过它。

人们喜爱回味幸福的标本，却忽略它披着露水（lù · shuǐ）散发清香的时刻。那时候我们往往步履（bùlǚ）匆匆，瞻前顾后（zhānqián－gùhòu）不知在忙着什么。

世上有预报台风的，有预报蝗灾的，有预报瘟疫的，有预报地震的。没有人预报幸福。

其实幸福和世界万物一样，有它的征兆（zhēngzhào）。

幸福常常是朦胧（ménglóng）的，很有节制地向我们喷洒甘霖。你不要总希望轰轰烈烈的幸福，它多半只是悄悄地扑面而来。你也不要企图把水龙头拧（nǐng）得更大，那样它会很快地流失。你需要静静地以平和之心，体验它的真谛（zhēndì）。

幸福绝大多数是朴素的。它不会像信号弹似的，在很高的天际闪烁红色的光芒。它披着本色的外//衣，亲切温暖地包裹起我们。

幸福不喜欢喧嚣（xuānxiāo）浮华，它常常在暗淡中降临。贫困中相濡以沫（xiāngrúyǐmò）的一块糕饼，患难中心心相印的一个眼神，父亲一次粗糙（cūcāo）的抚摸，女友一张温馨的字条……这都是千金难买的幸福啊（ɑ）。像一粒粒缀在旧绸子上的红宝石，在凄凉中愈发熠熠（yìyì）夺目。

节选自毕淑敏《提醒幸福》

**作品 41 号**

在里约热内卢的一个贫民窟里，有一个男孩子，他非常喜欢足球，可是又买不起，于是就踢塑料盒（sùliàohér），踢汽水瓶，踢从垃圾箱里拣来的椰子壳（yēzikér）。他在胡同（hútòngr）里踢，在能找到的任何一片空地上踢。

有一天，当他在一处干涸（gānhé）的水塘里猛踢一个猪膀胱（pángguāng）时，被一位足球教练看见了。他发现这个男孩儿踢得很像是那么回事，就主动提出要送给他一个足球。小男孩儿得到足球后踢得更卖劲（màijìnr）了。不久，他就能准确地把球踢进远处随意摆放的一个水桶里。

圣诞节到了，孩子的妈妈说："我们没有钱买圣诞礼物送给我们的恩人，就让我们为他祈祷（qídǎo）吧。"

小男孩儿跟随妈妈祈祷完毕，向妈妈要了一把铲子便跑了出去。他来到一座别墅前的花园里，开始挖坑。

就在他快要挖好坑的时候，从别墅（biéshù）里走出一个人来，问小孩儿在干什么，孩子抬起满是汗珠的脸蛋儿，说："教练，圣诞节到了，我没有礼物送给您，我愿给您的圣诞树挖一个树坑。"

教练把小男孩儿从树坑里拉上来，说，我今天得到了世界上最好的礼物。明天你就到我的训练场去吧。

三年后，这位十七岁的男孩儿在第六届足球锦标赛上独进二十一球，为巴西第一次捧回了金杯。一个原//来不为（wéi）世人所知的名字——贝利，随之传遍世界。

节选自刘燕敏《天才的造就》

**作品 42 号**

记得我十三岁时，和母亲住在法国东南部的耐斯城。母亲没有丈夫，也没有亲戚（qīnqi），够清苦的，但她经常能拿出令人吃惊的东西，摆在我面前。她从来不吃肉，一再说自己是素食者。然而有一天，我发现母亲正仔细地用一小块碎面包擦那给我煎牛排用的油锅。我明白（míngbai）了她称自己为（wéi）素食者的真正原因。

我十六岁时，母亲成了耐斯市美蒙旅馆的女经理。这时，她更忙碌了。一天，她瘫在椅子上，脸色苍白，嘴唇发灰。马上找来医生，做出诊断：她摄取（shèqǔ）了过多的胰岛素。直到这时我才知道母亲多年一直对我隐瞒的疾痛（jítòng）——糖尿病。

她的头歪向枕头一边，痛苦地用手抓挠（zhuānao）胸口。床架上方，则挂着一枚我一九三二年赢得耐斯市少年乒乓球（pīngpāngqiú）冠军的银质奖章。

啊，是对我的美好前途的憧憬（chōngjǐng）支撑着她活下去，为了给她那荒唐的梦至少加一点真实的色彩，我只能继续努力，与时间竞争，直至一九三八年我被征入空军。巴黎很快失陷，我辗转调到英国皇家空军。刚到英国就接到了母亲的来信。这些信是由在瑞士的一个朋友秘密地转到伦敦，送到我手中的。

现在我要回家了，胸前佩戴着醒目的绿黑两色的解放十字绶//带（shòudài），上面挂着五六枚我终身难忘的勋章，肩上还佩戴着军官肩章。到达旅馆时，没有一个人跟我打招呼。原来，我母亲在三年半以前就已经离开人间了。

在她死前的几天中，她写了近二百五十封信，把这些信交给她在瑞士的朋友，请这个朋友定时寄给我。就这样，在母亲死后的三年半的时间里，我一直从她身上吸取着力量和勇气——这使我能够继续战斗到胜利那一天。

节选自［法］罗曼·加里《我的母亲独一无二》

**作品 43 号**

生活对于任何人都非易事，我们必须有坚韧不拔的精神（jīngshén）。最要紧的，还是我们自己要有信心。我们必须相信，我们对每一件事情都具有天赋的才能，并且，无论付出任何代价，都要把这件事完成，当事情（shìqing）结束的时候，你要能问心无愧地说："我已经尽（jìn）我所能了。"

有一年的春天，我因病被迫在家里休息数周。我注视着我的女儿们所养的蚕正在结茧（jiéjiǎn），这使我很感兴趣。望着这些蚕执着（zhízhuó）地、勤奋地工作，我感到我和它们非常相似（xiāngsì）。像它们一样，我总是耐心地把自己的努力集中在一个目标上。我之所以如此，或许是因为有某种力量在鞭策着我——正如蚕被鞭策着去结茧一般。

近五十年来，我致力于科学研究，而研究，就是对真理的探讨。我有许多美好快乐的记忆。少女时期我在巴黎大学，孤独地过着求学的岁月；在后来献身科学的整个时期，我丈夫和我专心致志，像在梦幻中一般，坐在简陋（jiǎnlòu）的书房里艰辛地研究，后来我们就在那里发现了镭（léi）。

我永远追求安静的工作和简单的家庭生活。为了实现这个理想，我竭力保持宁静的环境，以免受人事的干扰和盛名的拖累（tuōlěi）。

我深信，在科学方面我们有对事业而不//是对财富的兴趣。我的唯一奢望（shēwàng）是在一个自由国家中，以一个自由学者的身份从事研究工作。

我一直沉醉于世界的优美之中，我所热爱的科学也不断增加它崭新的远景。我认定科学本身就具有伟大的美。

节选自［波兰］玛丽·居里《我的信念》，剑捷译

**作品 44 号**

我为什么非要教书不可？是因为（yīn·wèi）我喜欢（xǐhuan）当教师的时间安排表和生活节奏。七、八、九三个月给我提供（tígōng）了进行回顾、研究、写作的良机，并将三者有机融合，而善于回顾、研究和总结正是优秀教师素质中不可缺少的成分。

干这行给了我多种多样的"甘泉"去品尝，找优秀的书籍去研读，到"象牙塔"和实际世界里去发现。教学工作给我提供了继续学习的时间保证，以及多种途径、机遇和挑战。

然而，我爱这一行的真正原因，是爱我的学生。学生们在我的眼前成长、变化。当教师意味着亲历"创造"过程的发生——恰似亲手赋予（fùyǔ）一团泥土以生命，没有什么比目睹它开始呼吸更激动人心的了。

权利我也有了：我有权利去启发诱导，去激发智慧的火花，去问费心思考的问题，去赞扬回答的尝试，去推荐书籍，去指点迷津（míjīn）。还有什么别的权利能与之相比呢？

而且，教书还给我金钱和权利之外的东西，那就是爱心。不仅有对学生的爱，对书籍的爱，对知识的爱，还有教师才能感受到的对“特别”学生的爱。这些学生，有如冥顽不灵（míngwán－bùlíng）的泥块，由于接受了老师的炽爱（chì'ài）才勃发了生机。

所以，我爱教书，还因为，在那些勃发生机的“特别”学//生身上，我有时发现自己和他们呼吸相通，忧乐与共。

节选自［美］彼得·基·贝得勒《我为什么当教师》

**作品 45 号**

中国西部我们通常是指黄河与秦岭相连一线以西，包括西北和西南的十二个省、市、自治区。这块广袤（guǎngmào）的土地面积（miànjī）为五百四十六万平方公里，占国土总面积的百分之五十七；人口二点八亿，占全国总人口的百分之二十三。

西部是华夏文明的源头。华夏祖先的脚步是顺着水边走的：长江上游出土过元谋人牙齿化石，距今约一百七十万年；黄河中游出土过蓝田人头盖骨，距今约七十万年。这两处古人类都比距今约五十万年的北京猿人资格更老。

西部地区是华夏文明的重要发源地。秦皇汉武以后，东西方文化在这里交汇融合，从而有了丝绸之路的驼铃声声，佛院深寺的暮鼓晨钟（mùgǔ－chénzhōng）。敦煌莫高窟是世界文化史上的一个奇迹，它在继承汉晋艺术传统的基础上，形成了自己兼收并蓄（jiānshōu－bìngxù）的恢宏气度，展现出精美绝伦的艺术形式和博大精深的文化内涵。秦始皇兵马俑、西夏王陵、楼兰古国、布达拉宫、三星堆、大足石刻等历史文化遗产，同样为（wéi）世界所瞩目，成为中华文化重要的象征。

西部地区又是少数民族及其文化的集萃地（jícuìdì），几乎（jīhū）包括了我国所有的少数民族。在一些偏远的少数民族地区，仍（réng）保留//了一些久远时代的艺术品种，成为珍贵的“活化石”，如纳西古乐、戏曲、剪纸、刺绣、岩画等民间艺术和宗教艺术。特色鲜明、丰富多彩，犹如一个巨大的民族民间文化艺术宝库。

我们要充分重视和利用这些得天独厚的资源优势，建立良好的民族民间文化生态环境，为西部大开发作出贡献。

节选自《中考语文课外阅读试题精选》中《西部文化和西部开发》

**作品 46 号**

高兴，这是一种具体的被看得到摸得着（mōdezháo）的事物所唤起的情绪。它是心理的，更是生理的。它容易来也容易去，谁也不应该（yīnggāi）对它视而不见失之交臂，谁也不应该总是做那些使自己不高兴也使旁人不高兴的事。让我们说一件最容易做也最令人高兴的事吧，尊重你自己，也尊重别人，这是每一个人的权利，我还要说这是每一个人的义务。

快乐，它是一种富有概括性的生存状态、工作状态。它几乎是先验的，它来自生命本身的活力，来自宇宙、地球和人间的吸引，它是世界的丰富、绚丽、阔大、悠久的体现。快乐还是一种力量，是埋在地下的根脉（gēnmài）。消灭一个人的快乐比挖掘（wājué）掉一棵大树的根要难得多。

欢欣，这是一种青春的、诗意的情感。它来自面向着未来伸开双臂奔跑的冲力，它来自一种轻松而又神秘、朦胧而又隐秘的激动，它是激情即将到来的预兆，它又是大雨过后的比下雨还要美妙得多也久远得多的回味……

喜悦，它是一种带有形而上色彩的修养的境界。与其说它是一种情绪，不如说它是一种智慧、一种超拔、一种悲天悯人（bēitiān－mǐnrén）的宽容和理解，一种饱经沧桑的充实和自信，一种光明的理性，一种坚定//的成熟，一种战胜了烦恼和庸俗的清明澄澈（chéngchè）。它是一潭清水，它是一抹（mǒ）朝霞，它是无边的平原，它是沉默的地平线。多一点儿、再多一点儿喜悦吧，它是翅膀，也是归巢。它是一杯美酒，也是一朵永远开不败的莲花。

节选自王蒙《喜悦》

**作品 47 号**

在湾仔（Wānzǎi），香港最热闹（rènao）的地方（dìfang），有一棵榕树，它是最贵的一棵树，不光在香港，在全世界，都是最贵的。

树，活的树，又不卖何言其贵？只因它老，它粗，是香港百年沧桑的活见证，香港人不忍看着它被砍伐，或者被移走，便跟要占用这片山坡的建筑者谈条件：可以在这儿建大楼盖商厦，但一不准砍树，二不准挪树，必须把它原地精心养起来，成为香港闹市中的一景。太古大厦的建设者最后签了合同，占用这个大山坡建豪华商厦的先决条件是同意保护这棵老树。

树长在半山坡上，计划将树下面的成千上万吨山石全部掏空取走，腾出地方来盖楼，把树架在大楼上面，仿佛它原本是长在楼顶上似的。建设者就地造了一个直径十八米、深十米的大花盆，先固定好这棵老树，再在大花盆底下盖楼，光这一项就花了两千三百八十九万港币，堪称是最昂贵的保护措施了。

太古大厦落成之后，人们可以乘滚动扶梯一次到位，来到太古大厦的顶层，出后门，那儿是一片自然景色。一棵大树出现在人们面前，树干有一米半粗，树冠（shùguān）直径足有二十多米，独木成林，非常壮观，形成一座以它为中心的小公园，取名叫“榕圃”（Róngpǔ）。树前面//插着铜牌，说明原由。此情此景，如不看铜牌的说明，绝对想不到巨树根底下还有一座宏伟的现代大楼。

节选自舒乙《香港：最贵的一棵树》

**作品48号**

我们的船渐渐地逼近榕树了。我有机会看清它的真面目：是一棵大树，有数不清的丫枝，枝上又生根，有许多根一直垂到地上，伸进泥土里。一部分树枝垂到水面，从远处看，就像一棵大树斜躺在水面上一样。

现在正是枝繁叶茂的时节。这棵榕树好像在把它的全部生命力展示给我们看。那么多的绿叶，一簇（cù）堆在另一簇的上面，不留一点缝隙（fèngxì）。翠绿的颜色明亮地在我们的眼前闪耀，似乎每一片树叶上都有一个新的生命在颤动（chàndòng），这美丽的南国的树！

船在树下泊（bó）了片刻，岸上很湿，我们没有上去。朋友说这里是“鸟的天堂”，有许多鸟在这棵树上做窝，农民不许人去捉它们。我仿佛听见几只鸟扑翅（chì）的声音，但是等到我的眼睛注意地看那里时，我却看不见一只鸟的影子。只有无数的树根立在地上，像许多根木桩。地是湿的，大概涨潮时河水常常冲上岸去。“鸟的天堂”里没有一只鸟，我这样想到。船开了，一个朋友拨（bō）着船，缓缓地流到河中间去。

第二天，我们划着船到一个朋友的家乡去，就是那个有山有塔的地方。从学校出发，我们又经过那“鸟的天堂”。

这一次是在早晨，阳光照在水面上，也照在树梢上。一切都//显得非常光明。我们的船也在树下泊了片刻。

起初四周围非常清静。后来忽然起了一声鸟叫。我们把手一拍，便看见一只大鸟飞了起来，接着又看见第二只，第三只。我们继续拍掌，很快地这个树林就变得很热闹了。到处都是鸟声，到处都是鸟影。大的，小的，花的，黑的，有的站在枝上叫，有的飞起来，在扑翅膀。

节选自巴金《小鸟的天堂》

**作品49号**

有这样一个故事（gùshi）。

有人问：世界上什么东西的气力（qìlì）最大？回答纷纭的得很，有的说“象”，有的说“狮”，有人开玩笑似的说：是“金刚”，金刚有多少气力，当然大家全不知道。

结果（jiéguǒ），这一切答案完全不对，世界上气力最大的，是植物的种子（zhǒngzi）。一粒种子所可以显现出来的力，简直是超越—切。

人的头盖骨，结合得非常致密（zhìmì）与坚固，生理学家和解剖（jiěpōu）学者用尽了一切的方法，要把它完整地分出来，都没有这种力气。后来忽然有人发明了一个方法，就是把一些植物的种子放在要剖析的头盖骨里，给它以温度与湿度，使它发芽。一发芽，这些种子便以可怕的力量，将一切机械力（jīxièlì）所不能分开的骨骼（gǔgé），完整地分开了。植物种子的力量之大，如此如此。

这，也许特殊了一点儿，常人不容易理解。那么，你看见过笋的成长吗？你看见过被压在瓦砾和石块下面的一棵小草的生长吗？它为着向往阳光，为着达成它的生之意志，不管上面的石块如何重，石与石之间如何狭，它必定要曲曲折折（qūqū－zhézhé）地，但是顽强不屈地透到地面上来。它的根往土壤钻，它的芽往地面挺，这是一种不可抗拒的力，阻止它的石块，结果也被它掀翻，一粒种子的力量之大，如//此如此。

没有一个人将小草叫做“大力士”，但是它的力量之大，的确是世界无比。这种力是一般人看不见的生命力。只要生命存在，这种力就要显现。上面的石块，丝毫不足以阻挡。因为它是一种“长期抗战”的力；有弹性，能屈能伸的力；有韧性，不达目的不止的力。

节选自夏衍《野草》

**作品50号**

著名教育家班杰明曾经接到一个青年人的求救电话，并与那个向往成功、渴望指点的青年人约好了见面的时间和地点。

待那个青年如约而至时，班杰明的房门敞开着，眼前的景象却令青年人颇感意外——班杰明的房间里乱七八糟、狼藉（lángjí）一片。

没等青年人开口，班杰明就招呼道：“你看我这房间，太不整洁了，请你在门外等候一分钟，我收拾（shōushi）一下，你再进来吧。”一边说着，班杰明就轻轻地关上了房门。

不到一分钟的时间，班杰明就又打开了房门并热情地把青年人让进客厅。这时，青年人的眼前展现出另一番景象——房间里的一切已变得井然有序，而且有两杯刚刚倒好的红酒，在淡淡的香水气息里还漾（yàng）着微波。

可是，没等青年人把满腹的有关人生和事业的疑难问题向班杰明讲出来，班杰明就非常客气（kèqi）地说道：“干杯。你可以走了。”

青年人手持酒杯一下子愣住了，既尴尬（gāngà）又非常遗憾地说：“可是，我……我还没向您请教呢……”

“这些……难道还不够吗？”班杰明一边微笑着一边扫视着自己的房间，轻言细语地说，“你进来又有一分钟了。”

“一分钟……一分钟……”青年人若有所思地说：“我懂了，您让我明白了一分钟的时间可以做许//多事情，可以改变许多事情的深刻道理。”

班杰明舒心地笑了。青年人把杯里的红酒一饮而尽，向班杰明连连道谢后，开心地走了。

其实，只要把握好了生命的每一分钟，也就是把握了理想的人生。

节选自纪广洋《一分钟》

作品 51 号

有个塌鼻子的小男孩儿，因为两岁时得过脑炎，智力受损，学习起来很吃力。打个比方（bǐfang），别人写作文能写二三百字，他却只能写三五行。但即便（jíbiàn）这样的作文，他同样能写得很动人。

那是一次作文课，题目是“愿望”。他极其认真地想了半天，然后极认真地写，那作文极短。只有三句话：我有两个愿望，第一个是，妈妈天天笑眯眯地看着我说：“你真聪明，”第二个是，老师天天笑眯眯地看着我说：“你一点儿也不笨。”

于是，就是这篇作文，深深地打动了他的老师，那位妈妈式的老师不仅给了他最高分，在班上带感情朗读了这篇作文，还一笔一画地批道：你很聪明，你的作文写得非常感人，请放心，妈妈肯定会格外喜欢你的，老师肯定会格外喜欢你的，大家肯定会格外喜欢你的。

捧着作文本，他笑了，蹦蹦跳跳地回家了，像只喜鹊（xǐ · què）。但他并没有把作文本拿给妈妈看，他是在等待，等待着一个美好的时刻。

那个时刻终于到了，是妈妈的生日——一个阳光灿烂的星期天：那天，他起得特别早，把作文本装在一个亲手做的美丽的大信封里，等着妈妈醒来。妈妈刚刚睁眼醒来，他就笑眯眯地走到妈妈跟前说：“妈妈，今天是您的生日，我要//送给您一件礼物。”

果然，看着这篇作文，妈妈甜甜地涌出了两行热泪，一把搂住小男孩儿，搂得很紧很紧。是的，智力可以受损，但爱永远不会。

节选自张玉庭《一个美丽的故事》

作品 52 号

小学的时候，有一次我们去海边远足，妈妈没有做便饭，给了我十块钱买午餐。好像走了很久，很久，终于到海边了，大家坐下来便吃饭，荒凉的海边没有商店，我一个人跑到防风林外面去，级任老师要大家把吃剩的饭菜分给我一点儿。有两三个男生留下一点儿给我，还有一个女生，她的米饭拌了酱油，很香。我吃完的时候，她笑眯眯地看着我，短头发（tóufa），脸圆圆的。

她的名字叫翁香玉。

每天放学的时候，她走的是经过我们家的一条小路，带着一位比她小的男孩儿，可能是弟弟。小路边是一条清澈（qīngchè）见底的小溪，两旁竹阴覆盖，我总是远远地跟在她后面。夏日的午后特别炎热，走到半路她会停下来，拿手帕（shǒupà）在溪水里浸湿（jìnshī），为小男孩儿擦脸。我也在后面停下来，把肮脏的手帕弄湿了擦脸，再一路远远跟着她回家。

后来我们家搬到镇上去了，过几年我也上了中学。有一天放学回家，在火车上，看见斜对面一位短头发、圆圆脸的女孩儿，一身素净（sùjing）的白衣黑裙。我想她一定不认识（rènshi）我了。火车很快到站了，我随着人群挤向门口，她也走近了，叫我的名字（míngzi）。这是她第一次和我说话。

她笑眯眯的，和我一起走过月台。以后就没有再见过//她了。

这篇文章收在我出版的《少年心事》这本书里。

书出版后半年，有一天我忽然收到出版社转来的一封信，信封上是陌生的字迹，但清楚地写着我的本名。

信里面说她看到了这篇文章心里非常激动，没想到在离开家乡，漂泊（piāobó）异地这么久之后，会看见自己仍然在一个人的记忆里，她自己也深深记得这其中的每一幕，只是没想到越过遥远的时空，竟然另一个人也深深记得。

节选自苦伶《永远的记忆》

**作品 53 号**

在繁华的巴黎大街的路旁，站着一个衣衫褴褛（lánlǚ）、头发斑白、双目失明的老人。他不像其他乞丐那样伸手向过路行人乞讨，而是在身旁立一块木牌，上面写着："我什么也看不见！"街上过往的行人很多，看了木牌上的字都无动于衷，有的还淡淡一笑，便姗姗（shānshān）而去了。

这天中午，法国著名诗人让·彼浩勒也经过这里。他看看木牌上的字，问盲老人："老人家，今天上午有人给你钱吗？"

盲老人叹息着回答："我，我什么也没有得到。"说着，脸上的神情非常悲伤。

让·彼浩勒听了，拿起笔悄悄地在那行字的前面添上了"春天到了，可是"几个字，就匆匆地离开了。

晚上，让·彼浩勒又经过这里，问那个盲老人下午的情况。盲老人笑着回答说："先生，不知为什么，下午给我钱的人多极了！"让·彼浩勒听了，摸着胡子满意地笑了。

"春天到了，可是我什么也看不见！"这富有诗意的语言，产生这么大的作用，就在于它有非常浓厚的感情色彩。是的，春天是美好的，那蓝天白云，那绿树红花，那莺歌燕舞（yīnggē－yànwǔ），那流水人家（rénjiā），怎么不叫人陶醉呢？但这良辰美景，对于一个双目失明的人来说，只是一片漆黑。当人们想到这个盲老人，一生中竟连万紫千红的春天//都不曾看到，怎能不对他产生同情之心呢？

节选自小学《语文》第六册中《语言的魅力》

**作品 54 号**

有一次，苏东坡的朋友张鹗（Zhāng È）拿着一张宣纸来求他写一幅（fú）字，而且希望他写一点儿关于养生方面的内容。苏东坡思索了一会儿，点点头说："我得到了一个养生长寿古方，药只有四味，今天就赠给你吧。"于是，东坡的狼毫在纸上挥洒起来，上面写着："一曰无事以当（dàng）贵，二曰早寝（qǐn）以当富，三曰安步以当车，四曰晚食以当肉。"

这哪里有药？张鹗一脸茫然地问。苏东坡笑着解释说，养生长寿的要诀，全在这四句里面。

所谓"无事以当贵"，是指人不要把功名利禄、荣辱过失考虑得太多，如能在情志上潇洒大度，随遇而安，无事以求，这比富贵更能使人终其天年。

"早寝以当富"，指吃好穿好、财货充足，并非就能使你长寿。对老年人来说，养成良好的起居习惯，尤其是早睡早起，比获得任何财富更加宝贵。

"安步以当车"，指人不要过于讲求安逸、肢体不劳，而应多以步行来替代骑马乘车，多运动才可以强健体魄，通畅气血（qìxuè）。

"晚食以当肉"，意思是人应该用已饥方食、未饱先止代替对美味佳肴（jiāyáo）的贪吃无厌。他进一步解释，饿了以后才进食，虽然是粗茶淡饭，但其香甜可口会胜过山珍；如果饱了还要勉强（miǎnqiǎng）吃，即使美味佳肴摆在眼前也难以//下咽。

苏东坡的四味"长寿药"，实际上是强调了情志、睡眠、运动、饮食四个方面对养生长寿的重要性，这种养生观点即使在今天仍然值得借鉴。

节选自蒲昭和《赠你四味长寿药》

**作品 55 号**

人活着，最要紧的是寻觅（xúnmì）到那片代表着生命绿色和人类希望的丛林，然后选一高高的枝头站在那里观览（guānlǎn）人生，消化痛苦，孕育歌声，愉悦（yúyuè）世界！

这可真是一种潇洒的人生态度，这可真是一种心境爽朗的情感风貌。

站在历史的枝头微笑，可以减免许多烦恼。在那里，你可以从众生相（zhòngshēngxiàng）所包含的甜酸苦辣、百味人生中寻找你自己；你境遇中的那点儿苦痛，也许相比之下，再也难以占据一席之地；你会较容易地获得从不悦中解脱灵魂的力量，使之不致变得灰色。

人站得高些，不但能有幸早些领略到希望的曙光，还能有幸发现生命的立体的诗篇。每一个人的人生，都是这诗篇中的一个词、一个句子或者一个标点。你可能没有成为一个美丽的词，一个引人注目的句子，一个惊叹号，但你依然是这生命的立体诗篇中的一个音节、一个停顿、一个必不可少的组成部分（bùfen）。这足以使你放弃前嫌，萌生为人类孕育新的歌声的兴致，为世界带来更多的诗意。

最可怕的人生见解，是把多维的生存图景看成平面。因为那平面上刻下的大多是凝固了的历史——过去的遗迹；但活着的人们，活得却是充满着新生智慧的，由//不断逝去的"现在"组成的未来。人生不能像某些鱼类躺着游，人生也不能像某些兽类爬着走，而应该（yīnggāi）站着向前行，这才是人类应有的生存姿态。

节选自［美］本杰明·拉什《站在历史的枝头微笑》

## 作品56号

中国的第一大岛、台湾省的主岛台湾，位于中国大陆架的东南方，地处（dìchǔ）东海和南海之间，隔（gé）着台湾海峡和大陆相望。天气晴朗的时候，站在福建沿海较高的地方，就可以隐隐约约地望见岛上的高山和云朵。

台湾岛形状狭长，从东到西，最宽处只有一百四十多公里；由南至北，最长的地方约有三百九十多公里。地形像一个纺织用的梭子。

台湾岛上的山脉纵贯南北，中间的中央山脉犹如全岛的脊梁（jǐliang）。西部为海拔近四千米的玉山山脉，是中国东部的最高峰。全岛约有三分之一的地方是平地，其余为山地。岛内有缎带般的瀑布，蓝宝石似的湖泊（húpō），四季常青的森林和果园，自然景色十分优美。西南部的阿里山和日月潭，台北市郊的大屯山风景区，都是闻名世界的游览胜地。

台湾岛地处热带和温带之间，四面环海，雨水充足，气温受到海洋的调剂，冬暖夏凉，四季如春，这给水稻和果木生长提供（tígōng）了优越的条件。水稻、甘蔗（gānzhe）、樟脑是台湾的"三宝"。岛上还盛产鲜果和鱼虾。

台湾还是一个闻名世界的"蝴蝶王国"。岛上的蝴蝶共有四百多个品种，其中有不少是世界稀有的珍贵品种。岛上还有不少鸟语花香的蝴//蝶谷，岛上居民利用蝴蝶制作的标本和艺术品，远销许多国家。

节选自《中国的宝岛——台湾》

## 作品57号

对于中国的牛，我有着一种特别尊敬的感情。

留给我印象最深的，要算在田垄（tiánlǒng）上的一次"相遇"。

一群朋友郊游，我领头在狭窄的阡陌（qiānmò）上走，怎料迎面来了几头耕牛，狭道容不下人和牛，终有一方要让路。它们还没有走近，我们已经预计斗不过畜牲（chùsheng），恐怕难免踩到田地泥水里，弄得鞋袜又泥又湿了。正踟蹰（chíchú）的时候，带头的一头牛，在离我们不远的地方停下来，抬起头看看，稍迟疑一下，就自动走下田去。一队耕牛，全跟着它离开阡陌，从我们身边经过。

我们都呆了，回过头来，看着深褐色的牛队，在路的尽头消失，忽然觉得自己受了很大的恩惠。

中国的牛，永远沉默地为人做着沉重的工作。在大地上，在晨光或烈日下，它拖着沉重的犁，低头一步又一步，拖出了身后一列又一列松土，好让人们下种（xiàzhǒng）。等到满地金黄或农闲时候，它可能还得担当搬运负重的工作；或终日绕（rào）着石磨，朝同一方向，走不计程的路。

在它沉默的劳动中，人便得到应得的收成（shōucheng）。

那时候，也许，它可以松一肩重担，站在树下，吃几口嫩草。偶尔摇摇尾巴（wěiba），摆摆耳朵（ěrduo），赶走飞附身上的苍蝇（cāngying），已经算是它最闲适的生活了。

中国的牛，没有成群奔跑的习//惯，永远沉沉实实的，默默地工作，平心静气。这就是中国的牛。

节选自小思《中国的牛》

**作品 58 号**

不管我的梦想能否成为事实，说出来总是好玩儿的：

春天，我将要住在杭州。二十年前，旧历的二月初，在西湖我看见了嫩柳与菜花，碧浪与翠竹。由我看到的那点儿春光，已经可以断定，杭州的春天必定会教（jiào）人整天生活在诗与图画之中。所以，春天我的家应当（yīngdāng）是在杭州。

夏天，我想青城山应当算作最理想的地方。在那里，我虽然只住过十天，可是它的幽静已拴住了我的心灵。在我所看见过的山水中，只有这里没有使我失望。到处都是绿，目之所及，那片淡而光润的绿色都在轻轻地颤动（chàndòng），仿佛要流入空中与心中似的。这个绿色会像音乐，涤清（díqīng）了心中的万虑。

秋天一定要住北平。天堂是什么样子，我不知道，但是从我的生活经验去判断，北平之秋便是天堂。论天气，不冷不热。论吃的，苹果、梨、柿子、枣儿（zǎor）、葡萄，每样都有若干种。论花草，菊花种类之多，花式之奇，可以甲天下。西山有红叶可见，北海可以划船——虽然荷花已残，荷叶可还有一片清香。衣食住行，在北平的秋天，是没有一项不使人满意的。

冬天，我还没有打好主意（zhǔyi 或 zhúyi），成都或者相当地合适，虽然并不怎样和暖（hénuǎn），可是为了水仙，素心腊梅，各色的茶花，仿佛就受一点儿寒//冷，也颇值得去了。昆明的花也多，而且天气比成都好，可是旧书铺与精美而便宜（piányi）的小吃远不及成都那么多。好吧，就暂这么规定：冬天不住成都便住昆明吧。

在抗战中，我没能发国难财。我想，抗战胜利以后，我必能阔起来。那时候，假若飞机减价，一二百元就能买一架的话，我就自备一架，择黄道吉日慢慢地飞行。

节选自老舍《住的梦》

**作品 59 号**

我不由得（bùyóude）停住了脚步。

从未见过开得这样盛的藤萝，只见一片辉煌的淡紫色，像一条瀑布（pùbù），从空中垂下，不见其发端，也不见其终极，只是深深浅浅的紫，仿佛在流动，在欢笑，在不停地生长。紫色的大条幅上，泛着点点银光，就像迸溅（bèngjiàn）的水花。仔细看时，才知那是每一朵紫花中的最浅淡的部分，在和阳光互相挑逗。

这里除了光彩，还有淡淡的芳香。香气似乎也是浅紫色的，梦幻一般轻轻地笼罩着我。忽然记起十多年前，家门外也曾有过一大株紫藤萝，它依傍一株枯槐（kū huái）爬得很高，但花朵从来都稀落，东一穗西一串伶仃（língdīng）地挂在树梢，好像在察言观色，试探什么。后来索性连那稀零的花串也没有了。园中别的紫藤花架也都拆掉，改种了果树。那时的说法是，花和生活腐化有什么必然关系。我曾遗憾地想：这里再看不见藤萝花了。

过了这么多年，藤萝又开花了，而且开得这样盛，这样密，紫色的瀑布遮住了粗壮的盘虬卧龙（pánqiú wòlóng）般的枝干，不断地流着，流着，流向人的心底。

花和人都会遇到各种各样的不幸，但是生命的长河是无止境的。我抚摸了一下那小小的紫色的花舱，那里满装了生命的酒酿（jiǔniàng），它张满了帆（fān），在这//闪光的花的河流上航行。它是万花中的一朵，也正是由每一个一朵，组成了万花灿烂的流动的瀑布。

在这浅紫色的光辉和浅紫色的芳香中，我不觉加快了脚步。

节选自宗璞《紫藤萝瀑布》

**作品60号**

在一次名人访问中，被问及上个世纪最重要的发明是什么时，有人说是电脑，有人说是汽车，等等。但新加坡的一位知名人士却说是冷气机。他解释（jiěshì），如果没有冷气，热带地区如东南亚国家，就不可能有很高的生产力，就不可能达到今天的生活水准。他的回答实事求是，有理有据。

看了上述报道，我突发奇想：为什么没有记者问："二十世纪最糟糕的发明是什么？"其实二〇〇二年十月中旬，英国的一家报纸就评出了"人类最糟糕的发明"。获此"殊荣"的，就是人们每天大量使用的塑料袋。

诞生于上个世纪三十年代的塑料袋，其家族包括用塑料制成的快餐饭盒、包装纸、餐用杯盘、饮料瓶、酸奶杯、雪糕杯等等。这些废弃物形成的垃圾，数量多、体积大、重量轻、不降解（jiàngjiě），给治理工作带来很多技术难题和社会问题。

比如，散落（sànluò）在田间、路边及草丛中的塑料餐盒，一旦被牲畜（shēngchù）吞食，就会危及健康甚至导致死亡。填埋废弃塑料袋、塑料餐盒的土地，不能生长庄稼和树木，造成土地板结（bǎnjié），而焚烧处理（chǔlǐ）这些塑胶垃圾，则会释放出多种化学有毒气体，其中一种称为二噁英（èr'èyīng）的化合物，毒性极大。

此外，在生产塑料袋、塑料餐盒的//过程中使用的氟利昂，对人体免疫系统和生态环境造成的破坏也极为严重。

节选自林光如《最糟糕的发明》

## 第二节　普通话水平测试短文朗读的技巧

普通话水平测试短文朗读的目的是为了检测应试者运用普通话朗读书面作品的真实水平。重点检测声母、韵母、声调读音标准程度的同时，还要检测短文连读中的停顿、重音、语速、音变、语调以及流畅程度。

### 一、停顿

朗读较短的句子时，按书面标点停顿即可，而有些句子较长，结构较复杂，句中也没有标点符号，为了表达清楚，中途也可作些短暂的停顿，但如果停顿不当就会破坏句子的结构，最终破坏了句子的原意，即读破句。朗读测试中忌读破句，应试者要正确停顿，可运用以下方法：

#### （一）标点符号停顿

标点符号是朗读书面语言时语言停顿的重要依据。标点符号的停顿规律一般是：句号、问号、感叹号、省略号停顿略长于分号、破折号、连接号；分号、破折号、连接号的停顿时间又长于逗号、冒号；逗号、冒号的停顿时间又长于顿号、间隔号。此外，在短文的段落之间，停顿的时间要比一般的句号时间长些。以上停顿，也不是绝对的。有时为表达感情的需要，在没有标点的地方也可以停顿。

#### （二）语法停顿

语法停顿是句子中间的自然停顿。它往往是为了强调、突出句子中主语、谓语、宾语、定语、状语或补语而作出的短暂停顿。学好语法有助于应试者在朗读中正确地停顿断句，不读破句，准确地表达短文的思想内容。

#### （三）感情停顿

感情停顿不受书面标点和句子语法结构的约束，完全是根据思想感情或心理需要而作出的停顿处理，它受感情的支配，根据感情的需要决定停与不停。它的特点是声断而情不断。

### 二、重音

重音是指对那些在表情达意上起重要作用的字、词或短语在朗读时加以强调的技巧。重音是通过声音的强调来突出意义的，能给色彩鲜明、形象生动的词增加分量。重音有以下几种情况：

#### （一）语法重音

语法重音是按语言习惯自然重读的音节。这些重读的音节大都是按照平时的语言规律确定的。一般来说，语法重音不带有特别强调的色彩。

### （二）强调重音

强调重音不受语法制约，它是根据语句所要表达的重点决定的，它受应试者的意愿约束，在句子中的位置并不固定。强调重音的作用在于揭示语言的内在含义。由于表达目的不同，强调重音就会落在不同的词语上，表达的效果也不一般。

### （三）感情重音

感情重音可以使朗读的作品色彩丰富，充满生气，有较强的感染力。感情重音大多在表现内心活动强烈，情绪激动、抑扬起伏的情况下使用。

## 三、语速

应试者在朗读短文时，适当掌握朗读的快慢，可以活跃作品的气氛，增强语言的表达效果。朗读的速度一般与作品的体裁和内容相关。

### （一）根据内容掌握语速

朗读时的语速需与作品的情境相适应，根据作品的思想内容、故事情节、人物个性、环境背景、感情语气、语言特色来处理。当然，语速的快慢在一篇作品中并不是一成不变的，它要根据具体的内容有所变化。

### （二）根据体裁掌握语速

国家《普通话水平测试大纲》在选编朗读测试材料时，为了保证作品难易程度与评分标准的一致性，所选的60篇作品，既有带感情色彩写人写事状物的记叙文、散文，也有平实、严肃的说明文、科普类小品文等。一般来说，说明文和科普类小品文的语速相对平稳、微慢一些。

### （三）根据应试需要掌握语速

语速影响听的效果，语速不可太快或太慢，否则都达不到让机器听清楚的目的。语速过快会造成词、词组、句子重音方面的失误，还会造成发音不到位、吞音、误读甚至前行时的突然中断，最终影响意思的表达。当然，朗读并不是越慢越好，需要重点表达的地方就要适当地慢下来。一般来说，朗读语速控制在每分钟200～250字比较适宜。

## 四、音变

朗读短文时，要组成词和句子的音节连续发出声音形成语流，在连续的语流中，由于音节之间、音素之间、声调之间的相互影响，就会产生语音的变化，这就是所谓的音变。

普通话语音中常见的音变现象包括：轻声、儿化、变调，除此之外，语气词“啊”、“一”、“八”、“不”的音变情况也变幻多端。

该内容有专门的章节分别阐述，在此不再赘言。

## 五、语调

语调指语句里声音高低升降的变化，其中以结尾的升降变化最为重要，一般是与句子语气紧密结合的。应试者在朗读时，如能注意语调的升降变化，语音就有了动听的腔调，听起来便具有音乐美，也就能够更细致地表达不同的思想感情。语调变化主要有以下几种：

### （一）高升调

高升调多在疑问句、反诘句、短促的命令句，或者是表示愤怒、紧张、警告、号召的句子里使用。朗读时，注意前低后高、语气上扬。

### （二）降抑调

降抑调一般用在感叹句、祈使句或表示坚决、自信、赞扬、祝愿等感情的句子里。表达沉痛、悲愤的感情，一般也用这种语调。朗读时，注意调子逐渐由高降低，末字低而短。

### （三）平直调

平直调一般多用在叙述、说明或表示迟疑、思索、冷淡、追忆、悼念等的句子里。朗读时始终平直舒缓，没有显著的高低变化。

### （四）曲折调

曲折调用于表示特殊的感情，如讽刺、讥笑、夸张、强调、双关、特别惊异等句子里。朗读时由高而低后又高，把句子中某些特殊的音节特别加重加高或拖长，形成一种升降曲折的变化。

## 六、流畅

流畅主要针对语流而言。从语音学角度讲，朗读流畅与停顿、语速、节奏等技巧相关联。实践表明，朗读中停顿、语速处理得恰当，可有效调控语流的畅通。前文已经讲过停顿和语速，这里只讲节奏。

节奏是指语言的音乐性，节奏和谐的朗读一定是流畅的朗读。节奏有音强节奏和音长节奏之分，例如多音词的轻重音格式就属于音强节奏。音长节奏指朗读节拍（朗读时通常不是一字一词往外迸，而是一个短语一个短语地读，每个短语所占时值大致相同，这就叫节拍）。一个节拍里字少就读得慢些，字音拉长；字多就读得快些，字音缩短。节拍内字音长短和轻重有规律地配合形成匀称整齐的节奏，进而使朗读流畅地向前行进。掌握好节奏，朗读时就不轻易出现添字、漏字、回读、磕巴、过快或过慢等问题。

总之，应试者在考试前最好模仿60篇短文录音进行朗读，不妨在短文中的轻声、儿化、变调、重音、停连、语速、语调等处作上标记，跟着录音反复朗读训练。另外，如果在短文朗读测试时，发现自己读错了，千万不要回头纠正，只管一路自然读下去，否则会影响整体朗读测试的发挥。

# 第八章　普通话水平测试第四项——命题说话

## 第一节　普通话水平测试用话题

命题说话 30 则话题供普通话水平测试第四项——说话测试使用。30 则话题仅是对话题范围的规定，并不规定话题的具体内容。

命题说话测试用 30 则话题

| 序号 | 话题名称 | 序号 | 话题名称 |
|---|---|---|---|
| 1 | 我的愿望（或理想） | 2 | 我的学习生活 |
| 3 | 我尊敬的人 | 4 | 我喜爱的动物（或植物） |
| 5 | 童年的记忆 | 6 | 我喜爱的职业 |
| 7 | 难忘的旅行 | 8 | 我的朋友 |
| 9 | 我喜爱的文学（或其他）艺术形式 | 10 | 谈谈卫生与健康 |
| 11 | 我的业余生活 | 12 | 我喜欢的季节（或天气） |
| 13 | 学习普通话的体会 | 14 | 谈谈服饰 |
| 15 | 我的假日生活 | 16 | 我的成长之路 |
| 17 | 谈谈科技发展与社会生活 | 18 | 我知道的风俗 |
| 19 | 我和体育 | 20 | 我的家乡（或熟悉的地方） |
| 21 | 谈谈美食 | 22 | 我喜欢的节日 |
| 23 | 我所在的集体（学校、机关、公司等） | 24 | 谈谈社会公德（或职业道德） |
| 25 | 谈谈个人修养 | 26 | 我喜欢的明星（或其他知名人士） |
| 27 | 我喜爱的书刊 | 28 | 谈谈对环境保护的认识 |
| 29 | 我向往的地方 | 30 | 购物（消费）的感受 |

## 第二节　普通话水平测试命题说话技巧

命题说话，要求应试者在给定的 30 则话题中选抽 1 个话题，单向连续说话 3 分钟。命题说话的目的是测查应试者在无文字凭借的情况下说普通话的水平，重点检测其语音标准程度，词汇、语法规范程度和说话自如流畅程度。

命题说话项检测内容最多，分值最高，难度最大，实际测试的时间也最长。作为普通话水平测试的压轴戏，它是按照检测语音由单一到综合、内容由基础知识到实际应用、检测难度从有文字凭借到无文字凭借的梯级递进排序的。可以说，命题说话处在整个测试的最高端，其语音标准度检测的外延，远远超出了单音节字词朗读、双音节词语朗读和短文朗读3个测试项对语音标准度检测的外延之和，它除了要检测应试者3分钟连续说话过程中每一个音节的声母、韵母、声调的标准度，还需重点地检测轻声、儿化、音变、重音、停连等现象的发音标准度，以及恰当运用词汇、语法规范、句子通顺、自然流畅的程度等。短文中的“流畅度”是指有文字凭借下的流畅度，而命题说话中的“自然流畅度”是指没有文字凭借下的自然流畅度。命题说话中“不流畅度”扣分设置档也比较高，短文朗读扣分依次是0.5分、1分、2分三档，而命题说话依次是0.5分、1分、2分、3分四档。

由此看出，命题说话在4个测项中处于综合的最重要地位。应试者需要格外重视命题说话的前期准备。为减少失分，应试者应力求做到话语自然、用词准确、语句流畅和情绪饱满。

## 一、话语自然

说话就是口头表达，要使用语言材料，但是说话的结果并不是这些语言材料的堆积和生搬硬套。口头说的话一定与说话的环境、说话人的感情、说话的目的以及应试者的知识积淀都是有内在联系的，是应试者内在心声的自然流淌。

要做到说话自然，一是要按照日常口语的语音、语调来说话，不要带着朗读或背诵的腔调。此要求虽然不高，但实际在应试的场合却是相当的困难。二是语速要适当，正常说话语速大约240个音节/分钟，根据内容、情景、语气的要求偶尔有10个左右的音节稍快、稍慢也应视为正常。一般说来，语速越快，语言越流畅。但语速过快就容易导致发音时口腔打开不够、复元音的韵母发音不饱满；而语速过慢，容易导致语流凝滞，话语不够连贯。

## 二、用词准确

说话紧扣主题，用词准确，语句规范，遣词造句表述恰当精练。应试者抽到题签儿后要稳定情绪，静心思考，敲定说话题目的关键词，理清说话的脉络，殊不知词语是否准确，直接影响说话的中心意思，“失之毫厘”，其结果就会“谬以千里”。

要做到说话用词准确，一是不要过多使用书面语，书面语使用太多会影响说话的口语风格，二是要克服还没有被普通话吸收的方言词汇。当然，由于普通话词汇标准是开放的，它与时俱进地从方言中吸收富有表现力的词汇来丰富、完善普通话词汇系统，普通话水平测试允许应试者使用较为常用的新词语和方言词语，这一点与克服方言并不矛盾。

## 三、语句流畅

说话语句流畅就是不打啃、不拗口、不磕巴，应试者说起来上口，测试员听起来顺耳。语句的流畅与句子内部音节搭配和自己习惯性的遣词造句有关。

要做到说话语句流畅，一是要多用口语句式，口语句式比较松散，短句多，说话就会轻松；二是尽量少用关联词语，少用关联词语就避免了长句和复句，说话就不会拗口；三是多用非主谓句和插说的方法，使得句子之间关联不紧密，说话就会少犯逻辑性错误；四是尽量多地使用停顿或语气词，说话就会体现口语色彩。

## 四、情绪饱满

要做到情绪饱满，就要应试者在考前调整好自己的情绪，让心态充满阳光，轻松上阵，使自己的发音器官处于积极状态，使说话时的语流中的每一个字都能准确清晰，咬字有力，字正腔圆。否则，情绪紧张就会心绪烦躁，思路混乱，致使在说话的语流中声带挤撞，发音过程不完整，造成音素缺损，影响了语音的标准程度。

总之，测试大纲以语音面貌、词汇和语法的规范程度与自然流畅程度来作为说话的评分标准。

# 第九章　国家普通话水平测试样题

## 国家普通话水平测试题（一）

### 一、读单音节字词（100 个音节，共 10 分，限时 3.5 分钟）

锁　穷　窄　日　摸　疔　薛　妾　此　谬　嘴　乍　类　笨　缕　鹅　顷　俗　缰
达　我　璧　罕　困　掳　庞　栓　盆　桌　允　春　曹　段　批　肺　因　肠　矮
刷　选　翁　底　钩　绢　灯　踹　妆　味　或　字　氛　样　歉　歇　算　班　惹
波　纳　甲　裴　虎　筐　您　窜　魂　洒　仍　松　拐　凝　卖　皇　收　雄　怎
淘　抓　洽　龄　朽　攫　迁　头　告　饱　群　爹　南　跳　而　矩　募　广　囊
坑　齿　偏　迷　讽

### 二、读多音节词语（100 个音节，共 20 分，限时 2.5 分钟）

月亮　八卦　牛仔裤　太空　干脆　财产　茧子　动员　文章　戏法儿　颓丧　正好
冠军　深层　蛋白质　人民　追随　生存　小巧　铁丝　典雅　窘迫　骆驼　权力
明年　没谱儿　黑暗　拥有　听众　肚脐儿　失去　王国　创作　商品　衰老　快乐
恳求　棉花　妇女　街坊　饭盒儿　傍晚　仇恨　柔软　夏季　虐待　偶尔　佛像　寻找

### 三、朗读短文（400 个音节，共 30 分，限时 4 分钟）

**作品 7 号**

一天，爸爸下班回到家已经很晚了，他很累也有点儿烦，他发现五岁的儿子靠在门旁正等着他。

“爸，我可以问您一个问题吗？”

“什么问题？”“爸，您一小时可以赚多少钱？”“这与你无关，你为什么问这个问题？”父亲生气地说。

“我只是想知道，请告诉我，您一小时赚多少钱？”小孩儿哀求道。“假如你一定要知道的话，我一小时赚二十美金。”

“哦，”小孩儿低下了头，接着又说，“爸，可以借我十美金吗？”父亲发怒了：“如果你只是要借钱去买毫无意义的玩具的话，给我回到你的房间睡觉去。好好想想为什么你会那么自私。我每天辛苦工作，没时间和你玩儿小孩子的游戏。”

小孩儿默默地回到自己的房间关上门。

父亲坐下来还在生气。后来，他平静下来了。心想他可能对孩子太凶了——或许孩子真的很想买什么东西，再说他平时很少要过钱。

父亲走进孩子的房间："你睡了吗?""爸，还没有，我还醒着。"孩子回答。

"我刚才可能对你太凶了，"父亲说，"我不应该发那么大的火儿——这是你要的十美金。""爸，谢谢您。"孩子高兴地从枕头下拿出一些被弄皱的钞票，慢慢地数着。

"为什么你已经有钱了还要?"父亲不解地问。

"因为原来不够，但现在凑够了。"孩子回答："爸我现在有//二十美金了，我可以向您买一个小时的时间吗？明天请早一点儿回家——我想和您一起吃晚餐。"

## 四、命题说话（请在下列话题中任选一个，共40分，限时3分钟）

1. 我的假日生活
2. 我的学习生活

### 国家普通话水平测试题（二）

## 一、读单音节字词（100个音节，共10分，限时3.5分钟）

散 曾 润 雄 用 镖 免 漱 揣 赵 镶 求 浸 鹤 铐 刮 俩 挪
舔 岛 废 酶 匹 蚌 篇 谋 粉 等 图 农 辆 滚 亏 划 讲 轻
宣 郑 疮 怎 窜 寺 欧 浊 旬 权 剧 碑 潘 发 逮 蹄 您 槛
该 克 行 就 掐 萧 折 处 申 日 邹 擦 色 癌 撒 藏 乱 女
褪 紫 卷 穷 鸣 晃 损 转 纫 怀 逛 拢 丢 灭 品 别 凭 绿
免 定 童 虐 晕 略 绝 群 耍 若

## 二、读多音节词语（100个音节，共20分，限时2.5分钟）

沙滩 然后 伤心 坏处 北方 跑步 脉搏 面容 佛教 封建 代表 提供
纽扣儿 辽阔 挂号 卷子 困难 轰鸣 确诊 狭长 丑恶 这会儿 逛荡 迥然
群居 循序 抓阄儿 率领 若干 从犯 虽说 停滞 赠言 参差 散发 玩意儿
虽说 汪洋 管理 暖和 贴切 品德 顿时 女儿 旅途 差点儿 知道 乡亲
枯燥 黑夜

## 三、朗读短文（400个音节，共30分，限时4分钟）

作品31号

森林涵养水源，保持水土，防止水旱灾害的作用非常大。据专家测算，一片十万亩面积的森林，相当于一个两百万立方米的水库，这正如农谚所说的："山上多栽树，等于修水库。雨多它能吞，雨少它能吐。"

说起森林的功劳，那还多得很。它除了为人类提供木材及许多种生产、生活的原料之外，在维护生态环境方面也是功劳卓著，它用另一种"能吞能吐"的特殊功能孕育了人类。因为地球在形成之初，大气中的二氧化碳含量很高，氧气很少，气温也高，生物是难以生存的。大约在四亿年之前，陆地才产生了森林。森林慢慢将大气中的二氧化碳吸收，同时吐出新鲜氧气，调节气温：这才具备了人类生存的条件，地球上才最终有了人类。

森林，是地球生态系统的主体，是大自然的总调度室，是地球的绿色之肺。森林维护地球生态环境的这种"能吞能吐"的特殊功能是其他任何物体都不能取代的。然而，由于地球上的燃烧物增多，二氧化碳的排放量急剧增加，使得地球生态环境急剧恶化，主要表现为全球气候变暖，水分蒸发加快，改变了气流的循环，使气候变化加剧，从而引发热浪、飓风、暴雨、洪涝及干旱。

为了//使地球的这个"能吞能吐"的绿色之肺能恢复健壮，以改善生态环境，抑制全球变暖，减少水旱等自然灾害，我们应该大力造林、护林，使每一座荒山都绿起来。

## 四、命题说话（请在下列话题中任选一个，共40分，限时3分钟）

1. 我看廉政建设
2. 谈谈个人修养

# 附　录

## 附录一　汉语拼音方案

（1957年11月1日国务院全体会议第60次会议通过）
（1958年2月11日第一届全国人民代表大会第五次会议批准）

### 一、字母表

| 字母 | A a | B b | C c | D d | E e | F f | G g |
|---|---|---|---|---|---|---|---|
| 名称 | ㄚ | ㄅㄝ | ㄘㄝ | ㄉㄝ | ㄜ | ㄝㄈ | ㄍㄝ |
| 字母 | H h | I i | J j | K k | L l | M m | N n |
| 名称 | ㄏㄚ | ㄧ | ㄐㄧㄝ | ㄎㄝ | ㄝㄌ | ㄝㄇ | ㄋㄝ |
| 字母 | Oo | Pp | Qq | Rr | Ss | Tt | |
| 名称 | ㄛ | ㄆㄝ | ㄑㄧㄡ | ㄚㄦ | ㄝㄙ | ㄊㄝ | |
| 字母 | Uu | Vv | Ww | Xx | Yy | Zz | |
| 名称 | ㄨ | ㄪㄝ | ㄨㄚ | ㄒㄧ | ㄧㄚ | ㄗㄝ | |

V只用来拼写外来语、少数民族语言和方言。
字母的手写体依照拉丁字母的一般书写习惯。

### 二、声母表

| b | p | m | f | d | t | n | l |
|---|---|---|---|---|---|---|---|
| ㄅ玻 | ㄆ坡 | ㄇ摸 | ㄈ佛 | ㄉ得 | ㄊ特 | ㄋ讷 | ㄌ勒 |

| g | k | h | j | q | x |
|---|---|---|---|---|---|
| ㄍ哥 | ㄎ科 | ㄏ喝 | ㄐ基 | ㄑ欺 | ㄒ希 |

| zh | ch | sh | r | z | c | s |
|---|---|---|---|---|---|---|
| ㄓ知 | ㄔ蚩 | ㄕ诗 | ㄖ日 | ㄗ资 | ㄘ雌 | ㄙ思 |

注：在给汉字注音的时候，为了使拼式简短，zh、ch、sh可省作ẑ、ĉ、ŝ。

### 三、韵母表

| | | | |
|---|---|---|---|
| | i<br>丨　衣 | u<br>ㄨ　乌 | ü<br>ㄩ　迂 |
| a<br>ㄚ　啊 | ia<br>丨ㄚ　呀 | ua<br>ㄨㄚ　蛙 | |
| o<br>ㄛ　喔 | | uo<br>ㄨㄛ　窝 | |
| e<br>ㄜ　鹅 | ie<br>丨ㄝ　耶 | | üe<br>ㄩㄝ　约 |
| ai<br>ㄞ　哀 | | uai<br>ㄨㄞ　歪 | |
| ei<br>ㄟ　欸 | | uei<br>ㄨㄟ　威 | |
| ao<br>ㄠ　熬 | iao<br>丨ㄠ　腰 | | |
| ou<br>ㄡ　欧 | iou<br>丨ㄡ　忧 | | |
| an<br>ㄢ　安 | ian<br>丨ㄢ　烟 | uan<br>ㄨㄢ　弯 | üan<br>ㄩㄢ　冤 |
| en<br>ㄣ　恩 | in<br>丨ㄣ　因 | uen<br>ㄨㄣ　温 | ün<br>ㄩㄣ　晕 |
| ang<br>ㄤ　昂 | iang<br>丨ㄤ　央 | uang<br>ㄨㄤ　汪 | |
| eng<br>ㄥ　亨的韵母 | ing<br>丨ㄥ　英 | ueng<br>ㄨㄥ　翁 | |
| ong<br>（ㄨㄥ）<br>轰的韵母 | iong<br>ㄩㄥ　雍 | | |

（1）“知、蚩、诗、日、资、雌、思”等七个音节的韵母用 i，即知、蚩、诗、日、资、雌、思等字拼作 zhi、chi、shi、ri、zi、ci、si。

（2）韵母儿写成 er，用作韵尾的时候写成 r。例如：“儿童”拼作 ertong，“花儿”拼作 huar。

（3）韵母ㄝ单用的时候写成 ê。

（4）i 行的韵母，前面没有声母的时候，写成 yi（衣），ya（呀），ye（耶），yao（腰），you（忧），yan（烟），yin（因），yang（央），ying（英），yong（雍）。

u 行的韵母，前面没有声母的时候，写成 wu（乌），wa（蛙），wo（窝），wai（歪），wei（威），wan（弯），wen（温），wang（汪），weng（翁）。

ü 行的韵母，前面没有声母时，写成 yu（迂），yue（约），yuan（冤），yun（晕）；ü 上两点省略。

ü 行的韵母跟声母 j，q，x 拼的时候，写成 ju（居），qu（区），xu（虚），ü 上两点也省略；但是跟声母 l，n 拼的时候，仍然写成 nü（女），lü（吕）。

（5）iou，uei，uen 前面加声母的时候，写成 iu，ui，un，例如 niu（牛），gui（归），lun（论）。

（6）在给汉字注音的时候，为了使拼式简短，ng 可以省作 ŋ。

**四、声调符号**

| 阴平 | 阳平 | 上声 | 去声 |
|---|---|---|---|
| ˉ | ˊ | ˇ | ˋ |

声调符号标在音节的主要母音上。轻声不标。例如：

| 妈 mā | 麻 má | 马 mǎ | 骂 mà | 吗 ma |
|---|---|---|---|---|
| （阴平） | （阳平） | （上声） | （去声） | （轻声） |

**五、隔音符号**

a，o，e 开头的音节连接在其他音节后面的时候，如果音节的界限发生混淆，用隔音符号（’）隔开，例如：pi’ao（皮袄）。

# 附录二　普通话异读词审音表

本表由国家语言文字工作委员会、国家教育委员会（今国家教育部）和广播电影电视部于 1985 年 12 月联合发布。本表着眼于普通话词语的一些异读现象来审定读音，它继承了 1963 年发布的《普通话异读词三次审音总表初稿》的成果，重新审订了某些读音。到目前为止，它是关于异读词读音规范的最新的法定标准，是我们规范异读词读音的主要依据。

## 说　　明

一、本表所审，主要是普通话有异读的词和有异读的作为“语素”的字。不列出多音多义字的全部读音和全部义项，与字典、词典形式不同，例如：“和”字有多种义项和读音，而本表仅列出原有异读的八条词语，分列于 hè 和 huo 两种读音之下（有多种读音，较常见的在前。下同）；其余无异读的音、义均不涉及。

二、在字后注明“统读”的，表示此字不论用于任何词语中只读一音（轻声变读不受此限），本表不再举出词例。例如：“阀”字注明“fá（统读）”，原表“军阀”、“学阀”、“财阀”条和原表所无的“阀门”等词均不再举例。

三、在字后不注“统读”的，表示此字有几种读音，本表只审订其中有异读的词语的读音。例如“艾”字本有ài和yì两音，本表只举“自怨自艾”一词，注明此处读yì音；至于ài音及其义项，并无异读，不再赘列。

四、有些字有文白二读，本表以“文”和“语”作注。前者一般用于书面语言，用于复音词和文言成语中；后者多用于口语中的单音词及少数日常生活事物的复音词中。这种情况在必要时各举词语为例。例如：“杉”字下注“（一）shān（文）：紫～、红～、水～；（二）shā（语）：～篙、～木”。

五、有些字除附举词例之外，酌加简单说明，以便读者分辨。说明或按具体字义，或按“动作义”、“名物义”等区分，例如：“畜”字下注“（一）chù（名物义）：～力、家～、牲～、幼～；（二）xù（动作义）：～产、～牧、～养”。

六、有些字的几种读音中某音用处较窄，另音用处甚宽，则注“除××（较少的词）念乙音外，其他都念甲音”，以避免列举词条繁而未尽、挂一漏万的缺点。例如：“结”字下注“除‘～了个果子’、‘开花～果’、‘～巴’、‘～实’念jiē之外，其他都念jié。”

七、由于轻声问题比较复杂，除《初稿》涉及的部分轻声词之外，本表一般不予审订，并删去部分原审的轻声词，例如“麻刀（dao）”、“容易（yi）”等。

八、本表酌增少量有异读的字或词，作了审订。

九、除因第二、六、七各条说明中所举原因而删略的词条之外，本表又淘汰了部分词条。主要原因是：①现已无异读（如“队伍”、“理会”）；②罕用词语（如“俵分”、“仔密”）；③方言土音（如“归里包堆〔zuī〕”、“告送〔song〕”）；④不常用的文言词语（如“刍荛”、“氍毹”）；⑤音变现象（如“胡里八涂〔tū〕”、“毛毛腾腾〔tēngtēng〕”）；⑥重复累赘（如原表“色”字的有关词语分列达23条之多）。删汰条目不再编入。

十、人名、地名的异读审订，除原表已涉及的少量词条外，留待以后再审。

**A**

阿（一）ā
　～訇　～罗汉
　～木林　～姨
　（二）ē
　～谀　～附　～胶
　～弥陀佛
挨（一）āi
　～个　～近
　（二）ái
　～打　～说
癌 ái　（统读）
霭 ǎi　（统读）
蔼 ǎi　（统读）
隘 ài　（统读）
谙 ān　（统读）
埯 ǎn　（统读）
昂 áng　（统读）
凹 āo　（统读）
拗（一）ào
　～口
　（二）niù
　执～　脾气很～
坳 ào　（统读）

**B**

拔 bá　（统读）
把 bà
　印～子
白 bái　（统读）
膀 bǎng
　翅～
蚌（一）bàng
　蛤～
　（二）bèng
　～埠
傍 bàng　（统读）
磅　bàng
　过～
龅 bāo　（统读）
胞 bāo　（统读）
薄（一）báo（语）
　常单用，如“纸很～”。
　（二）bó（文）
　多用于复音词。
　～弱　稀～
　淡～　尖嘴～舌
　单～　厚～
堡（一）bǎo
　碉～　～垒
　（二）bǔ
　～子　吴～
　瓦窑～　柴沟～
　（三）pù
　十里～
暴（一）bào
　～露
　（二）pù
　一～（曝）十寒
爆　bào　（统读）
焙　bèi　（统读）
惫　bèi　（统读）
背　bèi
　～脊　～静
鄙　bǐ　（统读）
俾　bǐ　（统读）
笔　bǐ　（统读）
比　bǐ　（统读）
臂（一）bì
　手～　～膀
　（二）bei
　胳～
庇 bì　（统读）

髀 bì （统读）
避 bì （统读）
辟 bì
复～
裨 bì ～补 ～益
婢 bì （统读）
痹 bì （统读）
壁 bì （统读）
蝙 biān （统读）
遍 biàn （统读）
骠（一）biāo
黄～马
（二）piào
～骑 ～勇
傧 bīn （统读）
缤 bīn （统读）
濒 bīn （统读）
髌 bìn （统读）
屏（一） bǐng
～除 ～弃
～气 ～息
（二）píng
～藩 ～风
柄 bǐng （统读）
波 bō （统读）
播 bō （统读）
菠 bō （统读）
剥（一）bō（文）
～削
（二）bāo（语）
泊（一）bó
淡～ 飘～ 停～
（二）pō
湖～ 血～
帛 bó （统读）
勃 bó （统读）
钹 bó （统读）
伯（一）bó
～～（bo）老～
（二）bǎi
大～子（丈夫的哥哥）

箔 bó （统读）
簸（一）bǒ
颠～
（二）bò
～箕
膊 bo 胳～
卜 bo 萝～
醭 bú （统读）
哺 bǔ （统读）
捕 bǔ （统读）
鵏 bǔ （统读）
埠 bù （统读）

C

残 cán （统读）
惭 cán （统读）
灿 càn （统读）
藏（一）cáng
矿～
（二）zàng
宝～
糙 cāo （统读）
嘈 cáo （统读）
螬 cáo （统读）
厕 cè （统读）
岑 cén （统读）
差（一）chā（文）
不～累黍 不～什么
偏～ 色～
～别 视～
误～ 电势～
一念之～
～池 ～错
言～语错 一～二错
阴错阳～
～等 ～额
～价 ～强人意
～数 ～异
（二）chà（语）
～不多 ～不离
～点儿
（三）cī
参～

猹 chá （统读）
搽 chá （统读）
阐 chǎn （统读）
羼 chàn （统读）
颤（一）chàn
～动 发～
（二）zhàn
～栗（战栗）
打～（打战）
韂 chàn （统读）
伥 chāng （统读）
场（一）chǎng
～合 ～所
冷～ 捧～
（二）cháng
外～ 圩～
～院 一～雨
（三）chang
排～
钞 chāo （统读）
巢 cháo （统读）
嘲 cháo
～讽 ～骂 ～笑
耖 chào （统读）
车（一）chē
安步当～ 杯水～薪
闭门造～ 螳臂当～
（二）jū
（象棋棋子名称）
晨 chén （统读）
称 chèn
～心 ～意 ～职
对～ 相～
撑 chēng （统读）
乘（动作义，念 chéng）
包～制 ～便
～风破浪 ～客
～势 ～兴
橙 chéng （统读）
惩 chéng （统读）
澄（一）chéng（文）
～清（如"～清混乱"、"～清问题"）
（二）dèng（语）
单用，如"把水～清了"。

痴 chī （统读）
吃 chī （统读）
弛 chí （统读）
褫 chǐ （统读）
尺 chǐ
～寸 ～头
豉 chǐ （统读）
侈 chǐ （统读）
炽 chì （统读）
舂 chōng （统读）
冲 chòng
～床 ～模
臭（一）chòu
遗～万年
（二）xiù
乳～ 铜～
储 chǔ （统读）
处 chǔ （动作义）
～罚 ～分
～决 ～理
～女 ～置
畜（一）chù（名物义）
～力 家～
牲～ 幼～
（二）xù（动作义）
～产 ～牧 ～养
触 chù （统读）
搐 chù （统读）
绌 chù （统读）
黜 chù （统读）
闯 chuǎng（统读）
创（一）chuàng
草～ ～举 首～
～造 ～作
（二）chuāng
～伤 重～
绰（一）chuò
～～有余

（二）chuo
宽～
疵 cī （统读）
雌 cí （统读）
赐 cì （统读）
伺 cì
～候
枞（一）cōng
～树
（二）zōng
～阳〔地名〕
从 cóng （统读）
丛 cóng （统读）
攒 cuán
万头～动 万箭～心
脆 cuì （统读）
撮（一）cuō
～儿 一～儿盐
一～儿匪帮
（二）zuǒ
一～儿毛
措 cuò （统读）

D

搭 dā （统读）
答（一）dá
报～ ～复
（二）dā
～理 ～应
打 dá
苏～ 一～（十二个）
大（一）dà
～夫（古官名）
～王（如爆破～王、钢铁～王）
（二）dài
～夫（医生）
～黄 ～王（如山～王）
～城〔地名〕
呆 dāi （统读）
傣 dǎi （统读）
逮（一）dài（文）如“～捕”。
（二）dǎi（语）单用，如“～蚊子”、“～特务”。
当（一）dāng
～地 ～间儿
～年（指过去）
～日（指过去）
～天（指过去）
～时（指过去）
螳臂～车
（二）dàng
一个～俩
安步～车
适～ ～年(同一年)
～日（同一时候）
～天（同一天）
档 dàng （统读）
蹈 dǎo （统读）
导 dǎo （统读）
倒（一）dǎo
颠～ 颠～是非
颠～黑白
颠三～四
倾箱～箧 排山～海
～板 ～嚼 ～仓
～嗓 ～戈 潦～
（二）dào
～粪（把粪弄碎）
悼 dào （统读）
纛 dào （统读）
凳 dèng （统读）
羝 dī （统读）
氐 dī 〔古民族名〕
堤 dī （统读）
提 dī ～防
的 dí ～当 ～确
抵 dǐ （统读）
蒂 dì （统读）
缔 dì （统读）
谛 dì （统读）
点 dian
打～（收拾、贿赂）
跌 diē （统读）
蝶 dié （统读）
订 dìng （统读）
都（一）dōu
～来了
（二）dū
～市 首～
大～（大多）
堆 duī （统读）
吨 dūn （统读）
盾 dùn （统读）
多 duō （统读）
咄 duō （统读）
掇（一）duō
（“拾取、采取”义）
（二）duo
撺～ 掂～
裰 duō （统读）
踱 duó （统读）
度 duó
忖～ ～德量力

E

婀 ē （统读）

F

伐 fá （统读）
阀 fá （统读）
砝 fǎ （统读）
法 fǎ （统读）
发 fà
理～ 脱～ 结～
帆 fān （统读）
藩 fān （统读）
梵 fàn （统读）
坊（一）fāng
牌～ ～巷
（二）fáng
粉～ 磨～ 碾～
染～ 油～ 谷～
妨 fáng （统读）
防 fáng （统读）
肪 fáng （统读）
沸 fèi （统读）
汾 fén （统读）
讽 fěng（统读）
肤 fū （统读）
敷 fū （统读）
俘 fú （统读）
浮 fú （统读）
服 fú
～毒 ～药
拂 fú （统读）
辐 fú （统读）
幅 fú （统读）
甫 fǔ （统读）
复 fù （统读）
缚 fù （统读）

G

噶 gá （统读）
冈 gāng（统读）
刚 gāng（统读）
岗 gǎng
～楼 ～哨 ～子
门～ 站～ 山～子
港 gǎng （统读）
葛（一）gé
～藤 ～布 瓜～
（二）gě〔姓〕
（包括单、复姓）
隔 gé （统读）
革 gé
～命 ～新 改～
合 gě（一升的十分之一）
给（一）gěi（语）单用。
（二）jǐ（文）
补～ 供～
供～制 ～予
配～ 自～自足
亘 gèn （统读）
更 gēng

五～ ～生
颈 gěng
脖～子
供（一）gōng
～给 提～ ～销
（二）gòng
口～ 翻～ 上～
佝 gōu （统读）
枸 gǒu
～杞
勾 gòu～当
估（除“～衣”读 gù 外，都读 gū）
骨（除“～碌”、“～朵”读 gū 外，都读 gǔ）
谷 gǔ
～雨
锢 gù （统读）
冠（一）guān（名物义）
～心病
（二）guàn（动作义）
沐猴而～ ～军
犷 guǎng （统读）
庋 guǐ （统读）
桧（一）guì（树名）
（二）huì（人名）“秦～”。
刽 guì （统读）
聒 guō （统读）
蝈 guō （统读）
过（除姓氏读 guō 外，都读 guò）

H

虾 há
～蟆
哈（一）hǎ
～达
（二）hà
～什蚂
汗 hán
可～
巷 hàng
～道
号 háo
寒～虫
和（一） hè
唱～ 附～ 曲高～寡
（二）huo
搀～ 搅～ 暖～
热～ 软～
貉（一）hé（文）
一丘之～
（二）háo（语）
～绒 ～子
壑 hè （统读）
褐 hè （统读）
喝 hè
～采 ～道 ～令
～止 呼幺～六
鹤 hè （统读）
黑 hēi （统读）
亨 hēng（统读）
横（一）héng
～肉 ～行霸道
（二）hèng
蛮～ ～财
訇 hōng（统读）
虹（一）hóng（文）
～彩 ～吸
（二）jiàng（语）单说。
讧 hòng （统读）
囫 hú （统读）
瑚 hú （统读）
蝴 hú （统读）
桦 huà （统读）
徊 huái （统读）
踝 huái （统读）
浣 huàn （统读）
黄 huáng （统读）
荒 huang
饥～（指经济困难）
诲 huì （统读）
贿 huì （统读）
会 huì
一～儿 多～儿
～厌 （生理名词）
混 hùn
～合 ～乱 ～凝土
～淆 ～血儿 ～杂
蠖 huò （统读）
霍 huò （统读）
豁 huò
～亮
获 huò （统读）

J

羁 jī （统读）
击 jī （统读）
奇 jī
～数
芨 jī （统读）
缉（一）jī
通～ 侦～
（二）qī
～鞋口
几 jī
茶～ 条～
圾 jī （统读）
戢 jí （统读）
疾 jí （统读）
汲 jí （统续）
棘 jí （统读）
藉 jí
狼～（籍）
嫉 jí （统读）
脊 jǐ （统读）
纪（一）jǐ〔姓〕
（二）jì
～念 ～律 纲～
～元
偈 jì
～语
绩 jì （统读）
迹 jì （统读）
寂 jì （统读）
箕 ji
簸～
辑 ji
逻～
茄 jiā
雪～
夹 jiā
～带藏掖 ～道儿
～攻 ～棍
～生 ～杂
～竹桃 ～注
浃 jiā （统读）
甲 jiǎ （统读）
歼 jiān （统读）
鞯 jiān （统读）
间（一）jiān
～不容发 中～
（二）jiàn
中～儿 ～道
～谍 ～断 ～或
～接 ～距 ～隙
～续 ～阻 ～作
挑拨离～
趼 jiǎn （统读）
俭 jiǎn （统读）
缰 jiāng （统读）
膙 jiǎng （统读）
嚼（一）jiáo（语）
味同～蜡
咬文～字
（二）jué（文）
咀～ 过屠门而大～
（三）jiào
倒～（倒嚼）
侥 jiǎo
～幸
角（一）jiǎo
八～（大茴香）
～落 独～戏
～膜 ～度
～儿（犄～）
～楼 勾心斗～

号～　口～（嘴～）
鹿～菜　头～
（二）jué
～斗　～儿（脚色）
口～（吵嘴）
主～儿　配～儿
～力　捧～儿
脚（一）jiǎo
根～
（二）jué
～儿（也作“角儿”，脚色）
剿（一）jiǎo
围～
（二）chāo
～说　～袭
校 jiào
～勘　～样　～正
较 jiào　（统读）
酵 jiào　（统读）
嗟 jiē　（统读）
疖 jiē　（统读）
结（除“～了个果子”、“开花～果”、“～巴”、“～实”念 jiē 之外，其他都念 jié）
睫 jié　（统读）
芥（一）jiè
～菜　（一般的芥菜）
～末
（二）gài
～菜（也作“盖菜”）
～蓝菜
矜 jīn
～持　自～　～怜
仅 jǐn
～～　绝无～有
馑 jǐn　（统读）
觐 jìn　（统读）
浸 jìn　（统读）
斤 jīn
千～（起重的工具）

茎 jīng　（统读）
粳 jīng　（统读）
鲸 jīng　（统读）
境 jìng　（统读）
痉 jìng　（统读）
劲 jìng
刚～
窘 jiǒng（统读）
究 jiū　（统读）
纠 jiū　（统读）
鞠 jū　（统读）
鞫 jū　（统读）
掬 jū　（统读）
苴 jū　（统读）
咀 jǔ
～嚼
矩（一）jǔ
～形
（二）ju
规～
俱 jù　（统读）
龟 jūn
～裂（也作“皲裂”）
菌（一）jūn
细～　病～　杆～
霉～
（二）jùn
香～　～子
俊 jùn　（统读）

K

卡（一）kǎ
～宾枪　～车　～介苗　～片　～通
（二）qiǎ
～子　关～
揩 kāi　（统读）
慨 kǎi　（统读）
忾 kài　（统读）
勘 kān　（统读）
看 kān
～管　～护　～守

慷 kāng　（统读）
拷 kǎo　（统读）
坷 kē
～拉（垃）
疴 kē　（统读）
壳（一）ké（语）
～儿　贝～儿
脑～　驳～枪
（二）qiào（文）
地～　甲～　躯～
可（一）kě
～～儿的
（二）kè
～汗
恪 kè　（统读）
刻 kè　（统读）
克 kè
～扣
空（一）kōng
～心砖　～城计
（二）kòng
～心吃药
眍 kōu　（统读）
矻 kū　（统读）
酷 kù　（统读）
框 kuàng　（统读）
矿 kuàng　（统读）
傀 kuǐ　（统读）
溃（一）kuì
～烂
（二）huì
～脓
篑 kuì　（统读）
括 kuò　（统读）

L

垃 lā　（统读）
邋 lā　（统读）
罱 lǎn　（统读）
缆 lǎn　（统读）
蓝 lan
苤～
琅 láng　（统读）

捞 lāo　（统读）
劳 láo　（统读）
醪 láo　（统读）
烙（一）lào
～印　～铁　～饼
（二）luò
炮～（古酷刑）
勒（一）lè（文）
～逼　～令　～派
～索　悬崖～马
（二）lēi（语）
多单用。
擂(除“～台”、“打～”读 lèi 外，都读 léi)
礌 léi　（统读）
羸 léi　（统读）
蕾 lěi　（统读）
累（一）lèi
（辛劳义，如“受～”〔受劳～〕）
（二）léi
（如“～赘”）
（三）lěi
（牵连义，如“带～”、“～及”、“连～”、“赔～”、“牵～”、“受～”〔受牵～〕）
蠡（一）lí
管窥～测
（二）lǐ
～县　范～
喱 lí　（统读）
连 lián　（统读）
敛 liǎn　（统读）
恋 liàn　（统读）
量（一）liàng
～入为出　忖～
（二）liang
打～　掂～
踉 liàng

~跄
潦 liáo
~草 ~倒
劣 liè （统读）
捩 liè （统读）
趔 liè （统读）
拎 līn （统读）
遴 lín （统读）
淋（一）lín
~浴 ~漓 ~巴
（二）lìn
~硝 ~盐 ~病
蛉 líng （统读）
榴 liú （统读）
馏（一）liú（文）
如“干~”、“蒸~”。
（二）liù（语）
如“~馒头”。
镏 liú
~金
碌 liù ~碡
笼（一）lóng（名物义）
~子 牢~
（二）lǒng（动作义）
~络 ~括
~统 ~罩
偻（一）lóu
佝~
（二）lǚ
伛~
瞜 lou
眍~
虏 lǔ（统读）
掳 lǔ（统读）
露（一）lù（文）
赤身~体 ~天
~骨 ~头角 藏头
~尾 抛头~面
~头(矿)
（二）lòu（语）
~富 ~苗 ~光
~相 ~马脚 ~头

榈 lǘ （统读）
捋（一）lǚ
~胡子
（二）luō
~袖子
绿（一）lǜ（语）
（二）lù（文）
~林 鸭~江
孪 luán （统读）
挛 luán （统读）
掠 lüè （统读）
囵 lún （统读）
络 luò
~腮胡子
落（一）luò（文）
~膘 ~花生 ~魄
涨~ ~槽 着~
（二）lào（语）
~架 ~色 ~炕
~枕 ~儿
~子（一种曲艺）
（三）là（语）遗落义。
丢三~四 ~在后面

**M**

脉(除“~~”念 mòmò 外，一律念 mài)
漫 màn （统读）
蔓（一）màn（文）
~延 不~不支
（二）wàn（语）
瓜~ 压~
牤 māng （统读）
氓 máng
流~
芒 máng （统读）
铆 mǎo （统读）
瑁 mào （统读）
虻 méng （统读）
盟 méng （统读）
祢 mí （统读）
眯（一）mí
~了眼（灰尘等入目，也作“迷”）
（二）mī
~了一会儿（小睡）~缝着眼（微微合目）
靡（一）mí
~费
（二）mǐ
风~ 委~ 披~
秘(除“~鲁”读 bì 外，都读 mì)
泌（一）mì（语）
分~
（二）bì（文）
~阳〔地名〕
娩 miǎn （统读）
缈 miǎo （统读）
皿 mǐn （统读）
闽 mǐn （统读）
茗 míng （统读）
酩 mǐng （统读）
谬 miù （统读）
摸 mō （统读）
模（一）mó
~范 ~式
~型 ~糊
~特儿 ~棱两可
（二）mú
~子 ~具 ~样
膜 mó （统读）
摩 mó
按~ 抚~
嬷 mó （统读）
墨 mò （统读）
耱 mò （统读）
沫 mò （统读）
缪 móu
绸~

**N**

难（一）nán
困~（或变轻声）
~兄~弟（难得的兄弟，现多用作贬义）
（二）nàn
排~解纷 发~
刁~ 责~ ~兄~弟(共患难或同受苦难的人)
蝻 nǎn （统读）
蛲 náo （统读）
讷 nè （统读）
馁 něi （统读）
嫩 nèn （统读）
恁 nèn （统读）
妮 nī （统读）
拈 niān （统读）
鲇 nián （统读）
酿 niàng（统读）
尿（一）niào
糖~病
（二）suī（只用于口语名词）
尿（niào）~ ~脬
嗫 niè （统读）
宁（一）níng
安~
（二）nìng
~可 无~〔姓〕
忸 niǔ （统读）
脓 nóng （统读）
弄（一）nòng
玩~
（二）lòng
~堂
暖 nuǎn （统读）
衄 nǜ （统读）
疟（一）nüè（文）
~疾
（二）yào（语）
发~子
娜（一）nuó
婀~ 袅~
（二）nà
（人名）

**O**

殴 ōu （统读）
呕 ǒu （统读）

**P**

杷 pá （统读）
琶 pá （统读）
牌 pái （统读）
排 pǎi
　～子车
迫 pǎi
　～击炮
湃 pài （统读）
爿 pán （统读）
胖 pán
　心广体～（～为安舒貌）
蹒 pán （统读）
畔 pàn （统读）
乓 pāng （统读）
滂 pāng （统读）
脬 pāo （统读）
胚 pēi （统读）
喷（一）pēn
　～嚏
　（二）pèn
　～香
　（三）pen
　嚏～
澎 péng （统读）
坯 pī （统读）
披 pī （统读）
匹 pǐ （统读）
僻 pì （统读）
譬 pì （统读）
片（一）piàn
　～子 唱～ 画～
　相～ 影～ ～儿会
　（二）piān（口语一部分词）
　～子 ～儿 唱～儿
　画～儿 相～儿
　影～儿
剽 piāo （统读）
缥 piāo
　～缈（飘渺）
撇 piē
　～弃
聘 pìn （统读）
乒 pīng （统读）
颇 pō （统读）
剖 pōu （统读）
仆（一）pū
　前～后继
　（二）pú
　～从
扑 pū （统读）
朴（一）pǔ
　俭～ ～素 ～质
　（二）pō
　～刀
　（三）pò
　～硝 厚～
蹼 pǔ （统读）
瀑 pù
　～布
曝（一）pù
　一～十寒
　（二）bào
　～光（摄影术语）

**Q**

栖 qī
　两～
戚 qī （统读）
漆 qī （统读）
期 qī （统读）
蹊 qī
　～跷
蛴 qí （统读）
畦 qí （统读）
其 qí （统读）
骑 qí （统读）
企 qǐ （统读）
绮 qǐ （统读）
杞 qǐ （统读）
槭 qì （统读）
洽 qià （统读）
签 qiān （统读）
潜 qián （统读）
荨（一）qián（文）
　～麻
　（二）xún（语）
　～麻疹
嵌 qiàn （统读）
欠 qian
　打哈～
戕 qiāng （统读）
镪 qiāng
　～水
强（一）qiáng
　～渡 ～取豪夺
　～制 博闻～识
　（二）qiǎng
　勉～ 牵～ ～词夺理 ～迫 ～颜为笑
　（三）jiàng
　倔～
襁 qiǎng （统读）
跄 qiàng （统读）
悄（一）qiāo
　～～儿的
　（二）qiǎo
　～默声儿的
橇 qiāo （统读）
翘（一）qiào（语）
　～尾巴
　（二）qiáo（文）
　～首 ～楚 连～
怯 qiè （统读）
挈 qiè （统读）
趄 qie
　趔～
侵 qīn （统读）
衾 qīn （统读）
噙 qín （统读）
倾 qīng （统读）
亲 qìng
　～家
穹 qióng （统读）
黢 qū （统读）
曲（麯）qū
　大～ 红～ 神～
渠 qú （统读）
瞿 qú （统读）
蠼 qú （统读）
苣 qǔ
　～荬菜
龋 qǔ （统读）
趣 qù （统读）
雀 què
　～斑 ～盲症

**R**

髯 rán （统读）
攘 rǎng （统读）
桡 ráo （统读）
绕 rào （统读）
任 rén 〔姓，地名〕
妊 rèn （统读）
扔 rēng （统读）
容 róng （统读）
糅 róu （统读）
茹 rú （统读）
孺 rú （统读）
蠕 rú （统读）
辱 rǔ （统读）
挼 ruó （统读）

**S**

靸 sǎ （统读）
噻 sāi （统读）
散（一）sǎn
　懒～ 零零～～
　～漫
　（二）san
　零～
丧 sang
　哭～着脸
扫（一）sǎo
　～兴

（二）sào
~帚
埽 sào （统读）
色（一）sè（文）
（二）shǎi（语）
塞（一）sè（文）动作义。
（二）sāi（语）名物义，如："活~"、"瓶~"；动作义，如："把洞~住"。
森 sēn （统读）
煞（一）shā
~尾 收~
（二） shà
~白
啥 shá （统读）
厦（一）shà（语）
（二）xià（文）
~门 噶~
杉（一）shān（文）
紫~ 红~ 水~
（二）shā（语）
~篙 ~木
衫 shān （统读）
姗 shān （统读）
苫（一）shàn（动作义，如"~布"）
（二）shān（名物义，如"草~子"）
墒 shāng （统读）
猞 shē （统读）
舍 shè
宿~
慑 shè （统读）
摄 shè （统读）
射 shè （统读）
谁 shéi，又音 shuí
娠 shēn （统读）
什（甚）shén
~么
蜃 shèn （统读）
葚（一）shèn（文）
桑~
（二）rèn（语）
桑~儿
胜 shèng （统读）
识 shí
常~ ~货 ~字
似 shì
~的
室 shì （统读）
螫（一）shì（文）
（二）zhē（语）
匙 shi
钥~
殊 shū （统读）
蔬 shū （统读）
疏 shū （统读）
叔 shū （统读）
淑 shū （统读）
菽 shū （统读）
熟(一) shú（文）
（二）shóu（语）
署 shǔ （统读）
曙 shǔ （统读）
漱 shù （统读）
戍 shù （统读）
蟀 shuài （统读）
孀 shuāng （统读）
说 shuì
游~
数 shuò
~见不鲜
硕 shuò （统读）
蒴 shuò （统读）
艘 sōu （统读）
嗾 sǒu （统读）
速 sù （统读）
塑 sù （统读）
虽 suī （统读）
绥 suí （统读）
髓 suǐ （统读）
遂（一） suì
不~ 毛~自荐
（二） suí
半身不~
隧 suì （统读）
隼 sǔn （统读）
莎 suō
~草
缩（一） suō
收~
（二） sù
~砂密（一种植物）
嗍 suō （统读）
索 suǒ （统读）

**T**

趿 tā （统读）
鳎 tǎ （统读）
獭 tǎ （统读）
沓（一） tà
重~
（二） ta
疲~
（三） dá
一~纸
苔（一） tái（文）
（二） tāi（语）
探 tàn （统读）
涛 tāo （统读）
悌 tì （统读）
佻 tiāo （统读）
调 tiáo
~皮
帖（一） tiē
妥~ 伏伏~~
俯首~耳
（二） tiě
请~ 字~儿
（三） tiè
字~ 碑~
听 tīng （统读）
庭 tíng （统读）
骰 tóu （统读）
凸 tū （统读）
突 tū （统读）
颓 tuí （统读）
蜕 tuì （统读）
臀 tún （统读）
唾 tuò （统读）

**W**

娲 wā （统读）
挖 wā （统读）
瓦 wà
~刀
㖞 wāi （统读）
蜿 wān （统读）
玩 wán （统读）
惋 wǎn （统读）
脘 wǎn （统读）
往 wǎng （统读）
忘 wàng （统读）
微 wēi （统读）
巍 wēi （统读）
薇 wēi （统读）
危 wēi （统读）
韦 wéi （统读）
违 wéi （统读）
唯 wéi （统读）
圩（一） wéi
~子
（二） xū
~（墟）场
纬 wěi （统读）
委 wěi
~靡
伪 wěi （统读）
萎 wěi （统读）
尾（一） wěi
~巴
（二） yǐ
马~儿
尉 wèi
~官
文 wén （统读）
闻 wén （统读）
紊 wěn （统读）

喔 wō （统读）
蜗 wō （统读）
硪 wò （统读）
诬 wū （统读）
梧 wú （统读）
牾 wǔ （统读）
乌 wù
~拉（也作“靰鞡”）
~拉草
杌 wù （统读）
鹜 wù （统读）

**X**

夕 xī （统读）
汐 xī （统读）
晰 xī （统读）
析 xī （统读）
皙 xī （统读）
昔 xī （统读）
溪 xī （统读）
悉 xī （统读）
熄 xī （统读）
蜥 xī （统读）
螅 xī （统读）
惜 xī （统读）
锡 xī （统读）
樨 xī （统读）
袭 xí （统读）
檄 xí （统读）
峡 xiá （统读）
暇 xiá （统读）
吓 xià
杀鸡~猴
鲜 xiān
屡见不~ 数见不~
锨 xiān （统读）
纤 xiān
~维
涎 xián （统读）
弦 xián （统读）
陷 xiàn （统读）
霰 xiàn （统读）
向 xiàng （统读）
相 xiàng
~机行事
淆 xiáo （统读）
哮 xiào （统读）
些 xiē （统读）
颉 xié
~颃
携 xié （统读）
偕 xié （统读）
挟 xié （统读）
械 xiè （统读）
馨 xīn （统读）
囟 xìn （统读）
行 xíng
操~ 德~ 发~
品~
省 xǐng
内~ 反~ ~亲
不~人事
芎 xiōng （统读）
朽 xiǔ （统读）
宿 xiù
星~ 二十八~
煦 xù （统读）
蓿 xu
苜~
癣 xuǎn （统读）
削（一）xuē（文）
剥~ ~减 瘦~
（二）xiāo（语）
切~ ~铅笔 ~球
穴 xué （统读）
学 xué （统读）
雪 xuě （统读）
血（一）xuè（文）用于复音词及成语，如“贫~”、“心~”、“呕心沥~”、“~泪史”、“狗~喷头”等。
（二）xiě（语）口语多单用，如“流了点儿~”及几个口语常用词，如“鸡~”、“~晕”、“~块子”等。
谑 xuè （统读）
寻 xún （统读）
驯 xùn （统读）
逊 xùn （统读）
熏 xùn
煤气~着了
徇 xùn （统读）
殉 xùn （统读）
蕈 xùn （统读）

**Y**

押 yā （统读）
崖 yá （统读）
哑 yǎ
~然失笑
亚 yà （统读）
殷 yān
~红
芫 yán
~荽
筵 yán （统读）
沿 yán （统读）
焰 yàn （统读）
夭 yāo （统读）
肴 yáo （统读）
杳 yǎo （统读）
舀 yǎo （统读）
钥（一）yào（语）
~匙
（二）yuè（文）
锁~
曜 yào （统读）
耀 yào （统读）
椰 yē （统读）
噎 yē （统读）
叶 yè
~公好龙
曳 yè
弃甲~兵 摇~
~光弹
屹 yì （统读）
轶 yì （统读）
谊 yì （统读）
懿 yì （统读）
诣 yì （统读）
艾 yì
自怨自~
荫 yìn （统读）
（“树~”、“林~道”应作“树阴”、“林阴道”）
应（一）yīng
~届 ~名儿 ~许
提出的条件他都~了
是我~下来的任务
（二）yìng
~承 ~付 ~声
~时 ~验 ~邀
~用 ~运 ~征
里~外合
萦 yíng （统读）
映 yìng （统读）
佣 yōng
~工
庸 yōng （统读）
臃 yōng （统读）
壅 yōng （统读）
拥 yōng （统读）
踊 yǒng （统读）
咏 yǒng （统读）
泳 yǒng （统读）
莠 yǒu （统读）
愚 yú （统读）
娱 yú （统读）
愉 yú （统读）
伛 yǔ （统读）
屿 yǔ （统读）
吁 yù
呼~
跃 yuè （统读）
晕（一）yūn
~倒 头~

（二）yùn
月～　血～　～车
酝 yùn　（统读）
**Z**
匝 zā　（统读）
杂 zá　（统读）
载（一）zǎi
登～　记～
（二）zài
搭～　怨声～道
重～　装～　～歌
～舞
簪 zān　（统读）
咱 zán　（统读）
暂 zàn　（统读）
凿 záo　（统读）
择（一）zé
选～
（二）zhái
～不开　～菜　～席
贼 zéi　（统读）
憎 zēng　（统读）
甑 zèng　（统读）
喳 zhā
唧唧～～
轧（除"～钢"、"～辊"念 zhá 外，其他都念 yà），（gá 为方言，不审）
摘 zhāi　（统读）
粘 zhān
～贴
涨 zhǎng
～落　高～
着（一）zháo
～慌　～急　～家
～凉　～忙　～迷
～水　～雨
（二）zhuó
～落　～手　～眼
～意　～重　不～边际
（三）zhāo
失～
沼 zhǎo　（统读）
召 zhào　（统读）
遮 zhē　（统读）
蛰 zhé　（统读）
辙 zhé　（统读）
贞 zhēn　（统读）
侦 zhēn　（统读）
帧 zhēn　（统读）
胗 zhēn　（统读）
枕 zhěn　（统读）
诊 zhěn　（统读）
振 zhèn　（统读）
知 zhī　（统读）
织 zhī　（统读）
脂 zhī　（统读）
植 zhí　（统读）
殖（一）zhí
繁～　生～　～民
（二）shi
骨～
指 zhǐ　（统读）
掷 zhì　（统读）
质 zhì　（统读）
蛭 zhì　（统读）
秩 zhì　（统读）
栉 zhì　（统读）
炙 zhì　（统读）
中 zhōng
人～（人口上唇当中处）
种 zhòng
点～（义同"点播"。动宾结构念 diǎnzhǒng，义为点播种子）
诌 zhōu　（统读）
骤 zhòu　（统读）
轴 zhòu
大～子戏　压～子
碡 zhou
碌～
烛 zhú　（统读）
逐 zhú　（统读）
属 zhǔ
～望
筑 zhù　（统读）
著 zhù
土～
转 zhuǎn
运～
撞 zhuàng　（统读）幢
（一）zhuàng
一～楼房
（二）chuáng
经～（佛教所设刻有经咒的石柱）
拙 zhuō　（统读）
茁 zhuó　（统读）
灼 zhuó　（统读）
卓 zhuó　（统读）
综 zōng
～合
纵 zòng　（统读）
粽 zòng　（统读）
镞 zú　（统读）
组 zǔ　（统读）
钻（一）zuān
～探　～孔
（二）zuàn
～床　～杆　～具
佐 zuǒ　（统读）
唑 zuò　（统读）
柞（一）zuò
～蚕　～绸
（二）zhà
～水（在陕西）
做 zuò　（统读）
作（除"～坊"读 zuō 外，其余都读 zuò）

# 附录三　现代汉语常用多音字表

## A 部

1. 阿　①ā　阿罗汉　阿姨　阿斗　阿飞　阿拉伯数字　②ē　阿附　阿胶　阿谀　阿弥陀佛
2. 啊　①ā　啊，这花多好哇！啊，下雪了！　②á　啊？你说什么？啊，你再说！　③ǎ　啊，原来是这样！④à　啊，我知道了。　⑤a　你要注意啊！
3. 唉　①āi　唉声叹气　②ài　唉！病了几天，把工作都耽误了。
4. 艾　①ài　艾蒿　方兴未艾　②yì　自怨自艾

5. 腌　①ā　腌臜　②yān　腌菜
6. 挨　①āi　挨个　挨近　挨次　挨家问　你挨着我坐吧。　②ái　挨打　挨说　挨骂　挨时间
7. 拗　①ào　拗口令　②niù　执拗　拗不过　③ǎo　拗断
8. 熬　①āo　熬菜　②áo　熬粥　煎熬

## B　部

1. 扒　①bā　扒开　扒拉　扒墙头　②pá　扒手　扒草　扒鸡
2. 吧　①bā　吧嗒　吧唧（jī）　吧的一声　②ba　咱们走吧！
3. 把　①bǎ　把握　把持　把柄　②bà　印把　刀把　话把儿
4. 耙　①bà　耙地　②pá　耙子　钉耙
5. 柏　①bǎi　柏树　柏油　②bó　柏林
6. 蚌　①bàng　蛤蚌　②bèng　蚌埠
7. 薄　①báo　（口语单用）纸薄　薄饼　薄片　土地薄　②bó　（书面组词）单薄　稀薄　日薄西山　尖嘴薄舌　薄情　浅薄　刻薄
8. 堡　①bǎo　碉堡　堡垒　②bǔ　瓦窑堡　吴堡（多用地名）　③pù　十里堡（地名）
9. 暴　①bào　暴露　暴躁　暴动　暴发　暴风骤雨　横征暴敛　②pù　一暴十寒
10. 背　①bèi　脊背　背景　背道而驰　背信弃义　汗流浃（jiā）背　这条胡同太背。　耳朵有点背。　②bēi　背包　背枪　背债
11. 奔　①bēn　奔跑　奔波　疲于奔命　②bèn　投奔　奔头
12. 臂　①bì　手臂　臂膀　螳臂当车　一臂之力　②bei　胳臂
13. 辟　①bì　复辟　辟邪　②pì　开辟　精辟　辟谣　开天辟地
14. 扁　①biǎn　扁担　扁豆　扁铲　扁桃体　扁圆　②piān　扁舟
15. 便　①biàn　方便　便笺　便宜（方便合适）便当　便道　便利　家常便饭　便宜（yí）行事　②pián　便宜（价格低）　大腹便便
16. 别　①bié　别称　别离　别致　别字　分别　差别　级别　分门别类　生离死别　②biè　别扭
17. 膀　①bǎng　肩膀　臂膀　②pāng　膀肿　脸膀了　③páng　膀胱
18. 磅　①bàng　磅秤　②páng　磅礴
19. 绷　①bēng　绷紧　绷直　绷飞了　绷带　坑绷拐骗　②běng　绷劲儿　绷着脸　③bèng　绷瓷儿
20. 骠　①biāo　黄骠马　②piào　骠勇
21. 瘪　①biē　瘪三　②biě　干瘪
22. 屏　①bīng　屏营（书面：惶恐状）　②bǐng　屏息屏气　屏弃　屏除　屏退　③píng　屏幕　屏风　屏障　屏蔽
23. 剥　①bō　（书面组词）剥削（xuē）　剥离　剥蚀　剥夺　剥落　②bāo　（口语单用）剥皮
24. 泊　①bó　淡泊　停泊　漂（飘）泊　②pō　湖泊　血泊
25. 伯　①bó　老伯　伯父　②bǎi　大伯子（夫兄）
26. 簸　①bǒ　颠簸　②bò　簸箕
27. 卜　①bo　萝卜　②bǔ　占卜　卜辞　预卜　卜筮

## C　部

1. 参　①cān　参观　参考　参照　参天　参见　②cēn　参差（cī）不齐　③shēn　海参　人参
2. 伧　①cāng　言语伧俗　②chen　寒伧
3. 藏　①cáng　矿藏　躲藏　藏拙　埋藏　保藏　②zàng　宝藏　藏蓝　藏医　藏历　川藏　藏族
4. 侧　①cè　侧面　侧重　侧影　侧耳细听　侧身而入　②zhāi　侧歪　侧棱　③zè　同“仄”　“平

仄”也作“平侧”

5. 曾 ①céng 曾经 曾几何时 不曾 未曾 ②zēng 曾祖 曾孙

6. 噌 ①cēng 噌的一声 ②chēng 噌吰（钟鼓声）

7. 差 ①chā （书面组词）偏差 差错 差池 差可告慰 差强人意 差之毫厘 千差万别 阴差阳错 差价 差异 差失 误差 ②chà （口语单用）差点儿 差劲 差不多 差不离 ③chāi 出差 交差 差遣 鬼使神差 钦差大臣 ④cī 参差不齐

8. 叉 ①chā 叉车 叉腰 刀叉 钢叉 交叉 ②chá 车把路口叉住了 ③chǎ 叉着腿 ④chà 劈叉

9. 查 ①chá 查对 查获 查阅 检查 调查 清查 审查 ②zhā 姓

10. 衩 ①chǎ 裤衩 ②chà （衣服旁边开口的地方）

11. 刹 ①chà 刹那 ②shā 刹车

12. 杈 ①chà 杈子 树杈 枝杈 ②chā 杈子

13. 禅 ①chán 禅师 禅宗 禅杖 坐禅 ②shàn 禅让 封禅

14. 颤 ①chàn 颤动 颤抖 颤音 颤悠 ②zhàn 颤栗 打颤

15. 孱 ①chán 孱弱 ②càn 孱头

16. 裳 ①cháng 着我旧时裳 ②shang 衣裳

17. 场 ①cháng 场院 打场 一场（雨） ②chǎng 场合 冷场 场面 场地 ③chang 排场

18. 吵 ①chāo 吵吵 ②chǎo 吵架 吵闹 吵嚷 吵嘴 争吵

19. 朝 ①cháo 朝代 热火朝天 改朝换代 ②zhāo 朝气 朝霞 朝阳 只争朝夕 朝令夕改 朝气蓬勃 有朝一日

20. 嘲 ①cháo 嘲讽 嘲笑 ②zhāo 嘲哳（zhāozhā）

21. 车 ①chē 车马 车辆 班车 车水马龙 杯水车薪 闭门造车 ②jū 舍车（象棋子名称）马保将帅

22. 称 ①chèn 称心 对称 称职 ②chēng 称呼 称道 职称 称王称霸 称兄道弟

23. 澄 ①chéng （书面）澄清（问题） ②dèng （口语）澄清（使液体变清）

24. 铛 ①chēng 饼铛 ②dāng 铛铛（拟声词）

25. 乘 ①chéng 乘坐 乘机 乘风破浪 乘虚而入 ②shèng 千乘之国 史乘 野乘

26. 匙 ①chí 汤匙 羹匙 ②shi 钥匙

27. 冲 ①chōng 冲锋 冲击 怒发冲冠 冲洗 冲动 ②chòng 冲床 冲子 冲模

28. 重 ①chóng 重叠 重复 重合 重见天日 ②zhòng 重大 重点 重量 重要 语重心长 保重 德高望重 严重 尊重

29. 仇 ①chóu 仇敌 仇恨 仇视 复仇 冤仇 报仇雪恨 恩将仇报 疾恶如仇 ②Qiú 姓

30. 臭 ①chòu 遗臭万年 臭味相投 腥臭 ②xiù 乳臭 铜臭

31. 处 ①chǔ （动词义）处罚 处置 处心积虑 设身处地 养尊处优 ②chù （名词义）处所 妙处 害处 好处 难处 用处 人事处 绝处逢生

32. 畜 ①chù （名物义） 牲畜 畜力 家畜 六畜 ②xù （动作义）畜养 畜牧畜产

33. 传 ①chuán 传播 传达 传递 传染 传授 传说 宣传 言传身教 名不虚传 ②zhuàn 传记 自传 树碑立传

34. 幢 ①chuáng 石幢 ②zhuàng 一幢楼房

35. 创 ①chuàng 创作 创造 创刊 创见 开创 独创 ②chuāng 重创 创伤 创口 创痕 予以重创

36. 绰 ①chuò 绰绰有余 绰号 ②chāo 绰起棍子

37. 伺 ①cì 伺候 ②sì 伺机 环伺
38. 兹 ①cí 龟兹（Qiūcí 西域古国） ②zī 今兹 来兹
39. 跐 ①cī 登跐了 ②cǐ 脚跐两只船
40. 枞 ①cōng 枞树 ②zōng 枞阳（地名）
41. 攒 ①cuán 攒动 攒射 ②zǎn 积攒
42. 撮 ①cuō 一撮儿盐 撮合 撮要 ②zuǒ 一撮毛
43. 揣 ①chuāi 揣在怀里 ②chuǎi 揣测 揣度 揣摩
44. 椎 ①chuí 椎心泣血 ②zhuī 脊椎 椎骨 胸椎

## D 部

1. 答 ①dā 答理 答应 答腔 答讪 答言 ②dá 答案 答复 答卷 答非所问 报答 问答
2. 打 ①dǎ 打倒 打击 打搅 打扫 打算 打听 攻打 无精打采 稳扎稳打 ②dá 苏打 一打
3. 大 ①dà 大夫（官名） 大街 大局 大量 大陆 大米 大厅 大学 大衣 大同小异 ②dài 大夫（医生） 山大王
4. 沓 ①dá 一沓信纸 ②tà 杂沓 纷至沓来
5. 瘩 ①dá 瘩背 ②da 疙瘩
6. 逮 ①dǎi （口语单用）逮蚊子 逮小偷 ②dài （书面组词）逮捕
7. 担 ①dān 担当 担负 担架 担任 担心 承担 担负 ②dàn 担子 扁担 重担
8. 单 ①dān 单独 孤单 单刀直入 单枪匹马 ②chán 单于 ③Shàn 姓单
9. 当 ①dāng 当场 当今 当时 当年（均指已过去）当日（当初） 当面 当下 当权 担当 正当 当即 叮当 当问则问 当局 应当 瓦当 ②dàng 当日（当天） 当年（同一年，月，日，天） 当真 得当 恰当 妥当 典当 当铺 上当 一人当两人用 安步当车
10. 倒 ①dǎo 颠倒 倒戈 倒嚼 翻江倒海 ②dào 倒粪 倒药 倒退 倒行逆施 本末倒置 反攻倒算
11. 叨 ①dāo 叨唠 叨念 ②dáo 叨咕 ③tāo 叨扰 叨光 叨教
12. 蹬 ①dēng 蹬在窗台上擦玻璃 ②dèng 蹭蹬
13. 得 ①dé 得意扬扬 得逞 得失 得体 得志 得寸进尺 获得 心得 值得 ②de 好得很 ③děi 得喝水了
14. 提 ①dī 提防 提溜 ②tí 提高 提取
15. 嘀 ①dí 嘀咕 ②dī 嘀里嘟噜
16. 的 ①dí 的当 的确 的证 ②dì 目的 中的 有的放矢 一语破的 ③de 幸福的生活
17. 地 ①dì 地道 地方 地基 地球 天旋地转 陆地 地利人和 脚踏实地 ②de 实事求是地处理问题
18. 钿 ①diàn 金钿 宝钿 ②tián 铜钿（铜钱）
19. 钉 ①dīng （名词义）碰钉子 图钉 斩钉截铁 ②dìng （动词义）钉扣子 钉钉子 钉马掌
20. 都 ①dōu 都来了 ②dū 故都 国都 首都 都市 都城
21. 斗 ①dǒu 斗胆 斗笠 阿斗 北斗 星斗 烟斗 星移斗转 ②dòu 斗气 斗争 斗志 奋斗 决斗 战斗 钩心斗角 明争暗斗
22. 肚 ①dù 肚量 肚子 泻肚 小肚鸡肠 ②dǔ 肚子 羊肚儿
23. 蹲 ①dūn 蹲点 蹲班 蹲苗 ②cún 腿蹲了
24. 囤 ①dùn 囤子 粮食囤 ②tún 囤积
25. 垛 ①duò 草垛 柴垛 ②duǒ 垛子

26. 驮 ①duò 驮子 ②tuó 驮轿 驮马 驮运
28. 度 ①duó 忖度 揣度 度德量力 ②dù 程度 度量 度日如年 长度 风度 季度 难度 置之度外

E 部

恶 ①ě 恶心 ②è 恶霸 恶毒 恶劣 恶习 恶意 丑恶 险恶 凶恶 罪恶 ③wù 厌恶

F 部

1. 发 ①fà 理发 结发 发型 令人发指 怒发冲冠 千钧一发 ②fā 发表 打发 发端 发窘 发掘 借题发挥 意气风发
2. 繁 ①fán 繁华 繁忙 繁荣 繁殖 繁重 频繁 删繁就简 ②Pó 姓
3. 坊 ①fāng 牌坊 街坊 坊巷 白纸坊 坊间 ②fáng 粉坊 染坊 作坊 磨坊
4. 分 ①fēn 区分 分数 分别 分布 分寸 分化 分类 分裂 分配 层次分明 分庭抗礼 ②fèn 身分 分子（一员） 分量 安分 本分 成分 过分 恰如其分
5. 缝 ①féng 缝合 缝纫 裁缝 缝缀 ②fèng 缝隙 裂缝 见缝插针 天衣无缝
6. 佛 ①fó 佛教 四川大佛 借花献佛 ②fú 仿佛
7. 服 ①fú 服从 服务 服装 克服 佩服 屈服 舒服 信服 征服 服毒 服药 ②fù 量词，也作“付” 一服中药
8. 菲 ①fēi 芳菲 ②fěi 菲薄 菲礼 菲材
9. 冯 ①Féng 姓 ②píng 暴虎冯河
10. 否 ①fǒu 否认 否定 否则 否决 不置可否 ②pǐ 否极泰来 臧否人物
11. 脯 ①fǔ 果脯 杏脯 鹿脯 ②pú 胸脯

G 部

1. 盖 ①gài 盖子 盖世无双 覆盖 膝盖 掩盖 欲盖弥彰 劈头盖脸 ②Gě 姓
2. 干 ①gān 干巴 干脆 干旱 干净 干预 干燥 大动干戈 外强中干 ②gàn 干部 干练 干渠 干线 才干 骨干 树干 精明强干
3. 钢 ①gāng 钢笔 钢刀 钢琴 钢铁 轧钢 百炼成钢 钢筋铁骨 ②gàng 把刀钢
4. 轧 ①gá 轧账 轧朋友 ②yà 轧棉花 轧道机 倾轧 ③zhá 轧钢 轧辊
5. 杆 ①gān 旗杆 栏杆（粗，长） 桅杆 ②gǎn 枪杆 烟杆（细，短） 笔杆儿 杠杆
6. 扛 ①gāng 力能扛鼎 ②káng 扛枪 扛活
7. 膏 ①gāo 膏腴 膏药 牙膏 石膏 ②gào 膏油 膏笔 膏墨 膏车
8. 镐 ①gǎo 镐头 风镐 ②hào （古地名）
9. 蛤 ①gé 蛤蚧 蛤蜊 ②há 蛤蟆
10. 咯 ①gē （拟声）咯咯 咯吱 咯噔 ②kǎ 咯血 咯痰 ③lo （助词）当然咯
11. 搁 ①gē 搁置 搁浅 耽搁 ②gé 搁不住
12. 葛 ①gé 纠葛 瓜葛 葛藤 ②Gě 姓
13. 格 ①gé 格调 格斗 规格 合格 性格 ②gē 格格
14. 革 ①gé 革命 皮革 ②jí 病革（病危急）
15. 合 ①gě （十分之一升） ②hé 合作 合计
16. 给 ①gěi 交给 送给 献给 ②jǐ 供给 给予 自给自足
17. 更 ①gēng 更换 更改 更正 变更 深更半夜 打更 万象更新 少不更事 更迭 ②gèng 更加 更好 更上一层楼
18. 颈 ①gěng 脖颈子 ②jǐng 颈项 颈联

19. 供　①gōng　供给　供销　供养　供不应求　提供　供求　供需　供应　供稿　②gòng　口供　上供　供认　供词　供状　供品　供养　供奉　供职　供事
20. 红　①gōng　女红（也写作“女工”）　②hóng　红色　红人
21. 勾　①gōu　勾结　勾通　勾引　②gòu　勾当
22. 枸　①gōu　枸橘　②gǒu　枸杞　③jǔ　枸橼
23. 估　①gū　估计　估量　估价　估一估有多少　②gù　估衣（出售的旧衣）
24. 呱　①gū　呱呱（小儿哭声）　②guā　呱呱叫　③guǎ　拉呱儿（闲谈）
25. 骨　①gū　骨碌　骨朵　②gǔ　骨肉　骨干　骨骼　骨气　筋骨　露骨　脱胎换骨
26. 谷　①gǔ　谷子　谷雨　②yù　吐谷浑（族名）
27. 鹄　①gǔ　鹄的（靶心）中鹄　②hú　鹄立　鹄望（鹄即天鹅）
28. 括　①guā　挺括　②kuò　概括　总括　括号
29. 莞　①guǎn　东莞（在广东）　②wǎn　莞尔一笑　③guān　（古书上指水葱一类的植物）
30. 纶　①guān　羽扇纶巾　②lún　经纶　涤纶　锦纶
31. 冠　①guān　冠冕堂皇　桂冠　衣冠楚楚　怒发冲冠　鸡冠子　②guàn　冠军　沐猴而冠　冠以诗人的桂冠
32. 观　①guān　观测　观察　观念　观望　悲观　客观　乐观　壮观　走马观花　②guàn　白云观
33. 龟　①guī　龟甲　龟缩　乌龟　②jūn　龟裂
34. 柜　①guì　柜橱　柜台　柜子　书柜　衣柜　②jǔ　柜柳
35. 桧　①guì　（树名）　②huì　（人名）秦桧
36. 过　①Guō　（姓）　②guò　经过　过程　过渡　过剩　文过饰非　矫枉过正　闭门思过　难过　悔过

## H　部

1. 虾　①há　虾蟆　②xiā　对虾
2. 哈　①hā　哈欠　哈密瓜　笑哈哈　哈萨克　哈腰　②hǎ　哈达　姓哈　③hà　哈什蚂
3. 咳　①hāi　咳是叹词，表伤感后悔惊异　②ké　咳嗽
4. 汗　①hán　可（kè）汗　大汗（古代鲜卑、突厥、回纥、蒙古等族最高统治者的称号）②hàn　汗水　汗颜　挥汗成雨　血汗
5. 行　①háng　行会　行家　行列　行情　行业　本行　内行　银行　一目十行　②xíng　行程　行动　行军　行走　德行　发行　逆水行舟　寸步难行　举行
6. 好　①hǎo　好处　好感　好心　好事多磨　言归于好　花好月圆　恰好　友好　②hào　好奇　好逸恶劳　爱好　喜好　游手好闲　洁身自好
7. 巷　①hàng　巷道　②xiàng　街巷
8. 吭　①háng　引吭高歌　②kēng　吭声
9. 号　①háo　呼号　号叫　怒号　②hào　称号　号召　号角　号码　号召　符号　信号　型号　发号施令
10. 和　①hé　和睦　和谐　和气　和善　和风细雨　和颜悦色　缓和　调和　②hè　应和　和诗　附和　曲高和寡　一唱一和　③hú　（赌博用语，表示为赢了）　④huó　和面　和泥　⑤huò　和药　两和（量词）　衣服洗了三和　⑥huo　掺和　搅和　暖和　热和　软和
11. 核　①hé　核对　核桃　核心　结核　考核　②hú　杏核儿　煤核儿
12. 荷　①hé　荷包　荷花　②hè　电荷　负荷
13. 貉　①hé　（书面）一丘之貉　②háo　（口语）貉绒　貉子

14. 喝 ①hē 喝水 喝酒 ②hè 喝彩 吆喝 当头棒喝
15. 合 ①hé 合并 合格 合伙 合适 合影 场合 符合 巧合 吻合 ②gě 一合（容量单位）
16. 横 ①héng 横向 横心 横行 横征暴敛 纵横 妙趣横生 ②hèng 蛮横 横财 横祸 满脸横肉 专横跋扈
17. 虹 ①hóng （书面组词）彩虹 虹吸 ②jiàng 义同①（口语单用）
18. 糊 ①hū 糊了一层纸 ②hú 糊口 糊涂
19. 哄 ①hōng 一哄而起 乱哄哄 哄堂大笑 ②hǒng 哄骗 ③hòng 起哄
20. 划 ①huá 划船 划算 划拳 划子 ②huà 划分 计划 谋划 区划 筹划 规划 划一 策划
21. 华 ①huá 华表 华灯 华丽 华而不实 才华 精华 春华秋实 华丽 ②Huà （姓）
22. 哗 ①huá 哗变 哗然 哗众取宠 喧哗 ②huā 哗啦
23. 还 ①huán 还击 还乡 还原 偿还 退还 返老还童 衣锦还乡 ②hái 还是 还有
24. 晃 ①huǎng 明晃晃 晃眼 一晃而过 ②huàng 摇晃 晃动 摇头晃脑
25. 会 ①huì 会合 都会 会场 会面 会谈 会议 附会 机会 领会 体会 聚精会神 ②kuài 会计 财会
26. 混 ①hún 混浊 混蛋 混水摸鱼 混话 ②hùn 混合 混乱 混杂 蒙混过关 鱼目混珠 混为一谈 混日子 混沌 混淆 混账
27. 侯 ①hóu 诸侯 姓 ②hòu 闽侯
28. 豁 ①huō 豁口 豁唇 碗上有个豁儿 ②huò 豁亮 豁达 豁然开朗

## J 部

1. 奇 ①jī 奇偶 ②qí 奇怪 奇异
2. 缉 ①jī 通缉 缉拿 ②qī 缉鞋口
3. 几 ①jī 几乎 茶几 窗明几净 ②jǐ 几何 几个 相去无几
4. 济 ①jǐ 济现 济济一堂 人才济济 ②jì 经济 救济 同舟共济 济贫 济世 无济于事 假公济私 接济 缓不济急 周济
5. 纪 ①Jǐ 姓 ②jì 纪念 纪律 纪要 法纪 年纪 违法乱纪
6. 偈 ①jì 偈语 ②jié （勇武）
7. 系 ①jì 系紧缰绳 系好缆绳 ②xì 系好马匹 系好船只
8. 稽 ①jī 稽查 滑稽 无稽之谈 反唇相稽 稽留 稽延 ②qǐ 稽首
9. 亟 ①jí 亟待解决 亟须 亟亟奔走 ②qì 亟来闻讯
10. 诘 ①jí 诘屈聱牙（同佶屈聱牙） ②jié 反诘 盘诘 诘问
11. 茄 ①jiā 雪茄 ②qié 茄子
12. 夹 ①jiā 夹攻 夹杂 夹子 夹七夹八 夹竹桃 ②jiá 夹裤 夹袄 ③gā 夹肢窝
13. 假 ①jiǎ 假如 假设 假想 假装 虚假 真假 弄假成真 弄虚作假 ②jià 假期 假日 度假 休假
14. 间 ①jiān 车间 房间 空间 时间 中间 人间 间不容发 间架 ②jiàn 间断 间谍 当间 间隔 反间计 间歇 间杂 挑拨离间 黑白相间 间苗 乘间 相间
15. 监 ①jiān 监督 监护 监视 监狱 ②jiàn 国子监 太监
16. 渐 ①jiàn 渐变 渐进 逐渐 防微杜渐 ②jiān 渐染
17. 将 ①jiāng 将军 将来 将计就计 将信将疑 恩将仇报 将养 将就 即将 ②jiàng 将领 小将 干将 败将 将校 将兵

18. 降 ①jiàng 降低 降落 空降 下降 ②xiáng 降龙伏虎 投降 招降纳叛
19. 嚼 ①jiáo 咬文嚼字 味同嚼蜡 ②jué 咀嚼 ③jiào 倒嚼（反刍）
20. 侥 ①jiǎo 侥幸 ②yáo 僬（jiāo）侥（传说中的矮人）
21. 角 ①jiǎo 角度 角落 号角 口角（嘴角） 三角 直角 天涯海角 ②jué 角色 角斗 口角（吵嘴） 角逐 角儿 主角
22. 脚 ①jiǎo 根脚 脚本 脚步 脚跟 脚印 阵脚 赤脚 手忙脚乱 束手束脚 ②jué 脚儿（角儿，脚色）
23. 剿 ①jiǎo 围剿 剿匪 ②chāo 剿袭 剿说
24. 教 ①jiāo 教书 教给 教学生 ②jiào 教导 教派 教材 教练 教师 指教 说教 宗教 因材施教
25. 校 ①jiào 校场 校勘 校正 校样 ②xiào 学校 院校 将校
26. 解 ①jiě 解除 解答 解放 解脱 解甲归田 理解 见解 一知半解 解渴 解嘲 瓦解 解剖 ②jiè 解元 押解 解送 起解 ③xiè 解县 解不开这个理 浑身解数 姓解
27. 结 ①jiē 开花结果 结实 结巴 ②jié 结束 结局 冻结 勾结 终结 张口结舌 结论 有结果 归根结底
28. 芥 ①jiè 芥菜 芥末 ②gài 芥蓝
29. 藉 ①jiè 枕藉 慰藉 ②jí 狼藉
30. 节 ①jiē 节骨眼儿 ②jié 节操 节目 节气 节日 节外生枝 环结 情节 节俭 节制 高风亮节 不拘小节
31. 斤 ①jīn 半斤八两 斤斤计较 ②jin 千斤
32. 禁 ①jīn 禁受 禁不起 弱不禁风 情不自禁 ②jìn 禁区 禁令 禁用 令行禁止 禁忌 禁锢 禁闭 违禁 禁止
33. 尽 ①jǐn 尽量 尽管 尽早 尽可能 尽着三天办事 先尽女同志 尽前边 ②jìn 尽头 尽如人意 穷尽 费尽心机 鸟尽弓藏 前功尽弃 言不尽意 尽善尽美 取之不尽 想尽办法 尽心尽力 人尽其才 尽职尽责 尽人皆知
34. 矜 ①jīn 矜夸 矜持 骄矜 ②qín 矜（矛柄）锄镰棘矜
35. 仅 ①jǐn 仅有 ②jìn 士卒仅万（将近万人）
36. 劲 ①jìn 劲头 费劲 干劲 用劲 没劲儿 ②jìng 强劲 劲草 刚劲 劲敌 劲旅 苍劲 疾风劲草
37. 经 ①jīng 经常 经费 经过 经验 神经 已经 天经地义 经济 经营 ②jìng 经纱
38. 颈 ①jǐng 长颈鹿 颈项 ②gěng 脖颈子
39. 咀 ①jǔ 咀嚼 ②zuǐ 嘴
40. 据 ①jū 拮据 ②jù 盘踞 据实 凭据 据理力争 言必有据 占据 依据 根据 据点 据为己有
41. 卷 ①juǎn 卷尺 卷入 卷土重来 席卷 风卷残云 ②juàn 卷宗 画卷 试卷 开卷有益
42. 觉 ①jué 觉察 觉悟 觉醒 发觉 知觉 ②jiào 睡觉
43. 沮 ①jǔ 沮丧 ②jù 沮洳（rù）
44. 隽 ①juàn 隽永 隽语 （姓） ②jùn 隽秀 隽茂
45. 倔 ①jué 倔强 ②juè 倔头倔脑 脾气倔
46. 菌 ①jūn 细菌 病菌 菌类 ②jùn 香菌 菌子（同蕈 xùn）

## K 部

1. 卡 ①kǎ 卡车 卡片 卡通 ②qiǎ 关卡 卡子 哨卡

2. 咖 ①kā 咖啡 ②gā 咖喱
3. 看 ①kān 看守 看管 看护 ②kàn 看待 看茶 看见 看望 观看 偷看
4. 扛 ①káng 扛枪 ②gāng 力能扛鼎
5. 坷 ①kē 坷垃 ②kě 坎坷
6. 壳 ①ké 贝壳 脑壳 蛋壳 卡壳 外壳 ②qiào 地壳 金蝉脱壳
7. 咳 ①ké 咳嗽 ②hāi 咳！我怎么糊涂了！
8. 可 ①kě 可靠 可怜 可能 可笑 宁可 许可 不可思议 大有可为 可恨 可以 ②kè 可汗
9. 吭 ①kēng 吭气 吭声 一声不吭 ②háng 引吭高歌
10. 空 ①kōng 领空 空洞 空话 空间 空虚 空中楼阁 星空 真空 目空一切 空想 空忙 ②kòng 空白 空闲 空额 空隙 空暇 空缺 空房 空地 抽空 填空
11. 溃 ①kuì 溃烂 溃败 溃疡 溃不成军 ②kuì 溃脓（同殨脓）

## L 部

1. 拉 ①lā 拉力 拉拢 拉锁 扒拉 拖拉 东拉西扯 拉拉扯扯 ②lá 手上拉个口子 ③lǎ 半拉
2. 啦 ①lā 哩哩啦啦 啦啦队 ②la 他真来啦
3. 乐 ①lè 乐观 乐趣 乐园 乐极生悲 安居乐业 其乐无穷 娱乐 享乐 ②yuè 乐队 乐曲 军乐 声乐
4. 烙 ①lào 烙印 烙铁 烙饼 ②luò 炮（páo）烙
5. 勒 ①lè 勒令 勒索 悬崖勒马 勒石 勒碑 ②lēi 勒紧点儿
6. 肋 ①lē 肋脦 ②lèi 肋骨 鸡肋
7. 擂 ①léi 擂鼓 擂他一拳 自吹自擂 ②lèi 擂台 打擂（仅此二词）
8. 累 ①lèi 劳累 受累 太累 ②léi 累赘 果实累累 ③lěi 牵累 连篇累牍 日积月累 危如累卵 连累 累进 罪行累累 累年 积累 累计 拖累
9. 棱 ①léng 棱角 模棱两可 ②líng 穆棱
10. 凉 ①liáng 凉风 凉爽 凉亭 荒凉 凄凉 ②liàng 饭太热凉一凉再吃
11. 蠡 ①lí 管窥蠡测 以蠡测海 ②lǐ 蠡县 范蠡
12. 俩 ①liǎ （口语，不带量词）咱俩 俩人 ②liǎng 伎俩
13. 量 ①liáng 丈量 计量 思量 酌量 端量 量度 量程 量具 量杯 测量 衡量 商量 ②liàng 量入为出 量力而为 量才录用 量体裁衣 自不量力 量刑 气量 胆量 流量 质量 力量 饭量
14. 了 ①liǎo 了结 了解 了却 了如指掌 直截了当 一目了然 末了 完了 ②le 他受到了表扬
15. 踉 ①liáng 跳踉小丑（同跳梁小丑） ②liàng 踉跄 踉蹡（走路不稳）
16. 潦 ①liáo 潦草 潦倒 ②lǎo （书面）积潦（积水）
17. 燎 ①liáo 星火燎原 ②liǎo 燎头发 燎眉毛
18. 撩 ①liāo 撩开 把帘子撩起来 ②liáo 撩拨
19. 咧 ①liě 龇牙咧嘴 ②liē 大大咧咧
20. 裂 ①liè 裂开 纹裂 裂缝 裂痕 裂变（原子核分裂成几个其他原子核，并放出中子的过程） 裂隙 裂罅（裂缝） 分裂 破裂 决裂 割裂 扯裂 ②liě 裂着怀
21. 淋 ①lín 淋浴 淋漓尽致 淋巴 ②lìn 淋硝 淋盐 淋病
22. 令 ①lìng 令箭 令行禁止 法令 勒令 发号施令 朝令夕改 司令 命令 ②Líng 令狐（姓） ③lǐng 一令纸

23. 馏　①liú　蒸馏　②liù　馒头凉了再馏一馏
24. 镏　①liú　镏金（涂金）　②liù　金镏（金戒）
25. 碌　①liù　碌碡（zhou）　②lù　庸碌　忙碌　劳碌
26. 遛　①liú　逗遛　②liù　遛马　遛鸟　遛弯儿
27. 溜　①liū　溜达　溜冰　溜号　溜走　灰溜溜　溜须拍马　②liù　溜缝儿　一溜儿　溜子　大溜
28. 六　①liù　六亲不认　三头六臂　②lù　六安茶　六合（县名，在江苏省）
29. 率　①lǜ　频率　效率　②shuài　率领　表率　草率　坦率　直率
30. 笼　①lóng　笼子　牢笼　灯笼　②lǒng　笼络　笼统　笼罩
31. 隆　①lóng　隆重　隆冬　兴隆　隆起　②lōng　黑咕隆咚
32. 偻　①lóu　佝偻　②lǚ　伛偻
33. 搂　①lōu　搂钱　搂枪机　搂柴火　②lǒu　搂抱　一搂粗的大树
34. 芦　①lú　芦荟　芦花　芦苇　芦笙　②lǔ　油葫芦
35. 陆　①lù　陆地　陆续　大陆　斑驳陆离　②liù　“六”的大写
36. 露　①lù　露天　露水　露营　暴露　揭露　崭露头角　原形毕露　露骨　②lòu　出头露面　露头露马脚
37. 捋　①lǚ　捋胡子　②luō　捋袖子
38. 绿　①lǜ　绿化　绿叶　绿油油　翠绿　绿地　绿菌　②lù　绿林　鸭绿江
39. 论　①lùn　论点　论调　论断　论据　论述　论证　论功行赏　结论　理论　坐而论道　高谈阔论　②lún　论语（书名）
40. 络　①luò　络绎　经络　②lào　络子
41. 落　①luò　落魄　着落　落后　落实　落伍　落叶　落井下石　村落　角落　流落　名落孙山　②lào　落枕　落色　③là　丢三落四　落下
42. 抡　①lūn　抡拳　抡刀　②lún　抡材

## M 部

1. 吗　①mǎ　吗啡　②ma　明天他来吗？
2. 抹　①mā　抹布　抹桌子　抹下脸　②mǒ　涂抹　抹杀　抹黑　抹脖子　③mò　转弯抹角　抹墙抹不开
3. 埋　①mái　埋藏　埋伏　埋没　掩埋　隐姓埋名　②mán　埋怨
4. 脉　①mài　脉搏　脉络　动脉　静脉　山脉　一脉相承　来龙去脉　②mò　含情脉脉
5. 没　①méi　没用　没有　没精打采　②mò　没落　没收　沉没　埋没　淹没
6. 蒙　①mēng　蒙骗　蒙头转向　②méng　蒙蔽　蒙混　蒙昧　启蒙　③měng　内蒙　蒙古包蒙古族
7. 眯　①mī　眯缝着眼　眯着眼笑　②mí　眯了眼睛
8. 秘　①mì　秘密　秘书　奥秘　神秘　②bì　秘鲁
9. 磨　①mó　磨炼　磨难　磨杵成针　消磨　折磨　不可磨灭　好事多磨　②mò　磨坊　磨盘　电磨石磨
10. 摩　①mó　摩擦　摩登　摩托　摩拳擦掌　按摩　观摩　②mā　摩挲（sa）
11. 模　①mó　模范　模式　模棱两可　规模　楷模　②mú　模板　模样　模子　字模　装模作样
12. 蔓　①màn　蔓草　②wàn　瓜蔓　爬蔓　压蔓
13. 靡　①mí　奢靡　靡费　②mǐ　风靡一时　萎靡不振　所向披靡
14. 泌　①mì　分泌　②bì　泌阳

## N 部

1. 哪 ①nǎ 哪个 哪里 哪怕 哪些 ②né 哪吒 ③na 同志们加油干哪！
2. 那 ①nà 那边 那个 那里 那么 那样 ②Nā 姓
3. 难 ①nán 难办 难处 难道 难得 难堪 难忘 难能可贵 知难而进 艰难 寸步难行 积重难返 急人之难 ②nàn 难民 难友 避难 发难 排难解纷 刁难 难兄难弟
4. 囊 ①náng 囊虫 囊括 囊空如洗 锦囊妙计 私囊 胆囊 胶囊 慷慨解囊 ②nāng 囊膪(chuài)
5. 呢 ①ní 呢绒 呢子 花呢 华达呢 ②ne 你怎么不走呢？
6. 泥 ①ní 泥巴 泥浆 泥坑 泥泞 泥土 水泥 淤泥 拖泥带水 ②nì 拘泥 泥墙 泥炉子
7. 尿 ①niào 尿布 尿素 粪尿 ②suī 尿脬（pāo） 尿尿
8. 宁 ①níng 安宁 宁静 息事宁人 鸡犬不宁 ②nìng 宁肯 宁愿 宁死不屈 姓
9. 弄 ①nòng 玩弄 弄假成真 弄巧成拙 弄虚作假 嘲弄 卖弄 戏弄 愚弄 ②lòng 弄堂
10. 疟 ①nüè 疟疾 ②yào 发疟子
11. 娜 ①nuó 袅娜 婀娜 ②nà 用于人名
12. 拧 ①níng 拧毛巾 ②nǐng 拧螺丝 说拧了 ③nìng 脾气真拧

## P 部

1. 排 ①pái 排场 排斥 排除 排骨 排挤 排列 排球 安排 并排 ②pǎi 排子车
2. 迫 ①pǎi 迫击炮 ②pò 迫害 迫切 迫使 迫在眉睫 被迫 紧迫 强迫 压迫 逼迫
3. 胖 ①pán 心广体胖 ②pàng 肥胖 胖子 胖乎乎
4. 泡 ①pào 泡菜 泡沫 泡影 灯泡 浸泡 气泡 冒泡儿 泡茶 ②pāo 豆腐泡儿 这块木料发泡 眼泡 泡桐
5. 刨 ①páo 刨除 刨土 ②bào 刨床 刨冰
6. 炮 ①páo 如法炮制 炮烙 炮制 ②pào 炮兵 炮弹 炮灰 炮火 礼炮 火炮 高炮 ③bāo 炮羊肉 锅炮肉
7. 喷 ①pēn 喷射 喷泉 喷洒 喷射 井喷 血口喷人 ②pèn 喷香
8. 劈 ①pī 劈山 劈头盖脸 ②pǐ 劈叉 劈柴 劈一半给你
9. 片 ①piàn 片刻 片断 片面 片瓦无存 胶片 名片 图片 照片 只言片语 ②piān 唱片儿 片子 画片儿
10. 漂 ①piāo 漂泊 漂浮 漂流 ②piǎo 漂白 漂洗 ③piào 漂亮
11. 缥 ①piāo 缥缈 ②piǎo 缥青白色（的丝织品）
12. 撇 ①piē 撇开 撇下 ②piě 撇手榴弹 撇捺
13. 屏 ①píng 屏风 屏幕 屏障 画屏 荧光屏 ②bǐng 屏除 屏气 屏弃
14. 仆 ①pū 前仆后继 ②pú 仆从 仆人 公仆 奴仆 风尘仆仆
15. 铺 ①pū 铺垫 铺盖 铺设 铺张 铺天盖地 平铺直叙 ②pù 铺子 铺位 床铺 店铺 卧铺
16. 朴 ①pǔ 俭朴 朴质 ②pō 朴刀 ③pò 厚朴 朴树 ④Piáo 姓
17. 瀑 ①pù 瀑布 ②bào 瀑河（水名）
18. 曝 ①pù 一曝十寒 ②bào 曝光

## Q 部

1. 奇 ①qí 奇怪 奇迹 奇妙 奇异 惊奇 千奇百怪 离奇 新奇 ②jī 奇数
2. 铅 ①qiān 铅笔 铅球 ②Yán 铅山（县名，在江西省）

3. 栖 ①qī 两栖、栖息 ②xī 栖栖
4. 蹊 ①qī 蹊跷 ②xī 蹊径
5. 稽 ①qí 稽首 ②jī 滑稽
6. 荨 ①qián 荨麻 ②xún 荨麻疹
7. 欠 ①qiàn 欠缺 欠债 ②qian 呵欠
8. 镪 ①qiāng 镪水 ②qiǎng 银镪
9. 强 ①qiáng 强大 强盗 强调 强烈 强硬 顽强 富强 刚强 坚强 身强力壮 精明强干 奋发图强 ②qiǎng 强求 强词夺理 强人所难 勉强 牵强附会 ③iàng 倔强
10. 悄 ①qiāo 静悄悄 悄悄话 ②qiǎo 悄然
11. 翘 ①qiào 翘尾巴 ②qiáo 翘首 连翘
12. 切 ①qiē 切除 切磋 切割 切面 切削 ②qiè 切身 切题 关切 迫切 恳切 密切 目空一切 切肤之痛
13. 茄 ①qié 茄子 番茄 ②jiā 雪茄
14. 趄 ①qiè 趄坡儿 ②jū 趑趄
15. 亲 ①qīn 亲近 亲密 亲戚 亲自 亲切 亲热 亲信 双亲 探亲 沾亲带故 ②qìng 亲家
16. 抢 ①qiāng 呼天抢地 ②qiǎng 抢夺 争抢
17. 强 ①qiáng 强渡 强取 强制 ②qiǎng 勉强 强迫 强词夺理 强人所难 ③jiàng 倔强 强嘴
18. 呛 ①qiāng 呛着了 ②qiàng 油烟呛人
19. 戗 ①qiāng 戗水 戗风 说戗了 ②qiàng 真够戗 戗面馒头
20. 曲 ①qū 曲解 曲线 曲折 曲径通幽 酒曲 歪曲 弯曲 委曲 是非曲直 ②qǔ 曲调 曲艺 曲高和寡 歌曲 戏曲 序曲 异曲同工
21. 区 ①qū 区别 区分 区域 地域 郊区 林区 山区 灾区 ②Ōu 姓
22. 雀 ①qiāo 雀子 ②qiǎo 雀盲眼 ③què 雀斑 雀跃 麻雀 孔雀 鸦雀无声
23. 圈 ①quān 圈子 花圈 圆圈 圈点 圈占 圈套 圈阅 ②juān 把鸡圈起来 ③juàn 圈肥 猪圈 羊圈
24. 阙 ①quē 阙如 阙疑 ②què 宫阙

## R 部

1. 任 ①Rén 任丘（地名） （姓） ②rèn 任务 任命 任性 任意 任重道远 担任 胜任 信任 责任 班主任 放任自流 任劳任怨
2. 嚷 ①rāng 嚷嚷 ②rǎng 吵嚷 叫嚷

## S 部

1. 撒 ①sā 撒谎 撒娇 撒手 撒拉族 ②sǎ 撒播 撒种 汤别撒了
2. 臊 ①sāo 臊气 狐臊 腥臊 ②sào 害臊
3. 散 ①sǎn 散文 懒散 零散 闲散 一盘散沙 散兵游勇 散居 散漫 散记 松散 散射 散曲 散架 ②sàn 散布 散步 散发 散开 涣散 扩散 失散 疏散 分散 散播发散 散传单 散心 解散 散摊子 ③san 零散
4. 丧 ①sāng 治丧 号丧 哭丧 丧钟 丧葬 丧服 ②sàng 丧命 丧心病狂 丧失 懊丧 垂头丧气 丧魂落魄 ③sang 哭丧着脸
5. 扫 ①sǎo 扫除 扫荡 扫盲 扫视 扫兴 打扫 清扫 洒扫 ②sào 扫帚
6. 色 ①sè 色彩 色调 色泽 出色 本色 彩色 货色 起色 特色 眉飞色舞 平分秋色 颜色

②shǎi 色子 掉色 套色

7. 塞 ①sè 塞责 闭塞 梗塞 阻塞 闭目塞听 顿开茅塞 堵塞 ②sāi 塞子 耳塞 活塞 塞车 ③sài 塞翁失马 边塞 塞外 要塞

8. 煞 ①shā 煞尾 煞车 煞笔 煞风景 ②shà 煞白 恶煞 煞气 煞费苦心 煞有介事 凶神恶煞 凶煞

9. 厦 ①shà 广厦千万间 大厦 ②xià 厦门

10. 扇 ①shàn 扇子 电扇 风扇 折扇 ②shān 扇动

11. 上 ①shàng 上路 马上 向上 至上 火上浇油 赤膊上阵 至高无上 上当 ②shǎng 上声

12. 稍 ①shāo 稍微 稍纵即逝 稍稍 ②shào 稍息

13. 捎 ①shāo 捎带 捎脚 捎封信 ②shào 捎色 捎一捎（稍微往后退）

14. 少 ①shǎo 少量 少数 少有 减少 缺少 凶多吉少 ②shào 少年 少女 老少

15. 杉 ①shān 红杉 水杉 ②shā （口语）杉篙 杉木

16. 苫 ①shàn 苫背 苫布 ②shān 草苫子

17. 汤 ①shāng 河水汤汤 浩浩汤汤 ②tāng 汤水 热汤 赴汤蹈火

18. 折 ①shé 折本 ②zhē 折腾 ③zhé 折合

19. 舍 ①shě 舍弃 舍身 舍近求远 取舍 施舍 难舍难分 依依不舍 ②shè 宿舍 校舍 退避三舍 打家劫舍

20. 拾 ①shè 拾级而上 ②shí 拾取 拾掇 拾遗 拾人牙慧

21. 什 ①shén 什么 ②shí 什物 什锦

22. 省 ①shěng 省会 省略 省心 俭心 节省 ②xǐng 省悟 反省 不省人事

23. 盛 ①shèng 盛况 盛夏 盛行 盛气凌人 丰盛 茂盛 强盛 旺盛 繁荣昌盛 ②chéng 盛器 盛饭

24. 食 ①shí 食品 食物 ②sì 箪食壶浆

25. 石 ①shí 石灰 石榴 石棉 石头 石油 石沉大海 化石 礁石 卵石 ②dàn 二百石粮

26. 葚 ①shèn 桑葚 ②rèn （口语）桑葚儿

27. 识 ①shí 识别 识破 常识 赏识 胆识过人 见多识广 识字 ②zhì 款识 标识 博闻强识

28. 似 ①shì 似的 ②sì 似是而非 近似 类似 归心似箭 如饥似渴 相似

29. 伺 ①sì 伺机 窥伺 ②cì 伺候

30. 属 ①shǔ 属于 部属 附属 金属 隶属 归属 亲属 属实 属相 ②zhǔ 属意 属望 前后相属 属文

31. 术 ①shù 术语 技术 美术 魔术 权术 手术 算术 艺术 不学无术 ②zhú 苍术 白术

32. 熟 ①shóu 庄稼熟了 饭熟了 ②shú 熟悉 熟睡 熟练 熟视无睹 成熟 深思熟虑 娴熟 熟谙 熟稔

33. 刷 ①shuā 洗刷 粉刷 刷新 ②shuà 脸色刷白

34. 说 ①shuì 游说 说客 ②shuō 说话 说辞 说服 说笑 说明 劝说

35. 数 ①shuò 数见不鲜 ②shǔ 数九 如数家珍 不可胜数 数落 数数（shù） ③shù 数字 数目 数量 数以万计 数次 代数 多数 约数

36. 忪 ①sōng 睡眼惺忪 ② zhōng 怔忪（恐惧）

37. 宿 ①sù 宿舍 宿营 归宿 住宿 宿愿 宿志 宿将 宿主 ②xiǔ 三天两宿 半宿 ③xiù 星宿 二十八宿

38. 缩 ①suō 缩短 缩减 缩小 缩影 收缩 压缩 节衣缩食 缩手缩脚 ②sù 缩砂密

39. 遂 ①suí 半身不遂 ②suì 遂心如意 天遂人愿 遂意 毛遂自荐 未遂

T　部

1. 踏　①tā　踏实　踏踏实实　②tà　脚踏实地　踏步　糟蹋　践踏　踏青
2. 弹　①tán　弹力　弹性　弹簧　评弹　对牛弹琴　归调重弹　②dàn　弹药　弹尽粮绝　弹丸之地　导弹　炮弹　枪弹　子弹　枪林弹雨
3. 沓　①tà　杂沓　复沓　纷至沓来　②dá　一沓子
4. 提　①tí　提拔　提包　提倡　提高　提供　提前　提醒　相提并论　旧事重提　②dī　提防
5. 苔　①tái　苍苔　苔藓　苔衣　青苔　②tāi　舌苔
6. 调　①tiáo　调皮　调配　调节　调养　调整　烹调　失调　风调雨顺　众口难调　调和　调解　调剂　调侃　调唆　调谑　调羹　调停　②diào　调查　调兵遣将　调虎离山　步调　单调　格调　强调　南腔北调　调换　调防　曲调　调换　调集　调拨　调度
7. 挑　①tiǎo　挑拨　挑动　挑逗　挑花　挑衅　②tiāo　挑剔　挑选　挑拣
8. 帖　①tiē　妥帖　服帖　服服帖帖　俯首帖耳　②tiě　帖子　请帖　字帖　庚帖　③tiè　碑帖　法帖　字帖　画帖
9. 通　①tōng　通知　通报　通畅　通风　水泄不通　通过　交通　②tòng　挨了一通说　打了三通鼓
10. 同　①tóng　同伴　同化　同伙　同情　同乡　同学　同意　同舟共济　不约而同　②tòng　胡同
11. 吐　①tǔ　谈吐　吐露　吐字　吐故纳新　扬眉吐气　吞吐　倾吐　吐痰　②tù　吐沫　吐血　呕吐　上吐下泻
12. 褪　①tuì　褪色　褪毛　②tùn　褪去　褪着手　褪套儿
13. 拓　①tuò　拓荒　拓宽　开拓　落拓　②tà　拓本　拓片

W　部

1. 瓦　①wǎ　瓦罐　瓦釜雷鸣　泥瓦匠　土崩瓦解　砖瓦　②wà　瓦刀
2. 万　①wàn　万恶　万能　万岁　万物　万幸　万户侯　万无一失　十万火急　千变万化　②mò　万俟（qí）（复姓）
3. 为　①wéi　为难　为人　为非作歹　成为　作为　认为　以为　行为　混为一谈　自以为是　习以为常　②wèi　为了　为什么　为虎作伥　为民请命　舍己为人
4. 圩　①wéi　圩子　②xū　圩场
5. 委　①wēi　委蛇（=逶迤）　②wěi　委曲（qū）　委屈（qu）
6. 尾　①wěi　尾巴　尾声　尾追　结尾　末尾　收尾　首尾　鸡尾酒　狗尾续貂　②yǐ　马尾儿
7. 乌　①wū　乌龟　乌云　乌合之众　草乌　化为乌有　乌烟瘴气　②wù　乌拉　乌拉草
8. 尉　①wèi　尉官　大尉　太尉　②yù　尉迟（姓）　尉犁（地名）
9. 蔚　①wèi　蔚蓝　蔚起　蔚然　云蒸霞蔚　②Yù　蔚县
10. 涡　①wō　旋涡　酒涡　流涡　②Guō　涡河
11. 遗　①wèi　遗之千金（赠送）　②yí　遗失　遗憾　遗嘱
12. 纹　①wén　花纹　纹饰　纹理　纹丝　②wèn　裂纹

X　部

1. 洗　①xǐ　洗涤　洗劫　洗礼　洗印　洗澡　冲洗　清洗　一贫如洗　②Xiǎn　姓
2. 系　①xì　系列　系统　关系　联系　体系　维系　解铃系铃　②jì　系鞋带　系着围裙
3. 吓　①xià　吓唬　吓人　吓死　惊吓　杀鸡吓猴　②hè　威吓　恐吓　恫吓
4. 纤　①xiān　纤维　纤细　化纤　纤尘不染　②qiàn　拉纤　纤手
5. 鲜　①xiān　鲜红　鲜花　鲜血　鲜鱼　新鲜　屡见不鲜　鲜美　鲜明　鲜艳　②xiǎn　鲜见　鲜有　鲜为人知

6. 纤 ①xiān 纤长 纤毫 纤细 纤尘 纤弱 十指纤纤 ②qiàn 纤夫 纤绳 纤手（仅此三词）
7. 相 ①xiāng 相比 相差 相称 相等 相反 相似 奔走相告 息息相关 ②xiàng 相貌 相声 变相 相机行事 亮相 真相大白 吉人天相 相册 相片 相机
8. 巷 ①xiàng 巷战 里巷 街谈巷议 万人空巷 ②hàng 巷道
9. 行 ①xíng 举行 发行 ②háng 行市 行伍 ③hàng 树行子 ④héng 道行
10. 省 ①xǐng 反省 省亲 ②shěng 省份 省略
11. 削 ①xuē 剥削 瘦削 削减 削弱 ②xiāo 刮削 切削 削皮
12. 校 ①xiào 校刊 校风 校规 校庆 校长 母校 学校 党校 ②jiào 校场 校准 校对 校勘 校样 校正 参校
13. 邪 ①xié 邪恶 邪念 邪说 邪路 邪门歪道 奸邪 改邪归正 异端邪说 ②yé 莫邪
14. 血 ①xuè 血战 血气方刚 热血 流血 贫血 心血 血液 血统 血型 血性 血迹 血泪 血泊 血气 血洗 血汗 血债 血晕 ②xiě 血晕 血淋淋 吐血 验血 一针见血
15. 熏 ①xūn 熏染 熏陶 熏风 熏制 利欲熏心 ②xùn 被煤气熏着了（中毒）
16. 兴 ①xīng 兴奋 兴建 兴旺 兴风作浪 方兴未艾 兴隆 新兴 复兴 兴起 兴办 兴修 不兴胡说 兴许 兴盛 兴师动众 ②xìng 兴会 兴趣 兴致 兴高采烈 豪兴 助兴 败兴 即兴 尽兴 扫兴 兴头
17. 旋 ①xuán 螺旋 旋律 周旋 天旋地转 盘旋 回旋 旋即 凯旋 旋转 ②xuàn 旋风 旋工 旋床
18. 铣 ①xǐ 铣床 铣工 铣刀 ②xiǎn 铣铁
19. 芯 ①xīn 灯芯 ②xìn 芯子
20. 吁 ①xū 长吁短叹 气喘吁吁 ②yù 呼吁

## Y 部

1. 呀 ①yā 呀，下雪了 ②ya 大家快来呀
2. 压 ①yā 压迫 压缩 挤压 镇压 高血压 压制 压抑 压力 ②yà 压根儿
3. 哑 ①yā 哑哑学语 咿哑 ②yǎ 哑巴 哑然 哑场 哑谜 哑口无言 装聋作哑 哑然失笑 嘶哑
4. 轧 ①yà 轧滚 倾轧 轧棉花 ②zhá 轧钢 轧制 滚轧 冷轧 热轧 ③gá 轧账 轧朋友
5. 殷 ①yān 殷红 ②yīn 殷实 殷勤 殷切 殷商 ③yǐn 殷殷（象声词，形容雷声）
6. 咽 ①yān 咽喉 鼻咽 口咽 ②yàn 狼吞虎咽 咽气 ③yè 呜咽 哽咽 悲咽
7. 燕 ①yàn 燕雏 燕麦 燕雀 燕窝 燕子 燕尾服 海燕 家燕 莺歌燕舞 ②Yān 燕山
8. 要 ①yào 要点 要害 要紧 要领 要事 次要 纲要 简要 将要 只要 ②yāo 要求 要挟
9. 约 ①yāo 用称约 约一斤肉 ②yuē 节约 大约 预约 制约 条约 特约 约束
10. 钥 ①yào 钥匙 ②yuè 锁钥
11. 掖 ①yē 掖进去 ②yè 扶掖 奖掖 掖县
12. 耶 ①yē 耶和华 耶稣 ②yé （语气助词）是耶非耶
13. 叶 ①yè 叶片 茶叶 肺叶 树叶 一叶蔽目 粗枝大叶 叶落归根 叶公好龙 ②xié 叶韵
14. 饮 ①yǐn 饮恨 饮料 饮食 饮水思源 ②yìn 饮牲口
15. 艾 ①yì 自怨自艾 惩艾 ②ài 方兴未艾 艾草
16. 迤 ①yí 逶迤 ②yǐ 迤逦
17. 应 ①yīng 应届 应声 应该 应允 应有尽有 咎有应得 应分 ②yìng 应酬 应付 应承 应运 应变 应从 应对 应和 应急 应景 应聘 应时 应诺 应用 应验 应征 应邀 应

招 应诊 应制 应接不暇 应声而至 里应外合 得心应手 有求必应

18. 佣 ①yōng 雇佣 佣工 女佣 ②yòng 佣金 佣钱

19. 有 ①yǒu 有利 有名 有趣 有用 有目共睹 富有 固有 具有 没有 ②yòu 三十有八年

20. 熨 ①yù 熨帖 ②yùn 熨烫

21. 与 ①yǔ 给与 与其 与人为善 与日俱增 与虎谋皮 与世无争 付与 相与 赠与 事与愿违 ②yù 参与 与会 与闻 ③yú （同“欤”）

22. 育 ①yù 育肥 育龄 育苗 哺育 德育 发育 抚育 培育 生育 体育 ②yō 杭育

23. 员 ①yuán 员工 超员 成员 复员 官员 会员 教员 人员 委员 辅导员 ②yún 伍员（人名） ③Yùn（姓）

24. 吁 ①yù 呼吁 吁请 吁求 ②yū 吆喝牲口（象形词） ③xū 长吁短叹 气喘吁吁

25. 予 ①yú （文言中：我） 予取予求 ②yǔ 授予 予以

26. 晕 ①yūn 晕倒 头晕 晕厥 晕头转向 ②yùn 月晕 日晕 晕车 晕船 晕机 晕针 晕场 红晕 眩晕 眼晕

27. 腌 ①yān 腌菜 ②ā 腌臜（za）

28. 哟 ①yō 哟，你踩我脚了 ②yo 大家用力哟

## Z 部

1. 咋 ①zǎ 咋办 咋样 ②zé 咋舌 ③zhā 咋唬 咋呼

2. 载 ①zǎi 记载 登载 载文 转载 千载难逢 三年五载 刊载 ②zài 载誉 超载 负载 装载 装载 载运 载歌载舞 载体 载荷 载重 怨声载道 风雪载途

3. 脏 ①zāng 肮脏 脏话 脏土 ②zàng 心脏 内脏 脏腑

4. 择 ①zé 选择 抉择 不择手段 饥不择食 ②zhái 择菜 择席 择不开

5. 扎 ①zhá 挣扎 马扎 ②zhā 扎根 扎实 扎针 驻扎 安营扎寨 扎堆 扎眼 ③zā 包扎 捆扎 扎辫子 扎腿 扎彩楼 一扎啤酒 扎腰带 一扎线

6. 轧 ①zhá 轧钢 轧辊（挤制义） ②yà 倾轧 轧花 轧场（碾压义） ③gá 轧账 轧朋友

7. 炸 ①zhá 炸糕 油炸 炸酱 ②zhà 炸药 炸弹 轰炸 爆炸

8. 涨 ①zhǎng 涨落 高涨 涨潮 涨幅 物价上涨 水涨船高 暴涨 ②zhàng 泡涨 头昏脑涨 脸涨通红 烟尘涨天

9. 占 ①zhān 占卜 占卦 占梦 ②zhàn 占据 攻占 强占 占领 占有 霸占 独占 侵占 占优势

10. 爪 ①zhǎo 爪牙 鹰爪 张牙舞爪 一鳞半爪 ②zhuǎ 爪子 狗爪儿 这个锅有三个爪儿

11. 长 ①zhǎng 长辈 长者 班长 成长 校长 院长 滋长 ②cháng 长城 长江 长久 长期 长途 长远 长征 长年累月 长驱直入

12. 着 ①zhāo 着数 失着 支着儿 ②zháo 着慌 着火 着急 着凉 着忙 捞着 歪打正着 着迷 ③zhuó 着笔 着力着落 着实 着手 着想 着意 着重 沉着 穿着 衣着 大处着眼 ④zhe 帮着 比着 跟着 向着

13. 折 ①zhé 折叠 折断 折服 折合 折磨 折射 波折 存折 挫折 曲折 周折 转折 不折不扣 ②zhē 折腾 折跟头 把热水折一折就凉了 ③shé 折本 折秤 折耗 棍子折了

14. 正 ①zhēng 正月 ②zhèng 正常 正点 正告 正规 正好 正经 正面 正派 正气 正确 正色 光明正大 堂堂正正

15. 挣 ①zhēng 挣扎 ②zhèng 挣断 挣命 挣钱 挣脱

16. 症 ①zhèng 症候 症状 病症 急症 后遗症 ②zhēng 症结

17. 只　①zhī　只身　只言片语　船只　独具只眼　②zhǐ　只得　只好　只怕　只是　只要　只有　只争朝夕
18. 殖　①zhí　殖民　繁殖　生殖　养殖　增殖　②shi　骨殖
19. 中　①zhōng　中等　中断　中国　暗中　集中　无中生有　外强中干　②zhòng　中毒　中计　中奖　中肯　中意　击中　恶意中伤　正中下怀
20. 种　①zhǒng　种类　种种　种族　变种　播种　各种　人种　育种　②zhòng　种地　种植　耕地　夏种　轮种　③Chóng　姓
21. 转　①zhuǎn　转变　转达　转动　转化　转换　转让　转正　好转　倒转　天旋地转　回心转意　回转　②zhuàn　转动　转盘　转向　转椅　打转　公转　自转　晕头转向　③zhuǎi　转文
22. 子　①zǐ　子弹　子弟　子女　才子　臣子　独子　妻子　公子　正人君子　②zi　杯子　虫子　担子　房子　孩子
23. 钻　①zuān　钻探　钻研　钻营　刁钻　②zuàn　钻床　钻井　钻石　电钻　风钻　台钻　金刚钻
24. 作　①zuò　作对　作恶　作风　作家　作品　作罢　作战　操作　动作　工作　②zuō　作坊
25. 攒　①zǎn　攒粪　攒钱　积攒　②cuán　攒聚　攒三聚五
26. 喳　①zhā　喜鹊叫喳喳　②chā　喊喊喳喳
27. 栅　①zhà　栅栏　②shān　栅极
28. 吱　①zhī　咯吱　嘎吱　②zī　老鼠吱吱地叫
29. 轴　①zhóu　轴承　轴心　车轴　②zhòu　压轴子
30. 琢　①zhuó　雕琢　琢磨（mó）　②zuó　琢磨（mo）　爸爸的话我琢磨了好久

# 附录四　普通话水平测试用词语

## 表　一

| | | | | | | | |
|---|---|---|---|---|---|---|---|
| 阿 | ā | 阿姨 | āyí | 挨 | āi | 挨 | ái |
| 矮 | ǎi | 爱 | ài | 爱国 | àiguó | 爱好 | àihào |
| 爱护 | àihù | 爱情 | àiqíng | 爱人 | àiren | 安 | ān |
| 安定 | āndìng | 安静 | ānjìng | 安排 | ānpái | 安培 | ānpéi |
| 安全 | ānquán | 安慰 | ānwèi | 安心 | ānxīn | 安置 | ānzhì |
| 安装 | ānzhuāng | 氨 | ān | 氨基酸 | ānjīsuān | 岸 | àn |
| 按 | àn | 按照 | ànzhào | 案 | àn | 案件 | ànjiàn |
| 暗 | àn | 暗示 | ànshì | 暗中 | ànzhōng | 凹 | āo |
| 熬 | āo | 熬 | áo | 奥秘 | àomì | 奥运会 | Àoyùnhuì |
| 八 | bā | 巴 | bā | 扒 | bā | 拔 | bá |
| 把 | bǎ | 把握 | bǎwò | 把儿 | bàr | 爸 | bà |
| 爸爸 | bàba | 罢 | bà | 罢工 | bàgōng | 白 | bái |
| 白色 | báisè | 白天 | bái · tiān | 百 | bǎi | 百年 | bǎinián |
| 百姓 | bǎixìng | 摆 | bǎi | 摆动 | bǎidòng | 摆脱 | bǎituō |

（续上表）

| | | | | | | | |
|---|---|---|---|---|---|---|---|
| 败 | bài | 拜 | bài | 班 | bān | 般 | bān |
| 颁布 | bānbù | 搬 | bān | 搬家 | bānjiā | 搬运 | bānyùn |
| 板 | bǎn | 板凳 | bǎndèng | 板块 | bǎnkuài | 版 | bǎn |
| 办 | bàn | 办法 | bànfǎ | 办公室 | bàngōngshì | 办理 | bànlǐ |
| 办事 | bànshì | 半 | bàn | 半导体 | bàndǎotǐ | 半岛 | bàndǎo |
| 半径 | bànjìng | 半天 | bàntiān | 半夜 | bànyè | 扮演 | bànyǎn |
| 伴 | bàn | 伴随 | bànsuí | 伴奏 | bànzòu | 瓣 | bàn |
| 帮 | bāng | 帮忙 | bāngmáng | 帮助 | bāngzhù | 榜样 | bǎngyàng |
| 棒 | bàng | 傍晚 | bàngwǎn | 包 | bāo | 包袱 | bāofu |
| 包干儿 | bāogānr | 包含 | bāohán | 包括 | bāokuò | 包围 | bāowéi |
| 包装 | bāozhuāng | 孢子 | bāozǐ | 炮 | bāo | 薄 | báo |
| 饱 | bǎo | 饱和 | bǎohé | 宝 | bǎo | 宝贝 | bǎobèi |
| 宝贵 | bǎoguì | 宝石 | bǎoshí | 保 | bǎo | 保持 | bǎochí |
| 保存 | bǎocún | 保管 | bǎoguǎn | 保护 | bǎohù | 保留 | bǎoliú |
| 保守 | bǎoshǒu | 保卫 | bǎowèi | 保险 | bǎoxiǎn | 保障 | bǎozhàng |
| 保证 | bǎozhèng | 报 | bào | 报酬 | bào · chóu | 报道 | bàodào |
| 报复 | bào · fù | 报告 | bàogào | 报刊 | bàokān | 报名 | bàomíng |
| 报纸 | bàozhǐ | 抱 | bào | 暴动 | bàodòng | 暴力 | bàolì |
| 暴露 | bàolù | 暴雨 | bàoyǔ | 爆发 | bàofā | 爆炸 | bàozhà |
| 杯 | bēi | 背 | bēi | 悲哀 | bēi’ āi | 悲惨 | bēicǎn |
| 悲剧 | bēijù | 北 | běi | 北方 | běifāng | 贝 | bèi |
| 备 | bèi | 背 | bèi | 背后 | bèihòu | 背景 | bèijǐng |
| 倍 | bèi | 被 | bèi | 被动 | bèidòng | 被告 | bèigào |
| 被子 | bèizi | 辈 | bèi | 奔 | bēn | 奔跑 | bēnpǎo |
| 本 | běn | 本地 | běndì | 本来 | běnlái | 本领 | běnlǐng |
| 本能 | běnnéng | 本人 | běnrén | 本身 | běnshēn | 本事 | běnshì |
| 本事 | běnshi | 本体 | běntǐ | 本性 | běnxìng | 本质 | běnzhì |
| 苯 | běn | 奔 | bèn | 笨 | bèn | 崩溃 | bēngkuì |
| 蹦 | bèng | 逼 | bī | 鼻 | bí | 鼻孔 | bíkǒng |
| 鼻子 | bízi | 比 | bǐ | 比价 | bǐjià | 比较 | bǐjiào |
| 比例 | bǐlì | 比如 | bǐrú | 比赛 | bǐsài | 比喻 | bǐyù |
| 比重 | bǐzhòng | 彼 | bǐ | 彼此 | bǐcǐ | 笔 | bǐ |
| 笔记 | bǐjì | 笔者 | bǐzhě | 必 | bì | 必定 | bìdìng |
| 必然 | bìrán | 必然性 | bìránxìng | 必须 | bìxū | 必需 | bìxū |

（续上表）

| | | | | | | | |
|---|---|---|---|---|---|---|---|
| 必要 | bìyào | 毕竟 | bìjìng | 毕业 | bìyè | 闭 | bì |
| 闭合 | bìhé | 壁 | bì | 壁画 | bìhuà | 避 | bì |
| 避免 | bìmiǎn | 臂 | bì | 边 | biān | 边疆 | biānjiāng |
| 边界 | biānjiè | 边境 | biānjìng | 边区 | biānqū | 边缘 | biānyuán |
| 编 | biān | 编辑 | biānjí | 编写 | biānxiě | 编制 | biānzhì |
| 鞭 | biān | 鞭子 | biānzi | 扁 | biǎn | 变 | biàn |
| 变动 | biàndòng | 变法 | biànfǎ | 变革 | biàngé | 变更 | biàngēng |
| 变化 | biànhuà | 变换 | biànhuàn | 变量 | biànliàng | 变迁 | biànqiān |
| 变态 | biàntài | 变形 | biànxíng | 变异 | biànyì | 便 | biàn |
| 便利 | biànlì | 便于 | biànyú | 遍 | biàn | 辨 | biàn |
| 辨别 | biànbié | 辨认 | biànrèn | 辩护 | biànhù | 辩证 | biànzhèng |
| 辩证法 | biànzhèngfǎ | 标 | biāo | 标本 | biāoběn | 标题 | biāotí |
| 标语 | biāoyǔ | 标志 | biāozhì | 标准 | biāozhǔn | 标准化 | biāozhǔnhuà |
| 表 | biǎo | 表层 | biǎocéng | 表达 | biǎodá | 表面 | biǎomiàn |
| 表明 | biǎomíng | 表皮 | biǎopí | 表情 | biǎoqíng | 表示 | biǎoshì |
| 表述 | biǎoshù | 表现 | biǎoxiàn | 表象 | biǎoxiàng | 表演 | biǎoyǎn |
| 表扬 | biǎoyáng | 表彰 | biǎozhāng | 别 | bié | 别人 | bié · rén |
| 别 | biè | 宾 | bīn | 冰 | bīng | 冰川 | bīngchuān |
| 兵 | bīng | 兵力 | bīnglì | 丙 | bǐng | 柄 | bǐng |
| 饼 | bǐng | 屏 | bǐng | 并 | bìng | 并且 | bìngqiě |
| 并用 | bìngyòng | 病 | bìng | 病变 | bìngbiàn | 病毒 | bìngdú |
| 病理 | bìnglǐ | 病情 | bìngqíng | 病人 | bìngrén | 拨 | bō |
| 波 | bō | 波长 | bōcháng | 波动 | bōdòng | 波浪 | bōlàng |
| 玻璃 | bō · lí | 剥夺 | bōduó | 剥削 | bōxuē | 播种 | bōzhǒng |
| 播种 | bōzhòng | 伯 | bó | 脖子 | bózi | 博士 | bóshì |
| 搏斗 | bódòu | 薄 | bó | 薄弱 | bóruò | 薄 | bò |
| 补 | bǔ | 补偿 | bǔcháng | 补充 | bǔchōng | 补贴 | bǔtiē |
| 捕 | bǔ | 捕捞 | bǔlāo | 捕食 | bǔshí | 捕捉 | bǔzhuō |
| 不 | bù | 不安 | bù’ ān | 不必 | bùbì | 不便 | bùbiàn |
| 不曾 | bùcéng | 不错 | bùcuò | 不但 | bùdàn | 不当 | bùdàng |
| 不等 | bùděng | 不定 | bùdìng | 不断 | bùduàn | 不对 | bùduì |
| 不妨 | bùfáng | 不服 | bùfú | 不够 | bùgòu | 不顾 | bùgù |
| 不管 | bùguǎn | 不光 | bùguāng | 不过 | bùguò | 不合 | bùhé |
| 不及 | bùjí | 不禁 | bùjīn | 不仅 | bùjǐn | 不久 | bùjiǔ |

（续上表）

| | | | | | | | |
|---|---|---|---|---|---|---|---|
| 不堪 | bùkān | 不可 | bùkě | 不快 | bùkuài | 不利 | bùlì |
| 不良 | bùliáng | 不料 | bùliào | 不论 | bùlùn | 不满 | bùmǎn |
| 不免 | bùmiǎn | 不怕 | bùpà | 不平 | bùpíng | 不然 | bùrán |
| 不容 | bùróng | 不如 | bùrú | 不时 | bùshí | 不惜 | bùxī |
| 不想 | bùxiǎng | 不行 | bùxíng | 不幸 | bùxìng | 不许 | bùxǔ |
| 不要 | bùyào | 不宜 | bùyí | 不已 | bùyǐ | 不用 | bùyòng |
| 不止 | bùzhǐ | 不足 | bùzú | 布 | bù | 布局 | bùjú |
| 布置 | bùzhì | 步 | bù | 步伐 | bùfá | 步骤 | bùzhòu |
| 步子 | bùzi | 部 | bù | 部队 | bùduì | 部分 | bùfen |
| 部落 | bùluò | 部门 | bùmén | 部署 | bùshǔ | 部位 | bùwèi |
| 擦 | cā | 猜 | cāi | 才 | cái | 才能 | cáinéng |
| 材 | cái | 材料 | cáiliào | 财 | cái | 财产 | cáichǎn |
| 财富 | cáifù | 财力 | cáilì | 财务 | cáiwù | 财政 | cáizhèng |
| 采 | cǎi | 采访 | cǎifǎng | 采购 | cǎigòu | 采集 | cǎijí |
| 采取 | cǎiqǔ | 采用 | cǎiyòng | 彩 | cǎi | 彩色 | cǎisè |
| 踩 | cǎi | 菜 | cài | 蔡 | cài | 参 | cān |
| 参观 | cānguān | 参加 | cānjiā | 参考 | cānkǎo | 参谋 | cānmóu |
| 参数 | cānshù | 参与 | cānyù | 参照 | cānzhào | 残 | cán |
| 残酷 | cánkù | 残余 | cányú | 蚕 | cán | 灿烂 | cànlàn |
| 仓 | cāng | 仓库 | cāngkù | 苍白 | cāngbái | 苍蝇 | cāngying |
| 舱 | cāng | 藏 | cáng | 操 | cāo | 操纵 | cāozòng |
| 操作 | cāozuò | 曹 | cáo | 槽 | cáo | 草 | cǎo |
| 草案 | cǎo’àn | 草地 | cǎodì | 草原 | cǎoyuán | 册 | cè |
| 侧 | cè | 侧面 | cèmiàn | 侧重 | cèzhòng | 测 | cè |
| 测定 | cèdìng | 测量 | cèliáng | 测验 | cèyàn | 策略 | cèlüè |
| 层 | céng | 层次 | céngcì | 曾 | céng | 曾经 | céngjīng |
| 叉 | chā | 差 | chā | 差别 | chābié | 差价 | chājià |
| 差距 | chājù | 差异 | chāyì | 插 | chā | 茶 | chá |
| 茶馆儿 | cháguǎnr | 茶叶 | cháyè | 查 | chá | 察 | chá |
| 叉 | chǎ | 差 | chà | 差不多 | chà · bùduō | 差点儿 | chàdiǎnr |
| 拆 | chāi | 差 | chāi | 柴 | chái | 缠 | chán |
| 产 | chǎn | 产地 | chǎndì | 产量 | chǎnliàng | 产品 | chǎnpǐn |
| 产生 | chǎnshēng | 产物 | chǎnwù | 产业 | chǎnyè | 产值 | chǎnzhí |
| 阐明 | chǎnmíng | 阐述 | chǎnshù | 颤抖 | chàndǒu | 长 | cháng |

（续上表）

| | | | | | | | |
|---|---|---|---|---|---|---|---|
| 长城 | Chángchéng | 长处 | cháng · chù | 长度 | chángdù | 长短 | chángduǎn |
| 长久 | chángjiǔ | 长期 | chángqī | 长远 | chángyuǎn | 长征 | chángzhēng |
| 场 | cháng | 肠 | cháng | 尝 | cháng | 尝试 | chángshì |
| 常 | cháng | 常规 | chángguī | 常年 | chángnián | 常识 | chángshí |
| 常数 | chángshù | 厂 | chǎng | 厂房 | chǎngfáng | 场 | chǎng |
| 场地 | chǎngdì | 场合 | chǎnghé | 场面 | chǎngmiàn | 场所 | chǎngsuǒ |
| 唱 | chàng | 抄 | chāo | 超 | chāo | 超出 | chāochū |
| 超额 | chāo'é | 超过 | chāoguò | 超越 | chāoyuè | 巢 | cháo |
| 朝 | cháo | 朝廷 | cháotíng | 潮 | cháo | 潮流 | cháoliú |
| 潮湿 | cháoshī | 吵 | chǎo | 炒 | chǎo | 车 | chē |
| 车间 | chējiān | 车辆 | chēliàng | 车厢 | chēxiāng | 车站 | chēzhàn |
| 车子 | chēzi | 扯 | chě | 彻底 | chèdǐ | 撤 | chè |
| 撤销 | chèxiāo | 臣 | chén | 尘 | chén | 沉 | chén |
| 沉淀 | chéndiàn | 沉积 | chénjī | 沉默 | chénmò | 沉思 | chénsī |
| 沉重 | chénzhòng | 沉着 | chénzhuó | 陈 | chén | 陈旧 | chénjiù |
| 陈述 | chénshù | 称 | chèn | 趁 | chèn | 称 | chēng |
| 称号 | chēnghào | 称呼 | chēnghu | 称赞 | chēngzàn | 撑 | chēng |
| 成 | chéng | 成本 | chéngběn | 成虫 | chéngchóng | 成分 | chéng · fèn |
| 成功 | chénggōng | 成果 | chéngguǒ | 成绩 | chéngjì | 成就 | chéngjiù |
| 成立 | chénglì | 成年 | chéngnián | 成人 | chéngrén | 成熟 | chéngshú |
| 成为 | chéngwéi | 成效 | chéngxiào | 成语 | chéngyǔ | 成员 | chéngyuán |
| 成长 | chéngzhǎng | 呈 | chéng | 呈现 | chéngxiàn | 诚 | chéng |
| 诚恳 | chéngkěn | 诚实 | chéng · shí | 承 | chéng | 承包 | chéngbāo |
| 承担 | chéngdān | 承认 | chéngrèn | 承受 | chéngshòu | 城 | chéng |
| 城市 | chéngshì | 城镇 | chéngzhèn | 乘 | chéng | 乘机 | chéngjī |
| 乘客 | chéngkè | 盛 | chéng | 程 | chéng | 程度 | chéngdù |
| 程式 | chéngshì | 程序 | chéngxù | 惩罚 | chéngfá | 秤 | chèng |
| 吃 | chī | 吃饭 | chīfàn | 吃惊 | chījīng | 吃力 | chīlì |
| 池 | chí | 池塘 | chítáng | 迟 | chí | 持 | chí |
| 持久 | chíjiǔ | 持续 | chíxù | 尺 | chǐ | 尺度 | chǐdù |
| 齿 | chǐ | 赤 | chì | 赤道 | chìdào | 翅 | chì |
| 翅膀 | chìbǎng | 冲 | chōng | 冲动 | chōngdòng | 冲击 | chōngjī |
| 冲破 | chōngpò | 冲突 | chōngtū | 充 | chōng | 充当 | chōngdāng |
| 充分 | chōngfèn | 充满 | chōngmǎn | 充实 | chōngshí | 充足 | chōngzú |

（续上表）

| | | | | | | | |
|---|---|---|---|---|---|---|---|
| 虫 | chóng | 重 | chóng | 重复 | chóngfù | 重合 | chónghé |
| 重新 | chóngxīn | 崇拜 | chóngbài | 崇高 | chónggāo | 冲 | chòng |
| 抽 | chōu | 抽象 | chōuxiàng | 仇恨 | chóuhèn | 愁 | chóu |
| 丑 | chǒu | 臭 | chòu | 出 | chū | 出版 | chūbǎn |
| 出产 | chūchǎn | 出发 | chūfā | 出发点 | chūfādiǎn | 出国 | chūguó |
| 出口 | chūkǒu | 出来 | chū · lái | 出路 | chūlù | 出卖 | chūmài |
| 出门 | chūmén | 出去 | chū · qù | 出色 | chūsè | 出身 | chūshēn |
| 出生 | chūshēng | 出售 | chūshòu | 出土 | chūtǔ | 出席 | chūxí |
| 出现 | chūxiàn | 出血 | chūxiě | 初 | chū | 初步 | chūbù |
| 初级 | chūjí | 初期 | chūqī | 初中 | chūzhōng | 除 | chú |
| 除非 | chúfēi | 除了 | chúle | 厨房 | chúfáng | 处 | chǔ |
| 处罚 | chǔfá | 处分 | chǔfèn | 处境 | chǔjìng | 处理 | chǔlǐ |
| 处于 | chǔyú | 储备 | chǔbèi | 储存 | chǔcún | 储量 | chǔliàng |
| 储蓄 | chǔxù | 楚 | chǔ | 处 | chù | 畜 | chù |
| 触 | chù | 川 | chuān | 穿 | chuān | 穿着 | chuānzhuó |
| 传 | chuán | 传播 | chuánbō | 传达 | chuándá | 传导 | chuándǎo |
| 传递 | chuándì | 传教士 | chuánjiàoshì | 传染病 | chuánrǎnbìng | 传授 | chuánshòu |
| 传说 | chuánshuō | 传统 | chuántǒng | 船 | chuán | 船舶 | chuánbó |
| 船长 | chuánzhǎng | 船只 | chuánzhī | 喘 | chuǎn | 串 | chuàn |
| 串联 | chuànlián | 创 | chuāng | 创伤 | chuāngshāng | 窗 | chuāng |
| 窗户 | chuānghu | 窗口 | chuāngkǒu | 窗子 | chuāngzi | 床 | chuáng |
| 幢 | chuáng | 闯 | chuǎng | 创 | chuàng | 创办 | chuàngbàn |
| 创立 | chuànglì | 创新 | chuàngxīn | 创造 | chuàngzào | 创造性 | chuàngzàoxìng |
| 创作 | chuàngzuò | 吹 | chuī | 垂 | chuí | 垂直 | chuízhí |
| 锤 | chuí | 春 | chūn | 春季 | chūnjì | 春节 | Chūn Jié |
| 春秋 | chūnqiū | 春天 | chūntiān | 纯 | chún | 纯粹 | chúncuì |
| 纯洁 | chúnjié | 唇 | chún | 词 | cí | 词典 | cídiǎn |
| 词汇 | cíhuì | 词义 | cíyì | 词语 | cíyǔ | 词组 | cízǔ |
| 辞 | cí | 辞职 | cízhí | 磁 | cí | 磁场 | cíchǎng |
| 磁力 | cílì | 磁铁 | cítiě | 雌 | cí | 此 | cǐ |
| 此地 | cǐdì | 此后 | cǐhòu | 此刻 | cǐkè | 此外 | cǐwài |
| 次 | cì | 次数 | cìshù | 次序 | cìxù | 次要 | cìyào |
| 刺 | cì | 刺激 | cì · jī | 赐 | cì | 聪明 | cōng · míng |
| 从 | cóng | 从此 | cóngcǐ | 从而 | cóng'ér | 从来 | cónglái |

（续上表）

| | | | | | | | |
|---|---|---|---|---|---|---|---|
| 从前 | cóngqián | 从事 | cóngshì | 从小 | cóngxiǎo | 从中 | cóngzhōng |
| 从 | cóng | 凑 | còu | 粗 | cū | 粗糙 | cūcāo |
| 促 | cù | 促成 | cùchéng | 促进 | cùjìn | 促使 | cùshǐ |
| 簇 | cù | 窜 | cuàn | 催 | cuī | 摧残 | cuīcán |
| 摧毁 | cuīhuǐ | 村 | cūn | 村庄 | cūnzhuāng | 村子 | cūnzi |
| 存 | cún | 存款 | cúnkuǎn | 存在 | cúnzài | 寸 | cùn |
| 挫折 | cuòzhé | 措施 | cuòshī | 错 | cuò | 错误 | cuò · wù |
| 搭 | dā | 答应 | dāying | 打 | dá | 达 | dá |
| 达到 | dádào | 答 | dá | 答案 | dá’ àn | 答复 | dá · fù |
| 打 | dǎ | 打败 | dǎbài | 打扮 | dǎban | 打倒 | dǎdǎo |
| 打击 | dǎjī | 打架 | dǎjià | 打开 | dǎkāi | 打量 | dǎliang |
| 打破 | dǎpò | 打算 | dǎsuan | 打听 | dǎting | 打下 | dǎxià |
| 打仗 | dǎzhàng | 大 | dà | 大伯 | dàbó | 大臣 | dàchén |
| 大胆 | dàdǎn | 大地 | dàdì | 大豆 | dàdòu | 大队 | dàduì |
| 大多 | dàduō | 大多数 | dàduōshù | 大风 | dàfēng | 大概 | dàgài |
| 大纲 | dàgāng | 大哥 | dàgē | 大会 | dàhuì | 大伙儿 | dàhuǒr |
| 大家 | dàjiā | 大街 | dàjiē | 大姐 | dàjiě | 大量 | dàliàng |
| 大陆 | dàlù | 大妈 | dàmā | 大门 | dàmén | 大脑 | dànǎo |
| 大娘 | dàniáng | 大炮 | dàpào | 大气 | dàqì | 大庆 | dàqìng |
| 大人 | dà · rén | 大嫂 | dàsǎo | 大厦 | dàshà | 大婶儿 | dàshěnr |
| 大师 | dàshī | 大事 | dàshì | 大叔 | dàshū | 大体 | dàtǐ |
| 大厅 | dàtīng | 大王 | dàwáng | 大小 | dàxiǎo | 大型 | dàxíng |
| 大学 | dàxué | 大学生 | dàxuéshēng | 大洋 | dàyáng | 大爷 | dàyé |
| 大爷 | dàye | 大衣 | dàyī | 大雨 | dàyǔ | 大约 | dàyuē |
| 大战 | dàzhàn | 大致 | dàzhì | 大众 | dàzhòng | 大自然 | dàzìrán |
| 呆 | dāi | 待 | dāi | 大夫 | dàifu | 代 | dài |
| 代表 | dàibiǎo | 代价 | dàijià | 代理 | dàilǐ | 代理人 | dàilǐrén |
| 代替 | dàitì | 代谢 | dàixiè | 带 | dài | 带动 | dàidòng |
| 带领 | dàilǐng | 带头 | dàitóu | 贷款 | dàikuǎn | 待 | dài |
| 待遇 | dàiyù | 袋 | dài | 逮捕 | dàibǔ | 戴 | dài |
| 担 | dān | 担负 | dānfù | 担任 | dānrèn | 担心 | dānxīn |
| 单 | dān | 单纯 | dānchún | 单调 | dāndiào | 单独 | dāndú |
| 单位 | dānwèi | 单一 | dānyī | 耽误 | dānwu | 胆 | dǎn |
| 石 | dàn | 但 | dàn | 但是 | dànshì | 担 | dàn |

（续上表）

| | | | | | | | |
|---|---|---|---|---|---|---|---|
| 担子 | dànzi | 诞生 | dànshēng | 淡 | dàn | 淡水 | dànshuǐ |
| 弹 | dàn | 蛋 | dàn | 蛋白 | dànbái | 蛋白质 | dànbáizhì |
| 氮 | dàn | 当 | dāng | 当场 | dāngchǎng | 当初 | dāngchū |
| 当代 | dāngdài | 当地 | dāngdì | 当即 | dāngjí | 当今 | dāngjīn |
| 当局 | dāngjú | 当年 | dāngnián | 当前 | dāngqián | 当然 | dāngrán |
| 当时 | dāngshí | 当事人 | dāngshìrén | 当选 | dāngxuǎn | 当中 | dāngzhōng |
| 挡 | dǎng | 党 | dǎng | 党委 | dǎngwěi | 党性 | dǎngxìng |
| 党员 | dǎngyuán | 当 | dàng | 当成 | dàngchéng | 当年 | dàngnián |
| 当时 | dàngshí | 当天 | dàngtiān | 当做 | dàngzuò | 档案 | dàng’àn |
| 刀 | dāo | 导 | dǎo | 导弹 | dǎodàn | 导管 | dǎoguǎn |
| 导体 | dǎotǐ | 导线 | dǎoxiàn | 导演 | dǎoyǎn | 导致 | dǎozhì |
| 岛 | dǎo | 岛屿 | dǎoyǔ | 倒 | dǎo | 倒霉 | dǎoméi |
| 到 | dào | 到处 | dàochù | 到达 | dàodá | 到底 | dàodǐ |
| 到来 | dàolái | 倒 | dào | 盗窃 | dàoqiè | 道 | dào |
| 道德 | dàodé | 道教 | Dàojiào | 道理 | dào · lǐ | 道路 | dàolù |
| 稻 | dào | 稻谷 | dàogǔ | 得 | dé | 得到 | dédào |
| 得以 | déyǐ | 得意 | déyì | 德 | dé | 德育 | déyù |
| 得 | děi | 灯 | dēng | 灯光 | dēngguāng | 灯泡儿 | dēngpàor |
| 登 | dēng | 登记 | dēngjì | 蹬 | dēng | 等 | děng |
| 等待 | děngdài | 等到 | děngdào | 等候 | děnghòu | 等级 | děngjí |
| 等于 | děngyú | 邓 | Dèng | 瞪 | dèng | 低 | dī |
| 低级 | dījí | 低头 | dītóu | 低温 | dīwēn | 低下 | dīxià |
| 滴 | dī | 的确 | díquè | 敌 | dí | 敌对 | díduì |
| 敌人 | dírén | 抵 | dǐ | 抵抗 | dǐkàng | 抵制 | dǐzhì |
| 底 | dǐ | 底层 | dǐcéng | 底下 | dǐ · xià | 地 | dì |
| 地板 | dìbǎn | 地表 | dìbiǎo | 地步 | dìbù | 地层 | dìcéng |
| 地带 | dìdài | 地点 | dìdiǎn | 地方 | dìfāng | 地方 | dìfang |
| 地理 | dìlǐ | 地貌 | dìmào | 地面 | dìmiàn | 地壳 | dìqiào |
| 地球 | dìqiú | 地区 | dìqū | 地势 | dìshì | 地图 | dìtú |
| 地位 | dìwèi | 地下 | dìxià | 地下 | dì · xià | 地下水 | dìxiàshuǐ |
| 地形 | dìxíng | 地域 | dìyù | 地震 | dìzhèn | 地质 | dìzhì |
| 地主 | dìzhǔ | 地租 | dìzū | 弟弟 | dìdi | 弟兄 | dìxiong |
| 弟子 | dìzǐ | 帝 | dì | 帝国 | dìguó | 递 | dì |
| 第 | dì | 典型 | diǎnxíng | 点 | diǎn | 点燃 | diǎnrán |

（续上表）

| | | | | | | | |
|---|---|---|---|---|---|---|---|
| 点头 | diǎntóu | 碘 | diǎn | 电 | diàn | 电报 | diànbào |
| 电场 | diànchǎng | 电池 | diànchí | 电磁 | diàncí | 电磁波 | diàncíbō |
| 电灯 | diàndēng | 电动 | diàndòng | 电荷 | diànhè | 电话 | diànhuà |
| 电离 | diànlí | 电力 | diànlì | 电量 | diànliàng | 电流 | diànliú |
| 电路 | diànlù | 电脑 | diànnǎo | 电能 | diànnéng | 电器 | diànqì |
| 电容 | diànróng | 电视 | diànshì | 电视剧 | diànshìjù | 电视台 | diànshìtái |
| 电台 | diàntái | 电线 | diànxiàn | 电压 | diànyā | 电影 | diànyǐng |
| 电源 | diànyuán | 电子 | diànzǐ | 电阻 | diànzǔ | 店 | diàn |
| 垫 | diàn | 淀粉 | diànfěn | 奠定 | diàndìng | 雕 | diāo |
| 雕刻 | diāokè | 雕塑 | diāosù | 吊 | diào | 调 | diào |
| 调拨 | diàobō | 调查 | diàochá | 调动 | diàodòng | 掉 | diào |
| 爹 | diē | 跌 | diē | 迭 | dié | 叠 | dié |
| 丁 | dīng | 盯 | dīng | 钉 | dīng | 顶 | dǐng |
| 顶点 | dǐngdiǎn | 顶端 | dǐngduān | 订 | dìng | 订货 | dìnghuò |
| 钉 | dìng | 定 | dìng | 定额 | dìng’é | 定理 | dìnglǐ |
| 定量 | dìngliàng | 定律 | dìnglǜ | 定期 | dìngqī | 定向 | dìngxiàng |
| 定型 | dìngxíng | 定义 | dìngyì | 丢 | diū | 东 | dōng |
| 东北 | dōngběi | 东方 | dōngfāng | 东南 | dōngnán | 东欧 | Dōng Ōu |
| 东西 | dōngxī | 东西 | dōngxi | 冬 | dōng | 冬季 | dōngjì |
| 冬天 | dōngtiān | 懂 | dǒng | 懂得 | dǒng ·dé | 动 | dòng |
| 动词 | dòngcí | 动机 | dòngjī | 动静 | dòngjing | 动力 | dònglì |
| 动量 | dòngliàng | 动脉 | dòngmài | 动能 | dòngnéng | 动人 | dòngrén |
| 动手 | dòngshǒu | 动态 | dòngtài | 动物 | dòngwù | 动摇 | dòngyáo |
| 动员 | dòngyuán | 动作 | dòngzuò | 冻 | dòng | 洞 | dòng |
| 都 | dōu | 兜 | dōu | 斗 | dǒu | 抖 | dǒu |
| 斗 | dòu | 斗争 | dòuzhēng | 豆 | dòu | 豆腐 | dòufu |
| 逗 | dòu | 都 | dū | 都会 | dūhuì | 都市 | dūshì |
| 毒 | dú | 毒素 | dúsù | 独 | dú | 独立 | dúlì |
| 独特 | dútè | 独占 | dúzhàn | 独自 | dúzì | 读 | dú |
| 读书 | dúshū | 读者 | dúzhě | 肚子 | dǔzi | 堵 | dǔ |
| 杜 | dù | 肚皮 | dùpí | 肚子 | dùzi | 度 | dù |
| 渡 | dù | 端 | duān | 端正 | duānzhèng | 短 | duǎn |
| 短期 | duǎnqī | 短暂 | duǎnzàn | 段 | duàn | 断 | duàn |
| 断定 | duàndìng | 锻炼 | duànliàn | 堆 | duī | 堆积 | duījī |

（续上表）

| | | | | | | | |
|---|---|---|---|---|---|---|---|
| 队 | duì | 队伍 | duìwu | 对 | duì | 对比 | duìbǐ |
| 对不起 | duì · bùqǐ | 对称 | duìchèn | 对待 | duìdài | 对方 | duìfāng |
| 对付 | duìfu | 对话 | duìhuà | 对抗 | duìkàng | 对立 | duìlì |
| 对流 | duìliú | 对面 | duìmiàn | 对手 | duìshǒu | 对象 | duìxiàng |
| 对应 | duìyìng | 对于 | duìyú | 对照 | duìzhào | 吨 | dūn |
| 蹲 | dūn | 顿 | dùn | 顿时 | dùnshí | 多 | duō |
| 多边形 | duōbiānxíng | 多么 | duōme | 多少 | duō · shǎo | 多数 | duōshù |
| 多余 | duōyú | 夺 | duó | 夺取 | duóqǔ | 度 | duó |
| 朵 | duǒ | 躲 | duǒ | 阿 | ē | 俄 | é |
| 鹅 | é | 额 | é | 恶 | è | 恶化 | èhuà |
| 恶劣 | èliè | 饿 | è | 恩 | ēn | 儿 | ér |
| 儿女 | érnǚ | 儿童 | értóng | 儿子 | érzi | 而 | ér |
| 而后 | érhòu | 而且 | érqiě | 尔 | ěr | 耳 | ěr |
| 耳朵 | ěrduo | 饵料 | ěrliào | 二 | èr | 发 | fā |
| 发表 | fābiǎo | 发病 | fābìng | 发布 | fābù | 发出 | fāchū |
| 发达 | fādá | 发电 | fādiàn | 发动 | fādòng | 发动机 | fādòngjī |
| 发抖 | fādǒu | 发挥 | fāhuī | 发觉 | fājué | 发掘 | fājué |
| 发明 | fāmíng | 发起 | fāqǐ | 发热 | fārè | 发射 | fāshè |
| 发生 | fāshēng | 发现 | fāxiàn | 发行 | fāxíng | 发芽 | fāyá |
| 发言 | fāyán | 发扬 | fāyáng | 发音 | fāyīn | 发育 | fāyù |
| 发展 | fāzhǎn | 发作 | fāzuò | 罚 | fá | 罚款 | fákuǎn |
| 法 | fǎ | 法定 | fǎdìng | 法官 | fǎguān | 法规 | fǎguī |
| 法令 | fǎlìng | 法律 | fǎlǜ | 法人 | fǎrén | 法庭 | fǎtíng |
| 法西斯 | fǎxīsī | 法学 | fǎxué | 法院 | fǎyuàn | 法则 | fǎzé |
| 法制 | fǎzhì | 发 | fà | 番 | fān | 翻 | fān |
| 翻身 | fānshēn | 翻译 | fānyì | 凡 | fán | 凡是 | fánshì |
| 烦恼 | fánnǎo | 繁 | fán | 繁多 | fánduō | 繁荣 | fánróng |
| 繁殖 | fánzhí | 繁重 | fánzhòng | 反 | fǎn | 反动 | fǎndòng |
| 反对 | fǎnduì | 反而 | fǎn’ér | 反复 | fǎnfù | 反抗 | fǎnkàng |
| 反馈 | fǎnkuì | 反面 | fǎnmiàn | 反射 | fǎnshè | 反应 | fǎnyìng |
| 反映 | fǎnyìng | 反正 | fǎn · zhèng | 反之 | fǎnzhī | 返 | fǎn |
| 返回 | fǎnhuí | 犯 | fàn | 犯罪 | fànzuì | 饭 | fàn |
| 饭店 | fàndiàn | 泛 | fàn | 范 | fàn | 范畴 | fànchóu |
| 范围 | fànwéi | 方 | fāng | 方案 | fāng’àn | 方便 | fāngbiàn |

（续上表）

| | | | | | | | |
|---|---|---|---|---|---|---|---|
| 方才 | fāngcái | 方程 | fāngchéng | 方法 | fāngfǎ | 方法论 | fāngfǎlùn |
| 方面 | fāngmiàn | 方式 | fāngshì | 方向 | fāngxiàng | 方言 | fāngyán |
| 方针 | fāngzhēn | 防 | fáng | 防御 | fángyù | 防止 | fángzhǐ |
| 防治 | fángzhì | 妨碍 | fáng’ài | 房 | fáng | 房间 | fángjiān |
| 房屋 | fángwū | 房子 | fángzi | 仿佛 | fǎngfú | 访 | fǎng |
| 访问 | fǎngwèn | 纺织 | fǎngzhī | 放 | fàng | 放大 | fàngdà |
| 放弃 | fàngqì | 放射 | fàngshè | 放射性 | fàngshèxìng | 放松 | fàngsōng |
| 放心 | fàngxīn | 飞 | fēi | 飞船 | fēichuán | 飞机 | fēijī |
| 飞快 | fēikuài | 飞翔 | fēixiáng | 飞行 | fēixíng | 飞跃 | fēiyuè |
| 非 | fēi | 非常 | fēicháng | 非法 | fēifǎ | 肥 | féi |
| 肥料 | féiliào | 匪 | fěi | 肺 | fèi | 废 | fèi |
| 废除 | fèichú | 沸腾 | fèiténg | 费 | fèi | 费用 | fèi · yòng |
| 分 | fēn | 分辨 | fēnbiàn | 分别 | fēnbié | 分布 | fēnbù |
| 分成 | fēnchéng | 分割 | fēngē | 分工 | fēngōng | 分化 | fēnhuà |
| 分解 | fēnjiě | 分开 | fēnkāi | 分类 | fēnlèi | 分离 | fēnlí |
| 分裂 | fēnliè | 分泌 | fēnmì | 分明 | fēnmíng | 分配 | fēnpèi |
| 分歧 | fēnqí | 分散 | fēnsàn | 分析 | fēnxī | 分支 | fēnzhī |
| 分子 | fēnzǐ | 粉 | fěn | 粉末 | fěnmò | 粉碎 | fěnsuì |
| 分 | fèn | 分量 | fèn · liàng | 分子 | fènzǐ | 份 | fèn |
| 奋斗 | fèndòu | 粪 | fèn | 愤怒 | fènnù | 丰 | fēng |
| 丰富 | fēngfù | 丰收 | fēngshōu | 风 | fēng | 风暴 | fēngbào |
| 风格 | fēnggé | 风光 | fēngguāng | 风景 | fēngjǐng | 风力 | fēnglì |
| 风气 | fēngqì | 风俗 | fēngsú | 风速 | fēngsù | 风险 | fēngxiǎn |
| 风雨 | fēngyǔ | 封 | fēng | 封闭 | fēngbì | 封建 | fēngjiàn |
| 封锁 | fēngsuǒ | 疯狂 | fēngkuáng | 峰 | fēng | 锋 | fēng |
| 蜂 | fēng | 冯 | Féng | 缝 | féng | 讽刺 | fěngcì |
| 奉 | fèng | 奉献 | fèngxiàn | 缝 | fèng | 佛 | fó |
| 佛教 | Fójiào | 否 | fǒu | 否定 | fǒudìng | 否认 | fǒurèn |
| 否则 | fǒuzé | 夫 | fū | 夫妇 | fūfù | 夫妻 | fūqī |
| 夫人 | fū · rén | 孵化 | fūhuà | 伏 | fú | 伏特 | fútè |
| 扶 | fú | 服 | fú | 服从 | fúcóng | 服务 | fúwù |
| 服务员 | fúwùyuán | 服装 | fúzhuāng | 俘虏 | fúlǔ | 浮 | fú |
| 浮动 | fúdòng | 浮游 | fúyóu | 符号 | fúhào | 符合 | fúhé |
| 幅 | fú | 幅度 | fúdù | 辐射 | fúshè | 福 | fú |

（续上表）

| | | | | | | | |
|---|---|---|---|---|---|---|---|
| 福利 | fúlì | 抚摸 | fǔmō | 府 | fǔ | 辅助 | fǔzhù |
| 腐 | fǔ | 腐败 | fǔbài | 腐蚀 | fǔshí | 腐朽 | fǔxiǔ |
| 父母 | fùmǔ | 父亲 | fù · qīn | 付 | fù | 付出 | fùchū |
| 负 | fù | 负担 | fùdān | 负责 | fùzé | 妇 | fù |
| 妇女 | fùnǚ | 附 | fù | 附加 | fùjiā | 附近 | fùjìn |
| 附着 | fùzhuó | 服 | fù | 赴 | fù | 复 | fù |
| 复辟 | fùbì | 复合 | fùhé | 复杂 | fùzá | 复制 | fùzhì |
| 副 | fù | 副业 | fùyè | 赋 | fù | 赋予 | fùyǔ |
| 富 | fù | 富有 | fùyǒu | 富裕 | fùyù | 腹 | fù |
| 覆盖 | fùgài | 该 | gāi | 改 | gǎi | 改编 | gǎibiān |
| 改变 | gǎibiàn | 改革 | gǎigé | 改进 | gǎijìn | 改良 | gǎiliáng |
| 改善 | gǎishàn | 改造 | gǎizào | 改正 | gǎizhèng | 改组 | gǎizǔ |
| 钙 | gài | 盖 | gài | 概括 | gàikuò | 概率 | gàilǜ |
| 概念 | gàiniàn | 干 | gān | 干脆 | gāncuì | 干旱 | gānhàn |
| 干净 | gān · jìng | 干扰 | gānrǎo | 干涉 | gānshè | 干预 | gānyù |
| 干燥 | gānzào | 甘心 | gānxīn | 杆 | gān | 肝 | gān |
| 肝脏 | gānzàng | 杆 | gǎn | 赶 | gǎn | 赶紧 | gǎnjǐn |
| 赶快 | gǎnkuài | 赶忙 | gǎnmáng | 敢 | gǎn | 敢于 | gǎnyú |
| 感 | gǎn | 感到 | gǎndào | 感动 | gǎndòng | 感官 | gǎnguān |
| 感激 | gǎn · jī | 感觉 | gǎnjué | 感慨 | gǎnkǎi | 感情 | gǎnqíng |
| 感染 | gǎnrǎn | 感受 | gǎnshòu | 感谢 | gǎnxiè | 感性 | gǎnxìng |
| 感应 | gǎnyìng | 感知 | gǎnzhī | 干 | gàn | 干部 | gànbù |
| 刚 | gāng | 刚才 | gāngcái | 纲 | gāng | 纲领 | gānglǐng |
| 钢 | gāng | 钢琴 | gāngqín | 钢铁 | gāngtiě | 岗位 | gǎngwèi |
| 港 | gǎng | 港口 | gǎngkǒu | 高 | gāo | 高产 | gāochǎn |
| 高潮 | gāocháo | 高大 | gāodà | 高等 | gāoděng | 高低 | gāodī |
| 高地 | gāodì | 高度 | gāodù | 高级 | gāojí | 高空 | gāokōng |
| 高尚 | gāoshàng | 高速 | gāosù | 高温 | gāowēn | 高校 | gāoxiào |
| 高兴 | gāoxìng | 高压 | gāoyā | 高原 | gāoyuán | 高涨 | gāozhǎng |
| 高中 | gāozhōng | 搞 | gǎo | 稿 | gǎo | 告 | gào |
| 告别 | gàobié | 告诉 | gàosu | 疙瘩 | gēda | 哥哥 | gēge |
| 胳膊 | gēbo | 鸽子 | gēzi | 搁 | gē | 割 | gē |
| 歌 | gē | 歌唱 | gēchàng | 歌剧 | gējù | 歌曲 | gēqǔ |
| 歌声 | gēshēng | 歌颂 | gēsòng | 歌舞 | gēwǔ | 革命 | gémìng |

（续上表）

| | | | | | | | |
|---|---|---|---|---|---|---|---|
| 革新 | géxīn | 格 | gé | 格外 | géwài | 隔 | gé |
| 隔壁 | gébì | 隔离 | gélí | 个 | gè | 个别 | gèbié |
| 个人 | gèrén | 个体 | gètǐ | 个性 | gèxìng | 各 | gè |
| 各自 | gèzì | 给 | gěi | 给以 | gěiyǐ | 根 | gēn |
| 根本 | gēnběn | 根据 | gēnjù | 根据地 | gēnjùdì | 根系 | gēnxì |
| 根源 | gēnyuán | 跟 | gēn | 跟前 | gēn · qián | 跟随 | gēnsuí |
| 更 | gēng | 更新 | gēngxīn | 耕 | gēng | 耕地 | gēngdì |
| 耕作 | gēngzuò | 更 | gèng | 更加 | gèngjiā | 工 | gōng |
| 工厂 | gōngchǎng | 工场 | gōngchǎng | 工程 | gōngchéng | 工程师 | gōngchéngshī |
| 工地 | gōngdì | 工夫 | gōngfu | 工会 | gōnghuì | 工具 | gōngjù |
| 工人 | gōng · rén | 工商业 | gōngshāngyè | 工业 | gōngyè | 工业化 | gōngyèhuà |
| 工艺 | gōngyì | 工资 | gōngzī | 工作 | gōngzuò | 弓 | gōng |
| 公 | gōng | 公安 | gōng'ān | 公布 | gōngbù | 公公 | gōnggong |
| 公共 | gōnggòng | 公开 | gōngkāi | 公理 | gōnglǐ | 公路 | gōnglù |
| 公民 | gōngmín | 公平 | gōng · píng | 公认 | gōngrèn | 公社 | gōngshè |
| 公式 | gōngshì | 公司 | gōngsī | 公有 | gōngyǒu | 公有制 | gōngyǒuzhì |
| 公元 | gōngyuán | 公园 | gōngyuán | 公正 | gōngzhèng | 公主 | gōngzhǔ |
| 功 | gōng | 功夫 | gōngfu | 功课 | gōngkè | 功率 | gōnglǜ |
| 功能 | gōngnéng | 攻 | gōng | 攻击 | gōngjī | 供 | gōng |
| 供给 | gōngjǐ | 供求 | gōngqiú | 供应 | gōngyìng | 宫 | gōng |
| 宫廷 | gōngtíng | 巩固 | gǒnggù | 汞 | gǒng | 拱 | gǒng |
| 共 | gòng | 共产党 | gòngchǎndǎng | 共和国 | gònghéguó | 共鸣 | gòngmíng |
| 共同 | gòngtóng | 贡献 | gòngxiàn | 供 | gòng | 勾结 | gōujié |
| 沟 | gōu | 沟通 | gōutōng | 钩 | gōu | 狗 | gǒu |
| 构 | gòu | 构成 | gòuchéng | 构思 | gòusī | 构造 | gòuzào |
| 购 | gòu | 购买 | gòumǎi | 购销 | gòuxiāo | 够 | gòu |
| 估计 | gūjì | 姑娘 | gū · niang | 孤独 | gūdú | 孤立 | gūlì |
| 古 | gǔ | 古代 | gǔdài | 古典 | gǔdiǎn | 古老 | gǔlǎo |
| 古人 | gǔrén | 谷 | gǔ | 股 | gǔ | 股票 | gǔpiào |
| 骨 | gǔ | 骨干 | gǔgàn | 骨骼 | gǔgé | 骨头 | gǔtou |
| 鼓 | gǔ | 鼓吹 | gǔchuī | 鼓励 | gǔlì | 鼓舞 | gǔwǔ |
| 固 | gù | 固定 | gùdìng | 固然 | gùrán | 固体 | gùtǐ |
| 固有 | gùyǒu | 固执 | gù · zhí | 故 | gù | 故事 | gùshi |
| 故乡 | gùxiāng | 故意 | gùyì | 顾 | gù | 顾客 | gùkè |

（续上表）

| | | | | | | | |
|---|---|---|---|---|---|---|---|
| 顾虑 | gùlǜ | 顾问 | gùwèn | 雇 | gù | 瓜 | guā |
| 刮 | guā | 寡妇 | guǎfu | 挂 | guà | 拐 | guǎi |
| 怪 | guài | 怪物 | guàiwu | 关 | guān | 关闭 | guānbì |
| 关怀 | guānhuái | 关键 | guānjiàn | 关节 | guānjié | 关联 | guānlián |
| 关系 | guānxi | 关心 | guānxīn | 关于 | guānyú | 关注 | guānzhù |
| 观 | guān | 观测 | guāncè | 观察 | guānchá | 观点 | guāndiǎn |
| 观看 | guānkàn | 观念 | guānniàn | 观众 | guānzhòng | 官 | guān |
| 官兵 | guānbīng | 官吏 | guānlì | 官僚 | guānliáo | 官员 | guānyuán |
| 冠 | guān | 馆 | guǎn | 管 | guǎn | 管道 | guǎndào |
| 管理 | guǎnlǐ | 管辖 | guǎnxiá | 观 | guàn | 贯彻 | guànchè |
| 贯穿 | guànchuān | 冠 | guàn | 冠军 | guànjūn | 惯 | guàn |
| 惯性 | guànxìng | 灌 | guàn | 灌溉 | guàn · gài | 光 | guāng |
| 光彩 | guāngcǎi | 光滑 | guānghuá | 光辉 | guānghuī | 光景 | guāngjǐng |
| 光亮 | guāngliàng | 光芒 | guāngmáng | 光明 | guāngmíng | 光谱 | guāngpǔ |
| 光荣 | guāngróng | 光线 | guāngxiàn | 光学 | guāngxué | 光源 | guāngyuán |
| 光泽 | guāngzé | 光照 | guāngzhào | 广 | guǎng | 广播 | guǎngbō |
| 广场 | guǎngchǎng | 广大 | guǎngdà | 广泛 | guǎngfàn | 广告 | guǎnggào |
| 广阔 | guǎngkuò | 广义 | guǎngyì | 逛 | guàng | 归 | guī |
| 归结 | guījié | 归来 | guīlái | 归纳 | guīnà | 规定 | guīdìng |
| 规范 | guīfàn | 规格 | guīgé | 规划 | guīhuà | 规矩 | guīju |
| 规律 | guīlǜ | 规模 | guīmó | 规则 | guīzé | 闺女 | guīnü |
| 硅 | guī | 轨道 | guǐdào | 鬼 | guǐ | 鬼子 | guǐzi |
| 贵 | guì | 贵族 | guìzú | 桂 | guì | 跪 | guì |
| 滚 | gǔn | 郭 | guō | 锅 | guō | 国 | guó |
| 国防 | guófáng | 国会 | guóhuì | 国际 | guójì | 国家 | guójiā |
| 国民 | guómín | 国情 | guóqíng | 国土 | guótǔ | 国王 | guówáng |
| 国务院 | guówùyuàn | 国营 | guóyíng | 国有 | guóyǒu | 果 | guǒ |
| 果断 | guǒduàn | 果然 | guǒrán | 果实 | guǒshí | 果树 | guǒshù |
| 裹 | guǒ | 过 | guò | 过程 | guòchéng | 过度 | guòdù |
| 过渡 | guòdù | 过分 | guòfèn | 过后 | guòhòu | 过来 | guò · lái |
| 过年 | guònián | 过去 | guòqù | 过去 | guò · qù | 过于 | guòyú |
| 哈 | hā | 还 | hái | 孩子 | háizi | 海 | hǎi |
| 海岸 | hǎi'àn | 海拔 | hǎibá | 海带 | hǎidài | 海关 | hǎiguān |
| 海军 | hǎijūn | 海面 | hǎimiàn | 海区 | hǎiqū | 海外 | hǎiwài |

（续上表）

| | | | | | | | |
|---|---|---|---|---|---|---|---|
| 海湾 | hǎiwān | 海洋 | hǎiyáng | 海域 | hǎiyù | 害 | hài |
| 害虫 | hàichóng | 害怕 | hàipà | 含 | hán | 含量 | hánliàng |
| 含义 | hányì | 函数 | hánshù | 寒 | hán | 寒冷 | hánlěng |
| 罕见 | hǎnjiàn | 喊 | hǎn | 汉 | hàn | 汉奸 | hànjiān |
| 汉语 | hànyǔ | 汉子 | hànzi | 汉字 | hànzì | 汗 | hàn |
| 汗水 | hànshuǐ | 旱 | hàn | 行 | háng | 行列 | hángliè |
| 行业 | hángyè | 航海 | hánghǎi | 航空 | hángkōng | 航行 | hángxíng |
| 号 | háo | 好 | hǎo | 好比 | hǎobǐ | 好处 | hǎo · chù |
| 好多 | hǎoduō | 好看 | hǎokàn | 好人 | hǎorén | 好事 | hǎoshì |
| 好听 | hǎotīng | 好像 | hǎoxiàng | 好转 | hǎozhuǎn | 号 | hào |
| 号召 | hàozhào | 好 | hào | 好奇 | hàoqí | 好事 | hàoshì |
| 耗 | hào | 耗费 | hàofèi | 呵 | hē | 喝 | hē |
| 合 | hé | 合并 | hébìng | 合成 | héchéng | 合法 | héfǎ |
| 合格 | hégé | 合乎 | héhū | 合金 | héjīn | 合理 | hélǐ |
| 合力 | hélì | 合适 | héshì | 合同 | hétong | 合作 | hézuò |
| 合作社 | hézuòshè | 何 | hé | 何必 | hébì | 何等 | héděng |
| 何况 | hékuàng | 何以 | héyǐ | 和 | hé | 和平 | hépíng |
| 和尚 | héshang | 和谐 | héxié | 河 | hé | 河流 | héliú |
| 荷 | hé | 核 | hé | 核算 | hésuàn | 核心 | héxīn |
| 盒 | hé | 颌 | hé | 和 | hè | 荷 | hè |
| 喝 | hè | 黑 | hēi | 黑暗 | hēi’àn | 黑人 | hēirén |
| 黑夜 | hēiyè | 痕迹 | hénjì | 很 | hěn | 恨 | hèn |
| 恒 | héng | 恒星 | héngxīng | 横 | héng | 横向 | héngxiàng |
| 衡量 | héngliáng | 横 | hèng | 轰 | hōng | 哄 | hōng |
| 红 | hóng | 红军 | hóngjūn | 红旗 | hóngqí | 红色 | hóngsè |
| 宏观 | hóngguān | 宏伟 | hóngwěi | 洪 | hóng | 洪水 | hóngshuǐ |
| 哄 | hǒng | 哄 | hòng | 喉咙 | hóu · lóng | 猴子 | hóuzi |
| 后 | hòu | 后边 | hòu · biān | 后代 | hòudài | 后方 | hòufāng |
| 后果 | hòuguǒ | 后悔 | hòuhuǐ | 后来 | hòulái | 后面 | hòu · miàn |
| 后期 | hòuqī | 后人 | hòurén | 后世 | hòushì | 后天 | hòutiān |
| 厚 | hòu | 厚度 | hòudù | 候 | hòu | 乎 | hū |
| 呼喊 | hūhǎn | 呼唤 | hūhuàn | 呼吸 | hūxī | 呼吁 | hūyù |
| 忽略 | hūlüè | 忽然 | hūrán | 忽视 | hūshì | 和 | hú |
| 弧 | hú | 胡 | hú | 壶 | hú | 核儿 | húr |

（续上表）

| | | | | | | | |
|---|---|---|---|---|---|---|---|
| 湖 | hú | 湖泊 | húpō | 蝴蝶 | húdié | 糊涂 | hútu |
| 虎 | hǔ | 互 | hù | 互补 | hùbǔ | 互相 | hùxiāng |
| 互助 | hùzhù | 户 | hù | 户口 | hùkǒu | 护 | hù |
| 护士 | hùshi | 沪 | hù | 花 | huā | 花朵 | huāduǒ |
| 花费 | huā · fèi | 花粉 | huāfěn | 花色 | huāsè | 花生 | huāshēng |
| 花纹 | huāwén | 花园 | huāyuán | 划 | huá | 华 | huá |
| 华北 | huáběi | 华侨 | huáqiáo | 滑 | huá | 滑动 | huádòng |
| 化 | huà | 化肥 | huàféi | 化工 | huàgōng | 化合 | huàhé |
| 化合物 | huàhéwù | 化石 | huàshí | 化学 | huàxué | 划 | huà |
| 划分 | huàfēn | 华 | Huà | 画 | huà | 画家 | huàjiā |
| 画面 | huàmiàn | 话 | huà | 话剧 | huàjù | 话题 | huàtí |
| 话筒 | huàtǒng | 话语 | huàyǔ | 怀 | huái | 怀抱 | huáibào |
| 怀念 | huáiniàn | 怀疑 | huáiyí | 坏 | huài | 坏人 | huàirén |
| 欢乐 | huānlè | 欢喜 | huānxǐ | 欢迎 | huānyíng | 还 | huán |
| 还原 | huányuán | 环 | huán | 环节 | huánjié | 环境 | huánjìng |
| 环流 | huánliú | 缓 | huǎn | 缓和 | huǎnhé | 缓慢 | huǎnmàn |
| 幻觉 | huànjué | 幻想 | huànxiǎng | 换 | huàn | 唤 | huàn |
| 唤起 | huànqǐ | 患 | huàn | 患者 | huànzhě | 荒 | huāng |
| 慌 | huāng | 皇帝 | huángdì | 黄 | huáng | 黄昏 | huánghūn |
| 黄金 | huángjīn | 黄色 | huángsè | 黄土 | huángtǔ | 晃 | huǎng |
| 晃 | huàng | 灰 | huī | 灰尘 | huīchén | 灰色 | huīsè |
| 挥 | huī | 恢复 | huīfù | 辉煌 | huīhuáng | 回 | huí |
| 回避 | huíbì | 回答 | huídá | 回顾 | huígù | 回归 | huíguī |
| 回来 | huí · lái | 回去 | huí · qù | 回头 | huítóu | 回忆 | huíyì |
| 毁 | huǐ | 毁灭 | huǐmiè | 汇报 | huìbào | 会 | huì |
| 会场 | huìchǎng | 会见 | huìjiàn | 会议 | huìyì | 会员 | huìyuán |
| 绘 | huì | 绘画 | huìhuà | 婚 | hūn | 婚礼 | hūnlǐ |
| 婚姻 | hūnyīn | 浑身 | húnshēn | 混 | hún | 魂 | hún |
| 混 | hùn | 混合 | hùnhé | 混乱 | hùnluàn | 混淆 | hùnxiáo |
| 和 | huó | 活 | huó | 活动 | huó · dòng | 活力 | huólì |
| 活泼 | huópo | 活跃 | huóyuè | 火 | huǒ | 火柴 | huǒchái |
| 火车 | huǒchē | 火光 | huǒguāng | 火箭 | huǒjiàn | 火山 | huǒshān |
| 火星 | huǒxīng | 火焰 | huǒyàn | 伙伴 | huǒbàn | 或 | huò |
| 或许 | huòxǔ | 或者 | huòzhě | 和 | huò | 货 | huò |

（续上表）

| | | | | | | | |
|---|---|---|---|---|---|---|---|
| 货币 | huòbì | 货物 | huòwù | 获 | huò | 获得 | huòdé |
| 获取 | huòqǔ | 几乎 | jīhū | 击 | jī | 饥饿 | jī'è |
| 机 | jī | 机场 | jīchǎng | 机车 | jīchē | 机构 | jīgòu |
| 机关 | jīguān | 机会 | jī · huì | 机能 | jīnéng | 机器 | jī · qì |
| 机器人 | jī · qìrén | 机体 | jītǐ | 机械 | jīxiè | 机械化 | jīxièhuà |
| 机制 | jīzhì | 肌 | jī | 肌肉 | jīròu | 鸡 | jī |
| 积 | jī | 积极 | jījí | 积极性 | jījíxìng | 积累 | jīlěi |
| 积压 | jīyā | 基 | jī | 基本 | jīběn | 基层 | jīcéng |
| 基础 | jīchǔ | 基地 | jīdì | 基督教 | Jī · dūjiào | 基建 | jījiàn |
| 基金 | jījīn | 基因 | jīyīn | 基于 | jīyú | 畸形 | jīxíng |
| 激 | jī | 激动 | jīdòng | 激发 | jīfā | 激光 | jīguāng |
| 激励 | jīlì | 激烈 | jīliè | 激情 | jīqíng | 激素 | jīsù |
| 及 | jí | 及时 | jíshí | 级 | jí | 极 | jí |
| 极端 | jíduān | 极力 | jílì | 极其 | jíqí | 极为 | jíwéi |
| 即 | jí | 即将 | jíjiāng | 即使 | jíshǐ | 急 | jí |
| 急剧 | jíjù | 急忙 | jímáng | 急性 | jíxìng | 急需 | jíxū |
| 急于 | jíyú | 疾病 | jíbìng | 集 | jí | 集合 | jíhé |
| 集会 | jíhuì | 集体 | jítǐ | 集团 | jítuán | 集中 | jízhōng |
| 集资 | jízī | 几 | jǐ | 几何 | jǐhé | 己 | jǐ |
| 挤 | jǐ | 济济 | jǐjǐ | 给予 | jǐyǔ | 脊 | jǐ |
| 计 | jì | 计划 | jìhuà | 计算 | jìsuàn | 计算机 | jìsuànjī |
| 记 | jì | 记得 | jì · dé | 记录 | jìlù | 记忆 | jìyì |
| 记载 | jìzǎi | 记者 | jìzhě | 纪录 | jìlù | 纪律 | jìlǜ |
| 纪念 | jìniàn | 技能 | jìnéng | 技巧 | jìqiǎo | 技术 | jìshù |
| 技术员 | jìshùyuán | 技艺 | jìyì | 系 | jì | 季 | jì |
| 季风 | jìfēng | 季节 | jìjié | 剂 | jì | 济 | jì |
| 既 | jì | 既然 | jìrán | 既是 | jìshì | 继 | jì |
| 继承 | jìchéng | 继承人 | jìchéngrén | 继续 | jìxù | 祭 | jì |
| 祭祀 | jìsì | 寄 | jì | 寄生 | jìshēng | 寄生虫 | jìshēngchóng |
| 寄托 | jìtuō | 寄主 | jìzhǔ | 寂静 | jìjìng | 寂寞 | jìmò |
| 加 | jiā | 加工 | jiāgōng | 加紧 | jiājǐn | 加剧 | jiājù |
| 加快 | jiākuài | 加强 | jiāqiáng | 加热 | jiārè | 加入 | jiārù |
| 加深 | jiāshēn | 加速 | jiāsù | 加速度 | jiāsùdù | 加以 | jiāyǐ |
| 加重 | jiāzhòng | 夹 | jiā | 家 | jiā | 家畜 | jiāchù |

（续上表）

| | | | | | | | |
|---|---|---|---|---|---|---|---|
| 家伙 | jiāhuo | 家具 | jiā · jù | 家人 | jiārén | 家属 | jiāshǔ |
| 家庭 | jiātíng | 家务 | jiāwù | 家乡 | jiāxiāng | 家长 | jiāzhǎng |
| 家族 | jiāzú | 夹 | jiá | 甲 | jiǎ | 甲板 | jiǎbǎn |
| 钾 | jiǎ | 假 | jiǎ | 假定 | jiǎdìng | 假如 | jiǎrú |
| 假设 | jiǎshè | 假使 | jiǎshǐ | 假说 | jiǎshuō | 价 | jià |
| 价格 | jiàgé | 价钱 | jià · qián | 价值 | jiàzhí | 驾驶 | jiàshǐ |
| 架 | jià | 架子 | jiàzi | 假 | jià | 嫁 | jià |
| 嫁接 | jiàjiē | 尖 | jiān | 尖锐 | jiānruì | 歼灭 | jiānmiè |
| 坚持 | jiānchí | 坚定 | jiāndìng | 坚固 | jiāngù | 坚决 | jiānjué |
| 坚强 | jiānqiáng | 坚实 | jiānshí | 坚硬 | jiānyìng | 间 | jiān |
| 肩 | jiān | 肩膀 | jiānbǎng | 艰巨 | jiānjù | 艰苦 | jiānkǔ |
| 艰难 | jiānnán | 监督 | jiāndū | 监视 | jiānshì | 监狱 | jiānyù |
| 兼 | jiān | 拣 | jiǎn | 茧 | jiǎn | 捡 | jiǎn |
| 检 | jiǎn | 检查 | jiǎnchá | 检验 | jiǎnyàn | 减 | jiǎn |
| 减轻 | jiǎnqīng | 减弱 | jiǎnruò | 减少 | jiǎnshǎo | 剪 | jiǎn |
| 简 | jiǎn | 简称 | jiǎnchēng | 简单 | jiǎndān | 简化 | jiǎnhuà |
| 简直 | jiǎnzhí | 碱 | jiǎn | 见 | jiàn | 见解 | jiànjiě |
| 见面 | jiànmiàn | 件 | jiàn | 间 | jiàn | 间隔 | jiàngé |
| 间接 | jiànjiē | 建 | jiàn | 建国 | jiànguó | 建立 | jiànlì |
| 建设 | jiànshè | 建议 | jiànyì | 建造 | jiànzào | 建筑 | jiànzhù |
| 剑 | jiàn | 健康 | jiànkāng | 健全 | jiànquán | 健壮 | jiànzhuàng |
| 渐渐 | jiànjiàn | 鉴别 | jiànbié | 鉴定 | jiàndìng | 键 | jiàn |
| 箭 | jiàn | 江 | jiāng | 江南 | jiāngnán | 将 | jiāng |
| 将近 | jiāngjìn | 将军 | jiāngjūn | 将来 | jiānglái | 将要 | jiāngyào |
| 浆 | jiāng | 讲 | jiǎng | 讲话 | jiǎnghuà | 讲究 | jiǎng · jiū |
| 讲述 | jiǎngshù | 奖 | jiǎng | 奖金 | jiǎngjīn | 奖励 | jiǎnglì |
| 蒋 | Jiǎng | 降 | jiàng | 降低 | jiàngdī | 降落 | jiàngluò |
| 降水 | jiàngshuǐ | 将 | jiàng | 强 | jiàng | 交 | jiāo |
| 交叉 | jiāochā | 交错 | jiāocuò | 交代 | jiāodài | 交换 | jiāohuàn |
| 交际 | jiāojì | 交流 | jiāoliú | 交谈 | jiāotán | 交替 | jiāotì |
| 交通 | jiāotōng | 交往 | jiāowǎng | 交易 | jiāoyì | 交织 | jiāozhī |
| 郊区 | jiāoqū | 浇 | jiāo | 骄傲 | jiāo'ào | 胶 | jiāo |
| 教 | jiāo | 教学 | jiāoxué | 焦 | jiāo | 焦点 | jiāodiǎn |
| 焦急 | jiāojí | 嚼 | jiáo | 角 | jiǎo | 角度 | jiǎodù |

（续上表）

| | | | | | | | |
|---|---|---|---|---|---|---|---|
| 角落 | jiǎoluò | 脚 | jiǎo | 脚步 | jiǎobù | 脚下 | jiǎoxià |
| 脚印 | jiǎoyìn | 搅 | jiǎo | 叫 | jiào | 叫做 | jiàozuò |
| 觉 | jiào | 校 | jiào | 较 | jiào | 较为 | jiàowéi |
| 教 | jiào | 教材 | jiàocái | 教导 | jiàodǎo | 教会 | jiàohuì |
| 教练 | jiàoliàn | 教师 | jiàoshī | 教室 | jiàoshì | 教授 | jiàoshòu |
| 教堂 | jiàotáng | 教学 | jiàoxué | 教训 | jiàoxùn | 教养 | jiàoyǎng |
| 教义 | jiàoyì | 教育 | jiàoyù | 教员 | jiàoyuán | 阶层 | jiēcéng |
| 阶段 | jiēduàn | 阶级 | jiējí | 皆 | jiē | 结 | jiē |
| 结果 | jiēguǒ | 结实 | jiēshi | 接 | jiē | 接触 | jiēchù |
| 接待 | jiēdài | 接近 | jiējìn | 接连 | jiēlián | 接收 | jiēshōu |
| 接受 | jiēshòu | 揭露 | jiēlù | 揭示 | jiēshì | 街 | jiē |
| 街道 | jiēdào | 街头 | jiētóu | 节 | jié | 节目 | jiémù |
| 节日 | jiérì | 节省 | jiéshěng | 节约 | jiéyuē | 节奏 | jiézòu |
| 杰出 | jiéchū | 洁白 | jiébái | 结 | jié | 结构 | jiégòu |
| 结果 | jiéguǒ | 结合 | jiéhé | 结婚 | jiéhūn | 结晶 | jiéjīng |
| 结局 | jiéjú | 结论 | jiélùn | 结束 | jiéshù | 结算 | jiésuàn |
| 截 | jié | 竭力 | jiélì | 姐姐 | jiějie | 姐妹 | jiěmèi |
| 解 | jiě | 解除 | jiěchú | 解答 | jiědá | 解放 | jiěfàng |
| 解放军 | jiěfàngjūn | 解决 | jiějué | 解剖 | jiěpōu | 解散 | jiěsàn |
| 解释 | jiěshì | 解脱 | jiětuō | 介绍 | jièshào | 介质 | jièzhì |
| 戒 | jiè | 届 | jiè | 界 | jiè | 界限 | jièxiàn |
| 借 | jiè | 借鉴 | jièjiàn | 借口 | jièkǒu | 借款 | jièkuǎn |
| 借用 | jièyòng | 借助 | jièzhù | 解 | jiè | 斤 | jīn |
| 今 | jīn | 今后 | jīnhòu | 今年 | jīnnián | 今日 | jīnrì |
| 今天 | jīntiān | 金 | jīn | 金额 | jīn’é | 金刚石 | jīngāngshí |
| 金牌 | jīnpái | 金钱 | jīnqián | 金融 | jīnróng | 金属 | jīnshǔ |
| 津 | jīn | 仅 | jǐn | 尽 | jǐn | 尽管 | jǐnguǎn |
| 尽快 | jǐnkuài | 尽量 | Jǐnliàng | 紧 | jǐn | 紧急 | jǐnjí |
| 紧密 | jǐnmì | 紧张 | jǐnzhāng | 锦标赛 | jǐnbiāosài | 谨慎 | jǐnshèn |
| 尽 | jìn | 尽力 | jìnlì | 尽量 | jìnliàng | 进 | jìn |
| 进步 | jìnbù | 进程 | jìnchéng | 进而 | jìn’ér | 进攻 | jìngōng |
| 进化 | jìnhuà | 进化论 | jìnhuàlùn | 进军 | jìnjūn | 进口 | jìnkǒu |
| 进来 | jìn · lái | 进取 | jìnqǔ | 进去 | jìn · qù | 进入 | jìnrù |
| 进行 | jìnxíng | 进展 | jìnzhǎn | 近 | jìn | 近代 | jìndài |

（续上表）

| | | | | | | | |
|---|---|---|---|---|---|---|---|
| 近来 | jìnlái | 近似 | jìnsì | 劲 | jìn | 晋 | jìn |
| 浸 | jìn | 禁止 | jìnzhǐ | 茎 | jīng | 京 | jīng |
| 京剧 | jīngjù | 经 | jīng | 经常 | jīngcháng | 经典 | jīngdiǎn |
| 经费 | jīngfèi | 经过 | jīngguò | 经济 | jīngjì | 经理 | jīnglǐ |
| 经历 | jīnglì | 经受 | jīngshòu | 经验 | jīngyàn | 经营 | jīngyíng |
| 惊 | jīng | 惊奇 | jīngqí | 惊人 | jīngrén | 惊喜 | jīngxǐ |
| 惊醒 | jīngxǐng | 惊讶 | jīngyà | 惊异 | jīngyì | 晶 | jīng |
| 晶体 | jīngtǐ | 精 | jīng | 精力 | jīnglì | 精密 | jīngmì |
| 精确 | jīngquè | 精神 | jīngshén | 精神 | jīngshen | 精细 | jīngxì |
| 精心 | jīngxīn | 精子 | jīngzǐ | 鲸 | jīng | 井 | jǐng |
| 颈 | jǐng | 景 | jǐng | 景色 | jǐngsè | 景物 | jǐngwù |
| 景象 | jǐngxiàng | 警察 | jǐngchá | 警告 | jǐnggào | 警惕 | jǐngtì |
| 劲 | jìng | 径 | jìng | 径流 | jìngliú | 净 | jìng |
| 净化 | jìnghuà | 竞赛 | jìngsài | 竞争 | jìngzhēng | 竟 | jìng |
| 竟然 | jìngrán | 敬 | jìng | 静 | jìng | 静脉 | jìngmài |
| 静止 | jìngzhǐ | 境 | jìng | 境地 | jìngdì | 境界 | jìngjiè |
| 镜 | jìng | 镜头 | jìngtóu | 镜子 | jìngzi | 纠纷 | jiūfēn |
| 纠正 | jiūzhèng | 究 | jiū | 究竟 | jiūjìng | 九 | jiǔ |
| 久 | jiǔ | 酒 | jiǔ | 酒精 | jiǔjīng | 旧 | jiù |
| 救 | jiù | 救国 | jiùguó | 救济 | jiùjì | 就 | jiù |
| 就是 | jiùshì | 就算 | jiùsuàn | 就业 | jiùyè | 舅舅 | jiùjiu |
| 车 | jū | 居 | jū | 居民 | jūmín | 居然 | jūrán |
| 居于 | jūyú | 居住 | jūzhù | 局 | jú | 局部 | júbù |
| 局面 | júmiàn | 局势 | júshì | 局限 | júxiàn | 菊花 | júhuā |
| 咀嚼 | jǔjué | 举 | jǔ | 举办 | jǔbàn | 举动 | jǔdòng |
| 举行 | jǔxíng | 巨 | jù | 巨大 | jùdà | 句 | jù |
| 句子 | jùzi | 拒绝 | jùjué | 具 | jù | 具备 | jùbèi |
| 具体 | jùtǐ | 具有 | jùyǒu | 俱 | jù | 剧 | jù |
| 剧本 | jùběn | 剧场 | jùchǎng | 剧烈 | jùliè | 剧团 | jùtuán |
| 剧种 | jùzhǒng | 据 | jù | 据点 | jùdiǎn | 据说 | jùshuō |
| 距 | jù | 距离 | jùlí | 聚 | jù | 聚集 | jùjí |
| 捐 | juān | 圈 | juān | 卷 | juǎn | 卷 | juàn |
| 圈 | juàn | 决 | jué | 决策 | juécè | 决定 | juédìng |
| 决定性 | juédìngxìng | 决心 | juéxīn | 决议 | juéyì | 角 | jué |

（续上表）

| | | | | | | | |
|---|---|---|---|---|---|---|---|
| 角色 | juésè | 觉 | jué | 觉察 | juéchá | 觉得 | jué · dé |
| 觉悟 | juéwù | 绝 | jué | 绝对 | juéduì | 绝望 | juéwàng |
| 嚼 | jué | 军 | jūn | 军队 | jūnduì | 军阀 | jūnfá |
| 军官 | jūnguān | 军舰 | jūnjiàn | 军民 | jūnmín | 军区 | jūnqū |
| 军人 | jūnrén | 军事 | jūnshì | 均 | jūn | 均衡 | jūnhéng |
| 均匀 | jūnyún | 君 | jūn | 君主 | jūnzhǔ | 菌 | jūn |
| 咖啡 | kāfēi | 卡 | kǎ | 开 | kāi | 开办 | kāibàn |
| 开采 | kāicǎi | 开除 | kāichú | 开创 | kāichuàng | 开发 | kāifā |
| 开放 | kāifàng | 开关 | kāiguān | 开花 | kāihuā | 开会 | kāihuì |
| 开垦 | kāikěn | 开口 | kāikǒu | 开阔 | kāikuò | 开门 | kāimén |
| 开幕 | kāimù | 开辟 | kāipì | 开设 | kāishè | 开始 | kāishǐ |
| 开水 | kāishuǐ | 开头 | kāitóu | 开拓 | kāituò | 开玩笑 | kāi wánxiào |
| 开展 | kāizhǎn | 开支 | kāizhī | 刊登 | kāndēng | 刊物 | kānwù |
| 看 | kān | 勘探 | kāntàn | 砍 | kǎn | 看 | kàn |
| 看待 | kàndài | 看法 | kànfǎ | 看见 | kàn · jiàn | 看望 | kànwàng |
| 扛 | káng | 抗 | kàng | 抗议 | kàngyì | 抗战 | kàngzhàn |
| 炕 | kàng | 考 | kǎo | 考察 | kǎochá | 考古 | kǎogǔ |
| 考核 | kǎohé | 考虑 | kǎolǜ | 考试 | kǎoshì | 考验 | kǎoyàn |
| 靠 | kào | 靠近 | kàojìn | 科 | kē | 科技 | kējì |
| 科学 | kēxué | 科学家 | kēxuéjiā | 科学院 | kēxuéyuàn | 科研 | kēyán |
| 棵 | kē | 颗 | kē | 颗粒 | kēlì | 壳 | ké |
| 咳 | ké | 咳嗽 | késou | 可 | kě | 可爱 | kě'ài |
| 可见 | kějiàn | 可靠 | kěkào | 可怜 | kělián | 可能 | kěnéng |
| 可是 | kěshì | 可谓 | kěwèi | 可惜 | kěxī | 可笑 | kěxiào |
| 可以 | kěyǐ | 渴望 | kěwàng | 克 | kè | 克服 | kèfú |
| 刻 | kè | 刻度 | kèdù | 刻画 | kèhuà | 刻苦 | kèkǔ |
| 客 | kè | 客观 | kèguān | 客气 | kèqi | 客人 | kè · rén |
| 客体 | kètǐ | 客厅 | kètīng | 课 | kè | 课本 | kèběn |
| 课程 | kèchéng | 课堂 | kètáng | 课题 | kètí | 肯 | kěn |
| 肯定 | kěndìng | 啃 | kěn | 坑 | kēng | 空 | kōng |
| 空间 | kōngjiān | 空军 | kōngjūn | 空气 | kōngqì | 空前 | kōngqián |
| 空虚 | kōngxū | 空中 | kōngzhōng | 孔 | kǒng | 孔雀 | kǒngquè |
| 恐怖 | kǒngbù | 恐慌 | kǒnghuāng | 恐惧 | kǒngjù | 恐怕 | kǒngpà |
| 空 | kòng | 空白 | kòngbái | 控制 | kòngzhì | 口 | kǒu |

（续上表）

| | | | | | | | |
|---|---|---|---|---|---|---|---|
| 口袋 | kǒudai | 口号 | kǒuhào | 口腔 | kǒuqiāng | 口头 | kǒutóu |
| 口语 | kǒuyǔ | 扣 | kòu | 哭 | kū | 苦 | kǔ |
| 苦难 | kǔnàn | 苦恼 | kǔnǎo | 库 | kù | 库存 | kùcún |
| 裤子 | kùzi | 夸张 | kuāzhāng | 跨 | kuà | 会计 | kuài · jì |
| 块 | kuài | 快 | kuài | 快活 | kuàihuo | 快乐 | kuàilè |
| 快速 | kuàisù | 快要 | kuàiyào | 筷子 | kuàizi | 宽 | kuān |
| 宽大 | kuāndà | 宽阔 | kuānkuò | 款 | kuǎn | 筐 | kuāng |
| 狂 | kuáng | 况且 | kuàngqiě | 矿 | kuàng | 矿产 | kuàngchǎn |
| 矿物 | kuàngwù | 亏 | kuī | 亏损 | kuīsǔn | 昆虫 | kūnchóng |
| 捆 | kǔn | 困 | kùn | 困境 | kùnjìng | 困难 | kùn · nan |
| 扩大 | kuòdà | 扩散 | kuòsàn | 扩展 | kuòzhǎn | 扩张 | kuòzhāng |
| 阔 | kuò | 拉 | lā | 拉 | lá | 喇叭 | lǎba |
| 落 | là | 蜡 | là | 蜡烛 | làzhú | 辣椒 | làjiāo |
| 来 | lái | 来不及 | lái · bùjí | 来回 | láihuí | 来临 | láilín |
| 来往 | láiwǎng | 来信 | láixìn | 来源 | láiyuán | 赖 | lài |
| 兰 | lán | 栏 | lán | 蓝 | lán | 烂 | làn |
| 狼 | láng | 浪 | làng | 浪费 | làngfèi | 浪花 | lànghuā |
| 捞 | lāo | 劳 | láo | 劳动 | láodòng | 劳动力 | láodònglì |
| 劳动日 | láodòngrì | 劳动者 | láodòngzhě | 劳力 | láolì | 牢 | láo |
| 牢固 | láogù | 老 | lǎo | 老百姓 | lǎobǎixìng | 老板 | lǎobǎn |
| 老伴儿 | lǎobànr | 老大 | lǎodà | 老汉 | lǎohàn | 老虎 | lǎohǔ |
| 老年 | lǎonián | 老婆 | lǎopo | 老人 | lǎorén | 老人家 | lǎo · rén · jiā |
| 老师 | lǎoshī | 老实 | lǎoshi | 老鼠 | lǎo · shǔ | 老太太 | lǎotàitai |
| 老头子 | lǎotóuzi | 老乡 | lǎoxiāng | 老爷 | lǎoye | 老子 | lǎozi |
| 落 | lào | 乐 | lè | 乐观 | lèguān | 累 | léi |
| 雷 | léi | 雷达 | léidá | 累 | lěi | 泪 | lèi |
| 泪水 | lèishuǐ | 类 | lèi | 类似 | lèisì | 类型 | lèixíng |
| 累 | lèi | 冷 | lěng | 冷静 | lěngjìng | 冷却 | lěngquè |
| 冷水 | lěngshuǐ | 冷笑 | lěngxiào | 愣 | lèng | 离 | lí |
| 离婚 | líhūn | 离开 | líkāi | 离子 | lízǐ | 梨 | lí |
| 犁 | lí | 礼 | lǐ | 礼貌 | lǐmào | 礼物 | lǐwù |
| 李 | lǐ | 里 | lǐ | 里边 | lǐ · biān | 里面 | lǐ · miàn |
| 里头 | lǐtou | 理 | lǐ | 理解 | lǐjiě | 理论 | lǐlùn |
| 理想 | lǐxiǎng | 理性 | lǐxìng | 理由 | lǐyóu | 理智 | lǐzhì |

（续上表）

| | | | | | | | |
|---|---|---|---|---|---|---|---|
| 力 | lì | 力量 | lì · liàng | 力气 | lìqì | 力求 | lìqiú |
| 力图 | lìtú | 力学 | lìxué | 历 | lì | 历代 | lìdài |
| 历来 | lìlái | 历史 | lìshǐ | 厉害 | lìhai | 立 | lì |
| 立场 | lìchǎng | 立法 | lìfǎ | 立即 | lìjí | 立刻 | lìkè |
| 立体 | lìtǐ | 利 | lì | 利害 | lìhài | 利率 | lìlǜ |
| 利润 | lìrùn | 利息 | lìxī | 利益 | lìyì | 利用 | lìyòng |
| 利于 | lìyú | 例 | lì | 例如 | lìrú | 例外 | lìwài |
| 例子 | lìzi | 粒 | lì | 粒子 | lìzǐ | 俩 | liǎ |
| 连 | lián | 连队 | liánduì | 连接 | liánjiē | 连忙 | liánmáng |
| 连同 | liántóng | 连续 | liánxù | 莲子 | liánzǐ | 联 | lián |
| 联邦 | liánbāng | 联合 | liánhé | 联合国 | Liánhéguó | 联结 | liánjié |
| 联络 | liánluò | 联盟 | liánméng | 联系 | liánxì | 联想 | liánxiǎng |
| 联营 | liányíng | 廉价 | liánjià | 脸 | liǎn | 脸色 | liǎnsè |
| 练 | liàn | 练习 | liànxí | 炼 | liàn | 恋爱 | liàn'ài |
| 链 | liàn | 良 | liáng | 良好 | liánghǎo | 良心 | liángxīn |
| 良种 | liángzhǒng | 凉 | liáng | 梁 | liáng | 量 | liáng |
| 粮 | liáng | 粮食 | liángshi | 两 | liǎng | 两岸 | liǎng'àn |
| 两边 | liǎngbiān | 两极 | liǎngjí | 两旁 | liǎngpáng | 亮 | liàng |
| 凉 | liàng | 辆 | liàng | 量 | liàng | 量子 | liàngzǐ |
| 辽阔 | liáokuò | 了 | liǎo | 了不起 | liǎo · bùqǐ | 了解 | liǎojiě |
| 料 | liào | 咧 | liě | 列 | liè | 列车 | lièchē |
| 列举 | lièjǔ | 烈士 | lièshì | 猎 | liè | 裂 | liè |
| 邻 | lín | 邻近 | línjìn | 邻居 | lín · jū | 林 | lín |
| 林木 | línmù | 林业 | línyè | 临 | lín | 临床 | línchuáng |
| 临时 | línshí | 淋 | lín | 淋巴 | línbā | 磷 | lín |
| 灵 | líng | 灵感 | línggǎn | 灵魂 | línghún | 灵活 | línghuó |
| 灵敏 | língmǐn | 铃 | líng | 零 | líng | 零件 | língjiàn |
| 零售 | língshòu | 龄 | líng | 令 | lǐng | 岭 | lǐng |
| 领 | lǐng | 领导 | lǐngdǎo | 领会 | lǐnghuì | 领事 | lǐngshì |
| 领土 | lǐngtǔ | 领袖 | lǐngxiù | 领域 | lǐngyù | 另 | lìng |
| 另外 | lìngwài | 令 | lìng | 溜 | liū | 刘 | Liú |
| 留 | liú | 留学 | liúxué | 流 | liú | 流传 | liúchuán |
| 流动 | liúdòng | 流露 | liúlù | 流氓 | liúmáng | 流派 | liúpài |
| 流水 | liúshuǐ | 流体 | liútǐ | 流通 | liútōng | 流向 | liúxiàng |

（续上表）

| | | | | | | | |
|---|---|---|---|---|---|---|---|
| 流行 | liúxíng | 流血 | liúxuè | 流域 | liúyù | 硫 | liú |
| 硫酸 | liúsuān | 瘤 | liú | 柳 | liǔ | 六 | liù |
| 陆 | liù | 溜 | liù | 龙 | lóng | 笼 | lóng |
| 垄断 | lǒngduàn | 拢 | lǒng | 笼 | lǒng | 笼罩 | lǒngzhào |
| 搂 | lōu | 楼 | lóu | 楼房 | lóufáng | 搂 | lǒu |
| 漏 | lòu | 露 | lòu | 炉 | lú | 炉子 | lúzi |
| 卤 | lǔ | 鲁 | lǔ | 陆 | lù | 陆地 | lùdì |
| 陆军 | lùjūn | 陆续 | lùxù | 录 | lù | 鹿 | lù |
| 路 | lù | 路程 | lùchéng | 路过 | lùguò | 路线 | lùxiàn |
| 路子 | lùzi | 露 | lù | 驴 | lǘ | 旅 | lǚ |
| 旅馆 | lǚguǎn | 旅客 | lǚkè | 旅行 | lǚxíng | 旅游 | lǚyóu |
| 铝 | lǚ | 缕 | lǚ | 履行 | lǚxíng | 律 | lǜ |
| 律师 | lǜshī | 率 | lǜ | 绿 | lǜ | 绿化 | lǜhuà |
| 氯 | lǜ | 氯气 | lǜqì | 滤 | lǜ | 卵 | luǎn |
| 卵巢 | luǎncháo | 乱 | luàn | 掠夺 | lüèduó | 略 | lüè |
| 伦理 | lúnlǐ | 轮 | lún | 轮船 | lúnchuán | 轮廓 | lúnkuò |
| 轮流 | lúnliú | 论 | lùn | 论点 | lùndiǎn | 论述 | lùnshù |
| 论文 | lùnwén | 论证 | lùnzhèng | 罗 | luó | 逻辑 | luó · jí |
| 螺旋 | luóxuán | 骆驼 | luòtuo | 络 | luò | 落 | luò |
| 落地 | luòdì | 落后 | luòhòu | 落实 | luòshí | 妈妈 | māma |
| 抹 | mā | 麻 | má | 麻烦 | máfan | 麻醉 | mázuì |
| 马 | mǎ | 马车 | mǎchē | 马路 | mǎlù | 马上 | mǎshàng |
| 码 | mǎ | 码头 | mǎtou | 蚂蚁 | mǎyǐ | 骂 | mà |
| 埋 | mái | 买 | mǎi | 买卖 | mǎimai | 迈 | mài |
| 麦 | mài | 卖 | mài | 脉 | mài | 蛮 | mán |
| 馒头 | mántou | 瞒 | mán | 满 | mǎn | 满意 | mǎnyì |
| 满足 | mǎnzú | 漫长 | màncháng | 慢 | màn | 慢性 | mànxìng |
| 忙 | máng | 忙碌 | mánglù | 盲目 | mángmù | 茫然 | mángrán |
| 猫 | māo | 毛 | máo | 毛病 | máo · bìng | 毛巾 | máojīn |
| 矛盾 | máodùn | 冒 | mào | 冒险 | màoxiǎn | 贸易 | màoyì |
| 帽 | mào | 帽子 | màozi | 没 | méi | 没事 | méishì |
| 没有 | méi · yǒu | 枚 | méi | 眉 | méi | 眉毛 | méimao |
| 眉头 | méitóu | 梅 | méi | 媒介 | méijiè | 煤 | méi |
| 煤炭 | méitàn | 酶 | méi | 每 | měi | 每年 | měinián |

（续上表）

| | | | | | | | |
|---|---|---|---|---|---|---|---|
| 美 | měi | 美感 | měigǎn | 美好 | měihǎo | 美化 | měihuà |
| 美丽 | měilì | 美妙 | měimiào | 美术 | měishù | 美学 | měixué |
| 美元 | měiyuán | 镁 | měi | 妹妹 | mèimei | 魅力 | mèilì |
| 闷 | mēn | 门 | mén | 门口 | ménkǒu | 闷 | mèn |
| 蒙 | mēng | 萌发 | méngfā | 萌芽 | méngyá | 蒙 | méng |
| 猛 | měng | 猛烈 | měngliè | 蒙 | Měng | 孟 | mèng |
| 梦 | mèng | 弥补 | míbǔ | 弥漫 | mímàn | 迷 | mí |
| 迷人 | mírén | 迷信 | míxìn | 谜 | mí | 米 | mǐ |
| 秘密 | mìmì | 秘书 | mìshū | 密 | mì | 密度 | mìdù |
| 密集 | mìjí | 密切 | mìqiè | 蜜 | mì | 蜜蜂 | mìfēng |
| 棉 | mián | 棉花 | mián · huā | 免 | miǎn | 免疫 | miǎnyì |
| 勉强 | miǎnqiǎng | 面 | miàn | 面积 | miànjī | 面孔 | miànkǒng |
| 面临 | miànlín | 面貌 | miànmào | 面目 | miànmù | 面前 | miànqián |
| 苗 | miáo | 描绘 | miáohuì | 描述 | miáoshù | 描写 | miáoxiě |
| 秒 | miǎo | 妙 | miào | 庙 | miào | 灭 | miè |
| 灭亡 | mièwáng | 民 | mín | 民兵 | mínbīng | 民歌 | míngē |
| 民国 | Mínguó | 民间 | mínjiān | 民事 | mínshì | 民俗 | mínsú |
| 民众 | mínzhòng | 民主 | mínzhǔ | 民族 | mínzú | 敏感 | mǐngǎn |
| 敏捷 | mǐnjié | 敏锐 | mǐnruì | 名 | míng | 名称 | míngchēng |
| 名词 | míngcí | 名义 | míngyì | 名字 | míngzi | 明 | míng |
| 明白 | míngbai | 明亮 | míngliàng | 明年 | míngnián | 明确 | míngquè |
| 明天 | míngtiān | 明显 | míngxiǎn | 鸣 | míng | 命 | mìng |
| 命令 | mìnglìng | 命名 | mìngmíng | 命题 | mìngtí | 命运 | mìngyùn |
| 摸 | mō | 摸索 | mō · suǒ | 模 | mó | 模范 | mófàn |
| 模仿 | mófǎng | 模糊 | móhu | 模拟 | mónǐ | 模式 | móshì |
| 模型 | móxíng | 膜 | mó | 摩 | mó | 摩擦 | mócā |
| 磨 | mó | 抹 | mǒ | 末 | mò | 末期 | mòqī |
| 没 | mò | 没落 | mòluò | 没收 | mòshōu | 抹 | mò |
| 陌生 | mòshēng | 莫 | mò | 墨 | mò | 默默 | mòmò |
| 磨 | mò | 谋 | móu | 某 | mǒu | 模样 | múyàng |
| 母 | mǔ | 母亲 | mǔ · qīn | 母体 | mǔtǐ | 亩 | mǔ |
| 木 | mù | 木材 | mùcái | 木头 | mùtou | 目 | mù |
| 目标 | mùbiāo | 目的 | mùdì | 目光 | mùguāng | 目前 | mùqián |
| 墓 | mù | 幕 | mù | 拿 | ná | 哪 | nǎ |

（续上表）

| | | | | | | | |
|---|---|---|---|---|---|---|---|
| 哪里 | nǎ · lǐ | 哪儿 | nǎr | 哪些 | nǎxiē | 那 | nà |
| 那里 | nà · lǐ | 那么 | nàme | 那儿 | nàr | 那些 | nàxiē |
| 那样 | nàyàng | 纳 | nà | 纳入 | nàrù | 纳税 | nàshuì |
| 钠 | nà | 乃 | nǎi | 乃至 | nǎizhì | 奶 | nǎi |
| 奶奶 | nǎinai | 耐 | nài | 耐心 | nàixīn | 男 | nán |
| 男女 | nánnǚ | 男人 | nánrén | 男性 | nánxìng | 男子 | nánzǐ |
| 南 | nán | 南北 | nánběi | 南方 | nánfāng | 南极 | nánjí |
| 难 | nán | 难道 | nándào | 难得 | nándé | 难怪 | nánguài |
| 难过 | nánguò | 难免 | nánmiǎn | 难受 | nánshòu | 难题 | nántí |
| 难以 | nányǐ | 难于 | nányú | 难 | nàn | 囊 | náng |
| 脑 | nǎo | 脑袋 | nǎodai | 脑子 | nǎozi | 闹 | nào |
| 内 | nèi | 内部 | nèibù | 内地 | nèidì | 内涵 | nèihán |
| 内容 | nèiróng | 内外 | nèiwài | 内心 | nèixīn | 内在 | nèizài |
| 内脏 | nèizàng | 嫩 | nèn | 能 | néng | 能动 | néngdòng |
| 能够 | nénggòu | 能力 | nénglì | 能量 | néngliàng | 能源 | néngyuán |
| 泥 | ní | 泥土 | nítǔ | 拟 | nǐ | 你 | nǐ |
| 你们 | nǐmen | 逆 | nì | 年 | nián | 年初 | niánchū |
| 年代 | niándài | 年底 | niándǐ | 年度 | niándù | 年级 | niánjí |
| 年纪 | niánjì | 年间 | niánjiān | 年龄 | niánlíng | 年青 | niánqīng |
| 年轻 | niánqīng | 年头儿 | niántóur | 念 | niàn | 念头 | niàntou |
| 娘 | niáng | 鸟 | niǎo | 尿 | niào | 捏 | niē |
| 您 | nín | 宁 | níng | 宁静 | níngjìng | 拧 | níng |
| 凝 | níng | 凝固 | nínggù | 凝结 | níngjié | 凝聚 | níngjù |
| 凝视 | níngshì | 拧 | nǐng | 宁 | nìng | 拧 | nìng |
| 牛 | niú | 牛顿 | niúdùn | 扭 | niǔ | 扭转 | niǔzhuǎn |
| 农 | nóng | 农产品 | nóngchǎnpǐn | 农场 | nóngchǎng | 农村 | nóngcūn |
| 农户 | nónghù | 农具 | nóngjù | 农民 | nóngmín | 农田 | nóngtián |
| 农药 | nóngyào | 农业 | nóngyè | 农作物 | nóngzuòwù | 浓 | nóng |
| 浓度 | nóngdù | 浓厚 | nónghòu | 脓 | nóng | 弄 | nòng |
| 奴隶 | núlì | 奴役 | núyì | 努力 | nǔlì | 怒 | nù |
| 女 | nǚ | 女儿 | nǚ’ér | 女工 | nǚgōng | 女人 | nǚrén |
| 女士 | nǚshì | 女性 | nǚxìng | 女婿 | nǚxu | 女子 | nǚzǐ |
| 暖 | nuǎn | 欧 | Ōu | 偶 | ǒu | 偶尔 | ǒu’ěr |
| 偶然 | ǒurán | 偶然性 | ǒuránxìng | 扒 | pá | 爬 | pá |

（续上表）

| | | | | | | | |
|---|---|---|---|---|---|---|---|
| 怕 | pà | 拍 | pāi | 拍摄 | pāishè | 排 | pái |
| 排斥 | páichì | 排除 | páichú | 排放 | páifàng | 排列 | páiliè |
| 牌 | pái | 牌子 | páizi | 派 | pài | 派出所 | pàichūsuǒ |
| 派遣 | pàiqiǎn | 潘 | Pān | 攀 | pān | 盘 | pán |
| 判 | pàn | 判处 | pànchǔ | 判定 | pàndìng | 判断 | pànduàn |
| 判决 | pànjué | 盼 | pàn | 盼望 | pànwàng | 庞大 | pángdà |
| 旁 | páng | 旁边 | pángbiān | 胖 | pàng | 抛 | pāo |
| 抛弃 | pāoqì | 泡 | pāo | 炮 | páo | 跑 | pǎo |
| 泡 | pào | 炮 | pào | 炮弹 | pàodàn | 胚 | pēi |
| 胚胎 | pēitāi | 陪 | péi | 培训 | péixùn | 培养 | péiyǎng |
| 培育 | péiyù | 赔偿 | péicháng | 佩服 | pèi · fú | 配 | pèi |
| 配合 | pèihé | 配套 | pèitào | 配置 | pèizhì | 喷 | pēn |
| 盆 | pén | 盆地 | péndì | 朋友 | péngyou | 彭 | Péng |
| 棚 | péng | 蓬勃 | péngbó | 膨胀 | péngzhàng | 捧 | pěng |
| 碰 | pèng | 批 | pī | 批发 | pīfā | 批判 | pīpàn |
| 批评 | pīpíng | 批准 | pīzhǔn | 披 | pī | 皮 | pí |
| 皮肤 | pífū | 疲倦 | píjuàn | 疲劳 | píláo | 脾 | pí |
| 脾气 | píqi | 匹 | pǐ | 屁股 | pìgu | 譬如 | pìrú |
| 偏 | piān | 偏见 | piānjiàn | 偏偏 | piānpiān | 偏向 | piānxiàng |
| 篇 | piān | 便宜 | piányi | 片 | piàn | 片刻 | piànkè |
| 片面 | piànmiàn | 骗 | piàn | 飘 | piāo | 票 | piào |
| 漂亮 | piàoliang | 拼命 | pīnmìng | 贫 | pín | 贫困 | pínkùn |
| 贫穷 | pínqióng | 频繁 | pínfán | 频率 | pínlǜ | 品 | pǐn |
| 品德 | pǐndé | 品质 | pǐnzhì | 品种 | pǐnzhǒng | 乒乓球 | pīngpāngqiú |
| 平 | píng | 平常 | píngcháng | 平等 | píngděng | 平凡 | píngfán |
| 平分 | píngfēn | 平衡 | pínghéng | 平静 | píngjìng | 平均 | píngjūn |
| 平面 | píngmiàn | 平民 | píngmín | 平日 | píngrì | 平时 | píngshí |
| 平坦 | píngtǎn | 平行 | píngxíng | 平原 | píngyuán | 评 | píng |
| 评价 | píngjià | 评论 | pínglùn | 评选 | píngxuǎn | 苹果 | píngguǒ |
| 凭 | píng | 凭借 | píngjiè | 屏 | píng | 屏幕 | píngmù |
| 瓶 | píng | 坡 | pō | 颇 | pō | 婆婆 | pópo |
| 迫 | pò | 迫害 | pòhài | 迫切 | pòqiè | 迫使 | pòshǐ |
| 破 | pò | 破产 | pòchǎn | 破坏 | pòhuài | 破裂 | pòliè |
| 剖面 | pōumiàn | 扑 | pū | 铺 | pū | 菩萨 | pú · sà |

（续上表）

| | | | | | | | |
|---|---|---|---|---|---|---|---|
| 葡萄 | pú·táo | 葡萄糖 | pú·táotáng | 朴素 | pǔsù | 普遍 | pǔbiàn |
| 普及 | pǔjí | 普通 | pǔtōng | 普通话 | Pǔtōnghuà | 谱 | pǔ |
| 铺 | pù | 七 | qī | 妻子 | qī·zǐ | 凄凉 | qīliáng |
| 期 | qī | 期待 | qīdài | 期货 | qīhuò | 期间 | qījiān |
| 期望 | qīwàng | 期限 | qīxiàn | 欺骗 | qīpiàn | 漆 | qī |
| 齐 | qí | 其 | qí | 其次 | qícì | 其间 | qíjiān |
| 其实 | qíshí | 其他 | qítā | 其余 | qíyú | 其中 | qízhōng |
| 奇 | qí | 奇怪 | qíguài | 奇迹 | qíjì | 奇特 | qítè |
| 奇异 | qíyì | 骑 | qí | 旗 | qí | 旗帜 | qízhì |
| 企图 | qǐtú | 企业 | qǐyè | 启发 | qǐfā | 启示 | qǐshì |
| 起 | qǐ | 起初 | qǐchū | 起点 | qǐdiǎn | 起伏 | qǐfú |
| 起来 | qǐ·lái | 起码 | qǐmǎ | 起身 | qǐshēn | 起义 | qǐyì |
| 起源 | qǐyuán | 气 | qì | 气氛 | qì·fēn | 气愤 | qìfèn |
| 气候 | qìhòu | 气流 | qìliú | 气体 | qìtǐ | 气团 | qìtuán |
| 气味 | qìwèi | 气温 | qìwēn | 气息 | qìxī | 气象 | qìxiàng |
| 气压 | qìyā | 气质 | qìzhì | 弃 | qì | 汽车 | qìchē |
| 汽油 | qìyóu | 契约 | qìyuē | 砌 | qì | 器 | qì |
| 器材 | qìcái | 器官 | qìguān | 卡 | qiǎ | 恰当 | qiàdàng |
| 恰好 | qiàhǎo | 千 | qiān | 千方百计 | qiānfāng-bǎijì | 千克 | qiānkè |
| 迁 | qiān | 迁移 | qiānyí | 牵 | qiān | 铅 | qiān |
| 铅笔 | qiānbǐ | 签订 | qiāndìng | 前 | qián | 前边 | qián·biān |
| 前方 | qiánfāng | 前后 | qiánhòu | 前进 | qiánjìn | 前景 | qiánjǐng |
| 前面 | qián·miàn | 前期 | qiánqī | 前人 | qiánrén | 前提 | qiántí |
| 前头 | qiántou | 前途 | qiántú | 前往 | qiánwǎng | 前夕 | qiánxī |
| 前线 | qiánxiàn | 钱 | qián | 潜 | qián | 潜力 | qiánlì |
| 潜在 | qiánzài | 浅 | qiǎn | 遣 | qiǎn | 欠 | qiàn |
| 嵌 | qiàn | 枪 | qiāng | 腔 | qiāng | 强 | qiáng |
| 强大 | qiángdà | 强盗 | qiángdào | 强调 | qiángdiào | 强度 | qiángdù |
| 强化 | qiánghuà | 强烈 | qiángliè | 强制 | qiángzhì | 墙 | qiáng |
| 墙壁 | qiángbì | 抢 | qiǎng | 抢救 | qiǎngjiù | 强 | qiǎng |
| 悄悄 | qiāoqiāo | 敲 | qiāo | 桥 | qiáo | 桥梁 | qiáoliáng |
| 瞧 | qiáo | 巧 | qiǎo | 巧妙 | qiǎomiào | 壳 | qiào |
| 切 | qiē | 且 | qiě | 切 | qiè | 切实 | qièshí |
| 侵 | qīn | 侵犯 | qīnfàn | 侵略 | qīnlüè | 侵权 | qīnquán |

（续上表）

| | | | | | | | |
|---|---|---|---|---|---|---|---|
| 侵入 | qīnrù | 侵蚀 | qīnshí | 侵占 | qīnzhàn | 亲 | qīn |
| 亲密 | qīnmì | 亲戚 | qīnqi | 亲切 | qīnqiè | 亲热 | qīnrè |
| 亲人 | qīnrén | 亲属 | qīnshǔ | 亲眼 | qīnyǎn | 亲友 | qīnyǒu |
| 亲自 | qīnzì | 秦 | Qín | 琴 | qín | 勤 | qín |
| 勤劳 | qínláo | 青 | qīng | 青春 | qīngchūn | 青年 | qīngnián |
| 青蛙 | qīngwā | 轻 | qīng | 轻工业 | qīnggōngyè | 轻声 | qīngshēng |
| 轻视 | qīngshì | 轻松 | qīngsōng | 轻微 | qīngwēi | 轻易 | qīngyì |
| 轻重 | qīngzhòng | 氢 | qīng | 氢气 | qīngqì | 倾 | qīng |
| 倾听 | qīngtīng | 倾向 | qīngxiàng | 倾斜 | qīngxié | 清 | qīng |
| 清晨 | qīngchén | 清除 | qīngchú | 清楚 | qīngchu | 清洁 | qīngjié |
| 清理 | qīnglǐ | 清晰 | qīngxī | 清醒 | qīngxǐng | 情 | qíng |
| 情报 | qíngbào | 情操 | qíngcāo | 情感 | qínggǎn | 情节 | qíngjié |
| 情景 | qíngjǐng | 情境 | qíngjìng | 情况 | qíngkuàng | 情趣 | qíngqù |
| 情形 | qíng · xíng | 情绪 | qíng · xù | 请 | qǐng | 请求 | qǐngqiú |
| 请示 | qǐngshì | 庆祝 | qìngzhù | 穷 | qióng | 穷人 | qióngrén |
| 秋 | qiū | 秋季 | qiūjì | 秋天 | qiūtiān | 求 | qiú |
| 求证 | qiúzhèng | 酋长 | qiúzhǎng | 球 | qiú | 区 | qū |
| 区别 | qūbié | 区分 | qūfēn | 区域 | qūyù | 曲 | qū |
| 曲线 | qūxiàn | 曲折 | qūzhé | 驱 | qū | 驱逐 | qūzhú |
| 屈服 | qūfú | 趋 | qū | 趋势 | qūshì | 趋向 | qūxiàng |
| 渠 | qú | 渠道 | qúdào | 曲 | qǔ | 取 | qǔ |
| 取代 | qǔdài | 取得 | qǔdé | 取消 | qǔxiāo | 娶 | qǔ |
| 去 | qù | 去年 | qùnián | 去世 | qùshì | 趣味 | qùwèi |
| 圈 | quān | 权 | quán | 权力 | quánlì | 权利 | quánlì |
| 权威 | quánwēi | 权益 | quányì | 全 | quán | 全部 | quánbù |
| 全局 | quánjú | 全面 | quánmiàn | 全民 | quánmín | 全球 | quánqiú |
| 全身 | quánshēn | 全体 | quántǐ | 泉 | quán | 拳 | quán |
| 拳头 | quántou | 劝 | quàn | 缺 | quē | 缺点 | quēdiǎn |
| 缺乏 | quēfá | 缺少 | quēshǎo | 缺陷 | quēxiàn | 却 | què |
| 确 | què | 确保 | quèbǎo | 确定 | quèdìng | 确立 | quèlì |
| 确切 | quèqiè | 确认 | quèrèn | 确实 | quèshí | 群 | qún |
| 群落 | qúnluò | 群体 | qúntǐ | 群众 | qúnzhòng | 然 | rán |
| 然而 | rán’ér | 然后 | ránhòu | 燃 | rán | 燃料 | ránliào |
| 燃烧 | ránshāo | 染 | rǎn | 染色 | rǎnsè | 染色体 | rǎnsètǐ |

（续上表）

| | | | | | | | |
|---|---|---|---|---|---|---|---|
| 嚷 | rǎng | 让 | ràng | 扰动 | rǎodòng | 扰乱 | rǎoluàn |
| 绕 | rào | 惹 | rě | 热 | rè | 热爱 | rè'ài |
| 热带 | rèdài | 热量 | rèliàng | 热烈 | rèliè | 热闹 | rènao |
| 热能 | rènéng | 热情 | rèqíng | 热心 | rèxīn | 人 | rén |
| 人才 | réncái | 人格 | réngé | 人工 | réngōng | 人家 | rénjiā |
| 人家 | rénjia | 人间 | rénjiān | 人均 | rénjūn | 人口 | rénkǒu |
| 人类 | rénlèi | 人力 | rénlì | 人们 | rénmen | 人民 | rénmín |
| 人民币 | rénmínbì | 人群 | rénqún | 人身 | rénshēn | 人生 | rénshēng |
| 人士 | rénshì | 人事 | rénshì | 人体 | réntǐ | 人为 | rénwéi |
| 人物 | rénwù | 人心 | rénxīn | 人性 | rénxìng | 人影儿 | rényǐngr |
| 人员 | rényuán | 人造 | rénzào | 仁 | rén | 任 | Rén |
| 忍 | rěn | 忍耐 | rěnnài | 忍受 | rěnshòu | 认 | rèn |
| 认定 | rèndìng | 认识 | rènshi | 认识论 | rènshílùn | 认为 | rènwéi |
| 认真 | rènzhēn | 任 | rèn | 任何 | rènhé | 任命 | rènmìng |
| 任务 | rèn · wù | 任意 | rènyì | 扔 | rēng | 仍 | réng |
| 仍旧 | réngjiù | 仍然 | réngrán | 日 | rì | 日报 | rìbào |
| 日常 | rìcháng | 日记 | rìjì | 日期 | rìqī | 日前 | rìqián |
| 日趋 | rìqū | 日夜 | rìyè | 日益 | rìyì | 日子 | rìzi |
| 荣誉 | róngyù | 容 | róng | 容量 | róngliàng | 容纳 | róngnà |
| 容器 | róngqì | 容易 | róng · yì | 溶 | róng | 溶剂 | róngjì |
| 溶解 | róngjiě | 溶液 | róngyè | 熔 | róng | 熔点 | róngdiǎn |
| 融合 | rónghé | 柔和 | róuhé | 柔软 | róuruǎn | 揉 | róu |
| 肉 | ròu | 肉体 | ròutǐ | 如 | rú | 如此 | rúcǐ |
| 如果 | rúguǒ | 如何 | rúhé | 如今 | rújīn | 如同 | rútóng |
| 如下 | rúxià | 儒家 | Rújiā | 乳 | rǔ | 入 | rù |
| 入侵 | rùqīn | 入手 | rùshǒu | 入学 | rùxué | 软 | ruǎn |
| 若 | ruò | 若干 | ruògān | 若是 | ruòshì | 弱 | ruò |
| 弱点 | ruòdiǎn | 撒 | sā | 洒 | sǎ | 撒 | sǎ |
| 鳃 | sāi | 塞 | sāi | 塞 | sài | 赛 | sài |
| 三 | sān | 三角 | sānjiǎo | 三角形 | sānjiǎoxíng | 伞 | sǎn |
| 散 | sǎn | 散射 | sǎnshè | 散文 | sǎnwén | 散 | sàn |
| 散布 | sànbù | 散步 | sànbù | 散发 | sànfā | 嗓子 | sǎngzi |
| 丧失 | sàngshī | 扫 | sǎo | 扫荡 | sǎodàng | 嫂子 | sǎozi |
| 色 | sè | 色彩 | sècǎi | 塞 | sè | 森林 | sēnlín |

（续上表）

| | | | | | | | |
|---|---|---|---|---|---|---|---|
| 僧 | sēng | 僧侣 | sēnglǚ | 杀 | shā | 杀害 | shāhài |
| 沙 | shā | 沙发 | shāfā | 沙漠 | shāmò | 沙滩 | shātān |
| 纱 | shā | 砂 | shā | 傻 | shǎ | 色 | shǎi |
| 晒 | shài | 山 | shān | 山地 | shāndì | 山峰 | shānfēng |
| 山谷 | shāngǔ | 山林 | shānlín | 山路 | shānlù | 山脉 | shānmài |
| 山区 | shānqū | 山水 | shānshuǐ | 山头 | shāntóu | 扇 | shān |
| 闪 | shǎn | 闪电 | shǎndiàn | 闪光 | shǎnguāng | 闪烁 | shǎnshuò |
| 单 | Shàn | 扇 | shàn | 善 | shàn | 善良 | shànliáng |
| 善于 | shànyú | 伤 | shāng | 伤害 | shānghài | 伤口 | shāngkǒu |
| 伤心 | shāngxīn | 伤员 | shāngyuán | 商 | shāng | 商标 | shāngbiāo |
| 商店 | shāngdiàn | 商量 | shāngliang | 商品 | shāngpǐn | 商人 | shāngrén |
| 商业 | shāngyè | 上 | shǎng | 赏 | shǎng | 上 | shàng |
| 上班 | shàngbān | 上边 | shàng・biān | 上层 | shàngcéng | 上帝 | Shàngdì |
| 上级 | shàngjí | 上课 | shàngkè | 上空 | shàngkōng | 上来 | shàng・lái |
| 上面 | shàng・miàn | 上去 | shàng・qù | 上山 | shàngshān | 上升 | shàngshēng |
| 上市 | shàngshì | 上述 | shàngshù | 上诉 | shàngsù | 上午 | shàngwǔ |
| 上下 | shàngxià | 上学 | shàngxué | 上衣 | shàngyī | 上游 | shàngyóu |
| 上涨 | shàngzhǎng | 尚 | shàng | 烧 | shāo | 梢 | shāo |
| 稍 | shāo | 稍稍 | shāoshāo | 稍微 | shāowēi | 少 | shǎo |
| 少量 | shǎoliàng | 少数 | shǎoshù | 少 | shào | 少年 | shàonián |
| 少女 | shàonǚ | 少爷 | shàoye | 舌 | shé | 舌头 | shétou |
| 折 | shé | 蛇 | shé | 舍 | shě | 舍不得 | shě・bù・dé |
| 设 | shè | 设备 | shèbèi | 设法 | shèfǎ | 设计 | shèjì |
| 设立 | shèlì | 设施 | shèshī | 设想 | shèxiǎng | 设置 | shèzhì |
| 社 | shè | 社会 | shèhuì | 社会学 | shèhuìxué | 舍 | shè |
| 射 | shè | 射击 | shèjī | 射线 | shèxiàn | 涉及 | shèjí |
| 摄 | shè | 摄影 | shèyǐng | 谁 | shéi | 申请 | shēnqǐng |
| 伸 | shēn | 伸手 | shēnshǒu | 身 | shēn | 身边 | shēnbiān |
| 身材 | shēncái | 身份 | shēn・fèn | 身后 | shēnhòu | 身躯 | shēnqū |
| 身体 | shēntǐ | 身心 | shēnxīn | 身影 | shēnyǐng | 身子 | shēnzi |
| 参 | shēn | 深 | shēn | 深沉 | shēnchén | 深度 | shēndù |
| 深厚 | shēnhòu | 深化 | shēnhuà | 深刻 | shēnkè | 深情 | shēnqíng |
| 深入 | shēnrù | 深夜 | shēnyè | 深远 | shēnyuǎn | 什么 | shénme |
| 神 | shén | 神话 | shénhuà | 神经 | shénjīng | 神秘 | shénmì |

（续上表）

| | | | | | | | |
|---|---|---|---|---|---|---|---|
| 神奇 | shénqí | 神气 | shén · qì | 神情 | shénqíng | 神色 | shénsè |
| 神圣 | shénshèng | 神态 | shéntài | 神学 | shénxué | 沈 | Shěn |
| 审查 | shěnchá | 审美 | shěnměi | 审判 | shěnpàn | 婶 | shěn |
| 肾 | shèn | 甚 | shèn | 甚至 | shènzhì | 渗透 | shèntòu |
| 慎重 | shènzhòng | 升 | shēng | 生 | shēng | 生产 | shēngchǎn |
| 生产力 | shēngchǎnlì | 生成 | shēngchéng | 生存 | shēngcún | 生动 | shēngdòng |
| 生活 | shēnghuó | 生理 | shēnglǐ | 生命 | shēngmìng | 生命力 | shēngmìnglì |
| 生气 | shēngqì | 生前 | shēngqián | 生态 | shēngtài | 生物 | shēngwù |
| 生意 | shēngyì | 生意 | shēngyi | 生育 | shēngyù | 生长 | shēngzhǎng |
| 生殖 | shēngzhí | 声 | shēng | 声调 | shēngdiào | 声明 | shēngmíng |
| 声响 | shēngxiǎng | 声音 | shēngyīn | 牲畜 | shēngchù | 牲口 | shēngkou |
| 绳 | shéng | 绳子 | shéngzi | 省 | shěng | 圣 | shèng |
| 圣经 | Shèngjīng | 胜 | shèng | 胜利 | shènglì | 盛 | shèng |
| 盛行 | shèngxíng | 剩 | shèng | 剩余 | shèngyú | 尸体 | shītǐ |
| 失 | shī | 失败 | shībài | 失掉 | shīdiào | 失去 | shīqù |
| 失调 | shītiáo | 失望 | shīwàng | 失误 | shīwù | 失业 | shīyè |
| 师 | shī | 师范 | shīfàn | 师傅 | shīfu | 师长 | shīzhǎng |
| 诗 | shī | 诗歌 | shīgē | 诗人 | shīrén | 诗意 | shīyì |
| 施 | shī | 施肥 | shīféi | 施工 | shīgōng | 施行 | shīxíng |
| 湿 | shī | 湿度 | shīdù | 湿润 | shīrùn | 十 | shí |
| 石 | shí | 石灰 | shíhuī | 石头 | shítou | 石油 | shíyóu |
| 时 | shí | 时常 | shícháng | 时代 | shídài | 时而 | shí’ér |
| 时候 | shíhou | 时机 | shíjī | 时间 | shíjiān | 时节 | shíjié |
| 时刻 | shíkè | 时空 | shíkōng | 时髦 | shímáo | 时期 | shíqī |
| 识 | shí | 识别 | shíbié | 识字 | shízì | 实 | shí |
| 实际 | shíjì | 实践 | shíjiàn | 实力 | shílì | 实例 | shílì |
| 实施 | shíshī | 实体 | shítǐ | 实物 | shíwù | 实现 | shíxiàn |
| 实行 | shíxíng | 实验 | shíyàn | 实用 | shíyòng | 实在 | shízài |
| 实在 | shízai | 实质 | shízhì | 拾 | shí | 食 | shí |
| 食品 | shípǐn | 食堂 | shítáng | 食物 | shíwù | 食盐 | shíyán |
| 食用 | shíyòng | 史 | shǐ | 史学 | shǐxué | 使 | shǐ |
| 使得 | shǐ · dé | 使劲 | shǐjìn | 使命 | shǐmìng | 使用 | shǐyòng |
| 始 | shǐ | 始终 | shǐzhōng | 士 | shì | 士兵 | shìbīng |
| 氏 | shì | 氏族 | shìzú | 示 | shì | 示范 | shìfàn |

（续上表）

| | | | | | | | |
|---|---|---|---|---|---|---|---|
| 示威 | shìwēi | 世 | shì | 世代 | shìdài | 世纪 | shìjì |
| 世界 | shìjiè | 世界观 | shìjièguān | 市 | shì | 市场 | shìchǎng |
| 市民 | shìmín | 式 | shì | 似的 | shìde | 事 | shì |
| 事变 | shìbiàn | 事故 | shìgù | 事后 | shìhòu | 事迹 | shìjì |
| 事件 | shìjiàn | 事例 | shìlì | 事情 | shìqing | 事实 | shìshí |
| 事务 | shìwù | 事物 | shìwù | 事先 | shìxiān | 事业 | shìyè |
| 势 | shì | 势必 | shìbì | 势力 | shì · lì | 势能 | shìnéng |
| 试 | shì | 试管 | shìguǎn | 试图 | shìtú | 试验 | shìyàn |
| 试制 | shìzhì | 视 | shì | 视觉 | shìjué | 视线 | shìxiàn |
| 视野 | shìyě | 是 | shì | 是非 | shìfēi | 是否 | shìfǒu |
| 适 | shì | 适当 | shìdàng | 适合 | shìhé | 适宜 | shìyí |
| 适应 | shìyìng | 适用 | shìyòng | 室 | shì | 逝世 | shìshì |
| 释放 | shìfàng | 收 | shōu | 收购 | shōugòu | 收回 | shōuhuí |
| 收获 | shōuhuò | 收集 | shōují | 收入 | shōurù | 收拾 | shōushi |
| 收缩 | shōusuō | 收益 | shōuyì | 收音机 | shōuyīnjī | 熟 | shóu |
| 手 | shǒu | 手臂 | shǒubì | 手表 | shǒubiǎo | 手段 | shǒuduàn |
| 手法 | shǒufǎ | 手工 | shǒugōng | 手工业 | shǒugōngyè | 手脚 | shǒujiǎo |
| 手榴弹 | shǒuliúdàn | 手枪 | shǒuqiāng | 手势 | shǒushì | 手术 | shǒushù |
| 手续 | shǒuxù | 手掌 | shǒuzhǎng | 手指 | shǒuzhǐ | 守 | shǒu |
| 守恒 | shǒuhéng | 首 | shǒu | 首都 | shǒudū | 首领 | shǒulǐng |
| 首先 | shǒuxiān | 首要 | shǒuyào | 首长 | shǒuzhǎng | 寿命 | shòumìng |
| 受 | shòu | 受精 | shòujīng | 受伤 | shòushāng | 狩猎 | shòuliè |
| 授 | shòu | 兽 | shòu | 瘦 | shòu | 书 | shū |
| 书包 | shūbāo | 书本 | shūběn | 书籍 | shūjí | 书记 | shū · jì |
| 书面 | shūmiàn | 书写 | shūxiě | 抒情 | shūqíng | 叔叔 | shūshu |
| 梳 | shū | 舒服 | shūfu | 舒适 | shūshì | 疏 | shū |
| 输 | shū | 输出 | shūchū | 输入 | shūrù | 输送 | shūsòng |
| 蔬菜 | shūcài | 熟 | shú | 熟练 | shúliàn | 熟悉 | shú · xī |
| 属 | shǔ | 属性 | shǔxìng | 属于 | shǔyú | 鼠 | shǔ |
| 数 | shǔ | 术 | shù | 术语 | shùyǔ | 束 | shù |
| 束缚 | shùfù | 述 | shù | 树 | shù | 树干 | shùgàn |
| 树立 | shùlì | 树林 | shùlín | 树木 | shùmù | 树种 | shùzhǒng |
| 竖 | shù | 数 | shù | 数据 | shùjù | 数量 | shùliàng |
| 数目 | shùmù | 数学 | shùxué | 数值 | shùzhí | 数字 | shùzì |

（续上表）

| | | | | | | | |
|---|---|---|---|---|---|---|---|
| 刷 | shuā | 耍 | shuǎ | 衰变 | shuāibiàn | 衰老 | shuāilǎo |
| 摔 | shuāi | 甩 | shuǎi | 率 | shuài | 率领 | shuàilǐng |
| 拴 | shuān | 双 | shuāng | 双方 | shuāngfāng | 霜 | shuāng |
| 谁 | shuí | 水 | shuǐ | 水稻 | shuǐdào | 水分 | shuǐfèn |
| 水果 | shuǐguǒ | 水库 | shuǐkù | 水利 | shuǐlì | 水流 | shuǐliú |
| 水面 | shuǐmiàn | 水泥 | shuǐní | 水平 | shuǐpíng | 水汽 | shuǐqì |
| 水手 | shuǐshǒu | 水位 | shuǐwèi | 水文 | shuǐwén | 水银 | shuǐyín |
| 水源 | shuǐyuán | 水蒸气 | shuǐzhēngqì | 税 | shuì | 税收 | shuìshōu |
| 睡 | shuì | 睡觉 | shuìjiào | 睡眠 | shuìmián | 顺 | shùn |
| 顺利 | shùnlì | 顺手 | shùnshǒu | 顺序 | shùnxù | 瞬间 | shùnjiān |
| 说 | shuō | 说法 | shuō · fa | 说服 | shuōfú | 说话 | shuōhuà |
| 说明 | shuōmíng | 司 | sī | 司法 | sīfǎ | 司机 | sījī |
| 司令 | sīlìng | 丝 | sī | 丝毫 | sīháo | 私 | sī |
| 私人 | sīrén | 私营 | sīyíng | 私有 | sīyǒu | 私有制 | sīyǒuzhì |
| 思 | sī | 思潮 | sīcháo | 思考 | sīkǎo | 思路 | sīlù |
| 思索 | sīsuǒ | 思维 | sīwéi | 思想 | sīxiǎng | 思想家 | sīxiǎngjiā |
| 斯 | sī | 死 | sǐ | 死亡 | sǐwáng | 死刑 | sǐxíng |
| 四 | sì | 四边形 | sìbiānxíng | 四处 | sìchù | 四面 | sìmiàn |
| 四肢 | sìzhī | 四周 | sìzhōu | 寺 | sì | 寺院 | sìyuàn |
| 似 | sì | 似乎 | sìhū | 饲料 | sìliào | 饲养 | sìyǎng |
| 松 | sōng | 宋 | Sòng | 送 | sòng | 搜集 | sōují |
| 艘 | sōu | 苏 | sū | 俗 | sú | 俗称 | súchēng |
| 诉讼 | sùsòng | 素 | sù | 素材 | sùcái | 素质 | sùzhì |
| 速 | sù | 速度 | sùdù | 速率 | sùlǜ | 宿 | sù |
| 宿舍 | sùshè | 塑料 | sùliào | 塑造 | sùzào | 酸 | suān |
| 算 | suàn | 虽 | suī | 虽然 | suīrán | 虽说 | suīshuō |
| 隋 | Suí | 随 | suí | 随便 | suíbiàn | 随后 | suíhòu |
| 随即 | suíjí | 随时 | suíshí | 随意 | suíyì | 遂 | suí |
| 髓 | suǐ | 岁 | suì | 岁月 | suìyuè | 遂 | suì |
| 碎 | suì | 穗 | suì | 孙 | sūn | 孙子 | sūnzi |
| 损害 | sǔnhài | 损耗 | sǔnhào | 损伤 | sǔnshāng | 损失 | sǔnshī |
| 缩 | suō | 缩短 | suōduǎn | 缩小 | suōxiǎo | 所 | suǒ |
| 所属 | suǒshǔ | 所谓 | suǒwèi | 所以 | suǒyǐ | 所有 | suǒyǒu |
| 所有制 | suǒyǒuzhì | 所在 | suǒzài | 索 | suǒ | 锁 | suǒ |

（续上表）

| | | | | | | | |
|---|---|---|---|---|---|---|---|
| 他 | tā | 他们 | tāmen | 他人 | tārén | 它 | tā |
| 它们 | tāmen | 她 | tā | 她们 | tāmen | 塔 | tǎ |
| 踏 | tà | 胎 | tāi | 胎儿 | tāi'ér | 台 | tái |
| 台风 | táifēng | 抬 | tái | 抬头 | táitóu | 太 | tài |
| 太空 | tàikōng | 太平 | tàipíng | 太太 | tàitai | 太阳 | tài · yáng |
| 太阳能 | tàiyángnéng | 太阳系 | tàiyángxì | 态 | tài | 态度 | tài · dù |
| 摊 | tān | 滩 | tān | 谈 | tán | 谈话 | tánhuà |
| 谈论 | tánlùn | 谈判 | tánpàn | 弹 | tán | 弹簧 | tánhuáng |
| 弹性 | tánxìng | 痰 | tán | 坦克 | tǎnkè | 叹 | tàn |
| 叹息 | tànxī | 探 | tàn | 探测 | tàncè | 探索 | tànsuǒ |
| 探讨 | tàntǎo | 碳 | tàn | 汤 | tāng | 唐 | táng |
| 堂 | táng | 塘 | táng | 糖 | táng | 倘若 | tǎngruò |
| 躺 | tǎng | 烫 | tàng | 趟 | tàng | 掏 | tāo |
| 逃 | táo | 逃避 | táobì | 逃跑 | táopǎo | 逃走 | táozǒu |
| 桃 | táo | 陶 | táo | 陶冶 | táoyě | 淘汰 | táotài |
| 讨 | tǎo | 讨论 | tǎolùn | 讨厌 | tǎoyàn | 套 | tào |
| 特 | tè | 特别 | tèbié | 特地 | tèdì | 特点 | tèdiǎn |
| 特定 | tèdìng | 特权 | tèquán | 特色 | tèsè | 特殊 | tèshū |
| 特务 | tèwu | 特性 | tèxìng | 特意 | tèyì | 特征 | tèzhēng |
| 疼 | téng | 疼痛 | téngtòng | 藤 | téng | 踢 | tī |
| 提 | tí | 提倡 | tíchàng | 提高 | tígāo | 提供 | tígōng |
| 提炼 | tíliàn | 提起 | tíqǐ | 提前 | tíqián | 提取 | tíqǔ |
| 提醒 | tíxǐng | 提议 | tíyì | 题 | tí | 题材 | tícái |
| 题目 | tímù | 体 | tǐ | 体裁 | tǐcái | 体操 | tǐcāo |
| 体会 | tǐhuì | 体积 | tǐjī | 体力 | tǐlì | 体温 | tǐwēn |
| 体系 | tǐxì | 体现 | tǐxiàn | 体验 | tǐyàn | 体育 | tǐyù |
| 体制 | tǐzhì | 体质 | tǐzhì | 体重 | tǐzhòng | 替 | tì |
| 替代 | tìdài | 天 | tiān | 天才 | tiāncái | 天地 | tiāndì |
| 天鹅 | tiān'é | 天空 | tiānkōng | 天气 | tiānqì | 天然 | tiānrán |
| 天然气 | tiānránqì | 天生 | tiānshēng | 天体 | tiāntǐ | 天文 | tiānwén |
| 天下 | tiānxià | 天真 | tiānzhēn | 天主教 | Tiānzhǔjiào | 添 | tiān |
| 田 | tián | 田地 | tiándì | 田野 | tiányě | 甜 | tián |
| 填 | tián | 挑 | tiāo | 挑选 | tiāoxuǎn | 条 | tiáo |
| 条件 | tiáojiàn | 条款 | tiáokuǎn | 条例 | tiáolì | 条约 | tiáoyuē |

（续上表）

| | | | | | | | |
|---|---|---|---|---|---|---|---|
| 调 | tiáo | 调和 | tiáohé | 调节 | tiáojié | 调解 | tiáojiě |
| 调整 | tiáozhěng | 挑 | tiǎo | 挑战 | tiǎozhàn | 跳 | tiào |
| 跳动 | tiàodòng | 跳舞 | tiàowǔ | 跳跃 | tiàoyuè | 贴 | tiē |
| 铁 | tiě | 铁路 | tiělù | 厅 | tīng | 听 | tīng |
| 听话 | tīnghuà | 听见 | tīng · jiàn | 听觉 | tīngjué | 听取 | tīngqǔ |
| 听众 | tīngzhòng | 停 | tíng | 停顿 | tíngdùn | 停留 | tíngliú |
| 停止 | tíngzhǐ | 挺 | tǐng | 通 | tōng | 通常 | tōngcháng |
| 通道 | tōngdào | 通电 | tōngdiàn | 通过 | tōngguò | 通红 | tōnghóng |
| 通信 | tōngxìn | 通讯 | tōngxùn | 通用 | tōngyòng | 通知 | tōngzhī |
| 同 | tóng | 同伴 | tóngbàn | 同胞 | tóngbāo | 同等 | tóngděng |
| 同行 | tóngháng | 同化 | tónghuà | 同类 | tónglèi | 同年 | tóngnián |
| 同期 | tóngqī | 同情 | tóngqíng | 同时 | tóngshí | 同事 | tóngshì |
| 同行 | tóngxíng | 同学 | tóngxué | 同样 | tóngyàng | 同意 | tóngyì |
| 同志 | tóngzhì | 铜 | tóng | 童话 | tónghuà | 童年 | tóngnián |
| 统 | tǒng | 统计 | tǒngjì | 统一 | tǒngyī | 统治 | tǒngzhì |
| 桶 | tǒng | 筒 | tǒng | 通 | tòng | 痛 | tòng |
| 痛苦 | tòngkǔ | 痛快 | tòng · kuài | 偷 | tōu | 偷偷 | tōutōu |
| 头 | tóu | 头顶 | tóudǐng | 头发 | tóufa | 头脑 | tóunǎo |
| 投 | tóu | 投产 | tóuchǎn | 投机 | tóujī | 投入 | tóurù |
| 投降 | tóuxiáng | 投资 | tóuzī | 透 | tòu | 透镜 | tòujìng |
| 透露 | tòulù | 透明 | tòumíng | 凸 | tū | 突 | tū |
| 突变 | tūbiàn | 突出 | tūchū | 突击 | tūjī | 突破 | tūpò |
| 突然 | tūrán | 图 | tú | 图案 | tú'àn | 图画 | túhuà |
| 图书 | túshū | 图书馆 | túshūguǎn | 图形 | túxíng | 图纸 | túzhǐ |
| 徒 | tú | 途径 | tújìng | 涂 | tú | 屠杀 | túshā |
| 土 | tǔ | 土地 | tǔdì | 土匪 | tǔfěi | 土壤 | tǔrǎng |
| 吐 | tǔ | 吐 | tù | 兔子 | tùzi | 湍流 | tuānliú |
| 团 | tuán | 团结 | tuánjié | 团体 | tuántǐ | 团员 | tuányuán |
| 推 | tuī | 推测 | tuīcè | 推动 | tuīdòng | 推翻 | tuīfān |
| 推广 | tuīguǎng | 推荐 | tuījiàn | 推进 | tuījìn | 推理 | tuīlǐ |
| 推论 | tuīlùn | 推销 | tuīxiāo | 推行 | tuīxíng | 腿 | tuǐ |
| 退 | tuì | 退出 | tuìchū | 退化 | tuìhuà | 退休 | tuìxiū |
| 托 | tuō | 拖 | tuō | 拖拉机 | tuōlājī | 脱 | tuō |
| 脱离 | tuōlí | 脱落 | tuōluò | 妥协 | tuǒxié | 挖 | wā |

（续上表）

| | | | | | | | |
|---|---|---|---|---|---|---|---|
| 挖掘 | wājué | 娃娃 | wáwa | 瓦 | wǎ | 歪 | wāi |
| 歪曲 | wāiqū | 外 | wài | 外边 | wài · biān | 外表 | wàibiǎo |
| 外部 | wàibù | 外地 | wàidì | 外国 | wàiguó | 外汇 | wàihuì |
| 外交 | wàijiāo | 外界 | wàijiè | 外科 | wàikē | 外来 | wàilái |
| 外力 | wàilì | 外贸 | wàimào | 外面 | wài · miàn | 外商 | wàishāng |
| 外形 | wàixíng | 外语 | wàiyǔ | 外在 | wàizài | 外资 | wàizī |
| 弯 | wān | 弯曲 | wānqū | 完 | wán | 完备 | wánbèi |
| 完毕 | wánbì | 完成 | wánchéng | 完美 | wánměi | 完全 | wánquán |
| 完善 | wánshàn | 完整 | wánzhěng | 玩 | wán | 玩具 | wánjù |
| 玩笑 | wánxiào | 顽强 | wánqiáng | 挽 | wǎn | 晚 | wǎn |
| 晚饭 | wǎnfàn | 晚期 | wǎnqī | 晚上 | wǎnshang | 碗 | wǎn |
| 万 | wàn | 万物 | wànwù | 万一 | wànyī | 汪 | wāng |
| 亡 | wáng | 王 | wáng | 王朝 | wángcháo | 王国 | wángguó |
| 网 | wǎng | 网络 | wǎngluò | 往 | wǎng | 往来 | wǎnglái |
| 往往 | wǎngwǎng | 忘 | wàng | 忘记 | wàngjì | 旺 | wàng |
| 旺盛 | wàngshèng | 望 | wàng | 望远镜 | wàngyuǎnjìng | 危害 | wēihài |
| 危机 | wēijī | 危险 | wēixiǎn | 威力 | wēilì | 威胁 | wēixié |
| 威信 | wēixìn | 微 | wēi | 微观 | wēiguān | 微粒 | wēilì |
| 微弱 | wēiruò | 微生物 | wēishēngwù | 微微 | wēiwēi | 微小 | wēixiǎo |
| 微笑 | wēixiào | 为 | wéi | 为难 | wéinán | 为人 | wéirén |
| 为首 | wéishǒu | 为止 | wéizhǐ | 违背 | wéibèi | 违法 | wéifǎ |
| 违反 | wéifǎn | 围 | wéi | 围剿 | wéijiǎo | 围绕 | wéirào |
| 唯 | wéi | 惟 | wéi | 维持 | wéichí | 维护 | wéihù |
| 维生素 | wéishēngsù | 维新 | wéixīn | 维修 | wéixiū | 伟大 | wěidà |
| 伪 | wěi | 尾 | wěi | 尾巴 | wěiba | 纬 | wěi |
| 纬度 | wěidù | 委屈 | wěiqu | 委托 | wěituō | 委员 | wěiyuán |
| 委员会 | wěiyuánhuì | 卫 | wèi | 卫生 | wèishēng | 卫星 | wèixīng |
| 为 | wèi | 为何 | wèihé | 为了 | wèile | 未 | wèi |
| 未必 | wèibì | 未曾 | wèicéng | 未来 | wèilái | 位 | wèi |
| 位移 | wèiyí | 位置 | wèizhi | 味 | wèi | 味道 | wèi · dào |
| 胃 | wèi | 谓 | wèi | 喂 | wèi | 魏 | Wèi |
| 温 | wēn | 温带 | wēndài | 温度 | wēndù | 温度计 | wēndùjì |
| 温和 | wēnhé | 温暖 | wēnnuǎn | 温柔 | wēnróu | 文 | wén |
| 文化 | wénhuà | 文件 | wénjiàn | 文明 | wénmíng | 文人 | wénrén |

（续上表）

| | | | | | | | |
|---|---|---|---|---|---|---|---|
| 文物 | wénwù | 文献 | wénxiàn | 文学 | wénxué | 文艺 | wényì |
| 文章 | wénzhāng | 文字 | wénzì | 纹 | wén | 闻 | wén |
| 蚊子 | wénzi | 吻 | wěn | 稳 | wěn | 稳定 | wěndìng |
| 问 | wèn | 问世 | wènshì | 问题 | wèntí | 窝 | wō |
| 我 | wǒ | 我们 | wǒmen | 卧 | wò | 卧室 | wòshì |
| 握 | wò | 握手 | wòshǒu | 乌龟 | wūguī | 污染 | wūrǎn |
| 屋 | wū | 屋子 | wūzi | 无 | wú | 无比 | wúbǐ |
| 无从 | wúcóng | 无法 | wúfǎ | 无非 | wúfēi | 无关 | wúguān |
| 无机 | wújī | 无可奈何 | wúkě-nàihé | 无力 | wúlì | 无论 | wúlùn |
| 无情 | wúqíng | 无穷 | wúqióng | 无声 | wúshēng | 无数 | wúshù |
| 无限 | wúxiàn | 无线电 | wúxiàndiàn | 无效 | wúxiào | 无形 | wúxíng |
| 无疑 | wúyí | 无意 | wúyì | 无知 | wúzhī | 吾 | wú |
| 吴 | Wú | 五 | wǔ | 武 | wǔ | 武力 | wǔlì |
| 武器 | wǔqì | 武装 | wǔzhuāng | 侮辱 | wǔrǔ | 舞 | wǔ |
| 舞蹈 | wǔdǎo | 舞剧 | wǔjù | 舞台 | wǔtái | 勿 | wù |
| 务 | wù | 物 | wù | 物化 | wùhuà | 物价 | wùjià |
| 物理 | wùlǐ | 物力 | wùlì | 物品 | wùpǐn | 物体 | wùtǐ |
| 物质 | wùzhì | 物种 | wùzhǒng | 物资 | wùzī | 误 | wù |
| 误差 | wùchā | 误会 | wùhuì | 误解 | wùjiě | 恶 | wù |
| 雾 | wù | 西 | xī | 西北 | xīběi | 西方 | xīfāng |
| 西风 | xīfēng | 西瓜 | xī · guā | 西南 | xīnán | 西欧 | Xī Ōu |
| 吸 | xī | 吸附 | xīfù | 吸取 | xīqǔ | 吸收 | xīshōu |
| 吸引 | xīyǐn | 希望 | xīwàng | 牺牲 | xīshēng | 息 | xī |
| 稀 | xī | 稀少 | xīshǎo | 锡 | xī | 熄灭 | xīmiè |
| 习 | xí | 习惯 | xíguàn | 习俗 | xísú | 习性 | xíxìng |
| 席 | xí | 袭击 | xíjī | 媳妇 | xífu | 洗 | xǐ |
| 洗澡 | xǐzǎo | 喜 | xǐ | 喜爱 | xǐ' ài | 喜欢 | xǐhuan |
| 喜剧 | xǐjù | 喜悦 | xǐyuè | 戏 | xì | 戏剧 | xìjù |
| 戏曲 | xìqǔ | 系 | xì | 系列 | xìliè | 系数 | xìshù |
| 系统 | xìtǒng | 细 | xì | 细胞 | xìbāo | 细节 | xìjié |
| 细菌 | xìjūn | 细小 | xìxiǎo | 细心 | xìxīn | 细致 | xìzhì |
| 虾 | xiā | 瞎 | xiā | 狭 | xiá | 狭隘 | xiá' ài |
| 狭义 | xiáyì | 狭窄 | xiázhǎi | 下 | xià | 下班 | xiàbān |
| 下边 | xià · biān | 下层 | xiàcéng | 下达 | xiàdá | 下颌 | xiàhé |

（续上表）

| | | | | | | | |
|---|---|---|---|---|---|---|---|
| 下级 | xiàjí | 下降 | xiàjiàng | 下来 | xià · lái | 下列 | xiàliè |
| 下令 | xiàlìng | 下落 | xiàluò | 下面 | xià · miàn | 下去 | xià · qù |
| 下属 | xiàshǔ | 下午 | xiàwǔ | 下旬 | xiàxún | 下游 | xiàyóu |
| 吓 | xià | 夏 | xià | 夏季 | xiàjì | 夏天 | xiàtiān |
| 仙 | xiān | 先 | xiān | 先后 | xiānhòu | 先进 | xiānjìn |
| 先前 | xiānqián | 先生 | xiānsheng | 先天 | xiāntiān | 纤维 | xiānwéi |
| 掀起 | xiānqǐ | 鲜 | xiān | 鲜花 | xiānhuā | 鲜明 | xiānmíng |
| 鲜血 | xiānxuè | 鲜艳 | xiānyàn | 闲 | xián | 弦 | xián |
| 咸 | xián | 衔 | xián | 嫌 | xián | 显 | xiǎn |
| 显得 | xiǎn · dé | 显露 | xiǎnlù | 显然 | xiǎnrán | 显示 | xiǎnshì |
| 显微镜 | xiǎnwēijìng | 显现 | xiǎnxiàn | 显著 | xiǎnzhù | 险 | xiǎn |
| 鲜 | xiǎn | 县 | xiàn | 县城 | xiànchéng | 现 | xiàn |
| 现场 | xiànchǎng | 现存 | xiàncún | 现代 | xiàndài | 现代化 | xiàndàihuà |
| 现今 | xiànjīn | 现金 | xiànjīn | 现实 | xiànshí | 现象 | xiànxiàng |
| 现行 | xiànxíng | 现在 | xiànzài | 现状 | xiànzhuàng | 限 | xiàn |
| 限度 | xiàndù | 限于 | xiànyú | 限制 | xiànzhì | 线 | xiàn |
| 线段 | xiànduàn | 线路 | xiànlù | 线圈 | xiànquān | 线索 | xiànsuǒ |
| 线条 | xiàntiáo | 宪法 | xiànfǎ | 陷 | xiàn | 陷入 | xiànrù |
| 陷于 | xiànyú | 羡慕 | xiànmù | 献 | xiàn | 献身 | xiànshēn |
| 腺 | xiàn | 乡 | xiāng | 乡村 | xiāngcūn | 乡下 | xiāngxia |
| 相 | xiāng | 相当 | xiāngdāng | 相等 | xiāngděng | 相对 | xiāngduì |
| 相反 | xiāngfǎn | 相关 | xiāngguān | 相互 | xiānghù | 相继 | xiāngjì |
| 相交 | xiāngjiāo | 相近 | xiāngjìn | 相连 | xiānglián | 相似 | xiāngsì |
| 相通 | xiāngtōng | 相同 | xiāngtóng | 相信 | xiāngxìn | 相应 | xiāngyìng |
| 香 | xiāng | 香烟 | xiāngyān | 箱 | xiāng | 箱子 | xiāngzi |
| 详细 | xiángxì | 降 | xiáng | 享 | xiǎng | 享受 | xiǎngshòu |
| 享有 | xiǎngyǒu | 响 | xiǎng | 响声 | xiǎngshēng | 响应 | xiǎngyìng |
| 想 | xiǎng | 想法 | xiǎng · fǎ | 想象 | xiǎngxiàng | 想象力 | xiǎngxiànglì |
| 向 | xiàng | 向来 | xiànglái | 向上 | xiàngshàng | 向往 | xiàngwǎng |
| 项 | xiàng | 项目 | xiàngmù | 相 | xiàng | 象 | xiàng |
| 象征 | xiàngzhēng | 像 | xiàng | 橡胶 | xiàngjiāo | 橡皮 | xiàngpí |
| 削 | xiāo | 消 | xiāo | 消除 | xiāochú | 消毒 | xiāodú |
| 消费 | xiāofèi | 消费品 | xiāofèipǐn | 消耗 | xiāohào | 消化 | xiāohuà |
| 消极 | xiāojí | 消灭 | xiāomiè | 消失 | xiāoshī | 消亡 | xiāowáng |

（续上表）

| | | | | | | | |
|---|---|---|---|---|---|---|---|
| 消息 | xiāoxi | 硝酸 | xiāosuān | 销 | xiāo | 销售 | xiāoshòu |
| 小 | xiǎo | 小儿 | xiǎo'ér | 小伙子 | xiǎohuǒzi | 小姐 | xiǎo · jiě |
| 小麦 | xiǎomài | 小朋友 | xiǎopéngyǒu | 小时 | xiǎoshí | 小说儿 | xiǎoshuōr |
| 小心 | xiǎo · xīn | 小型 | xiǎoxíng | 小学 | xiǎoxué | 小学生 | xiǎoxuéshēng |
| 小子 | xiǎozi | 小组 | xiǎozǔ | 晓得 | xiǎo · dé | 校 | xiào |
| 校长 | xiàozhǎng | 笑 | xiào | 笑话 | xiàohua | 笑话儿 | xiàohuar |
| 笑容 | xiàoróng | 效 | xiào | 效果 | xiàoguǒ | 效力 | xiàolì |
| 效率 | xiàolǜ | 效益 | xiàoyì | 效应 | xiàoyìng | 些 | xiē |
| 歇 | xiē | 协定 | xiédìng | 协会 | xiéhuì | 协商 | xiéshāng |
| 协调 | xiétiáo | 协同 | xiétóng | 协议 | xiéyì | 协助 | xiézhù |
| 协作 | xiézuò | 邪 | xié | 斜 | xié | 携带 | xiédài |
| 鞋 | xié | 写 | xiě | 写作 | xiězuò | 血 | xiě |
| 泄 | xiè | 谢 | xiè | 谢谢 | xièxie | 解 | xiè |
| 蟹 | xiè | 心 | xīn | 心底 | xīndǐ | 心里 | xīn · lǐ |
| 心理 | xīnlǐ | 心灵 | xīnlíng | 心情 | xīnqíng | 心事 | xīnshì |
| 心思 | xīnsi | 心头 | xīntóu | 心血 | xīnxuè | 心脏 | xīnzàng |
| 辛苦 | xīnkǔ | 辛勤 | xīnqín | 欣赏 | xīnshǎng | 锌 | xīn |
| 新 | xīn | 新陈代谢 | xīnchén-dàixiè | 新娘 | xīnniáng | 新奇 | xīnqí |
| 新人 | xīnrén | 新式 | xīnshì | 新闻 | xīnwén | 新鲜 | xīn · xiān |
| 新兴 | xīnxīng | 新型 | xīnxíng | 新颖 | xīnyǐng | 信 | xìn |
| 信贷 | xìndài | 信号 | xìnhào | 信念 | xìnniàn | 信任 | xìnrèn |
| 信徒 | xìntú | 信息 | xìnxī | 信心 | xìnxīn | 信仰 | xìnyǎng |
| 信用 | xìnyòng | 兴 | xīng | 兴奋 | xīngfèn | 兴建 | xīngjiàn |
| 兴起 | xīngqǐ | 星 | xīng | 星际 | xīngjì | 星期 | xīngqī |
| 星球 | xīngqiú | 星系 | xīngxì | 星星 | xīngxing | 星云 | xīngyún |
| 刑 | xíng | 刑罚 | xíngfá | 刑法 | xíngfǎ | 刑事 | xíngshì |
| 行 | xíng | 行动 | xíngdòng | 行军 | xíngjūn | 行李 | xíngli |
| 行人 | xíngrén | 行使 | xíngshǐ | 行驶 | xíngshǐ | 行为 | xíngwéi |
| 行星 | xíngxīng | 行政 | xíngzhèng | 行走 | xíngzǒu | 形 | xíng |
| 形成 | xíngchéng | 形容 | xíngróng | 形式 | xíngshì | 形势 | xíngshì |
| 形态 | xíngtài | 形体 | xíngtǐ | 形象 | xíngxiàng | 形状 | xíngzhuàng |
| 型 | xíng | 省 | xǐng | 醒 | xǐng | 兴 | xìng |
| 兴趣 | xìngqù | 幸福 | xìngfú | 性 | xìng | 性别 | xìngbié |
| 性格 | xìnggé | 性能 | xìngnéng | 性情 | xìngqíng | 性质 | xìngzhì |

（续上表）

| | | | | | | | |
|---|---|---|---|---|---|---|---|
| 性状 | xìngzhuàng | 姓 | xìng | 姓名 | xìngmíng | 凶 | xiōng |
| 兄 | xiōng | 兄弟 | xiōngdì | 兄弟 | xiōngdi | 胸 | xiōng |
| 胸脯 | xiōngpú | 雄 | xióng | 雄伟 | xióngwěi | 熊 | xióng |
| 休眠 | xiūmián | 休息 | xiūxi | 修 | xiū | 修辞 | xiūcí |
| 修复 | xiūfù | 修改 | xiūgǎi | 修建 | xiūjiàn | 修理 | xiūlǐ |
| 修养 | xiūyǎng | 修正 | xiūzhèng | 宿 | xiǔ | 臭 | xiù |
| 袖 | xiù | 宿 | xiù | 绣 | xiù | 嗅 | xiù |
| 须 | xū | 虚 | xū | 需 | xū | 需求 | xūqiú |
| 需要 | xūyào | 徐 | xú | 许 | xǔ | 许多 | xǔduō |
| 许可 | xǔkě | 序 | xù | 叙述 | xùshù | 畜 | xù |
| 宣布 | xuānbù | 宣传 | xuānchuán | 宣告 | xuāngào | 宣言 | xuānyán |
| 宣扬 | xuānyáng | 悬 | xuán | 悬挂 | xuánguà | 旋 | xuán |
| 旋律 | xuánlǜ | 旋转 | xuánzhuǎn | 选 | xuǎn | 选拔 | xuǎnbá |
| 选举 | xuǎnjǔ | 选手 | xuǎnshǒu | 选用 | xuǎnyòng | 选择 | xuǎnzé |
| 旋 | xuàn | 削 | xuē | 削弱 | xuēruò | 穴 | xué |
| 学 | xué | 学会 | xuéhuì | 学科 | xuékē | 学派 | xuépài |
| 学生 | xuésheng | 学术 | xuéshù | 学说 | xuéshuō | 学堂 | xuétáng |
| 学徒 | xuétú | 学问 | xuéwen | 学习 | xuéxí | 学校 | xuéxiào |
| 学员 | xuéyuán | 学院 | xuéyuàn | 学者 | xuézhě | 雪 | xuě |
| 雪白 | xuěbái | 雪花 | xuěhuā | 血 | xuè | 血管 | xuèguǎn |
| 血液 | xuèyè | 寻 | xún | 寻求 | xúnqiú | 寻找 | xúnzhǎo |
| 询问 | xúnwèn | 循环 | xúnhuán | 训 | xùn | 训练 | xùnliàn |
| 迅速 | xùnsù | 压 | yā | 压力 | yālì | 压迫 | yāpò |
| 压强 | yāqiáng | 压缩 | yāsuō | 压抑 | yāyì | 压制 | yāzhì |
| 押 | yā | 鸦片 | yāpiàn | 鸭 | yā | 牙 | yá |
| 牙齿 | yáchǐ | 芽 | yá | 亚 | yà | 咽 | yān |
| 烟 | yān | 烟囱 | yān · cōng | 延长 | yáncháng | 延伸 | yánshēn |
| 延续 | yánxù | 严 | yán | 严格 | yángé | 严寒 | yánhán |
| 严峻 | yánjùn | 严厉 | yánlì | 严密 | yánmì | 严肃 | yánsù |
| 严重 | yánzhòng | 言 | yán | 言论 | yánlùn | 言语 | yányǔ |
| 岩 | yán | 岩石 | yánshí | 炎 | yán | 沿 | yán |
| 沿岸 | yán’àn | 沿海 | yánhǎi | 研究 | yánjiū | 研究生 | yánjiūshēng |
| 研制 | yánzhì | 盐 | yán | 盐酸 | yánsuān | 颜色 | yánsè |
| 掩盖 | yǎngài | 掩护 | yǎnhù | 眼 | yǎn | 眼光 | yǎnguāng |

（续上表）

| | | | | | | | |
|---|---|---|---|---|---|---|---|
| 眼睛 | yǎnjing | 眼镜 | yǎnjìng | 眼看 | yǎnkàn | 眼泪 | yǎnlèi |
| 眼前 | yǎnqián | 眼神 | yǎnshén | 演 | yǎn | 演变 | yǎnbiàn |
| 演唱 | yǎnchàng | 演出 | yǎnchū | 演化 | yǎnhuà | 演讲 | yǎnjiǎng |
| 演说 | yǎnshuō | 演绎 | yǎnyì | 演员 | yǎnyuán | 演奏 | yǎnzòu |
| 厌 | yàn | 厌恶 | yànwù | 咽 | yàn | 宴会 | yànhuì |
| 验 | yàn | 验证 | yànzhèng | 秧 | yāng | 扬 | yáng |
| 羊 | yáng | 羊毛 | yángmáo | 阳 | yáng | 阳光 | yángguāng |
| 杨 | yáng | 洋 | yáng | 仰 | yǎng | 养 | yǎng |
| 养分 | yǎngfèn | 养料 | yǎngliào | 养殖 | yǎngzhí | 氧 | yǎng |
| 氧化 | yǎnghuà | 氧气 | yǎngqì | 样 | yàng | 样本 | yàngběn |
| 样品 | yàngpǐn | 样式 | yàngshì | 样子 | yàngzi | 约 | yāo |
| 要 | yāo | 要求 | yāoqiú | 腰 | yāo | 邀请 | yāoqǐng |
| 摇 | yáo | 摇晃 | yáo · huàng | 摇头 | yáotóu | 遥感 | yáogǎn |
| 遥远 | yáoyuǎn | 咬 | yǎo | 药 | yào | 药品 | yàopǐn |
| 药物 | yàowù | 要 | yào | 要紧 | yàojǐn | 要素 | yàosù |
| 钥匙 | yàoshi | 耶稣 | Yēsū | 爷爷 | yéye | 也 | yě |
| 也许 | yěxǔ | 冶金 | yějīn | 冶炼 | yěliàn | 野 | yě |
| 野蛮 | yěmán | 野生 | yěshēng | 野兽 | yěshòu | 野外 | yěwài |
| 业 | yè | 业务 | yèwù | 业余 | yèyú | 叶 | yè |
| 叶片 | yèpiàn | 叶子 | yèzi | 页 | yè | 夜 | yè |
| 夜间 | yèjiān | 夜里 | yè · lǐ | 夜晚 | yèwǎn | 液 | yè |
| 液态 | yètài | 液体 | yètǐ | 一 | yī | 一般 | yībān |
| 一半 | yībàn | 一辈子 | yībèizi | 一边 | yībiān | 一带 | yīdài |
| 一旦 | yīdàn | 一定 | yīdìng | 一度 | yīdù | 一端 | yīduān |
| 一共 | yīgòng | 一贯 | yīguàn | 一会儿 | yīhuìr | 一块儿 | yīkuàir |
| 一连 | yīlián | 一律 | yīlǜ | 一面 | yīmiàn | 一旁 | yīpáng |
| 一齐 | yīqí | 一起 | yīqǐ | 一切 | yīqiè | 一时 | yīshí |
| 一体 | yītǐ | 一同 | yītóng | 一线 | yīxiàn | 一向 | yīxiàng |
| 一心 | yīxīn | 一再 | yīzài | 一早 | yīzǎo | 一直 | yīzhí |
| 一致 | yīzhì | 衣 | yī | 衣服 | yīfu | 衣裳 | yīshang |
| 医 | yī | 医疗 | yīliáo | 医生 | yīshēng | 医学 | yīxué |
| 医药 | yīyào | 医院 | yīyuàn | 依 | yī | 依次 | yīcì |
| 依法 | yīfǎ | 依附 | yīfù | 依旧 | yījiù | 依据 | yījù |
| 依靠 | yīkào | 依赖 | yīlài | 依然 | yīrán | 依照 | yīzhào |

（续上表）

| | | | | | | | |
|---|---|---|---|---|---|---|---|
| 仪 | yí | 仪器 | yíqì | 仪式 | yíshì | 宜 | yí |
| 移 | yí | 移动 | yídòng | 移民 | yímín | 移植 | yízhí |
| 遗 | yí | 遗产 | yíchǎn | 遗传 | yíchuán | 遗憾 | yíhàn |
| 遗留 | yíliú | 遗址 | yízhǐ | 遗嘱 | yízhǔ | 疑 | yí |
| 疑惑 | yíhuò | 疑问 | yíwèn | 乙 | yǐ | 已 | yǐ |
| 已经 | yǐ · jīng | 以 | yǐ | 以便 | yǐbiàn | 以后 | yǐhòu |
| 以及 | yǐjí | 以来 | yǐlái | 以免 | yǐmiǎn | 以内 | yǐnèi |
| 以前 | yǐqián | 以外 | yǐwài | 以往 | yǐwǎng | 以为 | yǐwéi |
| 以下 | yǐxià | 以至 | yǐzhì | 以致 | yǐzhì | 矣 | yǐ |
| 蚁 | yǐ | 倚 | yǐ | 椅子 | yǐzi | 亿 | yì |
| 义 | yì | 义务 | yìwù | 艺 | yì | 艺术 | yìshù |
| 艺术家 | yìshùjiā | 议 | yì | 议会 | yìhuì | 议论 | yìlùn |
| 议员 | yìyuán | 亦 | yì | 异 | yì | 异常 | yìcháng |
| 抑制 | yìzhì | 役 | yì | 译 | yì | 易 | yì |
| 易于 | yìyú | 益 | yì | 意 | yì | 意见 | yì · jiàn |
| 意境 | yìjìng | 意识 | yì · shí | 意思 | yìsi | 意图 | yìtú |
| 意外 | yìwài | 意味 | yìwèi | 意象 | yìxiàng | 意义 | yìyì |
| 意志 | yìzhì | 毅然 | yìrán | 翼 | yì | 因 | yīn |
| 因此 | yīncǐ | 因地制宜 | yīndì-zhìyí | 因而 | yīn’ér | 因果 | yīnguǒ |
| 因素 | yīnsù | 因为 | yīn · wèi | 因子 | yīnzǐ | 阴 | yīn |
| 阴谋 | yīnmóu | 阴阳 | yīnyáng | 阴影 | yīnyǐng | 音 | yīn |
| 音调 | yīndiào | 音阶 | yīnjiē | 音节 | yīnjié | 音响 | yīnxiǎng |
| 音乐 | yīnyuè | 银 | yín | 银行 | yínháng | 引 | yǐn |
| 引导 | yǐndǎo | 引进 | yǐnjìn | 引力 | yǐnlì | 引起 | yǐnqǐ |
| 引用 | yǐnyòng | 饮 | yǐn | 饮食 | yǐnshí | 隐 | yǐn |
| 隐蔽 | yǐnbì | 隐藏 | yǐncáng | 印 | yìn | 印刷 | yìnshuā |
| 印象 | yìnxiàng | 饮 | yìn | 应 | yīng | 应当 | yīngdāng |
| 应该 | yīnggāi | 英 | yīng | 英雄 | yīngxióng | 英勇 | yīngyǒng |
| 婴儿 | yīng’ér | 鹰 | yīng | 迎 | yíng | 迎接 | yíngjiē |
| 荧光屏 | yíngguāngpíng | 盈利 | yínglì | 营 | yíng | 营养 | yíngyǎng |
| 营业 | yíngyè | 赢得 | yíngdé | 影 | yǐng | 影片 | yǐngpiàn |
| 影响 | yǐngxiǎng | 影子 | yǐngzi | 应 | yìng | 应付 | yìng · fù |
| 应用 | yìngyòng | 映 | yìng | 硬 | yìng | 拥 | yōng |
| 拥护 | yōnghù | 拥挤 | yōngjǐ | 拥有 | yōngyǒu | 永 | yǒng |

（续上表）

| | | | | | | | |
|---|---|---|---|---|---|---|---|
| 永恒 | yǒnghéng | 永久 | yǒngjiǔ | 永远 | yǒngyuǎn | 勇敢 | yǒnggǎn |
| 勇气 | yǒngqì | 勇于 | yǒngyú | 涌 | yǒng | 涌现 | yǒngxiàn |
| 用 | yòng | 用处 | yòng · chù | 用户 | yònghù | 用力 | yònglì |
| 用品 | yòngpǐn | 用途 | yòngtú | 优 | yōu | 优点 | yōudiǎn |
| 优惠 | yōuhuì | 优良 | yōuliáng | 优美 | yōuměi | 优势 | yōushì |
| 优先 | yōuxiān | 优秀 | yōuxiù | 优越 | yōuyuè | 优质 | yōuzhì |
| 忧郁 | yōuyù | 幽默 | yōumò | 悠久 | yōujiǔ | 尤 | yóu |
| 尤其 | yóuqí | 尤为 | yóuwéi | 由 | yóu | 由于 | yóuyú |
| 邮票 | yóupiào | 犹 | yóu | 犹如 | yóurú | 犹豫 | yóuyù |
| 油 | yóu | 油画 | yóuhuà | 油田 | yóutián | 铀 | yóu |
| 游 | yóu | 游击 | yóujī | 游击队 | yóujīduì | 游戏 | yóuxì |
| 游行 | yóuxíng | 游泳 | yóuyǒng | 友 | yǒu | 友好 | yǒuhǎo |
| 友人 | yǒurén | 友谊 | yǒuyì | 有 | yǒu | 有关 | yǒuguān |
| 有机 | yǒujī | 有力 | yǒulì | 有利 | yǒulì | 有名 | yǒumíng |
| 有趣 | yǒuqù | 有如 | yǒurú | 有时 | yǒushí | 有限 | yǒuxiàn |
| 有效 | yǒuxiào | 有益 | yǒuyì | 有意 | yǒuyì | 又 | yòu |
| 右 | yòu | 右边 | yòu · biān | 右手 | yòushǒu | 幼 | yòu |
| 幼虫 | yòuchóng | 幼儿 | yòu'ér | 幼苗 | yòumiáo | 幼年 | yòunián |
| 诱导 | yòudǎo | 于 | yú | 于是 | yúshì | 予 | yú |
| 余 | yú | 余地 | yúdì | 鱼 | yú | 娱乐 | yúlè |
| 渔 | yú | 渔业 | yúyè | 愉快 | yúkuài | 舆论 | yúlùn |
| 与 | yǔ | 与其 | yǔqí | 予 | yǔ | 予以 | yǔyǐ |
| 宇宙 | yǔzhòu | 羽 | yǔ | 羽毛 | yǔmáo | 雨 | yǔ |
| 雨水 | yǔshuǐ | 语 | yǔ | 语法 | yǔfǎ | 语句 | yǔjù |
| 语气 | yǔqì | 语文 | yǔwén | 语言 | yǔyán | 语音 | yǔyīn |
| 玉 | yù | 玉米 | yùmǐ | 育 | yù | 育种 | yùzhǒng |
| 预报 | yùbào | 预备 | yùbèi | 预测 | yùcè | 预定 | yùdìng |
| 预防 | yùfáng | 预计 | yùjì | 预料 | yùliào | 预期 | yùqī |
| 预算 | yùsuàn | 预先 | yùxiān | 预言 | yùyán | 域 | yù |
| 欲 | yù | 欲望 | yùwàng | 遇 | yù | 遇见 | yù · jiàn |
| 愈 | yù | 元 | yuán | 元素 | yuánsù | 园 | yuán |
| 员 | yuán | 袁 | Yuán | 原 | yuán | 原材料 | yuáncáiliào |
| 原来 | yuánlái | 原理 | yuánlǐ | 原谅 | yuánliàng | 原料 | yuánliào |
| 原始 | yuánshǐ | 原先 | yuánxiān | 原因 | yuányīn | 原则 | yuánzé |

（续上表）

| | | | | | | | |
|---|---|---|---|---|---|---|---|
| 原子 | yuánzǐ | 原子核 | yuánzǐhé | 圆 | yuán | 圆心 | yuánxīn |
| 援助 | yuánzhù | 缘 | yuán | 缘故 | yuángù | 源 | yuán |
| 源泉 | yuánquán | 远 | yuǎn | 远方 | yuǎnfāng | 怨 | yuàn |
| 院 | yuàn | 院子 | yuànzi | 愿 | yuàn | 愿望 | yuànwàng |
| 愿意 | yuàn · yì | 曰 | yuē | 约 | yuē | 约束 | yuēshù |
| 月 | yuè | 月初 | yuèchū | 月份 | yuèfèn | 月光 | yuèguāng |
| 月亮 | yuèliang | 月球 | yuèqiú | 乐 | yuè | 乐队 | yuèduì |
| 乐器 | yuèqì | 乐曲 | yuèqǔ | 阅读 | yuèdú | 跃 | yuè |
| 越 | yuè | 越冬 | yuèdōng | 越过 | yuèguò | 粤 | Yuè |
| 云 | yún | 匀 | yún | 允许 | yǔnxǔ | 运 | yùn |
| 运动 | yùndòng | 运动员 | yùndòngyuán | 运输 | yùnshū | 运算 | yùnsuàn |
| 运行 | yùnxíng | 运用 | yùnyòng | 运转 | yùnzhuǎn | 韵 | yùn |
| 蕴藏 | yùncáng | 扎 | zā | 杂 | zá | 杂交 | zájiāo |
| 杂志 | zázhì | 杂质 | zázhì | 砸 | zá | 灾难 | zāinàn |
| 栽 | zāi | 栽培 | zāipéi | 再 | zài | 再见 | zàijiàn |
| 再现 | zàixiàn | 在 | zài | 在场 | zàichǎng | 在家 | zàijiā |
| 在于 | zàiyú | 载 | zài | 咱 | zán | 咱们 | zánmen |
| 暂 | zàn | 暂时 | zànshí | 赞成 | zànchéng | 赞美 | zànměi |
| 赞叹 | zàntàn | 赞扬 | zànyáng | 脏 | zāng | 脏 | zàng |
| 葬 | zàng | 藏 | zàng | 遭 | zāo | 遭受 | zāoshòu |
| 遭遇 | zāoyù | 糟 | zāo | 早 | zǎo | 早晨 | zǎo · chén |
| 早期 | zǎoqī | 早日 | zǎorì | 早上 | zǎoshang | 早已 | zǎoyǐ |
| 藻 | zǎo | 灶 | zào | 造 | zào | 造就 | zàojiù |
| 造型 | zàoxíng | 则 | zé | 责 | zé | 责任 | zérèn |
| 责任感 | zérèngǎn | 贼 | zéi | 怎 | zěn | 怎么 | zěnme |
| 怎么样 | zěnmeyàng | 怎样 | zěnyàng | 曾 | zēng | 增 | zēng |
| 增产 | zēngchǎn | 增多 | zēngduō | 增高 | zēnggāo | 增加 | zēngjiā |
| 增进 | zēngjìn | 增强 | zēngqiáng | 增添 | zēngtiān | 增长 | zēngzhǎng |
| 增殖 | zēngzhí | 扎 | zhā | 炸 | zhá | 眨 | zhǎ |
| 炸 | zhà | 炸弹 | zhàdàn | 摘 | zhāi | 窄 | zhǎi |
| 债 | zhài | 债务 | zhàiwù | 寨 | zhài | 占 | zhān |
| 沾 | zhān | 粘 | zhān | 盏 | zhǎn | 展 | zhǎn |
| 展开 | zhǎnkāi | 展览 | zhǎnlǎn | 展示 | zhǎnshì | 展现 | zhǎnxiàn |
| 崭新 | zhǎnxīn | 占 | zhàn | 占据 | zhànjù | 占领 | zhànlǐng |

（续上表）

| | | | | | | | |
|---|---|---|---|---|---|---|---|
| 占用 | zhànyòng | 占有 | zhànyǒu | 战 | zhàn | 战场 | zhànchǎng |
| 战斗 | zhàndòu | 战国 | zhànguó | 战略 | zhànlüè | 战胜 | zhànshèng |
| 战士 | zhànshì | 战术 | zhànshù | 战线 | zhànxiàn | 战役 | zhànyì |
| 战友 | zhànyǒu | 战争 | zhànzhēng | 站 | zhàn | 张 | zhāng |
| 章 | zhāng | 章程 | zhāngchéng | 长 | zhǎng | 长官 | zhǎngguān |
| 涨 | zhǎng | 掌 | zhǎng | 掌握 | zhǎngwò | 丈 | zhàng |
| 丈夫 | zhàngfu | 仗 | zhàng | 帐 | zhàng | 帐篷 | zhàngpeng |
| 账 | zhàng | 胀 | zhàng | 涨 | zhàng | 障碍 | zhàng'ài |
| 招 | zhāo | 招待 | zhāodài | 招呼 | zhāohu | 招生 | zhāoshēng |
| 着 | zhāo | 朝 | zhāo | 着 | zháo | 着急 | zháojí |
| 找 | zhǎo | 召集 | zhàojí | 召开 | zhàokāi | 赵 | Zhào |
| 照 | zhào | 照顾 | zhào · gù | 照例 | zhàolì | 照明 | zhàomíng |
| 照片 | zhàopiàn | 照射 | zhàoshè | 照相 | zhàoxiàng | 照相机 | zhàoxiàngjī |
| 照样 | zhàoyàng | 照耀 | zhàoyào | 遮 | zhē | 折 | zhé |
| 折磨 | zhé · mó | 折射 | zhéshè | 哲学 | zhéxué | 者 | zhě |
| 这 | zhè | 这个 | zhège | 这里 | zhè · lǐ | 这么 | zhème |
| 这儿 | zhèr | 这些 | zhèxiē | 这样 | zhèyàng | 针 | zhēn |
| 针对 | zhēnduì | 针灸 | zhēnjiǔ | 侦查 | zhēnchá | 侦察 | zhēnchá |
| 珍贵 | zhēnguì | 珍珠 | zhēnzhū | 真 | zhēn | 真诚 | zhēnchéng |
| 真空 | zhēnkōng | 真理 | zhēnlǐ | 真实 | zhēnshí | 真正 | zhēnzhèng |
| 诊断 | zhěnduàn | 枕头 | zhěntou | 阵 | zhèn | 阵地 | zhèndì |
| 振 | zhèn | 振荡 | zhèndàng | 振动 | zhèndòng | 振奋 | zhènfèn |
| 振兴 | zhènxīng | 震 | zhèn | 震动 | zhèndòng | 震惊 | zhènjīng |
| 镇 | zhèn | 镇压 | zhènyā | 争 | zhēng | 争夺 | zhēngduó |
| 争论 | zhēnglùn | 争取 | zhēngqǔ | 征 | zhēng | 征服 | zhēngfú |
| 征求 | zhēngqiú | 征收 | zhēngshōu | 挣 | zhēng | 睁 | zhēng |
| 蒸 | zhēng | 蒸发 | zhēngfā | 蒸气 | zhēngqì | 整 | zhěng |
| 整顿 | zhěngdùn | 整个 | zhěnggè | 整理 | zhěnglǐ | 整齐 | zhěngqí |
| 整体 | zhěngtǐ | 正 | zhèng | 正常 | zhèngcháng | 正当 | zhèngdāng |
| 正当 | zhèngdàng | 正规 | zhèngguī | 正好 | zhènghǎo | 正面 | zhèngmiàn |
| 正确 | zhèngquè | 正式 | zhèngshì | 正义 | zhèngyì | 正在 | zhèngzài |
| 证 | zhèng | 证据 | zhèngjù | 证明 | zhèngmíng | 证实 | zhèngshí |
| 证书 | zhèngshū | 郑 | Zhèng | 政 | zhèng | 政策 | zhèngcè |
| 政党 | zhèngdǎng | 政府 | zhèngfǔ | 政权 | zhèngquán | 政委 | zhèngwěi |

（续上表）

| | | | | | | | |
|---|---|---|---|---|---|---|---|
| 政治 | zhèngzhì | 挣 | zhèng | 症 | zhèng | 症状 | zhèngzhuàng |
| 之 | zhī | 之后 | zhīhòu | 之前 | zhīqián | 支 | zhī |
| 支部 | zhībù | 支撑 | zhīchēng | 支持 | zhīchí | 支出 | zhīchū |
| 支队 | zhīduì | 支付 | zhīfù | 支配 | zhīpèi | 支援 | zhīyuán |
| 只 | zhī | 汁 | zhī | 枝 | zhī | 枝条 | zhītiáo |
| 枝叶 | zhīyè | 知 | zhī | 知道 | zhī · dào | 知觉 | zhījué |
| 知识 | zhīshi | 肢 | zhī | 织 | zhī | 脂肪 | zhīfáng |
| 执行 | zhíxíng | 直 | zhí | 直观 | zhíguān | 直角 | zhíjiǎo |
| 直接 | zhíjiē | 直径 | zhíjìng | 直觉 | zhíjué | 直立 | zhílì |
| 直辖市 | zhíxiáshì | 直线 | zhíxiàn | 直至 | zhízhì | 值 | zhí |
| 值班 | zhíbān | 值得 | zhí · dé | 职 | zhí | 职工 | zhígōng |
| 职能 | zhínéng | 职权 | zhíquán | 职务 | zhíwù | 职业 | zhíyè |
| 职员 | zhíyuán | 职责 | zhízé | 植 | zhí | 植物 | zhíwù |
| 植株 | zhízhū | 殖 | zhí | 殖民 | zhímín | 殖民地 | zhímíndì |
| 止 | zhǐ | 只 | zhǐ | 只得 | zhǐdé | 只顾 | zhǐgù |
| 只好 | zhǐhǎo | 只是 | zhǐshì | 只要 | zhǐyào | 只有 | zhǐyǒu |
| 纸 | zhǐ | 指 | zhǐ | 指标 | zhǐbiāo | 指导 | zhǐdǎo |
| 指定 | zhǐdìng | 指挥 | zhǐhuī | 指令 | zhǐlìng | 指明 | zhǐmíng |
| 指示 | zhǐshì | 指数 | zhǐshù | 指责 | zhǐzé | 至 | zhì |
| 至此 | zhìcǐ | 至今 | zhìjīn | 至少 | zhìshǎo | 至于 | zhìyú |
| 志 | zhì | 制 | zhì | 制订 | zhìdìng | 制定 | zhìdìng |
| 制度 | zhìdù | 制品 | zhìpǐn | 制约 | zhìyuē | 制造 | zhìzào |
| 制止 | zhìzhǐ | 制作 | zhìzuò | 质 | zhì | 质变 | zhìbiàn |
| 质量 | zhìliàng | 质子 | zhìzǐ | 治 | zhì | 治安 | zhì' ān |
| 治理 | zhìlǐ | 治疗 | zhìliáo | 致 | zhì | 致富 | zhìfù |
| 致使 | zhìshǐ | 秩序 | zhìxù | 智 | zhì | 智慧 | zhìhuì |
| 智力 | zhìlì | 智能 | zhìnéng | 滞 | zhì | 置 | zhì |
| 中 | zhōng | 中等 | zhōngděng | 中断 | zhōngduàn | 中华 | zhōnghuá |
| 中间 | zhōngjiān | 中年 | zhōngnián | 中期 | zhōngqī | 中世纪 | zhōngshìjì |
| 中枢 | zhōngshū | 中外 | zhōngwài | 中午 | zhōngwǔ | 中心 | zhōngxīn |
| 中性 | zhōngxìng | 中学 | zhōngxué | 中学生 | zhōngxuéshēng | 中旬 | zhōngxún |
| 中央 | zhōngyāng | 中叶 | zhōngyè | 中医 | zhōngyī | 中原 | zhōngyuán |
| 中子 | zhōngzǐ | 忠诚 | zhōngchéng | 忠实 | zhōngshí | 终 | zhōng |
| 终究 | zhōngjiū | 终年 | zhōngnián | 终身 | zhōngshēn | 终于 | zhōngyú |

（续上表）

| | | | | | | | |
|---|---|---|---|---|---|---|---|
| 钟 | zhōng | 钟头 | zhōngtóu | 肿 | zhǒng | 肿瘤 | zhǒngliú |
| 种 | zhǒng | 种类 | zhǒnglèi | 种群 | zhǒngqún | 种子 | zhǒngzi |
| 种族 | zhǒngzú | 中 | zhòng | 中毒 | zhòngdú | 众 | zhòng |
| 众多 | zhòngduō | 众人 | zhòngrén | 种 | zhòng | 种植 | zhòngzhí |
| 重 | zhòng | 重大 | zhòngdà | 重点 | zhòngdiǎn | 重工业 | zhònggōngyè |
| 重力 | zhònglì | 重量 | zhòngliàng | 重视 | zhòngshì | 重要 | zhòngyào |
| 州 | zhōu | 周 | Zhōu | 周年 | zhōunián | 周期 | zhōuqī |
| 周围 | zhōuwéi | 周转 | zhōuzhuǎn | 轴 | zhóu | 昼夜 | zhòuyè |
| 皱 | zhòu | 朱 | Zhū | 珠 | zhū | 株 | zhū |
| 诸 | zhū | 诸如 | zhūrú | 猪 | zhū | 竹 | zhú |
| 逐 | zhú | 逐步 | zhúbù | 逐渐 | zhújiàn | 逐年 | zhúnián |
| 主 | zhǔ | 主编 | zhǔbiān | 主持 | zhǔchí | 主导 | zhǔdǎo |
| 主动 | zhǔdòng | 主观 | zhǔguān | 主管 | zhǔguǎn | 主教 | zhǔjiào |
| 主力 | zhǔlì | 主权 | zhǔquán | 主人 | zhǔ · rén | 主人公 | zhǔréngōng |
| 主任 | zhǔrèn | 主题 | zhǔtí | 主体 | zhǔtǐ | 主席 | zhǔxí |
| 主要 | zhǔyào | 主义 | zhǔyì | 主意 | zhǔyi | 主语 | zhǔyǔ |
| 主张 | zhǔzhāng | 煮 | zhǔ | 属 | zhǔ | 嘱咐 | zhǔ · fù |
| 助 | zhù | 助手 | zhùshǒu | 住 | zhù | 住房 | zhùfáng |
| 住宅 | zhùzhái | 贮藏 | zhùcáng | 贮存 | zhùcún | 注 | zhù |
| 注射 | zhùshè | 注视 | zhùshì | 注意 | zhùyì | 注重 | zhùzhòng |
| 驻 | zhù | 柱 | zhù | 祝 | zhù | 祝贺 | zhùhè |
| 著 | zhù | 著名 | zhùmíng | 著作 | zhùzuò | 筑 | zhù |
| 抓 | zhuā | 抓紧 | zhuājǐn | 专 | zhuān | 专家 | zhuānjiā |
| 专利 | zhuānlì | 专门 | zhuānmén | 专题 | zhuāntí | 专业 | zhuānyè |
| 专用 | zhuānyòng | 专政 | zhuānzhèng | 专制 | zhuānzhì | 砖 | zhuān |
| 转 | zhuǎn | 转变 | zhuǎnbiàn | 转动 | zhuǎndòng | 转化 | zhuǎnhuà |
| 转换 | zhuǎnhuàn | 转身 | zhuǎnshēn | 转向 | zhuǎnxiàng | 转移 | zhuǎnyí |
| 传 | zhuàn | 转 | zhuàn | 转动 | zhuàndòng | 转向 | zhuànxiàng |
| 赚 | zhuàn | 庄 | zhuāng | 庄稼 | zhuāngjia | 庄严 | zhuāngyán |
| 桩 | zhuāng | 装 | zhuāng | 装备 | zhuāngbèi | 装饰 | zhuāngshì |
| 装置 | zhuāngzhì | 壮 | zhuàng | 壮大 | zhuàngdà | 状 | zhuàng |
| 状况 | zhuàngkuàng | 状态 | zhuàngtài | 撞 | zhuàng | 幢 | zhuàng |
| 追 | zhuī | 追究 | zhuījiū | 追求 | zhuīqiú | 追逐 | zhuīzhú |
| 准 | zhǔn | 准备 | zhǔnbèi | 准确 | zhǔnquè | 准则 | zhǔnzé |

（续上表）

| | | | | | | | |
|---|---|---|---|---|---|---|---|
| 捉 | zhuō | 桌 | zhuō | 桌子 | zhuōzi | 卓越 | zhuóyuè |
| 啄木鸟 | zhuómùniǎo | 着 | zhuó | 着手 | zhuóshǒu | 着重 | zhuózhòng |
| 琢磨 | zhuómó | 咨询 | zīxún | 姿势 | zīshì | 姿态 | zītài |
| 资 | zī | 资本 | zīběn | 资产 | zīchǎn | 资格 | zī · gé |
| 资金 | zījīn | 资料 | zīliào | 资源 | zīyuán | 滋味 | zīwèi |
| 子 | zǐ | 子弹 | zǐdàn | 子弟 | zǐdì | 子宫 | zǐgōng |
| 子女 | zǐnǚ | 子孙 | zǐsūn | 仔细 | zǐxì | 姊妹 | zǐmèi |
| 紫 | zǐ | 自 | zì | 自称 | zìchēng | 自从 | zìcóng |
| 自动 | zìdòng | 自动化 | zìdònghuà | 自发 | zìfā | 自豪 | zìháo |
| 自己 | zìjǐ | 自觉 | zìjué | 自力更生 | zìlì-gēngshēng | 自然 | zìrán |
| 自然界 | zìránjiè | 自杀 | zìshā | 自身 | zìshēn | 自卫 | zìwèi |
| 自我 | zìwǒ | 自信 | zìxìn | 自行 | zìxíng | 自行车 | zìxíngchē |
| 自由 | zìyóu | 自愿 | zìyuàn | 自在 | zìzài | 自在 | zìzai |
| 自治 | zìzhì | 自治区 | zìzhìqū | 自主 | zìzhǔ | 自转 | zìzhuàn |
| 字 | zì | 字母 | zìmǔ | 宗 | zōng | 宗教 | zōngjiào |
| 宗旨 | zōngzhǐ | 综合 | zōnghé | 总 | zǒng | 总额 | zǒng’é |
| 总和 | zǒnghé | 总结 | zǒngjié | 总理 | zǒnglǐ | 总数 | zǒngshù |
| 总算 | zǒngsuàn | 总体 | zǒngtǐ | 总统 | zǒngtǒng | 总之 | zǒngzhī |
| 纵 | zòng | 纵队 | zòngduì | 走 | zǒu | 走廊 | zǒuláng |
| 走向 | zǒuxiàng | 奏 | zòu | 租 | zū | 租界 | zūjiè |
| 足 | zú | 足够 | zúgòu | 足球 | zúqiú | 足以 | zúyǐ |
| 族 | zú | 阻 | zǔ | 阻碍 | zǔ’ài | 阻力 | zǔlì |
| 阻止 | zǔzhǐ | 组 | zǔ | 组合 | zǔhé | 组织 | zǔzhī |
| 祖 | zǔ | 祖父 | zǔfù | 祖国 | zǔguó | 祖母 | zǔmǔ |
| 祖先 | zǔxiān | 祖宗 | zǔzong | 钻 | zuān | 钻研 | zuānyán |
| 钻 | zuàn | 嘴 | zuǐ | 嘴巴 | zuǐba | 嘴唇 | zuǐchún |
| 最 | zuì | 最初 | zuìchū | 最后 | zuìhòu | 最近 | zuìjìn |
| 最为 | zuìwéi | 最终 | zuìzhōng | 罪 | zuì | 罪恶 | zuì’è |
| 罪犯 | zuìfàn | 罪行 | zuìxíng | 醉 | zuì | 尊 | zūn |
| 尊敬 | zūnjìng | 尊严 | zūnyán | 尊重 | zūnzhòng | 遵守 | zūnshǒu |
| 遵循 | zūnxún | 昨天 | zuótiān | 琢磨 | zuómo | 左 | zuǒ |
| 左边 | zuǒ · biān | 左手 | zuǒshǒu | 左右 | zuǒyòu | 作 | zuò |
| 作法 | zuòfǎ | 作风 | zuòfēng | 作家 | zuòjiā | 作品 | zuòpǐn |
| 作为 | zuòwéi | 作物 | zuòwù | 作业 | zuòyè | 作用 | zuòyòng |

（续上表）

| | | | | | | | |
|---|---|---|---|---|---|---|---|
| 作战 | zuòzhàn | 作者 | zuòzhě | 坐 | zuò | 坐标 | zuòbiāo |
| 座 | zuò | 座位 | zuò · wèi | 做 | zuò | 做法 | zuòfǎ |
| 做梦 | zuòmèng | | | | | | |

## 表　二

| | | | | | | | |
|---|---|---|---|---|---|---|---|
| 哀 | āi | 哀愁 | āichóu | 哀悼 | āidào | 哀求 | āiqiú |
| 哀伤 | āishāng | 哀怨 | āiyuàn | 哀乐 | āiyuè | 皑皑 | ái'ái |
| 癌 | ái | 矮小 | ǎixiǎo | 艾 | ài | 爱戴 | àidài |
| 爱抚 | àifǔ | 爱慕 | àimù | 爱惜 | àixī | 碍 | ài |
| 碍事 | àishì | 安插 | ānchā | 安顿 | āndùn | 安放 | ānfàng |
| 安分 | ānfèn | 安抚 | ānfǔ | 安家 | ānjiā | 安居乐业 | ānjū-lèyè |
| 安理会 | Ānlǐhuì | 安宁 | ānníng | 安生 | ānshēng | 安稳 | ānwěn |
| 安息 | ānxī | 安闲 | ānxián | 安详 | ānxiáng | 安逸 | ānyì |
| 安葬 | ānzàng | 庵 | ān | 按摩 | ànmó | 按捺 | ànnà |
| 按钮 | ànniǔ | 按期 | ànqī | 按时 | ànshí | 按说 | ànshuō |
| 案例 | ànlì | 案情 | ànqíng | 案头 | àntóu | 案子 | ànzi |
| 暗藏 | àncáng | 暗淡 | àndàn | 暗号 | ànhào | 暗杀 | ànshā |
| 暗自 | ànzì | 黯 | àn | 黯然 | ànrán | 昂 | áng |
| 昂贵 | ángguì | 昂然 | ángrán | 昂首 | ángshǒu | 昂扬 | ángyáng |
| 盎然 | àngrán | 凹陷 | āoxiàn | 遨游 | áoyóu | 螯 | áo |
| 翱翔 | áoxiáng | 袄 | ǎo | 拗 | ào | 傲 | ào |
| 傲慢 | àomàn | 傲然 | àorán | 奥 | ào | 奥妙 | àomiào |
| 澳 | ào | 懊悔 | àohuǐ | 懊恼 | àonǎo | 懊丧 | àosàng |
| 八股 | bāgǔ | 八卦 | bāguà | 八仙桌 | bāxiānzhuō | 八字 | bāzì |
| 巴掌 | bāzhang | 芭蕉 | bājiāo | 芭蕾舞 | bālěiwǔ | 疤 | bā |
| 疤痕 | bāhén | 拔除 | báchú | 拔节 | bájié | 拔腿 | bátuǐ |
| 跋涉 | báshè | 把柄 | bǎbǐng | 把持 | bǎchí | 把门儿 | bǎménr |
| 把手 | bǎ · shǒu | 把守 | bǎshǒu | 把戏 | bǎxì | 把子 | bǎzi |
| 靶 | bǎ | 靶场 | bǎchǎng | 坝 | bà | 把子 | bàzi |
| 耙 | bà | 罢官 | bàguān | 罢课 | bàkè | 罢免 | bàmiǎn |
| 罢休 | bàxiū | 霸 | bà | 霸权 | bàquán | 霸王 | bàwáng |
| 霸占 | bàzhàn | 掰 | bāi | 白菜 | báicài | 白费 | báifèi |

（续上表）

| | | | | | | | |
|---|---|---|---|---|---|---|---|
| 白骨 | báigǔ | 白果 | báiguǒ | 白话 | báihuà | 白话文 | báihuàwén |
| 白桦 | báihuà | 白净 | báijing | 白酒 | báijiǔ | 白人 | báirén |
| 白日 | báirì | 白薯 | báishǔ | 白糖 | báitáng | 白皙 | báixī |
| 白眼 | báiyǎn | 白蚁 | báiyǐ | 白银 | báiyín | 白昼 | báizhòu |
| 百般 | bǎibān | 百分比 | bǎifēnbǐ | 百合 | bǎihé | 百花齐放 | bǎihuā-qífàng |
| 百货 | bǎihuò | 百家争鸣 | bǎijiā-zhēngmíng | 百科全书 | bǎikē quánshū | 百灵 | bǎilíng |
| 柏 | bǎi | 柏油 | bǎiyóu | 摆布 | bǎi · bù | 摆弄 | bǎi · nòng |
| 摆设 | bǎi · shè | 败坏 | bàihuài | 败仗 | bàizhàng | 拜访 | bàifǎng |
| 拜年 | bàinián | 扳 | bān | 班车 | bānchē | 班级 | bānjí |
| 班主任 | bānzhǔrèn | 班子 | bānzi | 颁发 | bānfā | 斑 | bān |
| 斑白 | bānbái | 斑驳 | bānbó | 斑点 | bāndiǎn | 斑斓 | bānlán |
| 斑纹 | bānwén | 搬迁 | bānqiān | 搬用 | bānyòng | 板栗 | bǎnlì |
| 板子 | bǎnzi | 版本 | bǎnběn | 版画 | bǎnhuà | 版面 | bǎnmiàn |
| 版权 | bǎnquán | 版图 | bǎntú | 办案 | bàn'àn | 办公 | bàngōng |
| 办学 | bànxué | 半边 | bànbiān | 半成品 | bànchéngpǐn | 半截 | bànjié |
| 半空 | bànkōng | 半路 | bànlù | 半途 | bàntú | 半圆 | bànyuán |
| 扮 | bàn | 伴侣 | bànlǚ | 拌 | bàn | 绊 | bàn |
| 邦 | bāng | 帮办 | bāngbàn | 帮工 | bānggōng | 帮手 | bāngshou |
| 帮凶 | bāngxiōng | 梆 | bāng | 梆子 | bāngzi | 绑 | bǎng |
| 绑架 | bǎngjià | 榜 | bǎng | 膀 | bǎng | 膀子 | bǎngzi |
| 蚌 | bàng | 棒槌 | bàngchui | 棒球 | bàngqiú | 棒子 | bàngzi |
| 傍 | bàng | 磅 | bàng | 包办 | bāobàn | 包庇 | bāobì |
| 包工 | bāogōng | 包裹 | bāoguǒ | 包涵 | bāohan | 包揽 | bāolǎn |
| 包罗万象 | bāoluó-wànxiàng | 包容 | bāoróng | 包销 | bāoxiāo | 包扎 | bāozā |
| 包子 | bāozi | 苞 | bāo | 胞 | bāo | 剥 | bāo |
| 褒贬 | bāo · biǎn | 雹 | báo | 饱含 | bǎohán | 饱满 | bǎomǎn |
| 宝剑 | bǎojiàn | 宝库 | bǎokù | 宝塔 | bǎotǎ | 宝物 | bǎowù |
| 宝藏 | bǎozàng | 宝座 | bǎozuò | 保安 | bǎo'ān | 保护色 | bǎohùsè |
| 保健 | bǎojiàn | 保密 | bǎomì | 保姆 | bǎomǔ | 保全 | bǎoquán |
| 保温 | bǎowēn | 保险丝 | bǎoxiǎnsī | 保养 | bǎoyǎng | 保佑 | bǎoyòu |
| 保证金 | bǎozhèngjīn | 保证人 | bǎozhèngrén | 保重 | bǎozhòng | 堡 | bǎo |
| 堡垒 | bǎolěi | 报表 | bàobiǎo | 报仇 | bàochóu | 报答 | bàodá |
| 报导 | bàodǎo | 报到 | bàodào | 报废 | bàofèi | 报馆 | bàoguǎn |
| 报警 | bàojǐng | 报考 | bàokǎo | 报请 | bàoqǐng | 报社 | bàoshè |

（续上表）

| | | | | | | | |
|---|---|---|---|---|---|---|---|
| 报喜 | bàoxǐ | 报销 | bàoxiāo | 报信 | bàoxìn | 报应 | bào · yìng |
| 刨 | bào | 抱不平 | bào bùpíng | 抱负 | bàofù | 抱歉 | bàoqiàn |
| 抱怨 | bào · yuàn | 豹 | bào | 豹子 | bàozi | 鲍鱼 | bàoyú |
| 暴 | bào | 暴发 | bàofā | 暴风雪 | bàofēngxuě | 暴风雨 | bàofēngyǔ |
| 暴君 | bàojūn | 暴乱 | bàoluàn | 暴徒 | bàotú | 暴行 | bàoxíng |
| 暴躁 | bàozào | 暴涨 | bàozhǎng | 爆 | bào | 爆裂 | bàoliè |
| 爆破 | bàopò | 爆竹 | bàozhú | 杯子 | bēizi | 卑 | bēi |
| 卑鄙 | bēibǐ | 卑劣 | bēiliè | 卑微 | bēiwēi | 卑下 | bēixià |
| 悲 | bēi | 悲愤 | bēifèn | 悲观 | bēiguān | 悲苦 | bēikǔ |
| 悲凉 | bēiliáng | 悲伤 | bēishāng | 悲痛 | bēitòng | 悲壮 | bēizhuàng |
| 碑 | bēi | 碑文 | bēiwén | 北半球 | běibànqiú | 北边 | běi · biān |
| 北国 | běiguó | 北极 | běijí | 北极星 | běijíxīng | 贝壳 | bèiké |
| 备案 | bèi'àn | 备课 | bèikè | 备用 | bèiyòng | 备战 | bèizhàn |
| 背包 | bèibāo | 背道而驰 | bèidào'érchí | 背风 | bèifēng | 背脊 | bèijǐ |
| 背离 | bèilí | 背面 | bèimiàn | 背叛 | bèipàn | 背诵 | bèisòng |
| 背心 | bèixīn | 背影 | bèiyǐng | 钡 | bèi | 倍数 | bèishù |
| 倍增 | bèizēng | 被单 | bèidān | 被褥 | bèirù | 奔波 | bēnbō |
| 奔驰 | bēnchí | 奔放 | bēnfàng | 奔赴 | bēnfù | 奔流 | bēnliú |
| 奔腾 | bēnténg | 奔涌 | bēnyǒng | 奔走 | bēnzǒu | 本部 | běnbù |
| 本分 | běnfèn | 本行 | běnháng | 本家 | běnjiā | 本科 | běnkē |
| 本钱 | běn · qián | 本色 | běnsè | 本土 | běntǔ | 本位 | běnwèi |
| 本义 | běnyì | 本意 | běnyì | 本原 | běnyuán | 本源 | běnyuán |
| 本子 | běnzi | 笨重 | bènzhòng | 笨拙 | bènzhuō | 崩 | bēng |
| 绷 | bēng | 绷带 | bēngdài | 绷 | běng | 泵 | bèng |
| 迸 | bèng | 迸发 | bèngfā | 绷 | bèng | 逼近 | bījìn |
| 逼迫 | bīpò | 逼真 | bīzhēn | 鼻尖 | bíjiān | 鼻梁 | bíliáng |
| 鼻腔 | bíqiāng | 鼻涕 | bí · tì | 鼻音 | bíyīn | 匕首 | bǐshǒu |
| 比方 | bǐfang | 比分 | bǐfēn | 比例尺 | bǐlìchǐ | 比率 | bǐlǜ |
| 比拟 | bǐnǐ | 比热 | bǐrè | 比武 | bǐwǔ | 比值 | bǐzhí |
| 彼岸 | bǐ'àn | 笔触 | bǐchù | 笔法 | bǐfǎ | 笔画 | bǐhuà |
| 笔迹 | bǐjì | 笔尖 | bǐjiān | 笔名 | bǐmíng | 笔墨 | bǐmò |
| 笔直 | bǐzhí | 鄙 | bǐ | 鄙视 | bǐshì | 鄙夷 | bǐyí |
| 币 | bì | 币制 | bìzhì | 必需品 | bìxūpǐn | 毕 | bì |
| 毕生 | bìshēng | 闭幕 | bìmù | 闭塞 | bìsè | 庇护 | bìhù |

（续上表）

| | | | | | | | |
|---|---|---|---|---|---|---|---|
| 陛下 | bìxià | 毙 | bì | 敝 | bì | 婢女 | bìnǚ |
| 痹 | bì | 辟 | bì | 碧 | bì | 碧波 | bìbō |
| 碧绿 | bìlǜ | 蔽 | bì | 弊 | bì | 弊病 | bìbìng |
| 弊端 | bìduān | 壁垒 | bìlěi | 避风 | bìfēng | 避雷针 | bìléizhēn |
| 避难 | bìnàn | 臂膀 | bìbǎng | 璧 | bì | 边陲 | biānchuí |
| 边防 | biānfáng | 边际 | biānjì | 边沿 | biānyán | 编导 | biāndǎo |
| 编号 | biānhào | 编码 | biānmǎ | 编排 | biānpái | 编造 | biānzào |
| 编者 | biānzhě | 编织 | biānzhī | 编撰 | biānzhuàn | 编纂 | biānzuǎn |
| 鞭策 | biāncè | 鞭打 | biāndǎ | 鞭炮 | biānpào | 贬 | biǎn |
| 贬低 | biǎndī | 贬义 | biǎnyì | 贬值 | biǎnzhí | 扁担 | biǎndan |
| 匾 | biǎn | 变故 | biàngù | 变幻 | biànhuàn | 变卖 | biànmài |
| 变色 | biànsè | 变数 | biànshù | 变通 | biàntōng | 变相 | biànxiàng |
| 变性 | biànxìng | 变压器 | biànyāqì | 变样 | biànyàng | 变质 | biànzhì |
| 变种 | biànzhǒng | 便秘 | biànmì | 便衣 | biànyī | 遍布 | biànbù |
| 遍地 | biàndì | 遍及 | biànjí | 辨正 | biànzhèng | 辩 | biàn |
| 辩驳 | biànbó | 辩护人 | biànhùrén | 辩解 | biànjiě | 辩论 | biànlùn |
| 辫 | biàn | 辫子 | biànzi | 标榜 | biāobǎng | 标兵 | biāobīng |
| 标尺 | biāochǐ | 标的 | biāodì | 标记 | biāojì | 标明 | biāomíng |
| 标签 | biāoqiān | 标新立异 | biāoxīn-lìyì | 膘 | biāo | 表白 | biǎobái |
| 表格 | biǎogé | 表决 | biǎojué | 表露 | biǎolù | 表率 | biǎoshuài |
| 表态 | biǎotài | 憋 | biē | 鳖 | biē | 别出心裁 | biéchū-xīncái |
| 别具一格 | biéjù-yīgé | 别开生面 | biékāi-shēngmiàn | 别名 | biémíng | 别墅 | biéshù |
| 别有用心 | biéyǒu-yòngxīn | 别致 | bié · zhì | 瘪 | biě | 别扭 | bièniu |
| 宾馆 | bīnguǎn | 宾客 | bīnkè | 宾语 | bīnyǔ | 宾主 | bīnzhǔ |
| 滨 | bīn | 濒临 | bīnlín | 濒于 | bīnyú | 摈弃 | bìnqì |
| 鬓 | bìn | 冰雹 | bīngbáo | 冰点 | bīngdiǎn | 冰冻 | bīngdòng |
| 冰窖 | bīngjiào | 冰晶 | bīngjīng | 冰冷 | bīnglěng | 冰凉 | bīngliáng |
| 冰山 | bīngshān | 冰天雪地 | bīngtiān-xuědì | 冰箱 | bīngxiāng | 兵法 | bīngfǎ |
| 兵家 | bīngjiā | 兵器 | bīngqì | 兵团 | bīngtuán | 兵役 | bīngyì |
| 兵营 | bīngyíng | 兵站 | bīngzhàn | 兵种 | bīngzhǒng | 饼干 | bǐnggān |
| 饼子 | bǐngzi | 屏息 | bǐngxī | 禀 | bǐng | 并发 | bìngfā |
| 并肩 | bìngjiān | 并进 | bìngjìn | 并举 | bìng jǔ | 并联 | bìng lián |
| 并列 | bìng liè | 并排 | bìng pái | 并行 | bìng xíng | 并重 | bìng zhòng |
| 病程 | bìng chéng | 病床 | bìng chuáng | 病房 | bìng fáng | 病根 | bìnggēn |

（续上表）

| | | | | | | | |
|---|---|---|---|---|---|---|---|
| 病故 | bìnggù | 病害 | bìnghài | 病号 | bìnghào | 病菌 | bìngjūn |
| 病例 | bìnglì | 病魔 | bìngmó | 病史 | bìngshǐ | 病榻 | bìngtà |
| 病态 | bìngtài | 病痛 | bìngtòng | 病因 | bìngyīn | 病员 | bìngyuán |
| 病原体 | bìngyuántǐ | 病灶 | bìngzào | 病症 | bìngzhèng | 摒弃 | bìngqì |
| 拨款 | bōkuǎn | 拨弄 | bōnong | 波段 | bōduàn | 波峰 | bōfēng |
| 波谷 | bōgǔ | 波及 | bōjí | 波澜 | bōlán | 波涛 | bōtāo |
| 波纹 | bōwén | 波折 | bōzhé | 钵 | bō | 剥离 | bōlí |
| 剥蚀 | bōshí | 菠菜 | bōcài | 菠萝 | bōluó | 播 | bō |
| 播放 | bōfàng | 播送 | bōsòng | 伯父 | bófù | 伯乐 | Bólè |
| 伯母 | bómǔ | 驳 | bó | 驳斥 | bóchì | 驳回 | bóhuí |
| 帛 | bó | 泊 | bó | 铂 | bó | 脖 | bó |
| 脖颈儿 | bógěngr | 博 | bó | 博爱 | bó'ài | 博大 | bódà |
| 博得 | bódé | 博览会 | bólǎnhuì | 博物馆 | bówùguǎn | 搏 | bó |
| 搏击 | bójī | 箔 | bó | 膊 | bó | 跛 | bǒ |
| 簸箕 | bòji | 卜 | bǔ | 补丁 | bǔding | 补给 | bǔjǐ |
| 补救 | bǔjiù | 补课 | bǔkè | 补习 | bǔxí | 补助 | bǔzhù |
| 补足 | bǔzú | 捕获 | bǔhuò | 捕杀 | bǔshā | 哺乳 | bǔrǔ |
| 哺育 | bǔyù | 不啻 | bùchì | 不得了 | bù déliǎo | 不得已 | bùdéyǐ |
| 不动产 | bùdòngchǎn | 不动声色 | bùdòng-shēngsè | 不乏 | bùfá | 不法 | bùfǎ |
| 不凡 | bùfán | 不符 | bùfú | 不甘 | bùgān | 不敢当 | bùgǎndāng |
| 不计其数 | bùjì-qíshù | 不见得 | bù jiàn · dé | 不胫而走 | bù jìng'érzǒu | 不可思议 | bùkě-sīyì |
| 不可一世 | bùkě-yīshì | 不力 | bùlì | 不妙 | bùmiào | 不配 | bùpèi |
| 不屈 | bùqū | 不忍 | bùrěn | 不善 | bùshàn | 不适 | bùshì |
| 不速之客 | bùsùzhīkè | 不祥 | bùxiáng | 不像话 | bù xiànghuà | 不孝 | bùxiào |
| 不屑 | bùxiè | 不懈 | bùxiè | 不休 | bùxiū | 不朽 | bùxiǔ |
| 不锈钢 | bùxiùgāng | 不言而喻 | bùyán' éryù | 不一 | bùyī | 不依 | bùyī |
| 不以为然 | bùyǐwéirán | 不由得 | bùyóude | 不约而同 | bùyuē'értóng | 不在乎 | bùzàihu |
| 不只 | bùzhǐ | 不至于 | bùzhìyú | 布告 | bùgào | 布景 | bùjǐng |
| 布匹 | bùpǐ | 布衣 | bùyī | 步兵 | bùbīng | 步履 | bùlǚ |
| 步枪 | bùqiāng | 步行 | bùxíng | 部件 | bùjiàn | 部属 | bùshǔ |
| 部委 | bùwěi | 部下 | bùxià | 埠 | bù | 簿 | bù |
| 擦拭 | cāshì | 猜测 | cāicè | 猜想 | cāixiǎng | 猜疑 | cāiyí |
| 才干 | cáigàn | 才华 | cáihuá | 才智 | cáizhì | 财经 | cáijīng |
| 财会 | cáikuài | 财贸 | cáimào | 财权 | cáiquán | 财团 | cáituán |

（续上表）

| | | | | | | | |
|---|---|---|---|---|---|---|---|
| 财物 | cáiwù | 财源 | cáiyuán | 财主 | cáizhu | 裁 | cái |
| 裁定 | cáidìng | 裁缝 | cáifeng | 裁减 | cáijiǎn | 裁剪 | cáijiǎn |
| 裁决 | cáijué | 裁军 | cáijūn | 裁判 | cáipàn | 采伐 | cǎifá |
| 采掘 | cǎijué | 采矿 | cǎikuàng | 采纳 | cǎinà | 采写 | cǎixiě |
| 采样 | cǎiyàng | 采油 | cǎiyóu | 采摘 | cǎizhāi | 彩电 | cǎidiàn |
| 彩虹 | cǎihóng | 彩绘 | cǎihuì | 彩礼 | cǎilǐ | 彩旗 | cǎiqí |
| 彩塑 | cǎisù | 彩陶 | cǎitáo | 睬 | cǎi | 菜场 | càichǎng |
| 菜刀 | càidāo | 菜蔬 | càishū | 菜肴 | càiyáo | 菜园 | càiyuán |
| 参见 | cānjiàn | 参军 | cānjūn | 参看 | cānkàn | 参赛 | cānsài |
| 参天 | cāntiān | 参议院 | cānyìyuàn | 参阅 | cānyuè | 参展 | cānzhǎn |
| 参战 | cānzhàn | 参政 | cānzhèng | 餐 | cān | 餐具 | cānjù |
| 餐厅 | cāntīng | 餐桌 | cānzhuō | 残暴 | cánbào | 残存 | cáncún |
| 残废 | cánfèi | 残害 | cánhài | 残疾 | cán・jí | 残留 | cánliú |
| 残破 | cánpò | 残缺 | cánquē | 残忍 | cánrěn | 残杀 | cánshā |
| 蚕豆 | cándòu | 蚕食 | cánshí | 蚕丝 | cánsī | 惭愧 | cánkuì |
| 惨 | cǎn | 惨案 | cǎn'àn | 惨白 | cǎnbái | 惨败 | cǎnbài |
| 惨死 | cǎnsǐ | 惨痛 | cǎntòng | 惨重 | cǎnzhòng | 仓促 | cāngcù |
| 仓皇 | cānghuáng | 苍 | cāng | 苍翠 | cāngcuì | 苍老 | cānglǎo |
| 苍茫 | cāngmáng | 苍穹 | cāngqióng | 苍天 | cāngtiān | 沧桑 | cāngsāng |
| 藏身 | cángshēn | 藏书 | cángshū | 操办 | cāobàn | 操场 | cāochǎng |
| 操持 | cāochí | 操劳 | cāoláo | 操练 | cāoliàn | 操心 | cāoxīn |
| 嘈杂 | cáozá | 草本 | cǎoběn | 草场 | cǎochǎng | 草丛 | cǎocóng |
| 草帽 | cǎomào | 草莓 | cǎoméi | 草拟 | cǎonǐ | 草皮 | cǎopí |
| 草坪 | cǎopíng | 草率 | cǎoshuài | 草图 | cǎotú | 草屋 | cǎowū |
| 草鞋 | cǎoxié | 草药 | cǎoyào | 厕所 | cèsuǒ | 侧耳 | cè'ěr |
| 侧身 | cèshēn | 测绘 | cèhuì | 测试 | cèshì | 测算 | cèsuàn |
| 策 | cè | 策动 | cèdòng | 策划 | cèhuà | 层出不穷 | céngchū－bùqióng |
| 层面 | céngmiàn | 蹭 | cèng | 叉腰 | chāyāo | 杈 | chā |
| 差错 | chācuò | 差额 | chā'é | 插队 | chāduì | 插话 | chāhuà |
| 插曲 | chāqǔ | 插手 | chāshǒu | 插图 | chātú | 插秧 | chāyāng |
| 插嘴 | chāzuǐ | 茬 | chá | 茶点 | chádiǎn | 茶花 | cháhuā |
| 茶几 | chájī | 茶具 | chájù | 茶水 | cháshuǐ | 茶园 | cháyuán |
| 查处 | cháchǔ | 查对 | cháduì | 查获 | cháhuò | 查禁 | chájìn |
| 查看 | chákàn | 查问 | cháwèn | 查询 | cháxún | 查阅 | cháyuè |

（续上表）

| | | | | | | | |
|---|---|---|---|---|---|---|---|
| 查找 | cházhǎo | 察觉 | chájué | 察看 | chákàn | 杈 | chà |
| 岔 | chà | 刹 | chà | 刹那 | chànà | 诧异 | chàyì |
| 拆除 | chāichú | 拆毁 | chāihuǐ | 拆迁 | chāiqiān | 拆卸 | chāixiè |
| 差使 | chāishǐ | 差事 | chāishi | 柴火 | cháihuo | 柴油 | cháiyóu |
| 掺 | chān | 搀 | chān | 搀扶 | chānfú | 馋 | chán |
| 禅 | chán | 禅宗 | chánzōng | 缠绵 | chánmián | 缠绕 | chánrào |
| 蝉 | chán | 潺潺 | chánchán | 蟾蜍 | chánchú | 产妇 | chǎnfù |
| 产权 | chǎnquán | 产销 | chǎnxiāo | 铲 | chǎn | 铲除 | chǎnchú |
| 阐发 | chǎnfā | 阐释 | chǎnshì | 忏悔 | chànhuǐ | 颤 | chàn |
| 颤动 | chàndòng | 昌 | chāng | 猖獗 | chāngjué | 猖狂 | chāngkuáng |
| 娼妓 | chāngjì | 长臂猿 | chángbìyuán | 长波 | chángbō | 长笛 | chángdí |
| 长方形 | chángfāngxíng | 长工 | chánggōng | 长颈鹿 | chángjǐnglù | 长空 | chángkōng |
| 长年 | chángnián | 长袍 | chángpáo | 长跑 | chángpǎo | 长篇 | chángpiān |
| 长衫 | chángshān | 长寿 | chángshòu | 长叹 | chángtàn | 长途 | chángtú |
| 长线 | chángxiàn | 长夜 | chángyè | 长于 | chángyú | 长足 | chángzú |
| 肠胃 | chángwèi | 肠子 | chángzi | 尝新 | chángxīn | 常人 | chángrén |
| 常设 | chángshè | 常态 | chángtài | 常委 | chángwěi | 常温 | chángwēn |
| 常务 | chángwù | 常住 | chángzhù | 偿 | cháng | 偿付 | chángfù |
| 偿还 | chánghuán | 厂家 | chǎngjiā | 厂矿 | chǎngkuàng | 厂商 | chǎngshāng |
| 厂子 | chǎngzi | 场景 | chǎngjǐng | 场子 | chǎngzi | 敞 | chǎng |
| 敞开 | chǎngkāi | 怅惘 | chàngwǎng | 畅 | chàng | 畅快 | chàngkuài |
| 畅所欲言 | chàngsuǒyùyán | 畅谈 | chàngtán | 畅通 | chàngtōng | 畅销 | chàngxiāo |
| 倡 | chàng | 倡导 | chàngdǎo | 倡议 | chàngyì | 唱词 | chàngcí |
| 唱片 | chàngpiàn | 唱腔 | chàngqiāng | 唱戏 | chàngxì | 抄袭 | chāoxí |
| 抄写 | chāoxiě | 钞 | chāo | 钞票 | chāopiào | 超产 | chāochǎn |
| 超常 | chāocháng | 超导体 | chāodǎotǐ | 超级 | chāojí | 超前 | chāoqián |
| 超然 | chāorán | 超人 | chāorén | 超声波 | chāoshēngbō | 超脱 | chāotuō |
| 剿 | chāo | 巢穴 | cháoxué | 朝拜 | cháobài | 朝代 | cháodài |
| 朝向 | cháoxiàng | 朝阳 | cháoyáng | 朝野 | cháoyě | 朝政 | cháozhèng |
| 嘲讽 | cháofěng | 嘲弄 | cháonòng | 嘲笑 | cháoxiào | 潮水 | cháoshuǐ |
| 潮汐 | cháoxī | 吵架 | chǎojià | 吵闹 | chǎonào | 吵嘴 | chǎozuǐ |
| 车床 | chēchuáng | 车队 | chēduì | 车夫 | chēfū | 车祸 | chēhuò |
| 车门 | chēmén | 车身 | chēshēn | 车头 | chētóu | 扯皮 | chěpí |
| 彻 | chè | 撤换 | chèhuàn | 撤回 | chèhuí | 撤离 | chèlí |

（续上表）

| | | | | | | | |
|---|---|---|---|---|---|---|---|
| 撤退 | chètuì | 撤职 | chèzhí | 澈 | chè | 抻 | chēn |
| 臣民 | chénmín | 尘埃 | chén'āi | 尘土 | chéntǔ | 辰 | chén |
| 沉寂 | chénjì | 沉降 | chénjiàng | 沉浸 | chénjìn | 沉静 | chénjìng |
| 沉沦 | chénlún | 沉闷 | chénmèn | 沉没 | chénmò | 沉睡 | chénshuì |
| 沉痛 | chéntòng | 沉吟 | chényín | 沉郁 | chényù | 沉醉 | chénzuì |
| 陈腐 | chénfǔ | 陈规 | chénguī | 陈迹 | chénjì | 陈列 | chénliè |
| 陈设 | chénshè | 晨 | chén | 晨光 | chénguāng | 晨曦 | chénxī |
| 衬 | chèn | 衬衫 | chènshān | 衬托 | chèntuō | 衬衣 | chènyī |
| 称职 | chènzhí | 趁机 | chènjī | 趁势 | chènshì | 趁早 | chènzǎo |
| 称霸 | chēngbà | 称道 | chēngdào | 称颂 | chēngsòng | 称谓 | chēngwèi |
| 撑腰 | chēngyāo | 成败 | chéngbài | 成才 | chéngcái | 成材 | chéngcái |
| 成风 | chéngfēng | 成活 | chénghuó | 成家 | chéngjiā | 成见 | chéngjiàn |
| 成交 | chéngjiāo | 成名 | chéngmíng | 成品 | chéngpǐn | 成亲 | chéngqīn |
| 成全 | chéngquán | 成书 | chéngshū | 成套 | chéngtào | 成天 | chéngtiān |
| 成行 | chéngxíng | 成形 | chéngxíng | 成因 | chéngyīn | 丞 | chéng |
| 丞相 | chéngxiàng | 诚然 | chéngrán | 诚心 | chéngxīn | 诚挚 | chéngzhì |
| 承办 | chéngbàn | 承继 | chéngjì | 承建 | chéngjiàn | 承袭 | chéngxí |
| 城堡 | chéngbǎo | 城郊 | chéngjiāo | 城楼 | chénglóu | 城墙 | chéngqiáng |
| 城区 | chéngqū | 乘法 | chéngfǎ | 乘方 | chéngfāng | 乘积 | chéngjī |
| 乘凉 | chéngliáng | 乘务员 | chéngwùyuán | 乘坐 | chéngzuò | 惩 | chéng |
| 惩办 | chéngbàn | 惩处 | chéngchǔ | 惩戒 | chéngjiè | 惩治 | chéngzhì |
| 澄清 | chéngqīng | 橙 | chéng | 逞 | chěng | 吃不消 | chī · bùxiāo |
| 吃苦 | chīkǔ | 吃亏 | chīkuī | 吃水 | chīshuǐ | 吃香 | chīxiāng |
| 嗤 | chī | 痴 | chī | 痴呆 | chīdāi | 池子 | chízi |
| 驰骋 | chíchěng | 驰名 | chímíng | 迟到 | chídào | 迟缓 | chíhuǎn |
| 迟疑 | chíyí | 迟早 | chízǎo | 持之以恒 | chízhīyǐhéng | 持重 | chízhòng |
| 尺寸 | chǐ · cùn | 尺子 | chǐzi | 齿轮 | chǐlún | 齿龈 | chǐyín |
| 耻辱 | chǐrǔ | 斥 | chì | 斥责 | chìzé | 赤诚 | chìchéng |
| 赤裸 | chìluǒ | 赤手空拳 | chìshǒu-kōngquán | 赤字 | chìzì | 炽烈 | chìliè |
| 炽热 | chìrè | 冲淡 | chōngdàn | 冲锋 | chōngfēng | 冲积 | chōngjī |
| 冲刷 | chōngshuā | 冲天 | chōngtiān | 冲洗 | chōngxǐ | 冲撞 | chōngzhuàng |
| 充斥 | chōngchì | 充电 | chōngdiàn | 充饥 | chōngjī | 充沛 | chōngpèi |
| 充塞 | chōngsè | 充血 | chōngxuè | 充溢 | chōngyì | 充裕 | chōngyù |
| 舂 | chōng | 憧憬 | chōngjǐng | 虫害 | chónghài | 虫子 | chóngzi |

（续上表）

| | | | | | | | |
|---|---|---|---|---|---|---|---|
| 重叠 | chóngdié | 重逢 | chóngféng | 重申 | chóngshēn | 重围 | chóngwéi |
| 重行 | chóngxíng | 重修 | chóngxiū | 重演 | chóngyǎn | 崇敬 | chóngjìng |
| 崇尚 | chóngshàng | 宠 | chǒng | 宠爱 | chǒng'ài | 宠儿 | chǒng' ér |
| 抽查 | chōuchá | 抽搐 | chōuchù | 抽打 | chōudǎ | 抽调 | chōudiào |
| 抽空 | chōukòng | 抽泣 | chōuqì | 抽签 | chōuqiān | 抽取 | chōuqǔ |
| 抽穗 | chōusuì | 抽屉 | chōu · tì | 抽样 | chōuyàng | 仇 | chóu |
| 仇敌 | chóudí | 仇人 | chóurén | 仇视 | chóushì | 惆怅 | chóuchàng |
| 绸 | chóu | 绸缎 | chóuduàn | 绸子 | chóuzi | 稠 | chóu |
| 稠密 | chóumì | 愁苦 | chóukǔ | 筹 | chóu | 筹办 | chóubàn |
| 筹备 | chóubèi | 筹措 | chóucuò | 筹划 | chóuhuà | 筹集 | chóují |
| 筹建 | chóujiàn | 踌躇 | chóuchú | 丑恶 | chǒu'è | 丑陋 | chǒulòu |
| 臭氧 | chòuyǎng | 出兵 | chūbīng | 出差 | chūchāi | 出厂 | chūchǎng |
| 出场 | chūchǎng | 出动 | chūdòng | 出工 | chūgōng | 出海 | chūhǎi |
| 出击 | chūjī | 出家 | chūjiā | 出嫁 | chūjià | 出境 | chūjìng |
| 出类拔萃 | chūlèi-bácuì | 出力 | chūlì | 出马 | chūmǎ | 出面 | chūmiàn |
| 出苗 | chūmiáo | 出名 | chūmíng | 出没 | chūmò | 出品 | chūpǐn |
| 出其不意 | chūqíbùyì | 出奇 | chūqí | 出气 | chūqì | 出勤 | chūqín |
| 出人意料 | chūrényìliào | 出任 | chūrèn | 出入 | chūrù | 出山 | chūshān |
| 出神 | chūshén | 出生率 | chūshēnglǜ | 出师 | chūshī | 出使 | chūshǐ |
| 出示 | chūshì | 出世 | chūshì | 出事 | chūshì | 出手 | chūshǒu |
| 出台 | chūtái | 出头 | chūtóu | 出外 | chūwài | 出院 | chūyuàn |
| 出征 | chūzhēng | 出众 | chūzhòng | 出资 | chūzī | 出走 | chūzǒu |
| 出租 | chūzū | 初春 | chūchūn | 初等 | chūděng | 初冬 | chūdōng |
| 初恋 | chūliàn | 初年 | chūnián | 初秋 | chūqiū | 初夏 | chūxià |
| 初学 | chūxué | 除尘 | chúchén | 除法 | chúfǎ | 除外 | chúwài |
| 除夕 | chúxī | 厨 | chú | 厨师 | chúshī | 锄 | chú |
| 锄头 | chútou | 雏 | chú | 雏形 | chúxíng | 橱 | chú |
| 橱窗 | chúchuāng | 处方 | chǔfāng | 处决 | chǔjué | 处女 | chǔnǚ |
| 处世 | chǔshì | 处事 | chǔshì | 处死 | chǔsǐ | 处置 | chǔzhì |
| 储 | chǔ | 储藏 | chǔcáng | 处所 | chùsuǒ | 畜力 | chùlì |
| 畜生 | chùsheng | 触电 | chùdiàn | 触动 | chùdòng | 触发 | chùfā |
| 触犯 | chùfàn | 触及 | chùjí | 触角 | chùjiǎo | 触觉 | chùjué |
| 触摸 | chùmō | 触目惊心 | chùmù-jīngxīn | 触手 | chùshǒu | 触须 | chùxū |
| 矗立 | chùlì | 揣 | chuāi | 揣测 | chuǎicè | 揣摩 | chuǎimó |

（续上表）

| | | | | | | | |
|---|---|---|---|---|---|---|---|
| 踹 | chuài | 川剧 | chuānjù | 川流不息 | chuānliú-bùxī | 穿插 | chuānchā |
| 穿刺 | chuāncì | 穿戴 | chuāndài | 穿孔 | chuānkǒng | 穿山甲 | chuānshānjiǎ |
| 穿梭 | chuānsuō | 穿行 | chuānxíng | 穿越 | chuānyuè | 传布 | chuánbù |
| 传承 | chuánchéng | 传单 | chuándān | 传道 | chuándào | 传教 | chuánjiào |
| 传令 | chuánlìng | 传奇 | chuánqí | 传染 | chuánrǎn | 传人 | chuánrén |
| 传神 | chuánshén | 传输 | chuánshū | 传送 | chuánsòng | 传诵 | chuánsòng |
| 传闻 | chuánwén | 传真 | chuánzhēn | 船舱 | chuáncāng | 船夫 | chuánfū |
| 船家 | chuánjiā | 船台 | chuántái | 船舷 | chuánxián | 船员 | chuányuán |
| 船闸 | chuánzhá | 喘气 | chuǎnqì | 喘息 | chuǎnxī | 创口 | chuāngkǒu |
| 疮 | chuāng | 疮疤 | chuāngbā | 窗帘 | chuānglián | 窗台 | chuāngtái |
| 床单 | chuángdān | 床铺 | chuángpù | 床位 | chuángwèi | 创汇 | chuànghuì |
| 创见 | chuàngjiàn | 创建 | chuàngjiàn | 创举 | chuàngjǔ | 创刊 | chuàngkān |
| 创设 | chuàngshè | 创始 | chuàngshǐ | 创业 | chuàngyè | 创制 | chuàngzhì |
| 炊烟 | chuīyān | 吹拂 | chuīfú | 吹牛 | chuīniú | 吹捧 | chuīpěng |
| 吹嘘 | chuīxū | 吹奏 | chuīzòu | 垂钓 | chuídiào | 垂柳 | chuíliǔ |
| 垂死 | chuísǐ | 垂危 | chuíwēi | 捶 | chuí | 锤炼 | chuíliàn |
| 锤子 | chuízi | 春分 | chūnfēn | 春风 | chūnfēng | 春耕 | chūngēng |
| 春光 | chūnguāng | 春雷 | chūnléi | 春色 | chūnsè | 纯度 | chúndù |
| 纯净 | chúnjìng | 纯真 | chúnzhēn | 纯正 | chúnzhèng | 淳朴 | chúnpǔ |
| 醇 | chún | 蠢 | chǔn | 蠢事 | chǔnshì | 戳 | chuō |
| 戳穿 | chuōchuān | 啜泣 | chuòqì | 绰号 | chuòhào | 词句 | cíjù |
| 祠 | cí | 祠堂 | cítáng | 瓷 | cí | 瓷器 | cíqì |
| 瓷砖 | cízhuān | 辞典 | cídiǎn | 辞退 | cítuì | 慈 | cí |
| 慈爱 | cí’ ài | 慈悲 | cíbēi | 慈善 | císhàn | 慈祥 | cíxiáng |
| 磁带 | cídài | 磁化 | cíhuà | 磁极 | cíjí | 磁体 | cítǐ |
| 磁头 | cítóu | 磁性 | cíxìng | 雌蕊 | círuǐ | 雌性 | cíxìng |
| 雌雄 | cíxióng | 此间 | cǐjiān | 此起彼伏 | cǐqǐ-bǐfú | 次第 | cìdì |
| 次品 | cìpǐn | 次日 | cìrì | 刺刀 | cìdāo | 刺耳 | cì’ ěr |
| 刺骨 | cìgǔ | 刺客 | cìkè | 刺杀 | cìshā | 刺猬 | cìwei |
| 刺绣 | cìxiù | 刺眼 | cìyǎn | 赐予 | cìyǔ | 匆忙 | cōngmáng |
| 葱 | cōng | 聪慧 | cōnghuì | 从容 | cóngróng | 从军 | cóngjūn |
| 从属 | cóngshǔ | 从头 | cóngtóu | 从新 | cóngxīn | 从业 | cóngyè |
| 从众 | cóngzhòng | 丛林 | cónglín | 丛生 | cóngshēng | 丛书 | cóngshū |
| 凑合 | còuhe | 凑近 | còujìn | 凑巧 | còuqiǎo | 粗暴 | cūbào |

（续上表）

| | | | | | | | |
|---|---|---|---|---|---|---|---|
| 粗笨 | cūbèn | 粗布 | cūbù | 粗大 | cūdà | 粗放 | cūfàng |
| 粗犷 | cūguǎng | 粗鲁 | cūlǔ | 粗略 | cūlüè | 粗俗 | cūsú |
| 粗细 | cūxì | 粗心 | cūxīn | 粗野 | cūyě | 粗壮 | cūzhuàng |
| 醋 | cù | 簇拥 | cùyōng | 蹿 | cuān | 攒 | cuán |
| 篡夺 | cuànduó | 篡改 | cuàngǎi | 崔 | Cuī | 催促 | cuīcù |
| 催化 | cuīhuà | 催化剂 | cuīhuàjì | 催眠 | cuīmián | 摧 | cuī |
| 璀璨 | cuǐcàn | 脆 | cuì | 脆弱 | cuìruò | 萃取 | cuìqǔ |
| 啐 | cuì | 淬火 | cuìhuǒ | 翠 | cuì | 翠绿 | cuìlǜ |
| 村落 | cūnluò | 村民 | cūnmín | 村寨 | cūnzhài | 村镇 | cūnzhèn |
| 皴 | cūn | 存储 | cúnchǔ | 存放 | cúnfàng | 存活 | cúnhuó |
| 存货 | cúnhuò | 存留 | cúnliú | 存亡 | cúnwáng | 存心 | cúnxīn |
| 存折 | cúnzhé | 搓 | cuō | 磋商 | cuōshāng | 撮 | cuō |
| 挫 | cuò | 挫败 | cuòbài | 挫伤 | cuòshāng | 锉 | cuò |
| 错过 | cuòguò | 错觉 | cuòjué | 错位 | cuòwèi | 错综复杂 | cuòzōng-fùzá |
| 耷拉 | dāla | 搭救 | dājiù | 搭配 | dāpèi | 搭讪 | dā · shàn |
| 答辩 | dábiàn | 答话 | dáhuà | 打岔 | dǎchà | 打点 | dǎdian |
| 打动 | dǎdòng | 打赌 | dǎdǔ | 打盹儿 | dǎdǔnr | 打发 | dǎfa |
| 打火机 | dǎhuǒjī | 打交道 | dǎjiāo · dào | 打搅 | dǎjiǎo | 打垮 | dǎkuǎ |
| 打捞 | dǎlāo | 打猎 | dǎliè | 打趣 | dǎqù | 打扰 | dǎrǎo |
| 打扫 | dǎsǎo | 打铁 | dǎtiě | 打通 | dǎtōng | 打消 | dǎxiāo |
| 打印 | dǎyìn | 打颤 | dǎzhàn | 打字 | dǎzì | 大白 | dàbái |
| 大本营 | dàběnyíng | 大便 | dàbiàn | 大不了 | dà · bùliǎo | 大肠 | dàcháng |
| 大潮 | dàcháo | 大车 | dàchē | 大抵 | dàdǐ | 大殿 | dàdiàn |
| 大度 | dàdù | 大法 | dàfǎ | 大凡 | dàfán | 大方 | dàfāng |
| 大方 | dàfang | 大副 | dàfù | 大公无私 | dàgōng-wúsī | 大鼓 | dàgǔ |
| 大褂 | dàguà | 大汉 | dàhàn | 大号 | dàhào | 大户 | dàhù |
| 大计 | dàjì | 大将 | dàjiàng | 大惊小怪 | dàjīng-xiǎoguài | 大局 | dàjú |
| 大举 | dàjǔ | 大理石 | dàlǐshí | 大陆架 | dàlùjià | 大路 | dàlù |
| 大略 | dàlüè | 大麻 | dàmá | 大麦 | dàmài | 大米 | dàmǐ |
| 大气层 | dàqìcéng | 大气压 | dàqìyā | 大权 | dàquán | 大人物 | dàrénwù |
| 大赛 | dàsài | 大使 | dàshǐ | 大势 | dàshì | 大肆 | dàsì |
| 大同小异 | dàtóng-xiǎoyì | 大腿 | dàtuǐ | 大喜 | dàxǐ | 大显身手 | dàxiǎn – shēnshǒu |
| 大相径庭 | dàxiāng-jìngtíng | 大修 | dàxiū | 大选 | dàxuǎn | 大雪 | dàxuě |
| 大雁 | dàyàn | 大业 | dàyè | 大义 | dàyì | 大专 | dàzhuān |

（续上表）

| | | | | | | | |
|---|---|---|---|---|---|---|---|
| 大宗 | dàzōng | 大作 | dàzuò | 呆板 | dāibǎn | 呆滞 | dāizhì |
| 歹徒 | dǎitú | 逮 | dǎi | 代办 | dàibàn | 代表作 | dàibiǎozuò |
| 代词 | dàicí | 代号 | dàihào | 代数 | dàishù | 玳瑁 | dàimào |
| 带电 | dàidiàn | 带劲 | dàijìn | 带路 | dàilù | 带子 | dàizi |
| 贷 | dài | 待命 | dàimìng | 待业 | dàiyè | 怠工 | dàigōng |
| 怠慢 | dàimàn | 袋子 | dàizi | 逮 | dài | 丹 | dān |
| 丹顶鹤 | dāndǐnghè | 担保 | dānbǎo | 担当 | dāndāng | 担架 | dānjià |
| 担忧 | dānyōu | 单薄 | dānbó | 单产 | dānchǎn | 单词 | dāncí |
| 单方 | dānfāng | 单干 | dāngàn | 单价 | dānjià | 单据 | dānjù |
| 单身 | dānshēn | 单项 | dānxiàng | 单衣 | dānyī | 单元 | dānyuán |
| 单子 | dānzi | 耽搁 | dānge | 胆固醇 | dǎngùchún | 胆量 | dǎnliàng |
| 胆略 | dǎnlüè | 胆囊 | dǎnnáng | 胆怯 | dǎnqiè | 胆小鬼 | dǎnxiǎoguǐ |
| 胆汁 | dǎnzhī | 胆子 | dǎnzi | 掸 | dǎn | 旦 | dàn |
| 旦角儿 | dànjuér | 诞辰 | dànchén | 淡薄 | dànbó | 淡化 | dànhuà |
| 淡漠 | dànmò | 淡然 | dànrán | 弹片 | dànpiàn | 弹头 | dàntóu |
| 弹药 | dànyào | 蛋糕 | dàngāo | 氮肥 | dànféi | 氮气 | dànqì |
| 当差 | dāngchāi | 当归 | dāngguī | 当家 | dāngjiā | 当量 | dāngliàng |
| 当面 | dāngmiàn | 当权 | dāngquán | 当日 | dāngrì | 当下 | dāngxià |
| 当心 | dāngxīn | 当众 | dāngzhòng | 裆 | dāng | 党籍 | dǎngjí |
| 党纪 | dǎngjì | 党派 | dǎngpài | 党团 | dǎngtuán | 党务 | dǎngwù |
| 党校 | dǎngxiào | 党章 | dǎngzhāng | 当铺 | dàng · pù | 当日 | dàngrì |
| 当晚 | dàngwǎn | 当夜 | dàngyè | 当真 | dàngzhēn | 荡 | dàng |
| 荡漾 | dàngyàng | 档 | dàng | 档次 | dàngcì | 刀枪 | dāoqiāng |
| 刀子 | dāozi | 导电 | dǎodiàn | 导航 | dǎoháng | 导热 | dǎorè |
| 导师 | dǎoshī | 导向 | dǎoxiàng | 导游 | dǎoyóu | 导语 | dǎoyǔ |
| 捣 | dǎo | 捣鬼 | dǎoguǐ | 捣毁 | dǎohuǐ | 捣乱 | dǎoluàn |
| 倒闭 | dǎobì | 倒伏 | dǎofú | 倒卖 | dǎomài | 倒塌 | dǎotā |
| 祷告 | dǎogào | 蹈 | dǎo | 到家 | dàojiā | 倒挂 | dàoguà |
| 倒立 | dàolì | 倒数 | dàoshǔ | 倒数 | dàoshù | 倒退 | dàotuì |
| 倒影 | dàoyǐng | 倒置 | dàozhì | 倒转 | dàozhuǎn | 倒转 | dàozhuàn |
| 盗 | dào | 盗贼 | dàozéi | 悼念 | dàoniàn | 道家 | Dàojiā |
| 道具 | dàojù | 道歉 | dàoqiàn | 道士 | dàoshi | 道喜 | dàoxǐ |
| 道谢 | dàoxiè | 道义 | dàoyì | 稻草 | dàocǎo | 稻子 | dàozi |
| 得逞 | déchěng | 得当 | dédàng | 得分 | défēn | 得救 | déjiù |

（续上表）

| | | | | | | | |
|---|---|---|---|---|---|---|---|
| 得力 | délì | 得失 | déshī | 得体 | détǐ | 得天独厚 | détiān-dúhòu |
| 得心应手 | déxīn-yìngshǒu | 得罪 | dé · zuì | 灯火 | dēnghuǒ | 灯笼 | dēnglong |
| 灯塔 | dēngtǎ | 登场 | dēngcháng | 登场 | dēngchǎng | 登高 | dēnggāo |
| 登陆 | dēnglù | 登门 | dēngmén | 登山 | dēngshān | 登台 | dēngtái |
| 登载 | dēngzǎi | 等号 | děnghào | 等价 | děngjià | 等式 | děngshì |
| 等同 | děngtóng | 凳 | dèng | 凳子 | dèngzi | 澄 | dèng |
| 瞪眼 | dèngyǎn | 低层 | dīcéng | 低潮 | dīcháo | 低沉 | dīchén |
| 低估 | dīgū | 低空 | dīkōng | 低廉 | dīlián | 低劣 | dīliè |
| 低落 | dīluò | 低能 | dīnéng | 低洼 | dīwā | 低微 | dīwēi |
| 低压 | dīyā | 堤 | dī | 堤坝 | dībà | 提防 | dīfang |
| 滴灌 | dīguàn | 敌国 | díguó | 敌后 | díhòu | 敌寇 | díkòu |
| 敌情 | díqíng | 敌视 | díshì | 敌意 | díyì | 涤纶 | dílún |
| 笛 | dí | 笛子 | dízi | 嫡 | dí | 诋毁 | dǐhuǐ |
| 抵偿 | dǐcháng | 抵触 | dǐchù | 抵达 | dǐdá | 抵挡 | dǐdǎng |
| 抵消 | dǐxiāo | 抵押 | dǐyā | 抵御 | dǐyù | 底片 | dǐpiàn |
| 底细 | dǐ · xì | 底子 | dǐzi | 地产 | dìchǎn | 地磁 | dìcí |
| 地道 | dìdào | 地道 | dìdao | 地段 | dìduàn | 地核 | dìhé |
| 地基 | dìjī | 地窖 | dìjiào | 地雷 | dìléi | 地力 | dìlì |
| 地幔 | dìmàn | 地盘 | dìpán | 地皮 | dìpí | 地平线 | dìpíngxiàn |
| 地热 | dìrè | 地毯 | dìtǎn | 地下室 | dìxiàshì | 地衣 | dìyī |
| 地狱 | dìyù | 地址 | dìzhǐ | 弟妹 | dìmèi | 帝王 | dìwáng |
| 帝制 | dìzhì | 递减 | dìjiǎn | 递增 | dìzēng | 谛听 | dìtīng |
| 蒂 | dì | 缔 | dì | 缔结 | dìjié | 缔约 | dìyuē |
| 掂 | diān | 滇 | Diān | 颠 | diān | 颠簸 | diānbǒ |
| 颠倒 | diāndǎo | 颠覆 | diānfù | 巅 | diān | 典 | diǎn |
| 典范 | diǎnfàn | 典故 | diǎngù | 典籍 | diǎnjí | 典礼 | diǎnlǐ |
| 典雅 | diǎnyǎ | 点滴 | diǎndī | 点火 | diǎnhuǒ | 点名 | diǎnmíng |
| 点心 | diǎnxin | 点缀 | diǎn · zhuì | 电表 | diànbiǎo | 电波 | diànbō |
| 电车 | diànchē | 电磁场 | diàncíchǎng | 电镀 | diàndù | 电工 | diàngōng |
| 电光 | diànguāng | 电焊 | diànhàn | 电机 | diànjī | 电极 | diànjí |
| 电解 | diànjiě | 电解质 | diànjiězhì | 电缆 | diànlǎn | 电铃 | diànlíng |
| 电炉 | diànlú | 电气 | diànqì | 电气化 | diànqìhuà | 电扇 | diànshàn |
| 电梯 | diàntī | 电筒 | diàntǒng | 电网 | diànwǎng | 电文 | diànwén |
| 电信 | diànxìn | 电讯 | diànxùn | 电影院 | diànyǐngyuàn | 佃 | diàn |

（续上表）

| | | | | | | | |
|---|---|---|---|---|---|---|---|
| 店铺 | diànpù | 店堂 | diàntáng | 店员 | diànyuán | 垫圈 | diànquān |
| 惦记 | diàn · jì | 惦念 | diànniàn | 奠 | diàn | 奠基 | diànjī |
| 殿 | diàn | 殿堂 | diàntáng | 殿下 | diànxià | 刁 | diāo |
| 刁难 | diāonàn | 叼 | diāo | 貂 | diāo | 碉堡 | diāobǎo |
| 雕琢 | diāozhuó | 吊环 | diàohuán | 钓 | diào | 钓竿 | diàogān |
| 调度 | diàodù | 调换 | diàohuàn | 调集 | diàojí | 调配 | diàopèi |
| 调遣 | diàoqiǎn | 调运 | diàoyùn | 调子 | diàozi | 掉队 | diàoduì |
| 掉头 | diàotóu | 跌落 | diēluò | 碟 | dié | 蝶 | dié |
| 叮 | dīng | 叮咛 | dīngníng | 叮嘱 | dīngzhǔ | 钉子 | dīngzi |
| 顶峰 | dǐngfēng | 顶替 | dǐngtì | 鼎 | dǐng | 鼎盛 | dǐngshèng |
| 订购 | dìnggòu | 订婚 | dìnghūn | 订立 | dìnglì | 订阅 | dìngyuè |
| 订正 | dìngzhèng | 定点 | dìngdiǎn | 定都 | dìngdōu | 定购 | dìnggòu |
| 定价 | dìngjià | 定居 | dìngjū | 定论 | dìnglùn | 定名 | dìngmíng |
| 定神 | dìngshén | 定时 | dìngshí | 定位 | dìngwèi | 定性 | dìngxìng |
| 定语 | dìngyǔ | 定员 | dìngyuán | 定罪 | dìngzuì | 锭 | dìng |
| 丢掉 | diūdiào | 丢脸 | diūliǎn | 丢人 | diūrén | 丢失 | diūshī |
| 东边 | dōng · biān | 东道主 | dōngdàozhǔ | 东风 | dōngfēng | 东家 | dōngjia |
| 东经 | dōngjīng | 东正教 | Dōngzhèngjiào | 冬眠 | dōngmián | 冬至 | dōngzhì |
| 董 | Dǒng | 董事 | dǒngshì | 董事会 | dǒngshìhuì | 懂事 | dǒngshì |
| 动产 | dòngchǎn | 动荡 | dòngdàng | 动工 | dònggōng | 动画片 | dònghuàpiàn |
| 动乱 | dòngluàn | 动情 | dòngqíng | 动身 | dòngshēn | 动弹 | dòngtan |
| 动听 | dòngtīng | 动物园 | dòngwùyuán | 动向 | dòngxiàng | 动心 | dòngxīn |
| 动用 | dòngyòng | 动辄 | dòngzhé | 冻疮 | dòngchuāng | 冻结 | dòngjié |
| 栋 | dòng | 洞察 | dòngchá | 洞房 | dòngfáng | 洞穴 | dòngxué |
| 斗笠 | dǒulì | 抖动 | dǒudòng | 抖擞 | dǒusǒu | 陡 | dǒu |
| 陡坡 | dǒupō | 陡峭 | dǒuqiào | 陡然 | dǒurán | 斗志 | dòuzhì |
| 豆浆 | dòujiāng | 豆芽儿 | dòuyár | 豆子 | dòuzi | 逗乐儿 | dòulèr |
| 逗留 | dòuliú | 痘 | dòu | 窦 | dòu | 都城 | dūchéng |
| 督 | dū | 督办 | dūbàn | 督促 | dūcù | 督军 | dūjūn |
| 嘟囔 | dūnang | 毒草 | dúcǎo | 毒打 | dúdǎ | 毒害 | dúhài |
| 毒剂 | dújì | 毒品 | dúpǐn | 毒气 | dúqì | 毒蛇 | dúshé |
| 毒物 | dúwù | 毒药 | dúyào | 独霸 | dúbà | 独白 | dúbái |
| 独裁 | dúcái | 独唱 | dúchàng | 独创 | dúchuàng | 独到 | dúdào |
| 独断 | dúduàn | 独家 | dújiā | 独身 | dúshēn | 独舞 | dúwǔ |

（续上表）

| | | | | | | | |
|---|---|---|---|---|---|---|---|
| 独一无二 | dúyī-wú'èr | 独奏 | dúzòu | 读数 | dúshù | 读物 | dúwù |
| 读音 | dúyīn | 犊 | dú | 笃信 | dǔxìn | 堵截 | dǔjié |
| 堵塞 | dǔsè | 赌 | dǔ | 赌博 | dǔbó | 赌气 | dǔqì |
| 睹 | dǔ | 杜鹃 | dùjuān | 杜绝 | dùjué | 妒忌 | dùjì |
| 度量 | dùliàng | 度日 | dùrì | 渡船 | dùchuán | 渡口 | dùkǒu |
| 镀 | dù | 端午 | Duānwǔ | 端详 | duānxiáng | 端庄 | duānzhuāng |
| 短波 | duǎnbō | 短处 | duǎn · chù | 短促 | duǎncù | 短工 | duǎngōng |
| 短路 | duǎnlù | 短跑 | duǎnpǎo | 短缺 | duǎnquē | 短线 | duǎnxiàn |
| 短小 | duǎnxiǎo | 短语 | duǎnyǔ | 段落 | duànluò | 断层 | duàncéng |
| 断绝 | duànjué | 断然 | duànrán | 断送 | duànsòng | 断言 | duànyán |
| 缎 | duàn | 缎子 | duànzi | 煅 | duàn | 锻 | duàn |
| 堆放 | duīfàng | 堆砌 | duīqì | 队列 | duìliè | 对岸 | duì'àn |
| 对策 | duìcè | 对答 | duìdá | 对等 | duìděng | 对接 | duìjiē |
| 对口 | duìkǒu | 对联 | duìlián | 对路 | duìlù | 对门 | duìmén |
| 对偶 | duì'ǒu | 对数 | duìshù | 对头 | duìtou | 对虾 | duìxiā |
| 对峙 | duìzhì | 兑 | duì | 兑换 | duìhuàn | 兑现 | duìxiàn |
| 敦促 | dūncù | 墩 | dūn | 囤 | dùn | 炖 | dùn |
| 钝 | dùn | 盾 | dùn | 顿悟 | dùnwù | 多寡 | duōguǎ |
| 多亏 | duōkuī | 多情 | duōqíng | 多事 | duōshì | 多谢 | duōxiè |
| 多嘴 | duōzuǐ | 夺目 | duómù | 踱 | duó | 垛 | duǒ |
| 躲避 | duǒbì | 躲藏 | duǒcáng | 躲闪 | duǒshǎn | 剁 | duò |
| 垛 | duò | 舵 | duò | 堕 | duò | 堕落 | duòluò |
| 惰性 | duòxìng | 跺 | duò | 跺脚 | duòjiǎo | 鹅卵石 | éluǎnshí |
| 蛾子 | ézi | 额定 | édìng | 额角 | éjiǎo | 额头 | étóu |
| 额外 | éwài | 厄运 | èyùn | 扼 | è | 扼杀 | èshā |
| 扼要 | èyào | 恶霸 | èbà | 恶臭 | èchòu | 恶毒 | èdú |
| 恶棍 | ègùn | 恶果 | èguǒ | 恶魔 | èmó | 恶人 | èrén |
| 恶习 | èxí | 恶性 | èxìng | 恶意 | èyì | 恶作剧 | èzuòjù |
| 鄂 | È | 萼片 | èpiàn | 遏止 | èzhǐ | 遏制 | èzhì |
| 愕然 | èrán | 腭 | è | 恩赐 | ēncì | 恩情 | ēnqíng |
| 恩人 | ēnrén | 儿科 | érkē | 儿孙 | érsūn | 儿戏 | érxì |
| 而今 | érjīn | 尔后 | ěrhòu | 耳光 | ěrguāng | 耳环 | ěrhuán |
| 耳机 | ěrjī | 耳鸣 | ěrmíng | 耳目 | ěrmù | 耳语 | ěryǔ |
| 饵 | ěr | 二胡 | èrhú | 发报 | fābào | 发财 | fācái |

（续上表）

| | | | | | | | |
|---|---|---|---|---|---|---|---|
| 发愁 | fāchóu | 发呆 | fādāi | 发放 | fāfàng | 发疯 | fāfēng |
| 发还 | fāhuán | 发火 | fāhuǒ | 发酵 | fājiào | 发狂 | fākuáng |
| 发愣 | fālèng | 发毛 | fāmáo | 发霉 | fāméi | 发怒 | fānù |
| 发配 | fāpèi | 发票 | fāpiào | 发情 | fāqíng | 发球 | fāqiú |
| 发散 | fāsàn | 发烧 | fāshāo | 发誓 | fāshì | 发售 | fāshòu |
| 发送 | fāsòng | 发文 | fāwén | 发问 | fāwèn | 发笑 | fāxiào |
| 发泄 | fāxiè | 发言人 | fāyánrén | 发源 | fāyuán | 乏 | fá |
| 乏力 | fálì | 乏味 | fáwèi | 伐 | fá | 伐木 | fámù |
| 罚金 | fájīn | 阀 | fá | 筏 | fá | 法案 | fǎ’àn |
| 法宝 | fǎbǎo | 法典 | fǎdiǎn | 法纪 | fǎjì | 法权 | fǎquán |
| 法师 | fǎshī | 法术 | fǎshù | 法医 | fǎyī | 法治 | fǎzhì |
| 发型 | fàxíng | 帆 | fān | 帆布 | fānbù | 帆船 | fānchuán |
| 番茄 | fānqié | 藩镇 | fānzhèn | 翻案 | fān’àn | 翻动 | fāndòng |
| 翻滚 | fāngǔn | 翻腾 | fān · téng | 翻阅 | fānyuè | 凡人 | fánrén |
| 凡事 | fánshì | 烦 | fán | 烦闷 | fánmèn | 烦躁 | fánzào |
| 繁复 | fánfù | 繁华 | fánhuá | 繁忙 | fánmáng | 繁茂 | fánmào |
| 繁盛 | fánshèng | 烦琐 | fánsuǒ | 繁星 | fánxīng | 繁衍 | fányǎn |
| 繁育 | fányù | 繁杂 | fánzá | 反比 | fǎnbǐ | 反驳 | fǎnbó |
| 反常 | fǎncháng | 反刍 | fǎnchú | 反倒 | fǎndào | 反感 | fǎngǎn |
| 反攻 | fǎngōng | 反光 | fǎnguāng | 反击 | fǎnjī | 反叛 | fǎnpàn |
| 反扑 | fǎnpū | 反思 | fǎnsī | 反问 | fǎnwèn | 反响 | fǎnxiǎng |
| 反省 | fǎnxǐng | 反义词 | fǎnyìcí | 反证 | fǎnzhèng | 返航 | fǎnháng |
| 返还 | fǎnhuán | 返青 | fǎnqīng | 犯法 | fànfǎ | 犯人 | fànrén |
| 饭菜 | fàncài | 饭馆儿 | fànguǎnr | 饭盒 | fànhé | 饭厅 | fàntīng |
| 饭碗 | fànwǎn | 饭桌 | fànzhuō | 泛滥 | fànlàn | 范例 | fànlì |
| 贩 | fàn | 贩卖 | fànmài | 贩运 | fànyùn | 贩子 | fànzi |
| 梵文 | fànwén | 方剂 | fāngjì | 方略 | fānglüè | 方位 | fāngwèi |
| 方向盘 | fāngxiàngpán | 方兴未艾 | fāngxīng-wèi’ài | 方圆 | fāngyuán | 方桌 | fāngzhuō |
| 芳香 | fāngxiāng | 防备 | fángbèi | 防毒 | fángdú | 防范 | fángfàn |
| 防寒 | fánghán | 防洪 | fánghóng | 防护 | fánghù | 防护林 | fánghùlín |
| 防空 | fángkōng | 防守 | fángshǒu | 防卫 | fángwèi | 防务 | fángwù |
| 防线 | fángxiàn | 防汛 | fángxùn | 防疫 | fángyì | 妨害 | fánghài |
| 房产 | fángchǎn | 房东 | fángdōng | 房租 | fángzū | 仿 | fǎng |
| 仿效 | fǎngxiào | 仿照 | fǎngzhào | 仿制 | fǎngzhì | 纺 | fǎng |

（续上表）

| | | | | | | | |
|---|---|---|---|---|---|---|---|
| 纺织品 | fǎngzhīpǐn | 放大镜 | fàngdàjìng | 放电 | fàngdiàn | 放火 | fànghuǒ |
| 放假 | fàngjià | 放宽 | fàngkuān | 放牧 | fàngmù | 放炮 | fàngpào |
| 放任 | fàngrèn | 放哨 | fàngshào | 放射线 | fàngshèxiàn | 放声 | fàngshēng |
| 放手 | fàngshǒu | 放肆 | fàngsì | 放行 | fàngxíng | 放学 | fàngxué |
| 放眼 | fàngyǎn | 放养 | fàngyǎng | 放映 | fàngyìng | 放置 | fàngzhì |
| 放纵 | fàngzòng | 飞驰 | fēichí | 飞碟 | fēidié | 飞溅 | fēijiàn |
| 飞禽 | fēiqín | 飞速 | fēisù | 飞腾 | fēiténg | 飞天 | fēitiān |
| 飞艇 | fēitǐng | 飞舞 | fēiwǔ | 飞行器 | fēixíngqì | 飞行员 | fēixíngyuán |
| 飞扬 | fēiyáng | 飞越 | fēiyuè | 飞涨 | fēizhǎng | 妃 | fēi |
| 非得 | fēiděi | 非凡 | fēifán | 非难 | fēinàn | 非同小可 | fēitóngxiǎokě |
| 非议 | fēiyì | 绯红 | fēihóng | 肥大 | féidà | 肥厚 | féihòu |
| 肥力 | féilì | 肥胖 | féipàng | 肥水 | féishuǐ | 肥沃 | féiwò |
| 肥效 | féixiào | 肥皂 | féizào | 匪帮 | fěibāng | 匪徒 | fěitú |
| 诽谤 | fěibàng | 翡翠 | fěicuì | 吠 | fèi | 肺病 | fèibìng |
| 肺活量 | fèihuóliàng | 肺结核 | fèijiéhé | 肺炎 | fèiyán | 废话 | fèihuà |
| 废旧 | fèijiù | 废料 | fèiliào | 废品 | fèipǐn | 废气 | fèiqì |
| 废弃 | fèiqì | 废水 | fèishuǐ | 废物 | fèiwù | 废物 | fèiwu |
| 废渣 | fèizhā | 废止 | fèizhǐ | 沸 | fèi | 沸点 | fèidiǎn |
| 沸水 | fèishuǐ | 费解 | fèijiě | 费劲 | fèijìn | 费力 | fèilì |
| 分辩 | fēnbiàn | 分兵 | fēnbīng | 分寸 | fēn・cùn | 分担 | fēndān |
| 分队 | fēnduì | 分发 | fēnfā | 分隔 | fēngé | 分管 | fēnguǎn |
| 分红 | fēnhóng | 分家 | fēnjiā | 分居 | fēnjū | 分流 | fēnliú |
| 分娩 | fēnmiǎn | 分蘖 | fēnniè | 分派 | fēnpài | 分清 | fēnqīng |
| 分手 | fēnshǒu | 分数 | fēnshù | 分水岭 | fēnshuǐlǐng | 分摊 | fēntān |
| 分头 | fēntóu | 分享 | fēnxiǎng | 芬芳 | fēnfāng | 纷繁 | fēnfán |
| 纷飞 | fēnfēi | 纷乱 | fēnluàn | 纷纭 | fēnyún | 纷争 | fēnzhēng |
| 氛围 | fēnwéi | 酚 | fēn | 坟 | fén | 坟地 | féndì |
| 坟墓 | fénmù | 坟头 | féntóu | 焚 | fén | 焚毁 | fénhuǐ |
| 焚烧 | fénshāo | 粉笔 | fěnbǐ | 粉尘 | fěnchén | 粉刺 | fěncì |
| 粉红 | fěnhóng | 粉剂 | fěnjì | 粉饰 | fěnshì | 分外 | fènwài |
| 份额 | fèn'é | 份儿 | fènr | 份子 | fènzi | 奋不顾身 | fènbùgùshēn |
| 奋发 | fènfā | 奋力 | fènlì | 奋起 | fènqǐ | 奋勇 | fènyǒng |
| 奋战 | fènzhàn | 粪便 | fènbiàn | 愤 | fèn | 愤恨 | fènhèn |
| 愤慨 | fènkǎi | 愤然 | fènrán | 丰产 | fēngchǎn | 丰厚 | fēnghòu |

（续上表）

| | | | | | | | |
|---|---|---|---|---|---|---|---|
| 丰满 | fēngmǎn | 丰年 | fēngnián | 丰盛 | fēngshèng | 丰硕 | fēngshuò |
| 丰腴 | fēngyú | 风波 | fēngbō | 风采 | fēngcǎi | 风潮 | fēngcháo |
| 风车 | fēngchē | 风驰电掣 | fēngchí-diànchè | 风度 | fēngdù | 风帆 | fēngfān |
| 风寒 | fēnghán | 风化 | fēnghuà | 风浪 | fēnglàng | 风流 | fēngliú |
| 风貌 | fēngmào | 风靡 | fēngmǐ | 风起云涌 | fēngqǐ-yúnyǒng | 风情 | fēngqíng |
| 风趣 | fēngqù | 风沙 | fēngshā | 风尚 | fēngshàng | 风声 | fēngshēng |
| 风水 | fēng · shuǐ | 风味 | fēngwèi | 风箱 | fēngxiāng | 风向 | fēngxiàng |
| 风行 | fēngxíng | 风雅 | fēngyǎ | 风云 | fēngyún | 风韵 | fēngyùn |
| 风筝 | fēngzheng | 风姿 | fēngzī | 枫 | fēng | 封面 | fēngmiàn |
| 疯 | fēng | 疯子 | fēngzi | 峰峦 | fēngluán | 烽火 | fēnghuǒ |
| 锋利 | fēnglì | 锋芒 | fēngmáng | 蜂巢 | fēngcháo | 蜂房 | fēngfáng |
| 蜂蜜 | fēngmì | 蜂王 | fēngwáng | 蜂窝 | fēngwō | 逢 | féng |
| 缝合 | fénghé | 缝纫 | féngrèn | 讽 | fěng | 凤 | fèng |
| 凤凰 | fèng · huáng | 奉命 | fèngmìng | 奉行 | fèngxíng | 缝隙 | fèngxì |
| 佛典 | fódiǎn | 佛法 | fófǎ | 佛经 | fójīng | 佛寺 | fósì |
| 佛像 | fóxiàng | 佛学 | fóxué | 否决 | fǒujué | 夫子 | fūzǐ |
| 肤浅 | fūqiǎn | 肤色 | fūsè | 孵 | fū | 敷 | fū |
| 敷衍 | fūyǎn | 弗 | fú | 伏击 | fújī | 伏贴 | fútiē |
| 芙蓉 | fúróng | 扶持 | fúchí | 扶贫 | fúpín | 扶桑 | fúsāng |
| 扶手 | fú · shǒu | 扶养 | fúyǎng | 扶植 | fúzhí | 扶助 | fúzhù |
| 拂 | fú | 拂晓 | fúxiǎo | 服侍 | fú · shì | 服饰 | fú · shì |
| 服药 | fúyào | 服役 | fúyì | 氟 | fú | 俘 | fú |
| 俘获 | fúhuò | 浮雕 | fúdiāo | 浮力 | fúlì | 浮现 | fúxiàn |
| 浮云 | fúyún | 浮肿 | fúzhǒng | 符 | fú | 辐 | fú |
| 福气 | fúqi | 福音 | fúyīn | 甫 | fǔ | 抚 | fǔ |
| 抚摩 | fǔmó | 抚慰 | fǔwèi | 抚养 | fǔyǎng | 抚育 | fǔyù |
| 斧头 | fǔ · tóu | 斧子 | fǔzi | 俯 | fǔ | 俯冲 | fǔchōng |
| 俯瞰 | fǔkàn | 俯视 | fǔshì | 俯首 | fǔshǒu | 辅 | fǔ |
| 辅导 | fǔdǎo | 腐化 | fǔhuà | 腐烂 | fǔlàn | 父辈 | fùbèi |
| 父老 | fùlǎo | 负电 | fùdiàn | 负荷 | fùhè | 负极 | fùjí |
| 负离子 | fùlízǐ | 负载 | fùzài | 负债 | fùzhài | 负重 | fùzhòng |
| 负伤 | fùshāng | 妇科 | fùkē | 附带 | fùdài | 附和 | fùhè |
| 附件 | fùjiàn | 附录 | fùlù | 附设 | fùshè | 附属 | fùshǔ |
| 附庸 | fùyōng | 复查 | fùchá | 复仇 | fùchóu | 复发 | fùfā |

（续上表）

| | | | | | | | |
|---|---|---|---|---|---|---|---|
| 复古 | fùgǔ | 复核 | fùhé | 复活 | fùhuó | 复述 | fùshù |
| 复苏 | fùsū | 复习 | fùxí | 复兴 | fùxīng | 复眼 | fùyǎn |
| 复议 | fùyì | 复员 | fùyuán | 复原 | fùyuán | 副本 | fùběn |
| 副词 | fùcí | 副官 | fùguān | 副刊 | fùkān | 副食 | fùshí |
| 副作用 | fùzuòyòng | 赋税 | fùshuì | 富贵 | fùguì | 富丽 | fùlì |
| 富强 | fùqiáng | 富饶 | fùráo | 富庶 | fùshù | 富翁 | fùwēng |
| 富足 | fùzú | 腹地 | fùdì | 腹膜 | fùmó | 腹腔 | fùqiāng |
| 腹泻 | fùxiè | 缚 | fù | 覆 | fù | 覆灭 | fùmiè |
| 改道 | gǎidào | 改动 | gǎidòng | 改观 | gǎiguān | 改行 | gǎiháng |
| 改换 | gǎihuàn | 改悔 | gǎihuǐ | 改嫁 | gǎijià | 改建 | gǎijiàn |
| 改口 | gǎikǒu | 改写 | gǎixiě | 改选 | gǎixuǎn | 改制 | gǎizhì |
| 改装 | gǎizhuāng | 盖子 | gàizi | 概 | gài | 概况 | gàikuàng |
| 概论 | gàilùn | 概述 | gàishù | 干杯 | gānbēi | 干瘪 | gānbiě |
| 干冰 | gānbīng | 干草 | gāncǎo | 干涸 | gānhé | 干枯 | gānkū |
| 干粮 | gān · liáng | 甘 | gān | 甘草 | gāncǎo | 甘露 | gānlù |
| 甘薯 | gānshǔ | 甘愿 | gānyuàn | 甘蔗 | gānzhe | 杆子 | gānzi |
| 坩埚 | gānguō | 柑 | gān | 柑橘 | gānjú | 竿 | gān |
| 杆菌 | gǎnjūn | 竿子 | gǎnzi | 秆 | gǎn | 赶场 | gǎnchǎng |
| 赶车 | gǎnchē | 赶集 | gǎnjí | 赶路 | gǎnlù | 感触 | gǎnchù |
| 感光 | gǎnguāng | 感化 | gǎnhuà | 感冒 | gǎnmào | 感人 | gǎnrén |
| 感伤 | gǎnshāng | 感叹 | gǎntàn | 感想 | gǎnxiǎng | 橄榄 | gǎnlǎn |
| 擀 | gǎn | 干劲 | gànjìn | 干流 | gànliú | 干事 | gànshi |
| 干线 | gànxiàn | 赣 | Gàn | 刚好 | gānghǎo | 刚健 | gāngjiàn |
| 刚劲 | gāngjìng | 刚强 | gāngqiáng | 肛门 | gāngmén | 纲要 | gāngyào |
| 钢板 | gāngbǎn | 钢笔 | gāngbǐ | 钢材 | gāngcái | 钢筋 | gāngjīn |
| 钢盔 | gāngkuī | 缸 | gāng | 岗 | gǎng | 港币 | gǎngbì |
| 港湾 | gǎngwān | 杠 | gàng | 杠杆 | gànggǎn | 杠子 | gàngzi |
| 高昂 | gāo'áng | 高傲 | gāo'ào | 高倍 | gāobèi | 高层 | gāocéng |
| 高超 | gāochāo | 高档 | gāodàng | 高贵 | gāoguì | 高寒 | gāohán |
| 高价 | gāojià | 高举 | gāojǔ | 高亢 | gāokàng | 高考 | gāokǎo |
| 高粱 | gāoliang | 高龄 | gāolíng | 高明 | gāomíng | 高能 | gāonéng |
| 高强 | gāoqiáng | 高热 | gāorè | 高烧 | gāoshāo | 高深 | gāoshēn |
| 高手 | gāoshǒu | 高耸 | gāosǒng | 高下 | gāoxià | 高效 | gāoxiào |
| 高血压 | gāoxuèyā | 高雅 | gāoyǎ | 羔 | gāo | 羔皮 | gāopí |

（续上表）

| | | | | | | | |
|---|---|---|---|---|---|---|---|
| 羔羊 | gāoyáng | 膏 | gāo | 膏药 | gāoyao | 篙 | gāo |
| 糕 | gāo | 糕点 | gāodiǎn | 镐 | gǎo | 稿费 | gǎofèi |
| 稿件 | gǎojiàn | 稿纸 | gǎozhǐ | 稿子 | gǎozi | 告辞 | gàocí |
| 告发 | gàofā | 告急 | gàojí | 告诫 | gàojiè | 告示 | gào · shì |
| 告知 | gàozhī | 告终 | gàozhōng | 告状 | gàozhuàng | 膏 | gào |
| 戈壁 | gēbì | 哥们儿 | gēmenr | 搁置 | gēzhì | 割断 | gēduàn |
| 割据 | gējù | 割裂 | gēliè | 割让 | gēràng | 歌词 | gēcí |
| 歌喉 | gēhóu | 歌手 | gēshǒu | 歌星 | gēxīng | 歌咏 | gēyǒng |
| 革 | gé | 革除 | géchú | 阁 | gé | 阁楼 | gélóu |
| 阁下 | géxià | 格调 | gédiào | 格局 | géjú | 格律 | gélǜ |
| 格式 | gé · shì | 格言 | géyán | 格子 | gézi | 隔断 | géduàn |
| 隔阂 | géhé | 隔绝 | géjué | 隔膜 | gémó | 膈 | gé |
| 葛 | Gě | 个子 | gèzi | 各别 | gèbié | 根除 | gēnchú |
| 根基 | gēnjī | 根深蒂固 | gēnshēn-dìgù | 根治 | gēnzhì | 根子 | gēnzi |
| 跟头 | gēntou | 跟踪 | gēnzōng | 更改 | gēnggǎi | 更换 | gēnghuàn |
| 更替 | gēngtì | 更正 | gēngzhèng | 庚 | gēng | 耕耘 | gēngyún |
| 耕种 | gēngzhòng | 羹 | gēng | 埂 | gěng | 耿 | gěng |
| 哽咽 | gěngyè | 梗 | gěng | 工段 | gōngduàn | 工分 | gōngfēn |
| 工匠 | gōngjiàng | 工矿 | gōngkuàng | 工龄 | gōnglíng | 工期 | gōngqī |
| 工钱 | gōng · qián | 工时 | gōngshí | 工事 | gōngshì | 工头 | gōngtóu |
| 工效 | gōngxiào | 工序 | gōngxù | 工艺品 | gōngyìpǐn | 工友 | gōngyǒu |
| 工种 | gōngzhǒng | 工作日 | gōngzuòrì | 弓子 | gōngzi | 公案 | gōng’àn |
| 公报 | gōngbào | 公差 | gōngchāi | 公道 | gōng · dào | 公法 | gōngfǎ |
| 公费 | gōngfèi | 公告 | gōnggào | 公关 | gōngguān | 公馆 | gōngguǎn |
| 公海 | gōnghǎi | 公害 | gōnghài | 公函 | gōnghán | 公会 | gōnghuì |
| 公积金 | gōngjījīn | 公家 | gōng · jiā | 公款 | gōngkuǎn | 公墓 | gōngmù |
| 公婆 | gōngpó | 公仆 | gōngpú | 公然 | gōngrán | 公使 | gōngshǐ |
| 公事 | gōngshì | 公私 | gōngsī | 公诉 | gōngsù | 公文 | gōngwén |
| 公务 | gōngwù | 公务员 | gōngwùyuán | 公益 | gōngyì | 公用 | gōngyòng |
| 公寓 | gōngyù | 公约 | gōngyuē | 公债 | gōngzhài | 公证 | gōngzhèng |
| 公职 | gōngzhí | 公众 | gōngzhòng | 公转 | gōngzhuàn | 公子 | gōngzǐ |
| 功臣 | gōngchén | 功德 | gōngdé | 功绩 | gōngjì | 功劳 | gōng · láo |
| 功力 | gōnglì | 功利 | gōnglì | 功名 | gōngmíng | 功效 | gōngxiào |
| 功勋 | gōngxūn | 功用 | gōngyòng | 攻打 | gōngdǎ | 攻读 | gōngdú |

（续上表）

| | | | | | | | |
|---|---|---|---|---|---|---|---|
| 攻关 | gōngguān | 攻克 | gōngkè | 攻破 | gōngpò | 攻势 | gōngshì |
| 攻陷 | gōngxiàn | 攻占 | gōngzhàn | 供销 | gōngxiāo | 供需 | gōngxū |
| 供养 | gōngyǎng | 宫殿 | gōngdiàn | 宫女 | gōngnǚ | 恭敬 | gōngjìng |
| 恭维 | gōng · wéi | 恭喜 | gōngxǐ | 躬 | gōng | 龚 | Gōng |
| 拱桥 | gǒngqiáo | 拱手 | gǒngshǒu | 共存 | gòngcún | 共和 | gònghé |
| 共计 | gòngjì | 共生 | gòngshēng | 共事 | gòngshì | 共通 | gòngtōng |
| 共性 | gòngxìng | 共振 | gòngzhèn | 贡 | gòng | 供奉 | gòngfèng |
| 供养 | gòngyǎng | 勾 | gōu | 勾画 | gōuhuà | 勾勒 | gōulè |
| 勾引 | gōuyǐn | 沟谷 | gōugǔ | 沟渠 | gōuqú | 钩子 | gōuzi |
| 篝火 | gōuhuǒ | 苟且 | gǒuqiě | 狗熊 | gǒuxióng | 勾当 | gòu · dàng |
| 构件 | gòujiàn | 构图 | gòutú | 构想 | gòuxiǎng | 构筑 | gòuzhù |
| 购置 | gòuzhì | 垢 | gòu | 估 | gū | 估价 | gūjià |
| 估量 | gū · liáng | 估算 | gūsuàn | 姑姑 | gūgu | 姑且 | gūqiě |
| 姑息 | gūxī | 孤 | gū | 孤单 | gūdān | 孤儿 | gū'ér |
| 孤寂 | gūjì | 孤军 | gūjūn | 孤僻 | gūpì | 辜负 | gūfù |
| 古董 | gǔdǒng | 古怪 | gǔguài | 古籍 | gǔjí | 古迹 | gǔjì |
| 古兰经 | Gǔlánjīng | 古朴 | gǔpǔ | 古书 | gǔshū | 古文 | gǔwén |
| 古音 | gǔyīn | 谷地 | gǔdì | 谷物 | gǔwù | 谷子 | gǔzi |
| 股东 | gǔdōng | 股份 | gǔfèn | 股金 | gǔjīn | 股息 | gǔxī |
| 骨灰 | gǔhuī | 骨架 | gǔjià | 骨盆 | gǔpén | 骨气 | gǔqì |
| 骨肉 | gǔròu | 骨髓 | gǔsuǐ | 骨折 | gǔzhé | 鼓动 | gǔdòng |
| 鼓膜 | gǔmó | 鼓掌 | gǔzhǎng | 固守 | gùshǒu | 固态 | gùtài |
| 故此 | gùcǐ | 故而 | gù'ér | 故宫 | gùgōng | 故国 | gùguó |
| 故土 | gùtǔ | 故障 | gùzhàng | 顾及 | gùjí | 顾忌 | gùjì |
| 顾名思义 | gùmíng-sīyì | 顾盼 | gùpàn | 雇工 | gùgōng | 雇佣 | gùyōng |
| 雇用 | gùyòng | 雇员 | gùyuán | 雇主 | gùzhǔ | 瓜分 | guāfēn |
| 瓜子 | guāzǐ | 寡 | guǎ | 卦 | guà | 挂钩 | guàgōu |
| 挂念 | guàniàn | 挂帅 | guàshuài | 褂子 | guàzi | 乖 | guāi |
| 拐棍 | guǎigùn | 拐弯 | guǎiwān | 拐杖 | guǎizhàng | 怪事 | guàishì |
| 怪异 | guàiyì | 关口 | guānkǒu | 关门 | guānmén | 关卡 | guānqiǎ |
| 关切 | guānqiè | 关税 | guānshuì | 关头 | guāntóu | 关押 | guānyā |
| 关照 | guānzhào | 观光 | guānguāng | 观摩 | guānmó | 观赏 | guānshǎng |
| 观望 | guānwàng | 官办 | guānbàn | 官场 | guānchǎng | 官方 | guānfāng |
| 官府 | guānfǔ | 官司 | guānsi | 官职 | guānzhí | 管家 | guǎnjiā |

（续上表）

| | | | | | | | |
|---|---|---|---|---|---|---|---|
| 管教 | guǎnjiào | 管事 | guǎnshì | 管弦乐 | guǎnxiányuè | 管用 | guǎnyòng |
| 管制 | guǎnzhì | 贯通 | guàntōng | 惯例 | guànlì | 惯用 | guànyòng |
| 灌木 | guànmù | 灌区 | guànqū | 灌输 | guànshū | 灌注 | guànzhù |
| 罐 | guàn | 罐头 | guàntou | 罐子 | guànzi | 光波 | guāngbō |
| 光度 | guāngdù | 光复 | guāngfù | 光顾 | guānggù | 光环 | guānghuán |
| 光洁 | guāngjié | 光临 | guānglín | 光能 | guāngnéng | 光年 | guāngnián |
| 光束 | guāngshù | 光速 | guāngsù | 光阴 | guāngyīn | 广博 | guǎngbó |
| 广度 | guǎngdù | 广袤 | guǎngmào | 广漠 | guǎngmò | 归队 | guīduì |
| 归附 | guīfù | 归还 | guīhuán | 归侨 | guīqiáo | 归属 | guīshǔ |
| 归宿 | guīsù | 归途 | guītú | 归于 | guīyú | 龟 | guī |
| 规 | guī | 规程 | guīchéng | 规范化 | guīfànhuà | 规劝 | guīquàn |
| 规章 | guīzhāng | 皈依 | guīyī | 瑰丽 | guīlì | 轨 | guǐ |
| 轨迹 | guǐjì | 诡辩 | guǐbiàn | 诡秘 | guǐmì | 鬼魂 | guǐhún |
| 鬼脸 | guǐliǎn | 鬼神 | guǐshén | 柜 | guì | 柜台 | guìtái |
| 柜子 | guìzi | 贵宾 | guìbīn | 贵妃 | guìfēi | 贵贱 | guìjiàn |
| 贵人 | guìrén | 贵姓 | guìxìng | 贵重 | guìzhòng | 桂冠 | guìguān |
| 桂花 | guìhuā | 桂圆 | guìyuán | 滚动 | gǔndòng | 滚烫 | gǔntàng |
| 棍 | gùn | 棍棒 | gùnbàng | 棍子 | gùnzi | 锅炉 | guōlú |
| 锅台 | guōtái | 锅子 | guōzi | 国策 | guócè | 国产 | guóchǎn |
| 国度 | guódù | 国法 | guófǎ | 国歌 | guógē | 国画 | guóhuà |
| 国货 | guóhuò | 国籍 | guójí | 国界 | guójiè | 国境 | guójìng |
| 国君 | guójūn | 国库 | guókù | 国力 | guólì | 国立 | guólì |
| 国难 | guónàn | 国旗 | guóqí | 国庆 | guóqìng | 国人 | guórén |
| 国事 | guóshì | 国势 | guóshì | 国体 | guótǐ | 国务 | guówù |
| 国语 | guóyǔ | 果木 | guǒmù | 果皮 | guǒpí | 果品 | guǒpǐn |
| 果肉 | guǒròu | 果园 | guǒyuán | 果真 | guǒzhēn | 果子 | guǒzi |
| 过场 | guòchǎng | 过错 | guòcuò | 过道 | guòdào | 过冬 | guòdōng |
| 过关 | guòguān | 过火 | guòhuǒ | 过境 | guòjìng | 过量 | guòliàng |
| 过路 | guòlù | 过滤 | guòlǜ | 过敏 | guòmǐn | 过热 | guòrè |
| 过人 | guòrén | 过剩 | guòshèng | 过失 | guòshī | 过时 | guòshí |
| 过头 | guòtóu | 过往 | guòwǎng | 过问 | guòwèn | 过夜 | guòyè |
| 过瘾 | guòyǐn | 过硬 | guòyìng | 哈密瓜 | hāmìguā | 蛤蟆 | háma |
| 孩提 | háití | 海岸线 | hǎi’ànxiàn | 海报 | hǎibào | 海滨 | hǎibīn |
| 海潮 | hǎicháo | 海岛 | hǎidǎo | 海盗 | hǎidào | 海防 | hǎifáng |

（续上表）

| | | | | | | | |
|---|---|---|---|---|---|---|---|
| 海风 | hǎifēng | 海港 | hǎigǎng | 海口 | hǎikǒu | 海里 | hǎilǐ |
| 海流 | hǎiliú | 海轮 | hǎilún | 海绵 | hǎimián | 海参 | hǎishēn |
| 海市蜃楼 | hǎishì-shènlóu | 海滩 | hǎitān | 海棠 | hǎitáng | 海豚 | hǎitún |
| 海峡 | hǎixiá | 海啸 | hǎixiào | 海员 | hǎiyuán | 海运 | hǎiyùn |
| 海蜇 | hǎizhé | 骇 | hài | 氦 | hài | 害处 | hài · chù |
| 害羞 | hàixiū | 蚶 | hān | 酣睡 | hānshuì | 憨 | hān |
| 憨厚 | hānhòu | 鼾声 | hānshēng | 含糊 | hánhu | 含混 | hánhùn |
| 含笑 | hánxiào | 含蓄 | hánxù | 含意 | hányì | 函 | hán |
| 函授 | hánshòu | 涵义 | hányì | 韩 | Hán | 寒潮 | háncháo |
| 寒带 | hándài | 寒假 | hánjià | 寒噤 | hánjìn | 寒流 | hánliú |
| 寒气 | hánqì | 寒热 | hánrè | 寒暑 | hánshǔ | 寒暄 | hánxuān |
| 寒意 | hányì | 寒战 | hánzhàn | 罕 | hǎn | 喊叫 | hǎnjiào |
| 汗流浃背 | hànliú-jiābèi | 汗毛 | hànmáo | 汗衫 | hànshān | 旱地 | hàndì |
| 旱烟 | hànyān | 旱灾 | hànzāi | 捍卫 | hànwèi | 悍然 | hànrán |
| 焊 | hàn | 焊接 | hànjiē | 憾 | hàn | 行当 | hángdang |
| 行会 | hánghuì | 行家 | háng · jiā | 行情 | hángqíng | 杭 | Háng |
| 航 | háng | 航程 | hángchéng | 航船 | hángchuán | 航道 | hángdào |
| 航路 | hánglù | 航天 | hángtiān | 航线 | hángxiàn | 航运 | hángyùn |
| 巷道 | hàngdào | 毫 | háo | 豪 | háo | 豪放 | háofàng |
| 豪华 | háohuá | 豪迈 | háomài | 豪情 | háoqíng | 豪爽 | háoshuǎng |
| 壕 | háo | 壕沟 | háogōu | 嚎 | háo | 嚎啕 | háotáo |
| 好歹 | hǎodǎi | 好感 | hǎogǎn | 好汉 | hǎohàn | 好评 | hǎopíng |
| 好受 | hǎoshòu | 好说 | hǎoshuō | 好似 | hǎosì | 好玩儿 | hǎowánr |
| 好笑 | hǎoxiào | 好心 | hǎoxīn | 好意 | hǎoyì | 郝 | Hǎo |
| 号称 | hàochēng | 号角 | hàojiǎo | 号令 | hàolìng | 号码 | hàomǎ |
| 好客 | hàokè | 好恶 | hàowù | 耗资 | hàozī | 浩大 | hàodà |
| 浩劫 | hàojié | 呵斥 | hēchì | 禾 | hé | 合唱 | héchàng |
| 合伙 | héhuǒ | 合击 | héjī | 合计 | héjì | 合流 | héliú |
| 合算 | hésuàn | 合体 | hétǐ | 合营 | héyíng | 合影 | héyǐng |
| 合用 | héyòng | 合资 | hézī | 合奏 | hézòu | 何尝 | hécháng |
| 何苦 | hékǔ | 何止 | hézhǐ | 和蔼 | hé'ǎi | 和缓 | héhuǎn |
| 和解 | héjiě | 和睦 | hémù | 和气 | hé · qì | 和声 | héshēng |
| 和约 | héyuē | 河床 | héchuáng | 河道 | hédào | 河谷 | hégǔ |
| 河口 | hékǒu | 河山 | héshān | 河滩 | hétān | 河豚 | hétún |

（续上表）

| | | | | | | | |
|---|---|---|---|---|---|---|---|
| 荷包 | hé · bāo | 核定 | hédìng | 核对 | héduì | 核能 | hénéng |
| 核实 | héshí | 核桃 | hétao | 核准 | hézhǔn | 核子 | hézǐ |
| 盒子 | hézi | 贺 | Hè | 贺喜 | hèxǐ | 喝彩 | hècǎi |
| 赫 | hè | 赫然 | hèrán | 褐 | hè | 鹤 | hè |
| 壑 | hè | 黑白 | hēibái | 黑板 | hēibǎn | 黑洞 | hēidòng |
| 黑体 | hēitǐ | 痕 | hén | 狠 | hěn | 狠心 | hěnxīn |
| 恒定 | héngdìng | 恒温 | héngwēn | 恒心 | héngxīn | 横渡 | héngdù |
| 横亘 | hénggèn | 横贯 | héngguàn | 横扫 | héngsǎo | 横行 | héngxíng |
| 衡 | héng | 轰动 | hōngdòng | 轰击 | hōngjī | 轰鸣 | hōngmíng |
| 轰然 | hōngrán | 轰响 | hōngxiǎng | 轰炸 | hōngzhà | 烘 | hōng |
| 烘托 | hōngtuō | 弘扬 | hóngyáng | 红火 | hónghuo | 红利 | hónglì |
| 红领巾 | hónglǐngjīn | 红木 | hóngmù | 红娘 | Hóngniáng | 红润 | hóngrùn |
| 红烧 | hóngshāo | 红外线 | hóngwàixiàn | 红星 | hóngxīng | 红叶 | hóngyè |
| 红晕 | hóngyùn | 宏大 | hóngdà | 虹 | hóng | 洪亮 | hóngliàng |
| 洪流 | hóngliú | 鸿沟 | hónggōu | 侯 | Hóu | 喉 | hóu |
| 喉舌 | hóushé | 吼 | hǒu | 吼叫 | hǒujiào | 吼声 | hǒushēng |
| 后备 | hòubèi | 后盾 | hòudùn | 后顾之忧 | hòugùzhīyōu | 后继 | hòujì |
| 后劲 | hòujìn | 后门 | hòumén | 后台 | hòutái | 后头 | hòutou |
| 后退 | hòutuì | 后卫 | hòuwèi | 后续 | hòuxù | 后裔 | hòuyì |
| 后院 | hòuyuàn | 厚薄 | hòubó | 厚道 | hòudao | 候补 | hòubǔ |
| 候鸟 | hòuniǎo | 候审 | hòushěn | 呼号 | hūháo | 呼叫 | hūjiào |
| 呼救 | hūjiù | 呼声 | hūshēng | 呼啸 | hūxiào | 呼应 | hūyìng |
| 忽而 | hū'ér | 狐狸 | húli | 狐疑 | húyí | 弧光 | húguāng |
| 胡乱 | húluàn | 胡萝卜 | húluóbo | 胡闹 | húnào | 胡琴 | húqin |
| 胡同儿 | hútóngr | 胡须 | húxū | 糊 | hú | 唬 | hǔ |
| 互利 | hùlì | 户主 | hùzhǔ | 护理 | hùlǐ | 护送 | hùsòng |
| 护照 | hùzhào | 花白 | huābái | 花瓣 | huābàn | 花边 | huābiān |
| 花草 | huācǎo | 花丛 | huācóng | 花旦 | huādàn | 花萼 | huā'è |
| 花岗岩 | huāgāngyán | 花冠 | huāguān | 花卉 | huāhuì | 花轿 | huājiào |
| 花蕾 | huālěi | 花脸 | huāliǎn | 花蜜 | huāmì | 花木 | huāmù |
| 花鸟 | huāniǎo | 花瓶 | huāpíng | 花圃 | huāpǔ | 花期 | huāqī |
| 花圈 | huāquān | 花蕊 | huāruǐ | 花坛 | huātán | 花厅 | huātīng |
| 花样 | huāyàng | 华贵 | huáguì | 华丽 | huálì | 华美 | huáměi |
| 华人 | huárén | 华夏 | Huáxià | 哗然 | huárán | 滑稽 | huá · jī |

（续上表）

| | | | | | | | |
|---|---|---|---|---|---|---|---|
| 滑轮 | huálún | 滑行 | huáxíng | 滑雪 | huáxuě | 化脓 | huànóng |
| 化身 | huàshēn | 化纤 | huàxiān | 化验 | huàyàn | 化妆 | huàzhuāng |
| 化妆品 | huàzhuāngpǐn | 化装 | huàzhuāng | 画报 | huàbào | 画笔 | huàbǐ |
| 画册 | huàcè | 画卷 | huàjuàn | 画廊 | huàláng | 画片 | huàpiàn |
| 画师 | huàshī | 画室 | huàshì | 画坛 | huàtán | 画图 | huàtú |
| 画外音 | huàwàiyīn | 画院 | huàyuàn | 画展 | huàzhǎn | 话音 | huàyīn |
| 桦 | huà | 怀孕 | huáiyùn | 淮 | Huái | 槐 | huái |
| 坏蛋 | huàidàn | 坏事 | huàishì | 坏死 | huàisǐ | 欢 | huān |
| 欢呼 | huānhū | 欢快 | huānkuài | 欢送 | huānsòng | 欢腾 | huānténg |
| 欢笑 | huānxiào | 欢心 | huānxīn | 欢欣 | huānxīn | 还击 | huánjī |
| 环抱 | huánbào | 环顾 | huángù | 环球 | huánqiú | 环绕 | huánrào |
| 环视 | huánshì | 环形 | huánxíng | 缓冲 | huǎnchōng | 缓解 | huǎnjiě |
| 缓刑 | huǎnxíng | 幻 | huàn | 幻灯 | huàndēng | 幻象 | huànxiàng |
| 幻影 | huànyǐng | 宦官 | huànguān | 换取 | huànqǔ | 换算 | huànsuàn |
| 唤醒 | huànxǐng | 涣散 | huànsàn | 患难 | huànnàn | 焕发 | huànfā |
| 焕然一新 | huànrán-yīxīn | 豢养 | huànyǎng | 荒诞 | huāngdàn | 荒地 | huāngdì |
| 荒废 | huāngfèi | 荒凉 | huāngliáng | 荒谬 | huāngmiù | 荒漠 | huāngmò |
| 荒僻 | huāngpì | 荒唐 | huāng · táng | 荒芜 | huāngwú | 荒野 | huāngyě |
| 荒原 | huāngyuán | 慌乱 | huāngluàn | 慌忙 | huāngmáng | 慌张 | huāngzhāng |
| 皇 | huáng | 皇宫 | huánggōng | 皇冠 | huángguān | 皇后 | huánghòu |
| 皇家 | huángjiā | 皇权 | huángquán | 皇上 | huángshang | 皇室 | huángshì |
| 黄疸 | huángdǎn | 黄澄澄 | huángdēngdēng | 黄帝 | Huángdì | 黄豆 | huángdòu |
| 黄瓜 | huáng · guā | 黄花 | huánghuā | 黄连 | huánglián | 黄鼠狼 | huángshǔláng |
| 黄莺 | huángyīng | 惶惑 | huánghuò | 惶恐 | huángkǒng | 蝗虫 | huángchóng |
| 簧 | huáng | 恍惚 | huǎng · hū | 恍然 | huǎngrán | 谎 | huǎng |
| 谎话 | huǎnghuà | 谎言 | huǎngyán | 幌子 | huǎngzi | 晃动 | huàngdòng |
| 灰暗 | huī' àn | 灰白 | huībái | 灰烬 | huījìn | 灰心 | huīxīn |
| 诙谐 | huīxié | 挥动 | huīdòng | 挥发 | huīfā | 挥霍 | huīhuò |
| 挥手 | huīshǒu | 挥舞 | huīwǔ | 辉 | huī | 辉映 | huīyìng |
| 徽 | huī | 回报 | huíbào | 回荡 | huídàng | 回复 | huífù |
| 回归线 | huíguīxiàn | 回合 | huíhé | 回话 | huíhuà | 回环 | huíhuán |
| 回击 | huíjī | 回敬 | huíjìng | 回流 | huíliú | 回路 | huílù |
| 回身 | huíshēn | 回升 | huíshēng | 回声 | huíshēng | 回师 | huíshī |
| 回收 | huíshōu | 回首 | huíshǒu | 回味 | huíwèi | 回响 | huíxiǎng |

（续上表）

| | | | | | | | |
|---|---|---|---|---|---|---|---|
| 回想 | huíxiǎng | 回信 | huíxìn | 回旋 | huíxuán | 回忆录 | huíyìlù |
| 回音 | huíyīn | 回应 | huíyìng | 回转 | huízhuǎn | 洄游 | huíyóu |
| 蛔虫 | huíchóng | 悔 | huǐ | 悔改 | huǐgǎi | 悔恨 | huǐhèn |
| 毁坏 | huǐhuài | 汇 | huì | 汇编 | huìbiān | 汇合 | huìhé |
| 汇集 | huìjí | 汇率 | huìlǜ | 汇总 | huìzǒng | 会合 | huìhé |
| 会话 | huìhuà | 会聚 | huìjù | 会面 | huìmiàn | 会师 | huìshī |
| 会谈 | huìtán | 会堂 | huìtáng | 会晤 | huìwù | 会心 | huìxīn |
| 会意 | huìyì | 会战 | huìzhàn | 讳言 | huìyán | 荟萃 | huìcuì |
| 绘制 | huìzhì | 贿赂 | huìlù | 彗星 | huìxīng | 晦气 | huì · qì |
| 惠 | huì | 喙 | huì | 慧 | huì | 昏 | hūn |
| 昏暗 | hūn'àn | 昏黄 | hūnhuáng | 昏迷 | hūnmí | 昏睡 | hūnshuì |
| 荤 | hūn | 婚配 | hūnpèi | 婚事 | hūnshì | 浑 | hún |
| 浑厚 | húnhòu | 浑浊 | húnzhuó | 魂魄 | húnpò | 混沌 | hùndùn |
| 混合物 | hùnhéwù | 混凝土 | hùnníngtǔ | 混同 | hùntóng | 混杂 | hùnzá |
| 混战 | hùnzhàn | 混浊 | hùnzhuó | 豁 | huō | 豁口 | huōkǒu |
| 活命 | huómìng | 活期 | huóqī | 活塞 | huósāi | 活体 | huótǐ |
| 活捉 | huózhuō | 火把 | huǒbǎ | 火海 | huǒhǎi | 火红 | huǒhóng |
| 火候 | huǒhou | 火花 | huǒhuā | 火化 | huǒhuà | 火炬 | huǒjù |
| 火坑 | huǒkēng | 火力 | huǒlì | 火炉 | huǒlú | 火苗 | huǒmiáo |
| 火炮 | huǒpào | 火气 | huǒ · qì | 火器 | huǒqì | 火热 | huǒrè |
| 火速 | huǒsù | 火线 | huǒxiàn | 火药 | huǒyào | 火灾 | huǒzāi |
| 火葬 | huǒzàng | 火种 | huǒzhǒng | 伙 | huǒ | 伙房 | huǒfáng |
| 伙计 | huǒji | 伙食 | huǒ · shí | 货场 | huòchǎng | 货车 | huòchē |
| 货款 | huòkuǎn | 货轮 | huòlún | 货色 | huòsè | 货源 | huòyuán |
| 货运 | huòyùn | 获悉 | huòxī | 祸 | huò | 祸害 | huò · hài |
| 惑 | huò | 霍 | huò | 霍乱 | huòluàn | 豁免 | huòmiǎn |
| 几率 | jīlǜ | 讥讽 | jīfěng | 讥笑 | jīxiào | 击败 | jībài |
| 击毙 | jībì | 击毁 | jīhuǐ | 击落 | jīluò | 饥 | jī |
| 机舱 | jīcāng | 机床 | jīchuáng | 机电 | jīdiàn | 机动 | jīdòng |
| 机井 | jījǐng | 机警 | jījǐng | 机理 | jīlǐ | 机灵 | jīling |
| 机密 | jīmì | 机敏 | jīmǐn | 机枪 | jīqiāng | 机遇 | jīyù |
| 机缘 | jīyuán | 机智 | jīzhì | 机组 | jīzǔ | 肌肤 | jīfū |
| 肌腱 | jījiàn | 肌体 | jītǐ | 积存 | jīcún | 积分 | jīfēn |
| 积聚 | jījù | 积蓄 | jīxù | 姬 | jī | 基本功 | jīběngōng |

（续上表）

| | | | | | | | |
|---|---|---|---|---|---|---|---|
| 基调 | jīdiào | 基石 | jīshí | 基数 | jīshù | 激昂 | jī'áng |
| 激荡 | jīdàng | 激愤 | jīfèn | 激化 | jīhuà | 激活 | jīhuó |
| 激进 | jījìn | 激流 | jīliú | 激怒 | jīnù | 激增 | jīzēng |
| 激战 | jīzhàn | 羁绊 | jībàn | 及格 | jígé | 及早 | jízǎo |
| 吉 | jí | 吉利 | jílì | 吉普车 | jípǔchē | 吉他 | jítā |
| 吉祥 | jíxiáng | 汲取 | jíqǔ | 级别 | jíbié | 级差 | jíchā |
| 极地 | jídì | 极点 | jídiǎn | 极度 | jídù | 极限 | jíxiàn |
| 即便 | jíbiàn | 即刻 | jíkè | 即日 | jírì | 即时 | jíshí |
| 即位 | jíwèi | 即兴 | jíxìng | 急促 | jícù | 急救 | jíjiù |
| 急遽 | jíjù | 急流 | jíliú | 急迫 | jípò | 急切 | jíqiè |
| 急事 | jíshì | 急速 | jísù | 急中生智 | jízhōng－shēngzhì | 疾 | jí |
| 疾驰 | jíchí | 疾患 | jíhuàn | 疾苦 | jíkǔ | 棘手 | jíshǒu |
| 集成 | jíchéng | 集结 | jíjié | 集聚 | jíjù | 集权 | jíquán |
| 集市 | jíshì | 集训 | jíxùn | 集邮 | jíyóu | 集约 | jíyuē |
| 集镇 | jízhèn | 集装箱 | jízhuāngxiāng | 辑 | jí | 嫉妒 | jídù |
| 瘠 | jí | 几经 | jǐjīng | 几时 | jǐshí | 纪 | Jǐ |
| 给养 | jǐyǎng | 脊背 | jǐbèi | 脊梁 | jǐliang | 脊髓 | jǐsuǐ |
| 脊柱 | jǐzhù | 脊椎 | jǐzhuī | 戟 | jǐ | 麂 | jǐ |
| 计价 | jìjià | 计较 | jìjiào | 计量 | jìliàng | 计数 | jìshù |
| 记号 | jìhao | 记事 | jìshì | 记述 | jìshù | 记性 | jìxing |
| 记忆力 | jìyìlì | 伎俩 | jìliǎng | 纪年 | jìnián | 纪实 | jìshí |
| 纪要 | jìyào | 技法 | jìfǎ | 技工 | jìgōng | 技师 | jìshī |
| 忌 | jì | 忌讳 | jì·huì | 妓女 | jìnǚ | 季度 | jìdù |
| 剂量 | jìliàng | 迹象 | jìxiàng | 继承权 | jìchéngquán | 继而 | jì'ér |
| 继母 | jìmǔ | 继任 | jìrèn | 祭礼 | jìlǐ | 祭坛 | jìtán |
| 寄居 | jìjū | 寄予 | jìyǔ | 寂 | jì | 暨 | jì |
| 髻 | jì | 冀 | jì | 加班 | jiābān | 加倍 | jiābèi |
| 加法 | jiāfǎ | 加固 | jiāgù | 加油 | jiāyóu | 夹攻 | jiāgōng |
| 夹击 | jiājī | 夹杂 | jiāzá | 夹子 | jiāzi | 佳话 | jiāhuà |
| 佳节 | jiājié | 佳肴 | jiāyáo | 佳作 | jiāzuò | 枷锁 | jiāsuǒ |
| 家产 | jiāchǎn | 家常 | jiācháng | 家访 | jiāfǎng | 家教 | jiājiào |
| 家境 | jiājìng | 家眷 | jiājuàn | 家禽 | jiāqín | 家业 | jiāyè |
| 家用 | jiāyòng | 家喻户晓 | jiāyù-hùxiǎo | 家园 | jiāyuán | 嘉奖 | jiājiǎng |
| 荚 | jiá | 颊 | jiá | 甲虫 | jiǎchóng | 甲骨文 | jiǎgǔwén |

（续上表）

| | | | | | | | |
|---|---|---|---|---|---|---|---|
| 甲壳 | jiǎqiào | 甲鱼 | jiǎyú | 甲状腺 | jiǎzhuàngxiàn | 贾 | Jiǎ |
| 钾肥 | jiǎféi | 假借 | jiǎjiè | 假冒 | jiǎmào | 假若 | jiǎruò |
| 假想 | jiǎxiǎng | 假象 | jiǎxiàng | 假意 | jiǎyì | 假装 | jiǎzhuāng |
| 驾 | jià | 驾驭 | jiàyù | 架空 | jiàkōng | 架设 | Jiàshè |
| 架势 | jiàshi | 假期 | jiàqī | 假日 | jiàrì | 嫁妆 | jiàzhuang |
| 尖刀 | jiāndāo | 尖端 | jiānduān | 尖利 | jiānlì | 尖子 | jiānzi |
| 奸 | jiān | 奸商 | jiānshāng | 歼 | jiān | 坚 | jiān |
| 坚韧 | jiānrèn | 坚守 | jiānshǒu | 坚信 | jiānxìn | 坚毅 | jiānyì |
| 坚贞 | jiānzhēn | 间距 | jiānjù | 肩负 | jiānfù | 肩胛 | jiānjiǎ |
| 肩头 | jiāntóu | 艰险 | jiānxiǎn | 艰辛 | jiānxīn | 监 | jiān |
| 监测 | jiāncè | 监察 | jiānchá | 监工 | jiāngōng | 监管 | jiānguǎn |
| 监禁 | jiānjìn | 监牢 | jiānláo | 兼备 | jiānbèi | 兼并 | jiānbìng |
| 兼顾 | jiāngù | 兼任 | jiānrèn | 兼职 | jiānzhí | 缄默 | jiānmò |
| 煎 | jiān | 煎熬 | jiān’áo | 茧子 | jiǎnzi | 柬 | jiǎn |
| 检测 | jiǎncè | 检察 | jiǎnchá | 检举 | jiǎnjǔ | 检索 | jiǎnsuǒ |
| 检讨 | jiǎntǎo | 检修 | jiǎnxiū | 检疫 | jiǎnyì | 检阅 | jiǎnyuè |
| 减产 | jiǎnchǎn | 减低 | jiǎndī | 减免 | jiǎnmiǎn | 减速 | jiǎnsù |
| 减退 | jiǎntuì | 剪裁 | jiǎncái | 剪刀 | jiǎndāo | 剪纸 | jiǎnzhǐ |
| 剪子 | jiǎnzi | 简便 | jiǎnbiàn | 简短 | jiǎnduǎn | 简洁 | jiǎnjié |
| 简介 | jiǎnjiè | 简练 | jiǎnliàn | 简陋 | jiǎnlòu | 简略 | jiǎnlüè |
| 简明 | jiǎnmíng | 简朴 | jiǎnpǔ | 简要 | jiǎnyào | 简易 | jiǎnyì |
| 见长 | jiàncháng | 见地 | jiàndì | 见识 | jiànshi | 见闻 | jiànwén |
| 见效 | jiànxiào | 见于 | jiànyú | 见证 | jiànzhèng | 间谍 | jiàndié |
| 间断 | jiànduàn | 间或 | jiànhuò | 间隙 | jiànxì | 间歇 | jiànxiē |
| 间作 | jiànzuò | 建材 | jiàncái | 建交 | jiànjiāo | 建树 | jiànshù |
| 建制 | jiànzhì | 荐 | jiàn | 贱 | jiàn | 涧 | jiàn |
| 健儿 | jiàn’ér | 健将 | jiànjiàng | 健美 | jiànměi | 健身 | jiànshēn |
| 舰 | jiàn | 舰队 | jiànduì | 舰艇 | jiàntǐng | 渐变 | jiànbiàn |
| 渐次 | jiàncì | 渐进 | jiànjìn | 谏 | jiàn | 践踏 | jiàntà |
| 毽子 | jiànzi | 腱 | jiàn | 溅 | jiàn | 鉴赏 | jiànshǎng |
| 鉴于 | jiànyú | 箭头 | jiàntóu | 江湖 | jiānghú | 江山 | jiāngshān |
| 将就 | jiāngjiu | 姜 | jiāng | 僵 | jiāng | 僵化 | jiānghuà |
| 僵死 | jiāngsǐ | 僵硬 | jiāngyìng | 缰 | jiāng | 缰绳 | jiāng · shéng |
| 疆 | jiāng | 疆域 | jiāngyù | 讲解 | jiǎngjiě | 讲理 | jiǎnglǐ |

（续上表）

| | | | | | | | |
|---|---|---|---|---|---|---|---|
| 讲求 | jiǎngqiú | 讲师 | jiǎngshī | 讲授 | jiǎngshòu | 讲台 | jiǎngtái |
| 讲坛 | jiǎngtán | 讲学 | jiǎngxué | 讲演 | jiǎngyǎn | 讲义 | jiǎngyì |
| 讲座 | jiǎngzuò | 奖惩 | jiǎngchéng | 奖品 | jiǎngpǐn | 奖券 | jiǎngquàn |
| 奖赏 | jiǎngshǎng | 奖章 | jiǎngzhāng | 奖状 | jiǎngzhuàng | 桨 | jiǎng |
| 匠 | jiàng | 降价 | jiàngjià | 降临 | jiànglín | 降生 | jiàngshēng |
| 降温 | jiàngwēn | 将领 | jiànglǐng | 将士 | jiàngshì | 绛 | jiàng |
| 酱 | jiàng | 酱油 | jiàngyóu | 犟 | jiàng | 交代 | jiāodài |
| 交道 | jiāodào | 交点 | jiāodiǎn | 交锋 | jiāofēng | 交付 | jiāofù |
| 交互 | jiāohù | 交还 | jiāohuán | 交汇 | jiāohuì | 交加 | jiāojiā |
| 交接 | jiāojiē | 交界 | jiāojiè | 交纳 | jiāonà | 交配 | jiāopèi |
| 交情 | jiāoqing | 交融 | jiāoróng | 交涉 | jiāoshè | 交尾 | jiāowěi |
| 交响乐 | jiāoxiǎngyuè | 交易所 | jiāoyìsuǒ | 交战 | jiāozhàn | 郊 | jiāo |
| 郊外 | jiāowài | 郊野 | jiāoyě | 浇灌 | jiāoguàn | 娇 | jiāo |
| 娇嫩 | jiāonèn | 娇艳 | jiāoyàn | 胶布 | jiāobù | 胶片 | jiāopiàn |
| 教书 | jiāoshū | 椒 | jiāo | 焦距 | jiāojù | 焦虑 | jiāolǜ |
| 焦炭 | jiāotàn | 焦躁 | jiāozào | 焦灼 | jiāozhuó | 跤 | jiāo |
| 礁 | jiāo | 礁石 | jiāoshí | 角膜 | jiǎomó | 角质 | jiǎozhì |
| 狡猾 | jiǎohuá | 饺子 | jiǎozi | 绞 | jiǎo | 矫 | jiǎo |
| 矫健 | jiǎojiàn | 矫揉造作 | jiǎoróu-zàozuò | 矫正 | jiǎozhèng | 矫治 | jiǎozhì |
| 皎洁 | jiǎojié | 脚背 | jiǎobèi | 脚跟 | jiǎogēn | 脚尖 | jiǎojiān |
| 脚手架 | jiǎoshǒujià | 脚掌 | jiǎozhǎng | 脚趾 | jiǎozhǐ | 搅拌 | jiǎobàn |
| 搅动 | jiǎodòng | 剿 | jiǎo | 缴 | jiǎo | 缴获 | jiǎohuò |
| 缴纳 | jiǎonà | 叫喊 | jiàohǎn | 叫好 | jiàohǎo | 叫唤 | jiàohuan |
| 叫卖 | jiàomài | 叫嚷 | jiàorǎng | 叫嚣 | jiàoxiāo | 校对 | jiàoduì |
| 校样 | jiàoyàng | 校正 | jiàozhèng | 轿 | jiào | 轿车 | jiàochē |
| 轿子 | jiàozi | 较量 | jiàoliàng | 教案 | jiào’àn | 教程 | jiàochéng |
| 教官 | jiàoguān | 教规 | jiàoguī | 教化 | jiàohuà | 教皇 | jiàohuáng |
| 教诲 | jiàohuì | 教科书 | jiàokēshū | 教士 | jiàoshì | 教条 | jiàotiáo |
| 教徒 | jiàotú | 教务 | jiàowù | 教益 | jiàoyì | 窖 | jiào |
| 酵母 | jiàomǔ | 阶 | jiē | 阶梯 | jiētī | 接管 | jiēguǎn |
| 接合 | jiēhé | 接济 | jiējì | 接见 | jiējiàn | 接纳 | jiēnà |
| 接洽 | jiēqià | 接壤 | jiērǎng | 接生 | jiēshēng | 接替 | jiētì |
| 接头 | jiētóu | 接吻 | jiēwěn | 接线 | jiēxiàn | 接种 | jiēzhòng |
| 秸 | jiē | 秸秆 | jiēgǎn | 揭 | jiē | 揭穿 | jiēchuān |

（续上表）

| | | | | | | | |
|---|---|---|---|---|---|---|---|
| 揭发 | jiēfā | 揭晓 | jiēxiǎo | 街坊 | jiēfang | 街市 | jiēshì |
| 节俭 | jiéjiǎn | 节律 | jiélǜ | 节能 | jiénéng | 节拍 | jiépāi |
| 节余 | jiéyú | 节制 | jiézhì | 劫 | jié | 劫持 | jiéchí |
| 杰作 | jiézuò | 洁 | jié | 洁净 | jiéjìng | 结伴 | jiébàn |
| 结核 | jiéhé | 结集 | jiéjí | 结膜 | jiémó | 结社 | jiéshè |
| 结石 | jiéshí | 结识 | jiéshí | 结尾 | jiéwěi | 结业 | jiéyè |
| 结余 | jiéyú | 捷 | jié | 捷报 | jiébào | 捷径 | jiéjìng |
| 睫毛 | jiémáo | 截断 | jiéduàn | 截面 | jiémiàn | 截取 | jiéqǔ |
| 截然 | jiérán | 截止 | jiézhǐ | 截至 | jiézhì | 竭 | jié |
| 姐夫 | jiěfu | 解冻 | jiědòng | 解毒 | jiědú | 解雇 | jiěgù |
| 解救 | jiějiù | 解渴 | jiěkě | 解说 | jiěshuō | 解体 | jiětǐ |
| 介 | jiè | 介入 | jièrù | 介意 | jièyì | 戒备 | jièbèi |
| 戒律 | jièlǜ | 戒严 | jièyán | 戒指 | jièzhi | 届时 | jièshí |
| 界定 | jièdìng | 界面 | jièmiàn | 界线 | jièxiàn | 诫 | jiè |
| 借贷 | jièdài | 借以 | jièyǐ | 借重 | jièzhòng | 巾 | jīn |
| 金刚 | Jīngāng | 金龟子 | jīnguīzǐ | 金黄 | jīnhuáng | 金库 | jīnkù |
| 金石 | jīnshí | 金丝猴 | jīnsīhóu | 金文 | jīnwén | 金星 | jīnxīng |
| 金鱼 | jīnyú | 金子 | jīnzi | 金字塔 | jīnzìtǎ | 津贴 | jīntiē |
| 津液 | jīnyè | 矜持 | jīnchí | 筋 | jīn | 筋骨 | jīngǔ |
| 禁 | jīn | 禁不住 | jīn・bùzhù | 襟 | jīn | 尽早 | jǐnzǎo |
| 紧凑 | jǐncòu | 紧迫 | jǐnpò | 紧俏 | jǐnqiào | 紧缺 | jǐnquē |
| 紧缩 | jǐnsuō | 紧要 | jǐnyào | 锦 | jǐn | 锦旗 | jǐnqí |
| 锦绣 | jǐnxiù | 谨 | jǐn | 尽情 | jìnqíng | 尽头 | jìntóu |
| 尽心 | jìnxīn | 进逼 | jìnbī | 进餐 | jìncān | 进出 | jìnchū |
| 进度 | jìndù | 进发 | jìnfā | 进犯 | jìnfàn | 进贡 | jìngòng |
| 进货 | jìnhuò | 进食 | jìnshí | 进退 | jìntuì | 进位 | jìnwèi |
| 进行曲 | jìnxíngqǔ | 进修 | jìnxiū | 进驻 | jìnzhù | 近海 | jìnhǎi |
| 近郊 | jìnjiāo | 近邻 | jìnlín | 近旁 | jìnpáng | 近期 | jìnqī |
| 近亲 | jìnqīn | 近视 | jìn・shì | 劲头 | jìntóu | 晋级 | jìnjí |
| 晋升 | jìnshēng | 浸泡 | jìnpào | 浸润 | jìnrùn | 浸透 | jìntòu |
| 靳 | Jìn | 禁 | jìn | 禁锢 | jìngù | 禁忌 | jìnjì |
| 禁令 | jìnlìng | 禁区 | jìnqū | 京城 | jīngchéng | 京师 | jīngshī |
| 京戏 | jīngxì | 经度 | jīngdù | 经纪人 | jīngjìrén | 经久 | jīngjiǔ |
| 经络 | jīngluò | 经脉 | jīngmài | 经贸 | jīngmào | 经商 | jīngshāng |

（续上表）

| | | | | | | | |
|---|---|---|---|---|---|---|---|
| 经书 | jīngshū | 经线 | jīngxiàn | 经销 | jīngxiāo | 经由 | jīngyóu |
| 荆 | jīng | 荆棘 | jīngjí | 惊诧 | jīngchà | 惊动 | jīngdòng |
| 惊愕 | jīng'è | 惊骇 | jīnghài | 惊慌 | jīnghuāng | 惊惶 | jīnghuáng |
| 惊恐 | jīngkǒng | 惊扰 | jīngrǎo | 惊叹 | jīngtàn | 惊吓 | jīngxià |
| 惊险 | jīngxiǎn | 惊疑 | jīngyí | 晶莹 | jīngyíng | 睛 | jīng |
| 精彩 | jīngcǎi | 精干 | jīnggàn | 精光 | jīngguāng | 精华 | jīnghuá |
| 精简 | jīngjiǎn | 精炼 | jīng liàn | 精灵 | jīnglíng | 精美 | jīngměi |
| 精明 | jīngmíng | 精辟 | jīngpì | 精品 | jīngpǐn | 精巧 | jīngqiǎo |
| 精锐 | jīngruì | 精髓 | jīngsuǐ | 精通 | jīngtōng | 精微 | jīngwēi |
| 精益求精 | jīngyì-qiújīng | 精英 | jīngyīng | 精湛 | jīngzhàn | 精制 | jīngzhì |
| 精致 | jīngzhì | 颈椎 | jǐngzhuī | 景观 | jǐngguān | 景况 | jǐngkuàng |
| 景致 | jǐngzhì | 警 | jǐng | 警报 | jǐngbào | 警备 | jǐngbèi |
| 警车 | jǐngchē | 警官 | jǐngguān | 警戒 | jǐngjiè | 警觉 | jǐngjué |
| 警犬 | jǐngquǎn | 警卫 | jǐngwèi | 劲旅 | jìnglǚ | 径直 | jìngzhí |
| 净土 | jìngtǔ | 竞 | jìng | 竞技 | jìngjì | 竞相 | jìngxiāng |
| 竞选 | jìngxuǎn | 敬爱 | jìng'ài | 敬礼 | jìnglǐ | 敬佩 | jìngpèi |
| 敬畏 | jìngwèi | 敬仰 | jìngyǎng | 敬意 | jìngyì | 敬重 | jìngzhòng |
| 静电 | jìngdiàn | 静谧 | jìngmì | 静默 | jìngmò | 静穆 | jìngmù |
| 静态 | jìngtài | 境况 | jìngkuàng | 境遇 | jìngyù | 镜框 | jìngkuàng |
| 镜片 | jìngpiàn | 炯炯 | jiǒngjiǒng | 窘 | jiǒng | 窘迫 | jiǒngpò |
| 纠 | jiū | 纠缠 | jiūchán | 纠葛 | jiūgé | 纠集 | jiūjí |
| 揪 | jiū | 久远 | jiǔyuǎn | 灸 | jiǔ | 韭菜 | jiǔcài |
| 酒吧 | jiǔbā | 酒店 | jiǔdiàn | 酒会 | jiǔhuì | 酒家 | jiǔjiā |
| 酒席 | jiǔxí | 旧历 | jiùlì | 旧式 | jiùshì | 旧址 | jiùzhǐ |
| 臼齿 | jiùchǐ | 厩 | jiù | 救护 | jiùhù | 救火 | jiùhuǒ |
| 救命 | jiùmìng | 救亡 | jiùwáng | 救援 | jiùyuán | 救灾 | jiùzāi |
| 救助 | jiùzhù | 就餐 | jiùcān | 就此 | jiùcǐ | 就地 | jiùdì |
| 就读 | jiùdú | 就近 | jiùjìn | 就任 | jiùrèn | 就绪 | jiùxù |
| 就学 | jiùxué | 就职 | jiùzhí | 就座 | jiùzuò | 舅妈 | jiùmā |
| 拘 | jū | 拘谨 | jūjǐn | 拘留 | jūliú | 拘泥 | jūnì |
| 拘束 | jūshù | 拘留 | jūliú | 居室 | jūshì | 驹 | jū |
| 鞠躬 | jūgōng | 鞠躬尽瘁 | jūgōng-jìncuì | 局促 | júcù | 菊 | jú |
| 橘子 | júzi | 沮丧 | jǔsàng | 矩 | jǔ | 矩形 | jǔxíng |
| 举例 | jǔlì | 举目 | jǔmù | 举止 | jǔzhǐ | 举重 | jǔzhòng |

（续上表）

| | | | | | | | |
|---|---|---|---|---|---|---|---|
| 举足轻重 | jǔzú-qīngzhòng | 巨额 | jù'é | 巨人 | jùrén | 巨星 | jùxīng |
| 巨著 | jùzhù | 句法 | jùfǎ | 拒 | jù | 俱乐部 | jùlèbù |
| 剧变 | jùbiàn | 剧目 | jùmù | 剧情 | jùqíng | 剧院 | jùyuàn |
| 据悉 | jùxī | 惧 | jù | 惧怕 | jùpà | 锯 | jù |
| 锯齿 | jùchǐ | 聚变 | jùbiàn | 聚餐 | jùcān | 聚合 | jùhé |
| 聚会 | jùhuì | 聚积 | jùjī | 聚居 | jùjū | 踞 | jù |
| 捐款 | juānkuǎn | 捐税 | juānshuì | 捐赠 | juānzèng | 卷烟 | juǎnyān |
| 卷子 | juànzi | 倦 | juàn | 绢 | juàn | 眷恋 | juànliàn |
| 撅 | juē | 决断 | juéduàn | 决裂 | juéliè | 决赛 | juésài |
| 决死 | juésǐ | 决算 | juésuàn | 决意 | juéyì | 决战 | juézhàn |
| 诀 | jué | 诀别 | juébié | 诀窍 | juéqiào | 抉择 | juézé |
| 角逐 | juézhú | 觉醒 | juéxǐng | 绝迹 | juéjì | 绝技 | juéjì |
| 绝境 | juéjìng | 绝妙 | juémiào | 绝食 | juéshí | 绝缘 | juéyuán |
| 倔强 | juéjiàng | 掘 | jué | 崛起 | juéqǐ | 厥 | jué |
| 蕨 | jué | 爵 | jué | 爵士 | juéshì | 爵士乐 | juéshìyuè |
| 攫 | jué | 攫取 | juéqǔ | 倔 | juè | 军备 | jūnbèi |
| 军费 | jūnfèi | 军服 | jūnfú | 军工 | jūngōng | 军火 | jūnhuǒ |
| 军机 | jūnjī | 军礼 | jūnlǐ | 军粮 | jūnliáng | 军属 | jūnshǔ |
| 军务 | jūnwù | 军校 | jūnxiào | 军需 | jūnxū | 军训 | jūnxùn |
| 军医 | jūnyī | 军营 | jūnyíng | 军用 | jūnyòng | 军装 | jūnzhuāng |
| 均等 | jūnděng | 君权 | jūnquán | 君子 | jūnzǐ | 钧 | jūn |
| 俊 | jùn | 俊美 | jùnměi | 俊俏 | jùnqiào | 郡 | jùn |
| 峻 | jùn | 骏马 | jùnmǎ | 竣工 | jùngōng | 卡车 | kǎchē |
| 卡片 | kǎpiàn | 咯 | kǎ | 开场 | kāichǎng | 开车 | kāichē |
| 开春 | kāichūn | 开刀 | kāidāo | 开导 | kāidǎo | 开动 | kāidòng |
| 开端 | kāiduān | 开饭 | kāifàn | 开赴 | kāifù | 开工 | kāigōng |
| 开荒 | kāihuāng | 开火 | kāihuǒ | 开机 | kāijī | 开掘 | kāijué |
| 开朗 | kāilǎng | 开明 | kāimíng | 开炮 | kāipào | 开启 | kāiqǐ |
| 开窍 | kāiqiào | 开山 | kāishān | 开庭 | kāitíng | 开通 | kāitōng |
| 开脱 | kāituō | 开外 | kāiwài | 开销 | kāixiāo | 开心 | kāixīn |
| 开学 | kāixué | 开业 | kāiyè | 开凿 | kāizáo | 开战 | kāizhàn |
| 开张 | kāizhāng | 揩 | kāi | 凯歌 | kǎigē | 凯旋 | kǎixuán |
| 慨然 | kǎirán | 慨叹 | kǎitàn | 楷模 | kǎimó | 刊 | kān |
| 刊载 | kānzǎi | 看管 | kānguǎn | 看护 | kānhù | 看守 | kānshǒu |

（续上表）

| | | | | | | | |
|---|---|---|---|---|---|---|---|
| 勘测 | kāncè | 勘察 | kānchá | 堪 | kān | 坎 | kǎn |
| 坎坷 | kǎnkě | 砍伐 | kǎnfá | 看病 | kànbìng | 看不起 | kàn · bùqǐ |
| 看穿 | kànchuān | 看好 | kànhǎo | 看台 | kàntái | 看透 | kàntòu |
| 看中 | kànzhòng | 看重 | kànzhòng | 看做 | kànzuò | 康 | kāng |
| 康复 | kāngfù | 慷慨 | kāngkǎi | 糠 | kāng | 亢奋 | kàngfèn |
| 亢进 | kàngjìn | 抗旱 | kànghàn | 抗衡 | kànghéng | 抗击 | kàngjī |
| 抗拒 | kàngjù | 抗体 | kàngtǐ | 抗原 | kàngyuán | 抗灾 | kàngzāi |
| 抗争 | kàngzhēng | 考查 | kǎochá | 考场 | kǎochǎng | 考究 | kǎo · jiū |
| 考据 | kǎojù | 考取 | kǎoqǔ | 考生 | kǎoshēng | 考问 | kǎowèn |
| 考证 | kǎozhèng | 烤 | kǎo | 烤火 | kǎohuǒ | 靠不住 | kào · bùzhù |
| 靠拢 | kàolǒng | 靠山 | kàoshān | 苛刻 | kēkè | 苛求 | kēqiú |
| 柯 | kē | 科班 | kēbān | 科举 | kējǔ | 科目 | kēmù |
| 科普 | kēpǔ | 科室 | kēshì | 磕 | kē | 磕头 | kētóu |
| 瞌睡 | kēshuì | 蝌蚪 | kēdǒu | 可悲 | kěbēi | 可耻 | kěchǐ |
| 可观 | kěguān | 可贵 | kěguì | 可恨 | kěhèn | 可口 | kěkǒu |
| 可取 | kěqǔ | 可恶 | kěwù | 可喜 | kěxǐ | 可行 | kěxíng |
| 可疑 | kěyí | 渴 | kě | 渴求 | kěqiú | 克己 | kèjǐ |
| 克制 | kèzhì | 刻板 | kèbǎn | 刻薄 | kèbó | 刻不容缓 | kèbùrónghuǎn |
| 恪守 | kèshǒu | 客车 | kèchē | 客房 | kèfáng | 客户 | kèhù |
| 客机 | kèjī | 客轮 | kèlún | 客商 | kèshāng | 客运 | kèyùn |
| 课外 | kèwài | 课文 | kèwén | 课余 | kèyú | 垦 | kěn |
| 垦荒 | kěnhuāng | 恳切 | kěnqiè | 恳求 | kěnqiú | 坑道 | kēngdào |
| 吭声 | kēngshēng | 铿锵 | kēngqiāng | 空洞 | kōngdòng | 空话 | kōnghuà |
| 空旷 | kōngkuàng | 空谈 | kōngtán | 空投 | kōngtóu | 空袭 | kōngxí |
| 空想 | kōngxiǎng | 空心 | kōngxīn | 孔洞 | kǒngdòng | 孔隙 | kǒngxì |
| 恐 | kǒng | 恐吓 | kǒnghè | 恐龙 | kǒnglóng | 空地 | kòngdì |
| 空隙 | kòngxì | 空闲 | kòngxián | 空子 | kòngzi | 控 | kòng |
| 控告 | kònggào | 控诉 | kòngsù | 抠 | kōu | 口岸 | kǒu'àn |
| 口服 | kǒufú | 口角 | kǒujiǎo | 口径 | kǒujìng | 口诀 | kǒujué |
| 口粮 | kǒuliáng | 口令 | kǒulìng | 口琴 | kǒuqín | 口哨 | kǒushào |
| 口水 | kǒushuǐ | 口味 | kǒuwèi | 口吻 | kǒuwěn | 口音 | kǒuyīn |
| 口罩 | kǒuzhào | 口子 | kǒuzi | 叩 | kòu | 叩头 | kòutóu |
| 扣除 | kòuchú | 扣留 | kòuliú | 扣押 | kòuyā | 扣子 | kòuzi |
| 寇 | kòu | 枯 | kū | 枯黄 | kūhuáng | 枯竭 | kūjié |

（续上表）

| | | | | | | | |
|---|---|---|---|---|---|---|---|
| 枯萎 | kūwěi | 枯燥 | kūzào | 哭泣 | kūqì | 哭诉 | kūsù |
| 窟 | kū | 窟窿 | kūlong | 苦果 | kǔguǒ | 苦力 | kǔlì |
| 苦闷 | kǔmèn | 苦涩 | kǔsè | 苦痛 | kǔtòng | 苦头 | kǔ・tóu |
| 苦笑 | kǔxiào | 苦心 | kǔxīn | 苦于 | kǔyú | 苦战 | kǔzhàn |
| 苦衷 | kǔzhōng | 库房 | kùfáng | 裤 | kù | 裤脚 | kùjiǎo |
| 裤腿 | kùtuǐ | 酷 | kù | 酷爱 | kù'ài | 酷热 | kùrè |
| 酷暑 | kùshǔ | 酷似 | kùsì | 夸 | kuā | 夸大 | kuādà |
| 夸奖 | kuājiǎng | 夸耀 | kuāyào | 垮 | kuǎ | 垮台 | kuǎtái |
| 挎 | kuà | 挎包 | kuàbāo | 跨度 | kuàdù | 跨越 | kuàyuè |
| 快感 | kuàigǎn | 快慢 | kuàimàn | 快艇 | kuàitǐng | 快意 | kuàiyì |
| 脍炙人口 | kuàizhì-rénkǒu | 宽敞 | kuān・chǎng | 宽度 | kuāndù | 宽广 | kuānguǎng |
| 宽厚 | kuānhòu | 宽容 | kuānróng | 宽恕 | kuānshù | 宽慰 | kuānwèi |
| 宽裕 | kuānyù | 款待 | kuǎndài | 款式 | kuǎnshì | 款项 | kuǎnxiàng |
| 狂奔 | kuángbēn | 狂风 | kuángfēng | 狂欢 | kuánghuān | 狂热 | kuángrè |
| 狂妄 | kuángwàng | 狂喜 | kuángxǐ | 狂笑 | kuángxiào | 旷 | kuàng |
| 旷工 | kuànggōng | 旷野 | kuàngyě | 况 | kuàng | 矿藏 | kuàngcáng |
| 矿床 | kuàngchuáng | 矿工 | kuànggōng | 矿井 | kuàngjǐng | 矿区 | kuàngqū |
| 矿山 | kuàngshān | 矿石 | kuàngshí | 矿业 | kuàngyè | 框 | kuàng |
| 框架 | kuàngjià | 框子 | kuàngzi | 眶 | kuàng | 亏本 | kuīběn |
| 盔 | kuī | 窥 | kuī | 窥见 | kuījiàn | 窥探 | kuītàn |
| 奎 | kuí | 葵花 | kuíhuā | 魁梧 | kuí・wú | 傀儡 | kuǐlěi |
| 匮乏 | kuìfá | 溃 | kuì | 溃烂 | kuìlàn | 溃疡 | kuìyáng |
| 愧 | kuì | 坤 | kūn | 昆曲 | kūnqǔ | 困惑 | kùnhuò |
| 困苦 | kùnkǔ | 困扰 | kùnrǎo | 扩 | kuò | 扩充 | kuòchōng |
| 扩建 | kuòjiàn | 括 | kuò | 括号 | kuòhào | 阔气 | kuòqi |
| 廓 | kuò | 拉力 | lālì | 拉拢 | lā・lǒng | 喇嘛 | lǎma |
| 腊 | là | 腊梅 | làméi | 腊月 | làyuè | 辣 | là |
| 来宾 | láibīn | 来电 | láidiàn | 来访 | láifǎng | 来客 | láikè |
| 来历 | láilì | 来龙去脉 | láilóng-qùmài | 来年 | láinián | 来去 | láiqù |
| 来世 | láishì | 来势 | láishì | 来意 | láiyì | 来者 | láizhě |
| 癞 | lài | 兰花 | lánhuā | 拦 | lán | 拦截 | lánjié |
| 拦腰 | lányāo | 拦阻 | lánzǔ | 栏杆 | lángān | 蓝图 | lántú |
| 篮 | lán | 篮球 | lánqiú | 篮子 | lánzi | 览 | lǎn |
| 揽 | lǎn | 缆 | lǎn | 懒 | lǎn | 懒得 | lǎnde |

（续上表）

| | | | | | | | |
|---|---|---|---|---|---|---|---|
| 懒惰 | lǎnduò | 懒汉 | lǎnhàn | 懒散 | lǎnsǎn | 烂泥 | lànní |
| 滥 | làn | 滥用 | lànyòng | 郎 | láng | 狼狈 | lángbèi |
| 廊 | láng | 朗读 | lǎngdú | 朗诵 | lǎngsòng | 浪潮 | làngcháo |
| 浪漫 | làngmàn | 浪涛 | làngtāo | 浪头 | làngtou | 劳工 | láogōng |
| 劳驾 | láojià | 劳教 | láojiào | 劳苦 | láokǔ | 劳累 | láolèi |
| 劳模 | láomó | 劳务 | láowù | 劳役 | láoyì | 劳资 | láozī |
| 劳作 | láozuò | 牢房 | láofáng | 牢记 | láojì | 牢笼 | láolóng |
| 牢骚 | láo · sāo | 牢狱 | láoyù | 老伯 | lǎobó | 老化 | lǎohuà |
| 老家 | lǎojiā | 老练 | lǎoliàn | 老少 | lǎoshào | 老生 | lǎoshēng |
| 老式 | lǎoshì | 老天爷 | lǎotiānyé | 老头儿 | lǎotóur | 老鹰 | lǎoyīng |
| 老者 | lǎozhě | 老总 | lǎozǒng | 姥姥 | lǎolao | 烙 | lào |
| 烙印 | làoyìn | 涝 | lào | 乐趣 | lèqù | 乐意 | lèyì |
| 乐于 | lèyú | 乐园 | lèyuán | 勒 | lè | 勒令 | lèlìng |
| 勒索 | lèsuǒ | 勒 | lēi | 累赘 | léizhui | 雷暴 | léibào |
| 雷电 | léidiàn | 雷鸣 | léimíng | 雷同 | léitóng | 雷雨 | léiyǔ |
| 擂 | léi | 镭 | léi | 垒 | lěi | 累积 | lěijī |
| 累及 | lěijí | 累计 | lěijì | 肋 | lèi | 肋骨 | lèigǔ |
| 泪痕 | lèihén | 泪花 | lèihuā | 泪眼 | lèiyǎn | 泪珠 | lèizhū |
| 类比 | lèibǐ | 类别 | lèibié | 类群 | lèiqún | 类推 | lèituī |
| 擂 | lèi | 棱 | léng | 棱角 | léngjiǎo | 棱镜 | léngjìng |
| 冷不防 | lěng · bùfáng | 冷藏 | lěngcáng | 冷淡 | lěngdàn | 冷冻 | lěngdòng |
| 冷风 | lěngfēng | 冷汗 | lěnghàn | 冷峻 | lěngjùn | 冷酷 | lěngkù |
| 冷落 | lěngluò | 冷漠 | lěngmò | 冷凝 | lěngníng | 冷暖 | lěngnuǎn |
| 冷气 | lěngqì | 冷清 | lěng · qīng | 冷眼 | lěngyǎn | 冷饮 | lěngyǐn |
| 冷遇 | lěngyù | 厘 | lí | 离别 | líbié | 离奇 | líqí |
| 离散 | lísàn | 离心 | líxīn | 离心力 | líxīnlì | 离休 | líxiū |
| 离异 | líyì | 离职 | lízhí | 梨园 | líyuán | 黎明 | límíng |
| 篱笆 | líba | 礼拜 | lǐbài | 礼法 | lǐfǎ | 礼教 | lǐjiào |
| 礼节 | lǐjié | 礼品 | lǐpǐn | 礼让 | lǐràng | 礼堂 | lǐtáng |
| 礼仪 | lǐyí | 里程 | lǐchéng | 里程碑 | lǐchéngbēi | 理财 | lǐcái |
| 理睬 | lǐcǎi | 理发 | lǐfà | 理会 | lǐhuì | 理科 | lǐkē |
| 理事 | lǐ · shì | 理应 | lǐyīng | 理直气壮 | lǐzhí-qìzhuàng | 锂 | lǐ |
| 鲤 | lǐ | 力度 | lìdù | 力争 | lìzhēng | 历程 | lìchéng |
| 历次 | lìcì | 历法 | lìfǎ | 历届 | lìjiè | 历尽 | lìjìn |

（续上表）

| | | | | | | | |
|---|---|---|---|---|---|---|---|
| 历经 | lìjīng | 历年 | lìnián | 历书 | lìshū | 厉声 | lìshēng |
| 立案 | lì'àn | 立方 | lìfāng | 立功 | lìgōng | 立国 | lìguó |
| 立论 | lìlùn | 立宪 | lìxiàn | 立意 | lìyì | 立正 | lìzhèng |
| 立志 | lìzhì | 立足 | lìzú | 吏 | lì | 利弊 | lìbì |
| 利落 | lìluo | 利尿 | lìniào | 利索 | lìsuo | 沥青 | lìqīng |
| 例证 | lìzhèng | 隶 | lì | 隶属 | lìshǔ | 荔枝 | lìzhī |
| 栗子 | lìzi | 砾石 | lìshí | 痢疾 | lìji | 连带 | liándài |
| 连贯 | liánguàn | 连环 | liánhuán | 连环画 | liánhuánhuà | 连累 | liánlei |
| 连绵 | liánmián | 连年 | liánnián | 连日 | liánrì | 连声 | liánshēng |
| 连锁 | liánsuǒ | 连通 | liántōng | 连夜 | liányè | 连衣裙 | liányīqún |
| 怜 | lián | 怜悯 | liánmǐn | 帘 | lián | 帘子 | liánzi |
| 莲 | lián | 莲花 | liánhuā | 涟漪 | liányī | 联欢 | liánhuān |
| 联名 | liánmíng | 联赛 | liánsài | 联姻 | liányīn | 廉 | lián |
| 廉洁 | liánjié | 镰 | lián | 镰刀 | liándāo | 敛 | liǎn |
| 脸红 | liǎnhóng | 脸颊 | liǎnjiá | 脸面 | liǎnmiàn | 脸庞 | liǎnpáng |
| 脸皮 | liǎnpí | 脸谱 | liǎnpǔ | 练兵 | liànbīng | 练功 | liàngōng |
| 练武 | liànwǔ | 恋 | liàn | 恋人 | liànrén | 链条 | liàntiáo |
| 良机 | liángjī | 良久 | liángjiǔ | 良田 | liángtián | 良性 | liángxìng |
| 凉快 | liángkuai | 凉爽 | liángshuǎng | 凉水 | liángshuǐ | 凉鞋 | liángxié |
| 粮仓 | liángcāng | 两口子 | liǎngkǒuzi | 两栖 | liǎngqī | 两性 | liǎngxìng |
| 两样 | liǎngyàng | 两翼 | liǎngyì | 亮度 | liàngdù | 亮光 | liàngguāng |
| 亮相 | liàngxiàng | 谅解 | liàngjiě | 量变 | liàngbiàn | 量词 | liàngcí |
| 量刑 | liàngxíng | 晾 | liàng | 踉跄 | liàngqiàng | 撩 | liāo |
| 辽 | liáo | 疗 | liáo | 疗程 | liáochéng | 疗效 | liáoxiào |
| 疗养 | liáoyǎng | 疗养院 | liáoyǎngyuàn | 聊 | liáo | 聊天儿 | liáotiānr |
| 撩 | liáo | 嘹亮 | liáoliàng | 潦倒 | liáodǎo | 缭绕 | liáorào |
| 燎 | liáo | 了不得 | liǎo · bù · dé | 了结 | liǎojié | 了然 | liǎorán |
| 了如指掌 | liǎorúzhǐzhǎng | 燎 | liǎo | 料理 | liàolǐ | 料想 | liàoxiǎng |
| 料子 | liàozi | 撂 | liào | 廖 | Liào | 瞭望 | liàowàng |
| 列强 | lièqiáng | 列席 | lièxí | 劣 | liè | 劣等 | lièděng |
| 劣势 | lièshì | 劣质 | lièzhì | 烈 | liè | 烈火 | lièhuǒ |
| 烈日 | lièrì | 烈性 | lièxìng | 烈焰 | lièyàn | 猎狗 | liègǒu |
| 猎枪 | lièqiāng | 猎取 | lièqǔ | 猎犬 | lièquǎn | 猎人 | lièrén |
| 猎手 | lièshǒu | 猎物 | lièwù | 裂变 | lièbiàn | 裂缝 | lièfèng |

（续上表）

| | | | | | | | |
|---|---|---|---|---|---|---|---|
| 裂痕 | lièhén | 裂纹 | lièwén | 裂隙 | lièxì | 拎 | līn |
| 邻里 | línlǐ | 邻舍 | línshè | 林带 | líndài | 林地 | líndì |
| 林立 | línlì | 林荫道 | línyīndào | 林子 | línzi | 临别 | línbié |
| 临到 | líndào | 临界 | línjiè | 临近 | línjìn | 临摹 | línmó |
| 临终 | línzhōng | 淋巴结 | línbājié | 淋漓 | línlí | 淋漓尽致 | línlí-jìnzhì |
| 琳琅满目 | línláng-mǎnmù | 嶙峋 | línxún | 霖 | lín | 磷肥 | línféi |
| 磷脂 | línzhī | 鳞 | lín | 鳞片 | línpiàn | 吝啬 | lìnsè |
| 伶 | líng | 伶俐 | líng · lì | 灵巧 | língqiǎo | 灵堂 | língtáng |
| 灵通 | língtōng | 灵性 | língxìng | 灵芝 | língzhī | 玲珑 | línglóng |
| 凌 | líng | 凌晨 | língchén | 凌空 | língkōng | 凌乱 | língluàn |
| 陵 | líng | 陵墓 | língmù | 陵园 | língyuán | 聆听 | língtīng |
| 菱形 | língxíng | 翎子 | língzi | 羚羊 | língyáng | 绫 | líng |
| 零点 | língdiǎn | 零乱 | língluàn | 零散 | língsǎn | 零碎 | língsuì |
| 零星 | língxīng | 领带 | lǐngdài | 领地 | lǐngdì | 领队 | lǐngduì |
| 领海 | lǐnghǎi | 领教 | lǐngjiào | 领口 | lǐngkǒu | 领略 | lǐnglüè |
| 领取 | lǐngqǔ | 领事馆 | lǐngshìguǎn | 领受 | lǐngshòu | 领头 | lǐngtóu |
| 领悟 | lǐngwù | 领先 | lǐngxiān | 领主 | lǐngzhǔ | 领子 | lǐngzi |
| 另行 | lìngxíng | 溜达 | liūda | 蹓 | liū | 浏览 | liúlǎn |
| 留成 | liúchéng | 留存 | liúcún | 留恋 | liúliàn | 留神 | liúshén |
| 留声机 | liúshēngjī | 留守 | liúshǒu | 留心 | liúxīn | 留意 | liúyì |
| 流产 | liúchǎn | 流畅 | liúchàng | 流程 | liúchéng | 流毒 | liúdú |
| 流放 | liúfàng | 流浪 | liúlàng | 流利 | liúlì | 流量 | liúliàng |
| 流落 | liúluò | 流失 | liúshī | 流逝 | liúshì | 流水线 | liúshuǐxiàn |
| 流速 | liúsù | 流淌 | liútǎng | 流亡 | liúwáng | 流星 | liúxīng |
| 流言 | liúyán | 流转 | liúzhuǎn | 琉璃 | liú · lí | 硫黄 | liúhuáng |
| 绺 | liǔ | 蹓 | liù | 龙船 | lóngchuán | 龙灯 | lóngdēng |
| 龙骨 | lónggǔ | 龙卷风 | lóngjuǎnfēng | 龙王 | lóngwáng | 龙眼 | lóngyǎn |
| 聋 | lóng | 聋子 | lóngzi | 笼子 | lóngzi | 隆冬 | lóngdōng |
| 隆重 | lóngzhòng | 陇 | Lǒng | 垄 | lǒng | 笼络 | lǒngluò |
| 笼统 | lǒngtǒng | 楼阁 | lóugé | 楼台 | lóutái | 楼梯 | lóutī |
| 篓 | lǒu | 陋 | lòu | 漏洞 | lòudòng | 漏斗 | lòudǒu |
| 卢 | Lú | 芦笙 | lúshēng | 芦苇 | lúwěi | 炉灶 | lúzào |
| 颅 | lú | 卤水 | lǔshuǐ | 卤素 | lǔsù | 虏 | lǔ |
| 掳 | lǔ | 鲁莽 | lǔmǎng | 陆路 | lùlù | 录取 | lùqǔ |

（续上表）

| | | | | | | | |
|---|---|---|---|---|---|---|---|
| 录像 | lùxiàng | 录像机 | lùxiàngjī | 录音 | lùyīn | 录音机 | lùyīnjī |
| 录用 | lùyòng | 录制 | lùzhì | 绿林 | lùlín | 禄 | lù |
| 路标 | lùbiāo | 路灯 | lùdēng | 路费 | lùfèi | 路径 | lùjìng |
| 路口 | lùkǒu | 路面 | lùmiàn | 路人 | lùrén | 路途 | lùtú |
| 麓 | lù | 露骨 | lùgǔ | 露水 | lù · shuǐ | 露天 | lùtiān |
| 露珠 | lùzhū | 吕 | lǚ | 捋 | lǚ | 旅伴 | lǚbàn |
| 旅程 | lǚchéng | 旅店 | lǚdiàn | 旅途 | lǚtú | 屡 | lǚ |
| 屡次 | lǚcì | 屡见不鲜 | lǚjiàn-bùxiān | 履 | lǚ | 虑 | lǜ |
| 绿灯 | lǜdēng | 绿地 | lǜdì | 绿豆 | lǜdòu | 绿肥 | lǜféi |
| 绿洲 | lǜzhōu | 峦 | luán | 孪生 | luánshēng | 卵石 | luǎnshí |
| 卵子 | luǎnzǐ | 掠 | lüè | 略微 | lüèwēi | 抡 | lūn |
| 沦陷 | lúnxiàn | 轮班 | lúnbān | 轮番 | lúnfān | 轮换 | lúnhuàn |
| 轮回 | lúnhuí | 轮胎 | lúntāi | 轮椅 | lúnyǐ | 轮子 | lúnzi |
| 论调 | lùndiào | 论断 | lùnduàn | 论据 | lùnjù | 论理 | lùnlǐ |
| 论说 | lùnshuō | 论坛 | lùntán | 论战 | lùnzhàn | 论著 | lùnzhù |
| 捋 | luō | 罗汉 | luóhàn | 罗列 | luóliè | 罗盘 | luópán |
| 萝卜 | luóbo | 锣 | luó | 锣鼓 | luógǔ | 箩 | luó |
| 箩筐 | luókuāng | 骡子 | luózi | 螺 | luó | 螺丝 | luósī |
| 螺旋桨 | luóxuánjiǎng | 裸 | luǒ | 裸露 | luǒlù | 裸体 | luǒtǐ |
| 洛 | Luò | 落差 | luòchā | 落成 | luòchéng | 落户 | luòhù |
| 落脚 | luòjiǎo | 落空 | luòkōng | 落日 | luòrì | 落水 | luòshuǐ |
| 落伍 | luòwǔ | 摞 | luò | 抹布 | mābù | 麻痹 | mábì |
| 麻袋 | mádài | 麻将 | májiàng | 麻利 | máli | 麻木 | mámù |
| 麻雀 | máquè | 麻疹 | mázhěn | 麻子 | mázi | 马达 | mǎdá |
| 马灯 | mǎdēng | 马褂 | mǎguà | 马虎 | mǎhu | 马力 | mǎlì |
| 马铃薯 | mǎlíngshǔ | 马匹 | mǎpǐ | 马蹄 | mǎtí | 马桶 | mǎtǒng |
| 马戏 | mǎxì | 玛瑙 | mǎnǎo | 埋藏 | máicáng | 埋伏 | mái · fú |
| 埋没 | máimò | 埋头 | máitóu | 埋葬 | máizàng | 买主 | mǎizhǔ |
| 迈步 | màibù | 迈进 | màijìn | 麦收 | màishōu | 麦子 | màizi |
| 卖国 | màiguó | 卖力 | màilì | 卖命 | màimìng | 卖弄 | mài · nòng |
| 卖主 | màizhǔ | 脉搏 | màibó | 脉冲 | màichōng | 脉络 | màiluò |
| 蛮干 | mángàn | 蛮横 | mánhèng | 鳗 | mán | 满腹 | mǎnfù |
| 满怀 | mǎnhuái | 满口 | mǎnkǒu | 满面 | mǎnmiàn | 满目 | mǎnmù |
| 满腔 | mǎnqiāng | 满心 | mǎnxīn | 满月 | mǎnyuè | 满载 | mǎnzài |

（续上表）

| | | | | | | | |
|---|---|---|---|---|---|---|---|
| 满嘴 | mǎnzuǐ | 螨 | mǎn | 曼 | màn | 谩骂 | mànmà |
| 蔓 | màn | 蔓延 | mànyán | 漫 | màn | 漫不经心 | màn bù jīngxīn |
| 漫步 | mànbù | 漫画 | mànhuà | 漫天 | màntiān | 漫游 | mànyóu |
| 慢条斯理 | màntiáo-sīlǐ | 忙活 | mánghuo | 忙乱 | mángluàn | 盲 | máng |
| 盲肠 | mángcháng | 盲从 | mángcóng | 盲流 | mángliú | 盲人 | mángrén |
| 蟒 | mǎng | 猫头鹰 | māotóuyīng | 毛笔 | máobǐ | 毛虫 | máochóng |
| 毛发 | máofà | 毛骨悚然 | máogǔ-sǒngrán | 毛料 | máoliào | 毛驴 | máolǘ |
| 毛囊 | máonáng | 毛皮 | máopí | 毛毯 | máotǎn | 毛线 | máoxiàn |
| 毛衣 | máoyī | 矛 | máo | 矛头 | máotóu | 茅草 | máocǎo |
| 茅屋 | máowū | 锚 | máo | 卯 | mǎo | 铆 | mǎo |
| 茂密 | màomì | 茂盛 | màoshèng | 冒充 | màochōng | 冒火 | màohuǒ |
| 冒昧 | màomèi | 冒失 | màoshi | 贸然 | màorán | 貌 | mào |
| 貌似 | màosì | 没劲 | méijìn | 没命 | méimìng | 没趣 | méiqù |
| 没准儿 | méizhǔnr | 玫瑰 | méi · guī | 眉飞色舞 | méifēi – sèwǔ | 眉开眼笑 | méikāi – yǎnxiào |
| 眉目 | méi · mù | 眉眼 | méiyǎn | 眉宇 | méiyǔ | 梅花 | méihuā |
| 梅雨 | méiyǔ | 媒 | méi | 媒人 | méiren | 煤气 | méiqì |
| 煤油 | méiyóu | 霉 | méi | 霉菌 | méijūn | 霉烂 | méilàn |
| 美德 | měidé | 美观 | měiguān | 美景 | měijǐng | 美酒 | měijiǔ |
| 美满 | měimǎn | 美貌 | měimào | 美女 | měinǚ | 美人 | měirén |
| 美容 | měiróng | 美谈 | měitán | 美味 | měiwèi | 美育 | měiyù |
| 昧 | mèi | 媚 | mèi | 闷热 | mēnrè | 门板 | ménbǎn |
| 门道 | méndao | 门第 | méndì | 门洞儿 | méndòngr | 门户 | ménhù |
| 门槛 | ménkǎn | 门框 | ménkuàng | 门类 | ménlèi | 门帘 | ménlián |
| 门铃 | ménlíng | 门面 | mén · miàn | 门票 | ménpiào | 门生 | ménshēng |
| 门徒 | méntú | 门牙 | ményá | 门诊 | ménzhěn | 萌 | méng |
| 萌动 | méngdòng | 萌生 | méngshēng | 蒙蔽 | méngbì | 蒙昧 | méngmèi |
| 蒙受 | méngshòu | 盟 | méng | 盟国 | méngguó | 猛然 | měngrán |
| 猛兽 | měngshòu | 蒙古包 | měnggǔbāo | 锰 | měng | 梦幻 | mènghuàn |
| 梦境 | mèngjìng | 梦寐以求 | mèngmèi – yǐqiú | 梦乡 | mèngxiāng | 梦想 | mèngxiǎng |
| 梦呓 | mèngyì | 眯 | mī | 眯缝 | mīfeng | 弥 | mí |
| 弥散 | mísàn | 迷宫 | mígōng | 迷糊 | míhu | 迷惑 | míhuò |
| 迷离 | mílí | 迷恋 | míliàn | 迷路 | mílù | 迷茫 | mímáng |
| 迷蒙 | míméng | 迷失 | míshī | 迷惘 | míwǎng | 迷雾 | míwù |
| 猕猴 | míhóu | 糜烂 | mílàn | 米饭 | mǐfàn | 觅 | mì |

（续上表）

| | | | | | | | |
|---|---|---|---|---|---|---|---|
| 秘 | mì | 秘诀 | mìjué | 密闭 | mìbì | 密布 | mìbù |
| 密封 | mìfēng | 密码 | mìmǎ | 幂 | mì | 蜜月 | mìyuè |
| 眠 | mián | 绵 | mián | 绵延 | miányán | 绵羊 | miányáng |
| 棉布 | miánbù | 棉纱 | miánshā | 棉田 | miántián | 棉絮 | miánxù |
| 免除 | miǎnchú | 免得 | miǎn · dé | 免费 | miǎnfèi | 免税 | miǎnshuì |
| 勉 | miǎn | 勉励 | miǎnlì | 缅怀 | miǎnhuái | 面额 | miàn'é |
| 面粉 | miànfěn | 面颊 | miànjiá | 面具 | miànjù | 面庞 | miànpáng |
| 面容 | miànróng | 面色 | miànsè | 面纱 | miànshā | 面谈 | miàntán |
| 面条儿 | miàntiáor | 面子 | miànzi | 苗木 | miáomù | 苗圃 | miáopǔ |
| 苗条 | miáotiao | 苗头 | miáotou | 描 | miáo | 描画 | miáohuà |
| 描摹 | miáomó | 瞄 | miáo | 瞄准 | miáozhǔn | 渺 | miǎo |
| 渺茫 | miǎománg | 渺小 | miǎoxiǎo | 藐视 | miǎoshì | 庙会 | miàohuì |
| 庙宇 | miàoyǔ | 灭火 | mièhuǒ | 灭绝 | mièjué | 蔑视 | mièshì |
| 篾 | miè | 民办 | mínbàn | 民法 | mínfǎ | 民房 | mínfáng |
| 民工 | míngōng | 民航 | mínháng | 民警 | mínjǐng | 民情 | mínqíng |
| 民权 | mínquán | 民生 | mínshēng | 民心 | mínxīn | 民谣 | mínyáo |
| 民意 | mínyì | 民营 | mínyíng | 民用 | mínyòng | 民政 | mínzhèng |
| 皿 | mǐn | 抿 | mǐn | 泯灭 | mǐnmiè | 闽 | Mǐn |
| 名次 | míngcì | 名单 | míngdān | 名额 | míng'é | 名副其实 | míngfùqíshí |
| 名贵 | míngguì | 名家 | míngjiā | 名利 | mínglì | 名列前茅 | mínglièqiánmáo |
| 名流 | míngliú | 名目 | míngmù | 名牌 | míngpái | 名片 | míngpiàn |
| 名气 | míngqì | 名人 | míngrén | 名山 | míngshān | 名声 | míngshēng |
| 名胜 | míngshèng | 名师 | míngshī | 名堂 | míngtang | 名望 | míngwàng |
| 名下 | míngxià | 名言 | míngyán | 名誉 | míngyù | 名著 | míngzhù |
| 明矾 | míngfán | 明净 | míngjìng | 明镜 | míngjìng | 明快 | míngkuài |
| 明朗 | mínglǎng | 明了 | míngliǎo | 明媚 | míngmèi | 明日 | míngrì |
| 明晰 | míngxī | 明星 | míngxīng | 明珠 | míngzhū | 鸣叫 | míngjiào |
| 冥想 | míngxiǎng | 铭 | míng | 铭文 | míngwén | 命脉 | mìngmài |
| 命中 | mìngzhòng | 谬 | miù | 谬论 | miùlùn | 谬误 | miùwù |
| 摹 | mó | 模特儿 | mótèr | 摩登 | módēng | 摩托 | mótuō |
| 磨炼 | móliàn | 磨难 | mónàn | 磨损 | mósǔn | 蘑菇 | mógu |
| 魔 | mó | 魔法 | mófǎ | 魔鬼 | móguǐ | 魔力 | mólì |
| 魔术 | móshù | 魔王 | mówáng | 魔爪 | mózhǎo | 抹杀 | mǒshā |
| 末日 | mòrì | 末梢 | mòshāo | 末尾 | mòwěi | 沫 | mò |

（续上表）

| | | | | | | | |
|---|---|---|---|---|---|---|---|
| 莫大 | mòdà | 莫非 | mòfēi | 蓦然 | mòrán | 漠然 | mòrán |
| 漠视 | mòshì | 墨水 | mòshuǐ | 默 | mò | 默念 | mòniàn |
| 默契 | mòqì | 默然 | mòrán | 眸 | móu | 谋害 | móuhài |
| 谋略 | móulüè | 谋求 | móuqiú | 谋取 | móuqǔ | 谋杀 | móushā |
| 谋生 | móushēng | 模板 | múbǎn | 母爱 | mǔ'ài | 母本 | mǔběn |
| 母系 | mǔxì | 母校 | mǔxiào | 母语 | mǔyǔ | 牡丹 | mǔ·dān |
| 牡蛎 | mǔlì | 拇指 | mǔzhǐ | 木本 | mùběn | 木柴 | mùchái |
| 木耳 | mù'ěr | 木筏 | mùfá | 木工 | mùgōng | 木匠 | mùjiang |
| 木刻 | mùkè | 木料 | mùliào | 木偶 | mù'ǒu | 木炭 | mùtàn |
| 木星 | mùxīng | 目不转睛 | mùbùzhuǎnjīng | 目瞪口呆 | mùdèng-kǒudāi | 目睹 | mùdǔ |
| 目录 | mùlù | 目送 | mùsòng | 沐浴 | mùyù | 牧 | mù |
| 牧草 | mùcǎo | 牧场 | mùchǎng | 牧民 | mùmín | 牧区 | mùqū |
| 募 | mù | 募捐 | mùjuān | 墓碑 | mùbēi | 墓地 | mùdì |
| 墓室 | mùshì | 墓葬 | mùzàng | 幕后 | mùhòu | 暮 | mù |
| 暮色 | mùsè | 穆 | mù | 穆斯林 | mùsīlín | 纳粹 | Nàcuì |
| 纳闷儿 | nàmènr | 娜 | nà | 捺 | nà | 奶粉 | nǎifěn |
| 奶牛 | nǎiniú | 奶油 | nǎiyóu | 氖 | nǎi | 奈何 | nàihé |
| 耐力 | nàilì | 耐用 | nàiyòng | 男方 | nánfāng | 男生 | nánshēng |
| 南半球 | nánbànqiú | 南边 | nán·biān | 南瓜 | nán·guā | 南面 | nán·miàn |
| 南洋 | Nányáng | 难保 | nánbǎo | 难产 | nánchǎn | 难处 | nán·chù |
| 难点 | nándiǎn | 难度 | nándù | 难关 | nánguān | 难堪 | nánkān |
| 难看 | nánkàn | 难说 | nánshuō | 难听 | nántīng | 难为 | nánwei |
| 难为情 | nánwéiqíng | 难民 | nànmín | 难友 | nànyǒu | 囊括 | nángkuò |
| 挠 | náo | 恼 | nǎo | 恼火 | nǎohuǒ | 恼怒 | nǎonù |
| 脑海 | nǎohǎi | 脑际 | nǎojì | 脑筋 | nǎojīn | 脑力 | nǎolì |
| 脑髓 | nǎosuǐ | 闹市 | nàoshì | 闹事 | nàoshì | 闹钟 | nàozhōng |
| 内阁 | nèigé | 内海 | nèihǎi | 内行 | nèiháng | 内疚 | nèijiù |
| 内科 | nèikē | 内力 | nèilì | 内陆 | nèilù | 内乱 | nèiluàn |
| 内幕 | nèimù | 内情 | nèiqíng | 内燃机 | nèiránjī | 内伤 | nèishāng |
| 内务 | nèiwù | 内线 | nèixiàn | 内向 | nèixiàng | 内销 | nèixiāo |
| 内省 | nèixǐng | 内衣 | nèiyī | 内因 | nèiyīn | 内政 | nèizhèng |
| 嫩绿 | nènlǜ | 能干 | nénggàn | 能耐 | néngnai | 能人 | néngrén |
| 能事 | néngshì | 能手 | néngshǒu | 尼 | ní | 尼姑 | nígū |
| 尼龙 | nílóng | 呢绒 | níróng | 泥浆 | níjiāng | 泥坑 | níkēng |

（续上表）

| | | | | | | | |
|---|---|---|---|---|---|---|---|
| 泥泞 | nínìng | 泥鳅 | ní · qiū | 泥塑 | nísù | 泥炭 | nítàn |
| 倪 | ní | 霓虹灯 | níhóngdēng | 拟订 | nǐdìng | 拟定 | nǐdìng |
| 拟人 | nǐrén | 逆差 | nìchā | 逆境 | nìjìng | 逆流 | nìliú |
| 逆向 | nìxiàng | 逆转 | nìzhuǎn | 腻 | nì | 溺 | nì |
| 溺爱 | nì'ài | 拈 | niān | 蔫 | niān | 年份 | niánfèn |
| 年华 | niánhuá | 年画 | niánhuà | 年会 | niánhuì | 年景 | niánjǐng |
| 年轮 | niánlún | 年迈 | niánmài | 年岁 | niánsuì | 年限 | niánxiàn |
| 年终 | niánzhōng | 黏 | nián | 捻 | niǎn | 碾 | niǎn |
| 撵 | niǎn | 廿 | niàn | 念白 | niànbái | 念叨 | niàndao |
| 娘家 | niángjia | 酿 | niàng | 鸟瞰 | niǎokàn | 袅袅 | niǎoniǎo |
| 尿布 | niàobù | 尿素 | niàosù | 捏造 | niēzào | 聂 | Niè |
| 涅槃 | nièpán | 啮 | niè | 镊子 | nièzi | 镍 | niè |
| 孽 | niè | 狞笑 | níngxiào | 凝神 | níngshén | 凝望 | níngwàng |
| 宁可 | nìngkě | 宁肯 | nìngkěn | 宁愿 | nìngyuàn | 牛犊 | niúdú |
| 牛皮 | niúpí | 牛仔裤 | niúzǎikù | 扭曲 | niǔqū | 纽带 | niǔdài |
| 纽扣 | niǔkòu | 拗 | niù | 农夫 | nóngfū | 农妇 | nóngfù |
| 农耕 | nónggēng | 农机 | nóngjī | 农家 | nóngjiā | 农垦 | nóngkěn |
| 农历 | nónglì | 农忙 | nóngmáng | 农事 | nóngshì | 农闲 | nóngxián |
| 浓淡 | nóngdàn | 浓烈 | nóngliè | 浓眉 | nóngméi | 浓密 | nóngmì |
| 浓缩 | nóngsuō | 浓郁 | nóngyù | 浓重 | nóngzhòng | 弄虚作假 | nòngxū-zuòjiǎ |
| 奴 | nú | 奴才 | núcai | 奴仆 | núpú | 怒放 | nùfàng |
| 怒吼 | nùhǒu | 怒火 | nùhuǒ | 怒气 | nùqì | 女方 | nǚfāng |
| 女皇 | nǚhuáng | 女郎 | nǚláng | 女神 | nǚshén | 女生 | nǚshēng |
| 女王 | nǚwáng | 暖和 | nuǎnhuo | 暖流 | nuǎnliú | 暖瓶 | nuǎnpíng |
| 暖气 | nuǎnqì | 疟疾 | nüèji | 虐待 | nüèdài | 挪 | nuó |
| 挪动 | nuó · dòng | 挪用 | nuóyòng | 诺言 | nuòyán | 懦弱 | nuòruò |
| 糯米 | nuòmǐ | 讴歌 | ōugē | 鸥 | ōu | 殴打 | ōudǎ |
| 呕 | ǒu | 呕吐 | ǒutù | 偶像 | ǒuxiàng | 藕 | ǒu |
| 趴 | pā | 爬行 | páxíng | 耙 | pá | 帕 | pà |
| 拍板 | pāibǎn | 拍卖 | pāimài | 拍手 | pāishǒu | 拍照 | pāizhào |
| 拍子 | pāizi | 排场 | pái · chǎng | 排队 | páiduì | 排挤 | páijǐ |
| 排练 | páiliàn | 排卵 | páiluǎn | 排球 | páiqiú | 排戏 | páixì |
| 排泄 | páixiè | 排演 | páiyǎn | 排忧解难 | páiyōu-jiěnàn | 牌坊 | pái · fāng |
| 牌价 | páijià | 牌楼 | páilou | 派别 | pàibié | 派生 | pàishēng |

（续上表）

| | | | | | | | |
|---|---|---|---|---|---|---|---|
| 派头 | pàitóu | 派系 | pàixì | 派性 | pàixìng | 攀登 | pāndēng |
| 攀谈 | pāntán | 攀缘 | pānyuán | 盘剥 | pánbō | 盘踞 | pánjù |
| 盘算 | pánsuan | 盘问 | pánwèn | 盘旋 | pánxuán | 盘子 | pánzi |
| 判别 | pànbié | 判决书 | pànjuéshū | 判明 | pànmíng | 判刑 | pànxíng |
| 叛 | pàn | 叛变 | pànbiàn | 叛乱 | pànluàn | 叛逆 | pànnì |
| 叛徒 | pàntú | 畔 | pàn | 膀 | pāng | 庞 | páng |
| 旁白 | pángbái | 旁人 | pángrén | 旁听 | pángtīng | 膀胱 | pángguāng |
| 磅礴 | pángbó | 胖子 | pàngzi | 刨 | páo | 咆哮 | páoxiào |
| 狍子 | páozi | 炮制 | páozhì | 袍 | páo | 跑步 | pǎobù |
| 跑道 | pǎodào | 泡菜 | pàocài | 泡沫 | pàomò | 炮兵 | pàobīng |
| 炮火 | pàohuǒ | 炮击 | pàojī | 炮楼 | pàolóu | 炮台 | pàotái |
| 胚芽 | pēiyá | 陪伴 | péibàn | 陪衬 | péichèn | 陪同 | péitóng |
| 培 | péi | 培土 | péitǔ | 培植 | péizhí | 赔 | péi |
| 赔款 | péikuǎn | 赔钱 | péiqián | 裴 | Péi | 佩 | pèi |
| 佩戴 | pèidài | 配备 | pèibèi | 配对 | pèiduì | 配方 | pèifāng |
| 配件 | pèijiàn | 配角 | pèijué | 配偶 | pèi'ǒu | 配伍 | pèiwǔ |
| 配制 | pèizhì | 配种 | pèizhǒng | 喷发 | pēnfā | 喷泉 | pēnquán |
| 喷洒 | pēnsǎ | 喷射 | pēnshè | 喷嚏 | pēn · tì | 喷涂 | pēntú |
| 盆景 | pénjǐng | 盆栽 | pénzāi | 盆子 | pénzi | 抨击 | pēngjī |
| 烹饪 | pēngrèn | 烹调 | pēngtiáo | 棚子 | péngzi | 蓬 | péng |
| 蓬乱 | péngluàn | 蓬松 | péngsōng | 硼 | péng | 篷 | péng |
| 膨大 | péngdà | 碰见 | pèng · jiàn | 碰巧 | pèngqiǎo | 碰头 | pèngtóu |
| 碰撞 | pèngzhuàng | 批驳 | pībó | 批量 | pīliàng | 批示 | pīshì |
| 坯 | pī | 披露 | pīlù | 劈 | pī | 霹雳 | pīlì |
| 皮包 | píbāo | 皮层 | pícéng | 皮带 | pídài | 皮革 | pígé |
| 皮毛 | pímáo | 皮球 | píqiú | 皮肉 | píròu | 皮子 | pízi |
| 毗邻 | pílín | 疲 | pí | 疲惫 | píbèi | 疲乏 | pífá |
| 啤酒 | píjiǔ | 琵琶 | pí · pá | 脾胃 | píwèi | 脾脏 | pízàng |
| 匹配 | pǐpèi | 痞子 | pǐzi | 劈 | pǐ | 癖 | pǐ |
| 屁 | pì | 辟 | pì | 媲美 | pìměi | 僻静 | pìjìng |
| 片子 | piānzi | 偏爱 | piān'ài | 偏差 | piānchā | 偏激 | piānjī |
| 偏离 | piānlí | 偏旁 | piānpáng | 偏僻 | piānpì | 偏颇 | piānpō |
| 偏心 | piānxīn | 偏重 | piānzhòng | 篇幅 | piān · fú | 篇章 | piānzhāng |
| 片段 | piànduàn | 片断 | piànduàn | 骗局 | piànjú | 骗取 | piànqǔ |

（续上表）

| | | | | | | | |
|---|---|---|---|---|---|---|---|
| 骗子 | piànzi | 漂 | piāo | 漂泊 | piāobó | 漂浮 | piāofú |
| 漂流 | piāoliú | 漂移 | piāoyí | 飘带 | piāodài | 飘荡 | piāodàng |
| 飘动 | piāodòng | 飘浮 | piāofú | 飘忽 | piāohū | 飘零 | piāolíng |
| 飘落 | piāoluò | 飘然 | piāorán | 飘散 | piāosàn | 飘扬 | piāoyáng |
| 飘逸 | piāoyì | 朴 | Piáo | 瓢 | piáo | 漂 | piǎo |
| 漂白粉 | piǎobáifěn | 瞟 | piǎo | 票据 | piàojù | 票子 | piàozi |
| 撇 | piē | 撇开 | piē · kāi | 瞥 | piē | 瞥见 | piējiàn |
| 撇 | piě | 拼 | pīn | 拼搏 | pīnbó | 拼凑 | pīncòu |
| 拼死 | pīnsǐ | 拼音 | pīnyīn | 贫乏 | pínfá | 贫寒 | pínhán |
| 贫瘠 | pínjí | 贫苦 | pínkǔ | 贫民 | pínmín | 贫血 | pínxuè |
| 频 | pín | 频道 | píndào | 品尝 | pǐncháng | 品格 | pǐngé |
| 品评 | pǐnpíng | 品位 | pǐnwèi | 品味 | pǐn wèi | 品行 | pǐnxíng |
| 聘 | pìn | 聘请 | pìnqǐng | 平安 | píng'ān | 平板 | píngbǎn |
| 平淡 | píngdàn | 平地 | píngdì | 平定 | píngdìng | 平反 | píngfǎn |
| 平方 | píngfāng | 平房 | píngfáng | 平衡木 | pínghéngmù | 平滑 | pínghuá |
| 平缓 | pínghuǎn | 平价 | píngjià | 平米 | píngmǐ | 平生 | píngshēng |
| 平素 | píngsù | 平台 | píngtái | 平稳 | píngwěn | 平息 | píngxī |
| 平移 | píngyí | 平庸 | píngyōng | 平整 | píngzhěng | 评比 | píngbǐ |
| 评定 | píngdìng | 评分 | píngfēn | 评估 | pínggū | 评奖 | píngjiǎng |
| 评剧 | píngjù | 评判 | píngpàn | 评审 | píngshěn | 评述 | píngshù |
| 评弹 | píngtán | 评议 | píngyì | 评语 | píngyǔ | 坪 | píng |
| 凭吊 | píngdiào | 凭空 | píngkōng | 凭证 | píngzhèng | 屏风 | píngfēng |
| 屏障 | píngzhàng | 瓶子 | píngzi | 萍 | píng | 坡地 | pōdì |
| 坡度 | pōdù | 泊 | pō | 泼 | pō | 泼辣 | pō · là |
| 婆家 | pójia | 迫不及待 | pòbùjídài | 破案 | pò'àn | 破除 | pòchú |
| 破格 | pògé | 破获 | pòhuò | 破旧 | pòjiù | 破烂 | pòlàn |
| 破例 | pòlì | 破灭 | pòmiè | 破碎 | pòsuì | 破绽 | pò · zhàn |
| 魄 | pò | 魄力 | pò · lì | 剖 | pōu | 剖析 | pōuxī |
| 仆 | pū | 扑鼻 | pūbí | 扑克 | pūkè | 扑灭 | pūmiè |
| 铺盖 | pūgài | 铺设 | pūshè | 仆 | pú | 仆人 | púrén |
| 仆役 | púyì | 匍匐 | púfú | 葡萄酒 | pú · táojiǔ | 蒲公英 | púgōngyīng |
| 蒲扇 | púshàn | 朴实 | pǔshí | 圃 | pǔ | 浦 | pǔ |
| 普 | pǔ | 普查 | pǔchá | 普法 | pǔfǎ | 普选 | pǔxuǎn |
| 谱写 | pǔxiě | 堡 | pù | 瀑 | pù | 瀑布 | pùbù |

（续上表）

| | | | | | | | |
|---|---|---|---|---|---|---|---|
| 沏 | qī | 栖息 | qīxī | 凄惨 | qīcǎn | 凄楚 | qīchǔ |
| 凄厉 | qīlì | 凄然 | qīrán | 戚 | qī | 期刊 | qīkān |
| 欺 | qī | 欺负 | qīfu | 欺凌 | qīlíng | 欺侮 | qīwǔ |
| 欺压 | qīyā | 欺诈 | qīzhà | 漆黑 | qīhēi | 漆器 | qīqì |
| 齐备 | qíbèi | 齐名 | qímíng | 齐全 | qíquán | 齐整 | qízhěng |
| 奇观 | qíguān | 奇妙 | qímiào | 奇闻 | qíwén | 歧视 | qíshì |
| 歧途 | qítú | 歧义 | qíyì | 祈 | qí | 祈祷 | qídǎo |
| 祈求 | qíqiú | 畦 | qí | 崎岖 | qíqū | 骑兵 | qíbīng |
| 棋 | qí | 棋盘 | qípán | 棋子 | qízǐ | 旗号 | qíhào |
| 旗袍 | qípáo | 旗子 | qízi | 鳍 | qí | 乞丐 | qǐgài |
| 乞求 | qǐqiú | 乞讨 | qǐtǎo | 岂有此理 | qǐyǒucǐlǐ | 企鹅 | qǐ’é |
| 启 | qǐ | 启程 | qǐchéng | 启迪 | qǐdí | 启动 | qǐdòng |
| 启蒙 | qǐméng | 启事 | qǐshì | 起兵 | qǐbīng | 起步 | qǐbù |
| 起草 | qǐcǎo | 起床 | qǐchuáng | 起飞 | qǐfēi | 起哄 | qǐhòng |
| 起火 | qǐhuǒ | 起家 | qǐjiā | 起见 | qǐjiàn | 起劲 | qǐjìn |
| 起居 | qǐjū | 起立 | qǐlì | 起落 | qǐluò | 起事 | qǐshì |
| 起诉 | qǐsù | 起先 | qǐxiān | 起因 | qǐyīn | 绮丽 | qǐlì |
| 气喘 | qìchuǎn | 气垫 | qìdiàn | 气度 | qìdù | 气概 | qìgài |
| 气功 | qìgōng | 气管 | qìguǎn | 气急 | qìjí | 气节 | qìjié |
| 气孔 | qìkǒng | 气力 | qìlì | 气囊 | qìnáng | 气恼 | qìnǎo |
| 气馁 | qìněi | 气派 | qìpài | 气泡 | qìpào | 气魄 | qìpò |
| 气球 | qìqiú | 气色 | qìsè | 气势 | qìshì | 气态 | qìtài |
| 气虚 | qìxū | 气旋 | qìxuán | 气焰 | qìyàn | 迄 | qì |
| 迄今 | qìjīn | 汽 | qì | 汽笛 | qìdí | 汽缸 | qìgāng |
| 汽化 | qìhuà | 汽水 | qìshuǐ | 汽艇 | qìtǐng | 泣 | qì |
| 契 | qì | 契机 | qìjī | 器件 | qìjiàn | 器具 | qìjù |
| 器皿 | qìmǐn | 器物 | qìwù | 器械 | qìxiè | 器乐 | qìyuè |
| 器重 | qìzhòng | 掐 | qiā | 洽 | qià | 洽谈 | qiàtán |
| 恰 | qià | 恰巧 | qiàqiǎo | 恰如 | qiàrú | 恰似 | qiàsì |
| 千古 | qiāngǔ | 千金 | qiānjīn | 千钧一发 | qiānjūn-yīfà | 千卡 | qiānkǎ |
| 千瓦 | qiānwǎ | 扦 | qiān | 迁就 | qiānjiù | 迁居 | qiānjū |
| 牵动 | qiāndòng | 牵挂 | qiānguà | 牵连 | qiānlián | 牵涉 | qiānshè |
| 牵引 | qiānyǐn | 牵制 | qiānzhì | 谦虚 | qiānxū | 谦逊 | qiānxùn |
| 签 | qiān | 签发 | qiānfā | 签名 | qiānmíng | 签署 | qiānshǔ |

（续上表）

| | | | | | | | |
|---|---|---|---|---|---|---|---|
| 签约 | qiānyuē | 签证 | qiānzhèng | 签字 | qiānzì | 前辈 | qiánbèi |
| 前臂 | qiánbì | 前程 | qiánchéng | 前额 | qián'é | 前锋 | qiánfēng |
| 前列 | qiánliè | 前年 | qiánnián | 前仆后继 | qiánpū-hòujì | 前哨 | qiánshào |
| 前身 | qiánshēn | 前世 | qiánshì | 前天 | qiántiān | 前卫 | qiánwèi |
| 前沿 | qiányán | 前夜 | qiányè | 前肢 | qiánzhī | 前奏 | qiánzòu |
| 虔诚 | qiánchéng | 钱包 | qiánbāo | 钱币 | qiánbì | 钱财 | qiáncái |
| 钳工 | qiángōng | 钳子 | qiánzi | 乾 | qián | 乾坤 | qiánkūn |
| 潜藏 | qiáncáng | 潜伏 | qiánfú | 潜入 | qiánrù | 潜水 | qiánshuǐ |
| 潜艇 | qiántǐng | 潜移默化 | qiányí-mòhuà | 黔 | Qián | 浅薄 | qiǎnbó |
| 浅海 | qiǎnhǎi | 浅滩 | qiǎntān | 浅显 | qiǎnxiǎn | 谴责 | qiǎnzé |
| 欠缺 | qiànquē | 纤 | qiàn | 歉 | qiàn | 歉收 | qiànshōu |
| 歉意 | qiànyì | 呛 | qiāng | 枪毙 | qiāngbì | 枪弹 | qiāngdàn |
| 枪杀 | qiāngshā | 枪支 | qiāngzhī | 腔调 | qiāngdiào | 强渡 | qiángdù |
| 强攻 | qiánggōng | 强国 | qiángguó | 强加 | qiángjiā | 强健 | qiángjiàn |
| 强劲 | qiángjìng | 强力 | qiánglì | 强盛 | qiángshèng | 强行 | qiángxíng |
| 强硬 | qiángyìng | 强占 | qiángzhàn | 强壮 | qiángzhuàng | 墙根 | qiánggēn |
| 墙角 | qiángjiǎo | 墙头 | qiángtóu | 抢夺 | qiǎngduó | 抢购 | qiǎnggòu |
| 抢劫 | qiǎngjié | 抢先 | qiǎngxiān | 抢险 | qiǎngxiǎn | 抢修 | qiǎngxiū |
| 抢占 | qiǎngzhàn | 强求 | qiǎngqiú | 呛 | qiàng | 跷 | qiāo |
| 锹 | qiāo | 敲打 | qiāo・dǎ | 乔 | qiáo | 乔木 | qiáomù |
| 侨胞 | qiáobāo | 侨眷 | qiáojuàn | 侨民 | qiáomín | 侨务 | qiáowù |
| 桥头 | qiáotóu | 翘 | qiáo | 瞧见 | qiáo・jiàn | 巧合 | qiǎohé |
| 悄然 | qiǎorán | 悄声 | qiǎoshēng | 俏 | qiào | 俏皮 | qiào・pí |
| 峭壁 | qiàobì | 窍 | qiào | 窍门 | qiàomén | 翘 | qiào |
| 撬 | qiào | 鞘 | qiào | 切除 | qiēchú | 切磋 | qiēcuō |
| 切点 | qiēdiǎn | 切割 | qiēgē | 切口 | qiēkǒu | 切面 | qiēmiàn |
| 切片 | qiēpiàn | 切线 | qiēxiàn | 茄子 | qiézi | 切合 | qièhé |
| 切忌 | qièjì | 切身 | qièshēn | 妾 | qiè | 怯 | qiè |
| 怯懦 | qiènuò | 窃 | qiè | 窃取 | qièqǔ | 惬意 | qièyì |
| 钦差 | qīnchāi | 钦佩 | qīnpèi | 侵害 | qīnhài | 侵吞 | qīntūn |
| 侵袭 | qīnxí | 亲爱 | qīn'ài | 亲笔 | qīnbǐ | 亲近 | qīnjìn |
| 亲口 | qīnkǒu | 亲临 | qīnlín | 亲昵 | qīnnì | 亲朋 | qīnpéng |
| 亲身 | qīnshēn | 亲生 | qīnshēng | 亲事 | qīn・shì | 亲手 | qīnshǒu |
| 亲王 | qīnwáng | 亲吻 | qīnwěn | 亲信 | qīnxìn | 亲缘 | qīnyuán |

（续上表）

| | | | | | | | |
|---|---|---|---|---|---|---|---|
| 亲子 | qīnzǐ | 禽 | qín | 禽兽 | qínshòu | 勤奋 | qínfèn |
| 勤俭 | qínjiǎn | 勤快 | qínkuai | 擒 | qín | 噙 | qín |
| 寝 | qǐn | 寝室 | qǐnshì | 沁 | qìn | 青菜 | qīngcài |
| 青草 | qīngcǎo | 青翠 | qīngcuì | 青稞 | qīngkē | 青睐 | qīnglài |
| 青霉素 | qīngméisù | 青苔 | qīngtái | 青天 | qīngtiān | 青铜 | qīngtóng |
| 青衣 | qīngyī | 轻便 | qīngbiàn | 轻而易举 | qīng'éryìjǔ | 轻浮 | qīngfú |
| 轻快 | qīngkuài | 轻描淡写 | qīngmiáo-dànxiě | 轻蔑 | qīngmiè | 轻骑 | qīngqí |
| 轻巧 | qīng · qiǎo | 轻柔 | qīngróu | 轻率 | qīng · shuài | 轻信 | qīngxìn |
| 轻音乐 | qīngyīnyuè | 轻盈 | qīngyíng | 氢弹 | qīngdàn | 倾倒 | qīngdǎo |
| 倾倒 | qīngdào | 倾角 | qīngjiǎo | 倾诉 | qīngsù | 倾吐 | qīngtǔ |
| 倾销 | qīngxiāo | 倾泻 | qīngxiè | 倾心 | qīngxīn | 倾注 | qīngzhù |
| 卿 | qīng | 清白 | qīngbái | 清查 | qīngchá | 清偿 | qīngcháng |
| 清澈 | qīngchè | 清脆 | qīngcuì | 清单 | qīngdān | 清淡 | qīngdàn |
| 清风 | qīngfēng | 清高 | qīnggāo | 清官 | qīngguān | 清净 | qīngjìng |
| 清静 | qīngjìng | 清冷 | qīnglěng | 清凉 | qīngliáng | 清明 | qīngmíng |
| 清扫 | qīngsǎo | 清瘦 | qīngshòu | 清爽 | qīngshuǎng | 清算 | qīngsuàn |
| 清洗 | qīngxǐ | 清闲 | qīngxián | 清香 | qīngxiāng | 清新 | qīngxīn |
| 清秀 | qīngxiù | 清早 | qīngzǎo | 清真寺 | qīngzhēnsì | 蜻蜓 | qīngtíng |
| 情不自禁 | qíngbùzìjīn | 情调 | qíngdiào | 情怀 | qínghuái | 情理 | qínglǐ |
| 情侣 | qínglǚ | 情人 | qíngrén | 情势 | qíngshì | 情书 | qíngshū |
| 情思 | qíngsī | 情态 | qíngtài | 情谊 | qíngyì | 情意 | qíngyì |
| 情欲 | qíngyù | 情愿 | qíngyuàn | 晴 | qíng | 晴空 | qíngkōng |
| 晴朗 | qínglǎng | 擎 | qíng | 顷 | qǐng | 顷刻 | qǐngkè |
| 请假 | qǐngjià | 请教 | qǐngjiào | 请客 | qǐngkè | 请愿 | qǐngyuàn |
| 庆 | qìng | 庆贺 | qìnghè | 庆幸 | qìngxìng | 亲家 | qìngjia |
| 磬 | qìng | 穷尽 | qióngjìn | 穷苦 | qióngkǔ | 穷困 | qióngkùn |
| 琼 | qióng | 丘陵 | qiūlíng | 邱 | Qiū | 秋风 | qiūfēng |
| 秋收 | qiūshōu | 仇 | Qiú | 囚 | qiú | 囚犯 | qiúfàn |
| 囚禁 | qiújìn | 囚徒 | qiútú | 求爱 | qiú'ài | 求婚 | qiúhūn |
| 求救 | qiújiù | 求解 | qiújiě | 求教 | qiújiào | 求人 | qiúrén |
| 求生 | qiúshēng | 求实 | qiúshí | 求学 | qiúxué | 求援 | qiúyuán |
| 求知 | qiúzhī | 求助 | qiúzhù | 球场 | qiúchǎng | 球迷 | qiúmí |
| 球面 | qiúmiàn | 球赛 | qiúsài | 球体 | qiútǐ | 裘 | qiú |
| 裘皮 | qiúpí | 区划 | qūhuà | 区间 | qūjiān | 曲解 | qūjiě |

（续上表）

| | | | | | | | |
|---|---|---|---|---|---|---|---|
| 曲面 | qūmiàn | 曲轴 | qūzhóu | 驱车 | qūchē | 驱除 | qūchú |
| 驱赶 | qūgǎn | 驱散 | qūsàn | 驱使 | qūshǐ | 屈 | qū |
| 屈从 | qūcóng | 屈辱 | qūrǔ | 祛 | qū | 蛆 | qū |
| 躯 | qū | 躯干 | qūgàn | 躯壳 | qūqiào | 躯体 | qūtǐ |
| 曲调 | qǔdiào | 曲目 | qǔmù | 曲牌 | qǔpái | 曲艺 | qǔyì |
| 曲子 | qǔzi | 取材 | qǔcái | 取缔 | qǔdì | 取经 | qǔjīng |
| 取乐 | qǔlè | 取暖 | qǔnuǎn | 取舍 | qǔshě | 取胜 | qǔshèng |
| 取笑 | qǔxiào | 取样 | qǔyàng | 取悦 | qǔyuè | 去处 | qù · chù |
| 去路 | qùlù | 去向 | qùxiàng | 趣 | qù | 圈套 | quāntào |
| 圈子 | quānzi | 权贵 | quánguì | 权衡 | quánhéng | 权势 | quánshì |
| 权限 | quánxiàn | 全集 | quánjí | 全力 | quánlì | 全貌 | quánmào |
| 全能 | quánnéng | 全盘 | quánpán | 全权 | quánquán | 全文 | quánwén |
| 全线 | quánxiàn | 泉水 | quánshuǐ | 泉源 | quányuán | 拳击 | quánjī |
| 痊愈 | quányù | 蜷 | quán | 蜷缩 | quánsuō | 犬 | quǎn |
| 犬齿 | quǎnchǐ | 劝导 | quàndǎo | 劝告 | quàngào | 劝解 | quànjiě |
| 劝说 | quànshuō | 劝慰 | quànwèi | 劝阻 | quànzǔ | 券 | quàn |
| 缺德 | quēdé | 缺憾 | quēhàn | 缺口 | quēkǒu | 缺损 | quēsǔn |
| 瘸 | qué | 雀 | què | 确信 | quèxìn | 确凿 | quèzáo（quèzuò） |
| 确证 | quèzhèng | 阙 | què | 裙 | qún | 裙子 | qúnzi |
| 群岛 | qúndǎo | 群居 | qúnjū | 冉冉 | rǎnrǎn | 染料 | rǎnliào |
| 让步 | ràngbù | 让位 | ràngwèi | 饶 | ráo | 饶恕 | ráoshù |
| 扰 | rǎo | 绕道 | ràodào | 热潮 | rècháo | 热忱 | rèchén |
| 热诚 | rèchéng | 热度 | rèdù | 热浪 | rèlàng | 热泪 | rèlèi |
| 热力 | rèlì | 热恋 | rèliàn | 热流 | rèliú | 热门 | rèmén |
| 热气 | rèqì | 热切 | rèqiè | 热望 | rèwàng | 热血 | rèxuè |
| 热源 | rèyuán | 人称 | rénchēng | 人次 | réncì | 人道 | réndào |
| 人丁 | réndīng | 人和 | rénhé | 人际 | rénjì | 人迹 | rénjì |
| 人流 | rénliú | 人伦 | rénlún | 人马 | rénmǎ | 人命 | rénmìng |
| 人品 | rénpǐn | 人情 | rénqíng | 人权 | rénquán | 人参 | rénshēn |
| 人声 | rénshēng | 人世 | rénshì | 人手 | rénshǒu | 人文 | rénwén |
| 人像 | rénxiàng | 人行道 | rénxíngdào | 人选 | rénxuǎn | 人烟 | rényān |
| 人中 | rénzhōng | 人种 | rénzhǒng | 仁慈 | réncí | 仁义 | rényì |
| 忍痛 | rěntòng | 忍心 | rěnxīn | 刃 | rèn | 认错 | rèncuò |

（续上表）

| | | | | | | | |
|---|---|---|---|---|---|---|---|
| 认购 | rèngòu | 认可 | rènkě | 认同 | rèntóng | 认罪 | rènzuì |
| 任教 | rènjiào | 任免 | rènmiǎn | 任凭 | rènpíng | 任期 | rènqī |
| 任性 | rènxìng | 任用 | rènyòng | 任职 | rènzhí | 韧 | rèn |
| 韧带 | rèndài | 韧性 | rènxìng | 妊娠 | rènshēn | 日程 | rìchéng |
| 日光 | rìguāng | 日后 | rìhòu | 日见 | rìjiàn | 日渐 | rìjiàn |
| 日历 | rìlì | 日食 | rìshí | 日用 | rìyòng | 荣 | róng |
| 荣获 | rónghuò | 荣幸 | róngxìng | 荣耀 | róngyào | 绒 | róng |
| 绒毛 | róngmáo | 绒线 | róngxiàn | 容积 | róngjī | 容貌 | róngmào |
| 容忍 | róngrěn | 容许 | róngxǔ | 容颜 | róngyán | 溶洞 | róngdòng |
| 溶化 | rónghuà | 溶血 | róngxuè | 熔化 | rónghuà | 融 | róng |
| 融化 | rónghuà | 融洽 | róngqià | 融资 | róngzī | 冗长 | rǒngcháng |
| 柔 | róu | 柔道 | róudào | 柔美 | róuměi | 柔情 | róuqíng |
| 柔弱 | róuruò | 柔顺 | róushùn | 蹂躏 | róulìn | 肉食 | ròushí |
| 肉眼 | ròuyǎn | 肉质 | ròuzhì | 如期 | rúqī | 如实 | rúshí |
| 如释重负 | rúshìzhòngfù | 如意 | rúyì | 儒 | rú | 儒学 | rúxué |
| 蠕动 | rúdòng | 汝 | rǔ | 乳白 | rǔbái | 乳房 | rǔfáng |
| 乳牛 | rǔniú | 乳汁 | rǔzhī | 辱 | rǔ | 入股 | rùgǔ |
| 入境 | rùjìng | 入口 | rùkǒu | 入门 | rùmén | 入迷 | rùmí |
| 入睡 | rùshuì | 入伍 | rùwǔ | 入夜 | rùyè | 入座 | rùzuò |
| 褥子 | rùzi | 软骨 | ruǎngǔ | 软化 | ruǎnhuà | 软件 | ruǎnjiàn |
| 软禁 | ruǎnjìn | 软弱 | ruǎnruò | 蕊 | ruǐ | 锐 | ruì |
| 锐角 | ruìjiǎo | 锐利 | ruìlì | 瑞 | ruì | 闰 | rùn |
| 润 | rùn | 润滑 | rùnhuá | 若无其事 | ruòwúqíshì | 弱小 | ruòxiǎo |
| 仨 | sā | 撒谎 | sāhuǎng | 撒娇 | sājiāo | 撒手 | sāshǒu |
| 洒脱 | sǎ · tuō | 卅 | sà | 腮 | sāi | 塞子 | sāizi |
| 赛场 | sàichǎng | 赛跑 | sàipǎo | 赛事 | sàishì | 三角洲 | sānjiǎozhōu |
| 三轮车 | sānlúnchē | 散漫 | sǎnmàn | 散场 | sànchǎng | 散会 | sànhuì |
| 散伙 | sànhuǒ | 散落 | sànluò | 散失 | sànshī | 丧事 | sāngshì |
| 丧葬 | sāngzàng | 桑 | sāng | 嗓 | sǎng | 嗓门儿 | sǎngménr |
| 嗓音 | sǎngyīn | 丧气 | sàngqì | 搔 | sāo | 骚 | sāo |
| 骚动 | sāodòng | 骚扰 | sāorǎo | 缫 | sāo | 臊 | sāo |
| 扫除 | sǎochú | 扫地 | sǎodì | 扫盲 | sǎománg | 扫描 | sǎomiáo |
| 扫射 | sǎoshè | 扫视 | sǎoshì | 扫兴 | sǎoxìng | 扫帚 | sàozhou |
| 臊 | sào | 色调 | sèdiào | 色光 | sèguāng | 色盲 | sèmáng |

（续上表）

| | | | | | | | |
|---|---|---|---|---|---|---|---|
| 色情 | sèqíng | 色素 | sèsù | 色泽 | sèzé | 涩 | sè |
| 瑟 | sè | 森严 | sēnyán | 僧尼 | sēngní | 杀菌 | shājūn |
| 杀戮 | shālù | 杀伤 | shāshāng | 杉木 | shāmù | 沙丘 | shāqiū |
| 沙土 | shātǔ | 沙哑 | shāyǎ | 沙子 | shāzi | 纱布 | shābù |
| 纱锭 | shādìng | 刹 | shā | 刹车 | shāchē | 煞 | shā |
| 傻瓜 | shǎguā | 傻子 | shǎzi | 煞 | shà | 霎时 | shàshí |
| 筛 | shāi | 筛选 | shāixuǎn | 山坳 | shān'ào | 山茶 | shānchá |
| 山川 | shānchuān | 山村 | shāncūn | 山歌 | shāngē | 山沟 | shāngōu |
| 山河 | shānhé | 山洪 | shānhóng | 山涧 | shānjiàn | 山脚 | shānjiǎo |
| 山梁 | shānliáng | 山岭 | shānlǐng | 山麓 | shānlù | 山峦 | shānluán |
| 山门 | shānmén | 山系 | shānxì | 山崖 | shānyá | 山羊 | shānyáng |
| 山腰 | shānyāo | 山野 | shānyě | 山岳 | shānyuè | 山楂 | shānzhā |
| 杉 | shān | 衫 | shān | 珊瑚 | shānhú | 扇动 | shāndòng |
| 煽动 | shāndòng | 闪现 | shǎnxiàn | 闪耀 | shǎnyào | 陕 | Shǎn |
| 扇贝 | shànbèi | 扇子 | shànzi | 善后 | shànhòu | 善意 | shànyì |
| 善战 | shànzhàn | 禅 | shàn | 擅长 | shàncháng | 擅自 | shànzì |
| 膳 | shàn | 膳食 | shànshí | 赡养 | shànyǎng | 伤疤 | shāngbā |
| 伤感 | shānggǎn | 伤寒 | shānghán | 伤痕 | shānghén | 伤势 | shāngshì |
| 伤亡 | shāngwáng | 商场 | shāngchǎng | 商船 | shāngchuán | 商定 | shāngdìng |
| 商贩 | shāngfàn | 商贾 | shānggǔ | 商会 | shānghuì | 商检 | shāngjiǎn |
| 商榷 | shāngquè | 商谈 | shāngtán | 商讨 | shāngtǎo | 商务 | shāngwù |
| 商议 | shāngyì | 晌 | shǎng | 晌午 | shǎng·wǔ | 赏赐 | shǎngcì |
| 赏识 | shǎngshí | 上报 | shàngbào | 上臂 | shàngbì | 上场 | shàngchǎng |
| 上当 | shàngdàng | 上等 | shàngděng | 上吊 | shàngdiào | 上风 | shàngfēng |
| 上工 | shànggōng | 上古 | shànggǔ | 上好 | shànghǎo | 上将 | shàngjiàng |
| 上缴 | shàngjiǎo | 上进 | shàngjìn | 上列 | shàngliè | 上流 | shàngliú |
| 上路 | shànglù | 上马 | shàngmǎ | 上门 | shàngmén | 上品 | shàngpǐn |
| 上任 | shàngrèn | 上身 | shàngshēn | 上书 | shàngshū | 上司 | shàngsi |
| 上台 | shàngtái | 上头 | shàngtou | 上行 | shàngxíng | 上旬 | shàngxún |
| 上演 | shàngyǎn | 上阵 | shàngzhèn | 上肢 | shàngzhī | 上座 | shàngzuò |
| 尚且 | shàngqiě | 捎 | shāo | 烧杯 | shāobēi | 烧饼 | shāobing |
| 烧毁 | shāohuǐ | 烧火 | shāohuǒ | 烧酒 | shāojiǔ | 烧瓶 | shāopíng |
| 烧伤 | shāoshāng | 烧香 | shāoxiāng | 勺 | sháo | 勺子 | sháozi |
| 少见 | shǎojiàn | 少儿 | shào'ér | 少妇 | shàofù | 少将 | shàojiàng |

（续上表）

| | | | | | | | |
|---|---|---|---|---|---|---|---|
| 哨 | shào | 哨兵 | shàobīng | 哨所 | shàosuǒ | 哨子 | shàozi |
| 奢侈 | shēchǐ | 舌苔 | shétāi | 舍弃 | shěqì | 舍身 | shěshēn |
| 设防 | shèfáng | 社交 | shèjiāo | 社论 | shèlùn | 社区 | shèqū |
| 社团 | shètuán | 射程 | shèchéng | 射箭 | shèjiàn | 射门 | shèmén |
| 射手 | shèshǒu | 涉 | shè | 涉外 | shèwài | 涉足 | shèzú |
| 赦 | shè | 赦免 | shèmiǎn | 摄取 | shèqǔ | 摄食 | shèshí |
| 摄制 | shèzhì | 麝 | shè | 申 | shēn | 申报 | shēnbào |
| 申明 | shēnmíng | 申诉 | shēnsù | 伸缩 | shēnsuō | 伸展 | shēnzhǎn |
| 伸张 | shēnzhāng | 身长 | shēncháng | 身段 | shēnduàn | 身高 | shēngāo |
| 身价 | shēnjià | 身世 | shēnshì | 呻吟 | shēnyín | 绅士 | shēnshì |
| 砷 | shēn | 深奥 | shēn'ào | 深层 | shēncéng | 深海 | shēnhǎi |
| 深浅 | shēnqiǎn | 深切 | shēnqiè | 深秋 | shēnqiū | 深山 | shēnshān |
| 深思 | shēnsī | 深邃 | shēnsuì | 深信 | shēnxìn | 深渊 | shēnyuān |
| 深造 | shēnzào | 深重 | shēnzhòng | 神采 | shéncǎi | 神化 | shénhuà |
| 神经病 | shénjīngbìng | 神经质 | shénjīngzhì | 神龛 | shénkān | 神灵 | shénlíng |
| 神明 | shénmíng | 神速 | shénsù | 神通 | shéntōng | 神童 | shéntóng |
| 神往 | shénwǎng | 神仙 | shén·xiān | 神像 | shénxiàng | 神韵 | shényùn |
| 神志 | shénzhì | 神州 | shénzhōu | 审 | shěn | 审定 | shěndìng |
| 审核 | shěnhé | 审理 | shěnlǐ | 审批 | shěnpī | 审慎 | shěnshèn |
| 审视 | shěnshì | 审问 | shěnwèn | 审讯 | shěnxùn | 审议 | shěnyì |
| 婶子 | shěnzi | 肾脏 | shènzàng | 甚而 | shèn'ér | 渗 | shèn |
| 渗入 | shènrù | 慎 | shèn | 升华 | shēnghuá | 升级 | shēngjí |
| 升降 | shēngjiàng | 升任 | shēngrèn | 升腾 | shēngténg | 升学 | shēngxué |
| 生病 | shēngbìng | 生发 | shēngfā | 生根 | shēnggēn | 生机 | shēngjī |
| 生计 | shēngjì | 生路 | shēnglù | 生怕 | shēngpà | 生平 | shēngpíng |
| 生日 | shēng·rì | 生疏 | shēngshū | 生死 | shēngsǐ | 生息 | shēngxī |
| 生肖 | shēngxiào | 生效 | shēngxiào | 生性 | shēngxìng | 生涯 | shēngyá |
| 生硬 | shēngyìng | 生字 | shēngzì | 声波 | shēngbō | 声部 | shēngbù |
| 声称 | shēngchēng | 声带 | shēngdài | 声浪 | shēnglàng | 声名 | shēngmíng |
| 声势 | shēngshì | 声速 | shēngsù | 声望 | shēngwàng | 声息 | shēngxī |
| 声学 | shēngxué | 声言 | shēngyán | 声誉 | shēngyù | 声援 | shēngyuán |
| 声乐 | shēngyuè | 笙 | shēng | 绳索 | shéngsuǒ | 省城 | shěngchéng |
| 省份 | shěngfèn | 省会 | shěnghuì | 省略 | shěnglüè | 省事 | shěngshì |
| 圣诞节 | Shèngdàn Jié | 圣地 | shèngdì | 圣母 | shèngmǔ | 圣人 | shèngrén |

（续上表）

| | | | | | | | |
|---|---|---|---|---|---|---|---|
| 圣旨 | shèngzhǐ | 胜地 | shèngdì | 胜任 | shèngrèn | 胜仗 | shèngzhàng |
| 盛产 | shèngchǎn | 盛大 | shèngdà | 盛会 | shènghuì | 盛开 | shèngkāi |
| 盛况 | shèngkuàng | 盛名 | shèngmíng | 盛怒 | shèngnù | 盛夏 | shèngxià |
| 盛装 | shèngzhuāng | 尸 | shī | 尸骨 | shīgǔ | 尸首 | shī・shǒu |
| 失常 | shīcháng | 失传 | shīchuán | 失地 | shīdì | 失火 | shīhuǒ |
| 失控 | shīkòng | 失礼 | shīlǐ | 失利 | shīlì | 失恋 | shīliàn |
| 失灵 | shīlíng | 失落 | shīluò | 失眠 | shīmián | 失明 | shīmíng |
| 失散 | shīsàn | 失神 | shīshén | 失声 | shīshēng | 失实 | shīshí |
| 失守 | shīshǒu | 失陷 | shīxiàn | 失效 | shīxiào | 失血 | shīxuè |
| 失意 | shīyì | 失真 | shīzhēn | 失职 | shīzhí | 失重 | shīzhòng |
| 失踪 | shīzōng | 失足 | shīzú | 师父 | shīfu | 师母 | shīmǔ |
| 师资 | shīzī | 诗集 | shījí | 诗句 | shījù | 诗篇 | shīpiān |
| 虱子 | shīzi | 狮子 | shīzi | 施放 | shīfàng | 施加 | shījiā |
| 施舍 | shīshě | 施展 | shīzhǎn | 施政 | shīzhèng | 湿热 | shīrè |
| 十足 | shízú | 什 | shí | 石板 | shíbǎn | 石雕 | shídiāo |
| 石膏 | shígāo | 石匠 | shíjiang | 石刻 | shíkè | 石窟 | shíkū |
| 石料 | shíliào | 石榴 | shíliu | 石棉 | shímián | 石墨 | shímò |
| 石笋 | shísǔn | 石英 | shíyīng | 石子儿 | shízǐr | 时分 | shífèn |
| 时光 | shíguāng | 时局 | shíjú | 时区 | shíqū | 时日 | shírì |
| 时尚 | shíshàng | 时事 | shíshì | 时势 | shíshì | 时务 | shíwù |
| 时效 | shíxiào | 时兴 | shíxīng | 时针 | shízhēn | 时钟 | shízhōng |
| 时装 | shízhuāng | 识破 | shípò | 实测 | shícè | 实地 | shídì |
| 实话 | shíhuà | 实惠 | shíhuì | 实况 | shíkuàng | 实情 | shíqíng |
| 实权 | shíquán | 实事 | shíshì | 实数 | shíshù | 实习 | shíxí |
| 实效 | shíxiào | 实心 | shíxīn | 实业 | shíyè | 实战 | shízhàn |
| 实证 | shízhèng | 拾掇 | shíduo | 食道 | shídào | 食管 | shíguǎn |
| 食粮 | shíliáng | 食谱 | shípǔ | 食物链 | shíwùliàn | 食性 | shíxìng |
| 食欲 | shíyù | 食指 | shízhǐ | 蚀 | shí | 史册 | shǐcè |
| 史籍 | shǐjí | 史料 | shǐliào | 史前 | shǐqián | 史诗 | shǐshī |
| 史实 | shǐshí | 史书 | shǐshū | 矢 | shǐ | 使馆 | shǐguǎn |
| 使唤 | shǐhuan | 使节 | shǐjié | 使者 | shǐzhě | 始祖 | shǐzǔ |
| 驶 | shǐ | 屎 | shǐ | 士气 | shìqì | 士族 | shìzú |
| 示弱 | shìruò | 示意 | shìyì | 示众 | shìzhòng | 世道 | shìdào |
| 世故 | shìgù | 世故 | shìgu | 世家 | shìjiā | 世间 | shìjiān |

（续上表）

| | | | | | | | |
|---|---|---|---|---|---|---|---|
| 世面 | shìmiàn | 世人 | shìrén | 世事 | shìshì | 世俗 | shìsú |
| 世袭 | shìxí | 仕 | shì | 市价 | shìjià | 市郊 | shìjiāo |
| 市面 | shìmiàn | 市镇 | shìzhèn | 市政 | shìzhèng | 式样 | shìyàng |
| 事理 | shìlǐ | 事态 | shìtài | 事项 | shìxiàng | 事宜 | shìyí |
| 势头 | shì · tóu | 侍 | shì | 侍从 | shìcóng | 侍奉 | shìfèng |
| 侍候 | shìhòu | 侍卫 | shìwèi | 饰 | shì | 试点 | shìdiǎn |
| 试剂 | shìjì | 试卷 | shìjuàn | 试看 | shìkàn | 试探 | shìtàn |
| 试题 | shìtí | 试问 | shìwèn | 试想 | shìxiǎng | 试行 | shìxíng |
| 试用 | shìyòng | 试纸 | shìzhǐ | 视察 | shìchá | 视角 | shìjiǎo |
| 视力 | shìlì | 视图 | shìtú | 视网膜 | shìwǎngmó | 柿子 | shìzi |
| 拭 | shì | 适度 | shìdù | 适量 | shìliàng | 适时 | shìshí |
| 适中 | shìzhōng | 恃 | shì | 逝 | shì | 舐 | shì |
| 嗜 | shì | 嗜好 | shìhào | 誓 | shì | 誓言 | shìyán |
| 噬 | shì | 螫 | shì | 收藏 | shōucáng | 收场 | shōuchǎng |
| 收成 | shōucheng | 收发 | shōufā | 收复 | shōufù | 收割 | shōugē |
| 收工 | shōugōng | 收缴 | shōujiǎo | 收看 | shōukàn | 收敛 | shōuliǎn |
| 收留 | shōuliú | 收录 | shōulù | 收买 | shōumǎi | 收取 | shōuqǔ |
| 收容 | shōuróng | 收听 | shōutīng | 收效 | shōuxiào | 收养 | shōuyǎng |
| 手背 | shǒubèi | 手册 | shǒucè | 手稿 | shǒugǎo | 手巾 | shǒu · jīn |
| 手绢儿 | shǒujuànr | 手铐 | shǒukào | 手帕 | shǒupà | 手软 | shǒuruǎn |
| 手套 | shǒutào | 手腕 | shǒuwàn | 手下 | shǒuxià | 手心 | shǒuxīn |
| 手艺 | shǒuyì | 手杖 | shǒuzhàng | 手足 | shǒuzú | 守备 | shǒubèi |
| 守法 | shǒufǎ | 守候 | shǒuhòu | 守护 | shǒuhù | 守旧 | shǒujiù |
| 守卫 | shǒuwèi | 守则 | shǒuzé | 首创 | shǒuchuàng | 首府 | shǒufǔ |
| 首届 | shǒujiè | 首脑 | shǒunǎo | 首饰 | shǒushi | 首尾 | shǒuwěi |
| 首席 | shǒuxí | 首相 | shǒuxiàng | 寿 | shòu | 受挫 | shòucuò |
| 受害 | shòuhài | 受贿 | shòuhuì | 受奖 | shòujiǎng | 受戒 | shòujiè |
| 受惊 | shòujīng | 受苦 | shòukǔ | 受累 | shòulěi | 受累 | shòulèi |
| 受理 | shòulǐ | 受命 | shòumìng | 受难 | shòunàn | 受骗 | shòupiàn |
| 受气 | shòuqì | 受热 | shòurè | 受训 | shòuxùn | 受益 | shòuyì |
| 受灾 | shòuzāi | 受制 | shòuzhì | 受阻 | shòuzǔ | 受罪 | shòuzuì |
| 授粉 | shòufěn | 授课 | shòukè | 授权 | shòuquán | 授予 | shòuyǔ |
| 售 | shòu | 兽医 | shòuyī | 瘦弱 | shòuruò | 瘦小 | shòuxiǎo |
| 书法 | shūfǎ | 书房 | shūfáng | 书画 | shūhuà | 书架 | shūjià |

（续上表）

| | | | | | | | |
|---|---|---|---|---|---|---|---|
| 书局 | shūjú | 书卷 | shūjuàn | 书刊 | shūkān | 书目 | shūmù |
| 书生 | shūshēng | 书信 | shūxìn | 书院 | shūyuàn | 书桌 | shūzhuō |
| 抒发 | shūfā | 枢 | shū | 枢纽 | shūniǔ | 倏然 | shūrán |
| 梳理 | shūlǐ | 梳子 | shūzi | 舒 | shū | 舒畅 | shūchàng |
| 舒坦 | shūtan | 舒展 | shūzhǎn | 舒张 | shūzhāng | 疏导 | shūdǎo |
| 疏忽 | shūhu | 疏散 | shūsàn | 疏松 | shūsōng | 疏通 | shūtōng |
| 疏远 | shūyuǎn | 孰 | shú | 赎 | shú | 赎罪 | shúzuì |
| 熟人 | shúrén | 熟睡 | shúshuì | 熟知 | shúzhī | 暑 | shǔ |
| 暑假 | shǔjià | 署 | shǔ | 署名 | shǔmíng | 蜀 | shǔ |
| 曙光 | shǔguāng | 述评 | shùpíng | 述说 | shùshuō | 树丛 | shùcóng |
| 树冠 | shùguān | 树苗 | shùmiáo | 树脂 | shùzhī | 竖立 | shùlì |
| 恕 | shù | 庶民 | shùmín | 数额 | shù'é | 数码 | shùmǎ |
| 刷新 | shuāxīn | 衰 | shuāi | 衰败 | shuāibài | 衰减 | shuāijiǎn |
| 衰竭 | shuāijié | 衰落 | shuāiluò | 衰弱 | shuāiruò | 衰退 | shuāituì |
| 衰亡 | shuāiwáng | 摔跤 | shuāijiāo | 帅 | shuài | 率先 | shuàixiān |
| 栓 | shuān | 涮 | shuàn | 双边 | shuāngbiān | 双重 | shuāngchóng |
| 双亲 | shuāngqīn | 双向 | shuāngxiàng | 双语 | shuāngyǔ | 霜冻 | shuāngdòng |
| 霜期 | shuāngqī | 爽 | shuǎng | 爽快 | shuǎngkuai | 爽朗 | shuǎnglǎng |
| 水泵 | shuǐbèng | 水兵 | shuǐbīng | 水波 | shuǐbō | 水草 | shuǐcǎo |
| 水产 | shuǐchǎn | 水车 | shuǐchē | 水花 | shuǐhuā | 水火 | shuǐhuǒ |
| 水晶 | shuǐjīng | 水井 | shuǐjǐng | 水力 | shuǐlì | 水龙头 | shuǐlóngtóu |
| 水陆 | shuǐlù | 水路 | shuǐlù | 水鸟 | shuǐniǎo | 水牛 | shuǐniú |
| 水情 | shuǐqíng | 水渠 | shuǐqú | 水势 | shuǐshì | 水塔 | shuǐtǎ |
| 水獭 | shuǐtǎ | 水土 | shuǐtǔ | 水系 | shuǐxì | 水仙 | shuǐxiān |
| 水乡 | shuǐxiāng | 水箱 | shuǐxiāng | 水星 | shuǐxīng | 水性 | shuǐxìng |
| 水域 | shuǐyù | 水运 | shuǐyùn | 水灾 | shuǐzāi | 水闸 | shuǐzhá |
| 水质 | shuǐzhì | 水肿 | shuǐzhǒng | 水准 | shuǐzhǔn | 税额 | shuì'é |
| 税法 | shuìfǎ | 税利 | shuìlì | 税率 | shuìlǜ | 税务 | shuìwù |
| 睡梦 | shuìmèng | 睡意 | shuìyì | 吮 | shǔn | 顺便 | shùnbiàn |
| 顺从 | shùncóng | 顺风 | shùnfēng | 顺口 | shùnkǒu | 顺势 | shùnshì |
| 顺心 | shùnxīn | 顺眼 | shùnyǎn | 顺应 | shùnyìng | 舜 | Shùn |
| 瞬时 | shùnshí | 说唱 | shuōchàng | 说穿 | shuōchuān | 说谎 | shuōhuǎng |
| 说教 | shuōjiào | 说理 | shuōlǐ | 说笑 | shuōxiào | 硕大 | shuòdà |
| 硕士 | shuòshì | 司空见惯 | sīkōng-jiànguàn | 丝绸 | sīchóu | 丝绒 | sīróng |

（续上表）

| | | | | | | | |
|---|---|---|---|---|---|---|---|
| 丝线 | sīxiàn | 私产 | sīchǎn | 私法 | sīfǎ | 私立 | sīlì |
| 私利 | sīlì | 私事 | sīshì | 私塾 | sīshú | 私下 | sīxià |
| 私心 | sīxīn | 私语 | sīyǔ | 私自 | sīzì | 思辨 | sībiàn |
| 思忖 | sīcǔn | 思量 | sīliang | 思虑 | sīlǜ | 思念 | sīniàn |
| 思绪 | sīxù | 斯文 | sīwén | 厮杀 | sīshā | 撕 | sī |
| 撕毁 | sīhuǐ | 嘶哑 | sīyǎ | 死板 | sǐbǎn | 死活 | sǐhuó |
| 死寂 | sǐjì | 死伤 | sǐshāng | 死神 | sǐshén | 死守 | sǐshǒu |
| 四季 | sìjì | 四散 | sìsàn | 四时 | sìshí | 四外 | sìwài |
| 四围 | sìwéi | 寺庙 | sìmiào | 似是而非 | sìshì'érfēi | 伺机 | sìjī |
| 祀 | sì | 饲 | sì | 俟 | sì | 肆无忌惮 | sìwújìdàn |
| 肆意 | sìyì | 嗣 | sì | 松动 | sōngdòng | 松软 | sōngruǎn |
| 松散 | sōngsǎn | 松手 | sōngshǒu | 松鼠 | sōngshǔ | 松懈 | sōngxiè |
| 怂恿 | sǒngyǒng | 耸 | sǒng | 耸立 | sǒnglì | 讼 | sòng |
| 送别 | sòngbié | 送礼 | sònglǐ | 送气 | sòngqì | 送行 | sòngxíng |
| 送葬 | sòngzàng | 诵 | sòng | 诵读 | sòngdú | 颂 | sòng |
| 颂扬 | sòngyáng | 搜 | sōu | 搜捕 | sōubǔ | 搜查 | sōuchá |
| 搜刮 | sōuguā | 搜罗 | sōuluó | 搜索 | sōusuǒ | 搜寻 | sōuxún |
| 苏醒 | sūxǐng | 酥 | sū | 俗话 | súhuà | 俗名 | súmíng |
| 俗人 | súrén | 俗语 | súyǔ | 诉 | sù | 诉苦 | sùkǔ |
| 诉说 | sùshuō | 肃穆 | sùmù | 肃清 | sùqīng | 素来 | sùlái |
| 素描 | sùmiáo | 素养 | sùyǎng | 速成 | sùchéng | 速写 | sùxiě |
| 宿营 | sùyíng | 粟 | sù | 塑 | sù | 塑像 | sùxiàng |
| 溯 | sù | 酸痛 | suāntòng | 酸雨 | suānyǔ | 酸枣 | suānzǎo |
| 蒜 | suàn | 算计 | suànji | 算命 | suànmìng | 算盘 | suàn · pán |
| 算术 | suànshù | 算账 | suànzhàng | 绥 | suí | 随处 | suíchù |
| 随从 | suícóng | 随军 | suíjūn | 随身 | suíshēn | 随同 | suítóng |
| 随心所欲 | suíxīnsuǒyù | 岁数 | suìshu | 隧道 | suìdào | 孙女 | sūn · nǚ |
| 损 | sǔn | 损坏 | sǔnhuài | 笋 | sǔn | 唆使 | suōshǐ |
| 梭 | suō | 蓑衣 | suōyī | 缩减 | suōjiǎn | 缩影 | suōyǐng |
| 索取 | suǒqǔ | 索性 | suǒxìng | 琐事 | suǒshì | 琐碎 | suǒsuì |
| 锁链 | suǒliàn | 他乡 | tāxiāng | 塌 | tā | 拓 | tà |
| 榻 | tà | 踏步 | tàbù | 胎盘 | tāipán | 胎生 | tāishēng |
| 台词 | táicí | 台灯 | táidēng | 台阶 | táijiē | 台子 | táizi |
| 抬升 | táishēng | 太后 | tàihòu | 太监 | tài · jiān | 太子 | tàizǐ |

（续上表）

| | | | | | | | |
|---|---|---|---|---|---|---|---|
| 汰 | tài | 态势 | tàishì | 钛 | tài | 泰 | tài |
| 泰山 | tàishān | 坍塌 | tāntā | 贪 | tān | 贪婪 | tānlán |
| 贪图 | tāntú | 贪污 | tānwū | 摊贩 | tānfàn | 摊派 | tānpài |
| 摊子 | tānzi | 滩涂 | tāntú | 瘫痪 | tānhuàn | 坛 | tán |
| 坛子 | tánzi | 谈天 | tántiān | 谈吐 | tántǔ | 谈心 | tánxīn |
| 弹劾 | tánhé | 弹力 | tánlì | 弹跳 | tántiào | 谭 | Tán |
| 潭 | tán | 坦白 | tǎnbái | 坦然 | tǎnrán | 坦率 | tǎnshuài |
| 毯子 | tǎnzi | 叹气 | tànqì | 炭 | tàn | 探究 | tànjiū |
| 探亲 | tànqīn | 探求 | tànqiú | 探视 | tànshì | 探听 | tàntīng |
| 探头 | tàntóu | 探望 | tànwàng | 探问 | tànwèn | 探险 | tànxiǎn |
| 探寻 | tànxún | 探询 | tànxún | 堂皇 | tánghuáng | 搪瓷 | tángcí |
| 搪塞 | tángsè | 糖果 | tángguǒ | 糖尿病 | tángniàobìng | 螳螂 | tángláng |
| 倘使 | tǎngshǐ | 淌 | tǎng | 烫伤 | tàngshāng | 涛 | tāo |
| 绦虫 | tāochóng | 滔滔 | tāotāo | 逃兵 | táobīng | 逃窜 | táocuàn |
| 逃荒 | táohuāng | 逃命 | táomìng | 逃难 | táonàn | 逃脱 | táotuō |
| 逃亡 | táowáng | 逃学 | táoxué | 桃李 | táolǐ | 桃子 | táozi |
| 陶瓷 | táocí | 陶器 | táoqì | 陶醉 | táozuì | 淘 | táo |
| 淘气 | táoqì | 讨伐 | tǎofá | 讨饭 | tǎofàn | 讨好 | tǎohǎo |
| 套用 | tàoyòng | 特产 | tèchǎn | 特长 | tècháng | 特技 | tèjì |
| 特例 | tèlì | 特派 | tèpài | 特区 | tèqū | 特赦 | tèshè |
| 特写 | tèxiě | 特许 | tèxǔ | 特异 | tèyì | 特约 | tèyuē |
| 特制 | tèzhì | 特质 | tèzhì | 特种 | tèzhǒng | 疼爱 | téng'ài |
| 腾飞 | téngfēi | 腾空 | téngkōng | 滕 | Téng | 藤萝 | téngluó |
| 剔除 | tīchú | 梯 | tī | 梯田 | tītián | 梯形 | tīxíng |
| 梯子 | tīzi | 提案 | tí'àn | 提拔 | tí · bá | 提包 | tíbāo |
| 提成 | tíchéng | 提纯 | tíchún | 提纲 | tígāng | 提货 | tíhuò |
| 提交 | tíjiāo | 提留 | tíliú | 提名 | tímíng | 提琴 | tíqín |
| 提请 | tíqǐng | 提升 | tíshēng | 提示 | tíshì | 提问 | tíwèn |
| 提携 | tíxié | 提早 | tízǎo | 啼 | tí | 啼哭 | tíkū |
| 啼笑皆非 | tíxiào-jiēfēi | 题词 | tící | 蹄 | tí | 蹄子 | tízi |
| 体察 | tǐchá | 体罚 | tǐfá | 体格 | tǐgé | 体检 | tǐjiǎn |
| 体谅 | tǐ · liàng | 体面 | tǐmiàn | 体魄 | tǐpò | 体态 | tǐtài |
| 体贴 | tǐtiē | 体味 | tǐwèi | 体形 | tǐxíng | 体型 | tǐxíng |
| 体液 | tǐyè | 体育场 | tǐyùchǎng | 体育馆 | tǐyùguǎn | 体征 | tǐzhēng |

（续上表）

| | | | | | | | |
|---|---|---|---|---|---|---|---|
| 剃 | tì | 剃头 | tìtóu | 替换 | tì · huàn | 天边 | tiānbiān |
| 天窗 | tiānchuāng | 天敌 | tiāndí | 天赋 | tiānfù | 天国 | tiānguó |
| 天花 | tiānhuā | 天花板 | tiānhuābǎn | 天际 | tiānjì | 天经地义 | tiānjīng-dìyì |
| 天井 | tiānjǐng | 天理 | tiānlǐ | 天亮 | tiānliàng | 天明 | tiānmíng |
| 天命 | tiānmìng | 天幕 | tiānmù | 天平 | tiānpíng | 天色 | tiānsè |
| 天时 | tiānshí | 天使 | tiānshǐ | 天书 | tiānshū | 天堂 | tiāntáng |
| 天外 | tiānwài | 天线 | tiānxiàn | 天象 | tiānxiàng | 天性 | tiānxìng |
| 天涯 | tiānyá | 天灾 | tiānzāi | 天职 | tiānzhí | 天资 | tiānzī |
| 天子 | tiānzǐ | 添置 | tiānzhì | 田赋 | tiánfù | 田埂 | tiángěng |
| 田亩 | tiánmǔ | 田鼠 | tiánshǔ | 田园 | tiányuán | 恬静 | tiánjìng |
| 甜菜 | tiáncài | 甜美 | tiánměi | 甜蜜 | tiánmì | 填补 | tiánbǔ |
| 填充 | tiánchōng | 填空 | tiánkòng | 填塞 | tiánsè | 填写 | tiánxiě |
| 舔 | tiǎn | 挑剔 | tiāoti | 挑子 | tiāozi | 条理 | tiáolǐ |
| 条文 | tiáowén | 条子 | tiáozi | 调剂 | tiáojì | 调价 | tiáojià |
| 调控 | tiáokòng | 调配 | tiáopèi | 调皮 | tiáopí | 调试 | tiáoshì |
| 调停 | tiáotíng | 调制 | tiáozhì | 挑拨 | tiǎobō | 挑衅 | tiǎoxìn |
| 眺望 | tiàowàng | 跳板 | tiàobǎn | 跳高 | tiàogāo | 跳水 | tiàoshuǐ |
| 跳蚤 | tiàozao | 贴近 | tiējìn | 贴切 | tiēqiè | 帖 | tiě |
| 铁道 | tiědào | 铁轨 | tiěguǐ | 铁匠 | tiějiang | 铁青 | tiěqīng |
| 铁丝 | tiěsī | 铁索 | tiěsuǒ | 铁蹄 | tiětí | 铁锨 | tiěxiān |
| 帖 | tiè | 厅堂 | tīngtáng | 听从 | tīngcóng | 听候 | tīnghòu |
| 听讲 | tīngjiǎng | 听课 | tīngkè | 听任 | tīngrèn | 听筒 | tīngtǒng |
| 听信 | tīngxìn | 廷 | tíng | 亭 | tíng | 亭子 | tíngzi |
| 庭审 | tíngshěn | 庭院 | tíngyuàn | 停办 | tíngbàn | 停泊 | tíngbó |
| 停车 | tíngchē | 停放 | tíngfàng | 停刊 | tíngkān | 停息 | tíngxī |
| 停歇 | tíngxiē | 停业 | tíngyè | 停战 | tíngzhàn | 停滞 | tíngzhì |
| 挺拔 | tǐngbá | 挺进 | tǐngjìn | 挺立 | tǐnglì | 挺身 | tǐngshēn |
| 艇 | tǐng | 通报 | tōngbào | 通畅 | tōngchàng | 通车 | tōngchē |
| 通称 | tōngchēng | 通达 | tōngdá | 通风 | tōngfēng | 通告 | tōnggào |
| 通航 | tōngháng | 通话 | tōnghuà | 通婚 | tōnghūn | 通货 | tōnghuò |
| 通令 | tōnglìng | 通路 | tōnglù | 通气 | tōngqì | 通融 | tōng · róng |
| 通商 | tōngshāng | 通俗 | tōngsú | 通宵 | tōngxiāo | 通晓 | tōngxiǎo |
| 通行 | tōngxíng | 通则 | tōngzé | 同班 | tóngbān | 同辈 | tóngbèi |
| 同步 | tóngbù | 同感 | tónggǎn | 同居 | tóngjū | 同龄 | tónglíng |

（续上表）

| | | | | | | | |
|---|---|---|---|---|---|---|---|
| 同盟 | tóngméng | 同名 | tóngmíng | 同位素 | tóngwèisù | 同乡 | tóngxiāng |
| 同心 | tóngxīn | 同性 | tóngxìng | 同姓 | tóngxìng | 佟 | Tóng |
| 铜板 | tóngbǎn | 铜臭 | tóngxiù | 铜钱 | tóngqián | 童 | tóng |
| 童工 | tónggōng | 童心 | tóngxīn | 童子 | tóngzǐ | 瞳孔 | tóngkǒng |
| 统称 | tǒngchēng | 统筹 | tǒngchóu | 统购 | tǒnggòu | 统领 | tǒnglǐng |
| 统帅 | tǒngshuài | 统率 | tǒngshuài | 统辖 | tǒngxiá | 统一体 | tǒngyītǐ |
| 统制 | tǒngzhì | 捅 | tǒng | 痛斥 | tòngchì | 痛楚 | tòngchǔ |
| 痛恨 | tònghèn | 痛觉 | tòngjué | 痛哭 | tòngkū | 痛心 | tòngxīn |
| 偷懒 | tōulǎn | 偷窃 | tōuqiè | 偷袭 | tōuxí | 头等 | tóuděng |
| 头骨 | tóugǔ | 头号 | tóuhào | 头巾 | tóujīn | 头盔 | tóukuī |
| 头颅 | tóulú | 头目 | tóumù | 头疼 | tóuténg | 头痛 | tóutòng |
| 头衔 | tóuxián | 头绪 | tóuxù | 头子 | tóuzi | 投案 | tóu'àn |
| 投保 | tóubǎo | 投奔 | tóubèn | 投标 | tóubiāo | 投递 | tóudì |
| 投放 | tóufàng | 投考 | tóukǎo | 投靠 | tóukào | 投票 | tóupiào |
| 投射 | tóushè | 投身 | tóushēn | 投诉 | tóusù | 投影 | tóuyǐng |
| 投掷 | tóuzhì | 透彻 | tòuchè | 透亮 | tòu · liàng | 透气 | tòuqì |
| 透视 | tòushì | 秃顶 | tūdǐng | 突起 | tūqǐ | 突围 | tūwéi |
| 突袭 | tūxí | 图表 | túbiǎo | 图解 | tújiě | 图景 | tújǐng |
| 图谋 | túmóu | 图片 | túpiàn | 图腾 | túténg | 图像 | túxiàng |
| 图样 | túyàng | 徒步 | túbù | 徒弟 | tú · dì | 徒工 | túgōng |
| 徒然 | túrán | 徒手 | túshǒu | 徒刑 | túxíng | 途 | tú |
| 涂料 | túliào | 涂抹 | túmǒ | 屠 | tú | 屠刀 | túdāo |
| 屠宰 | túzǎi | 土产 | tǔchǎn | 土豆 | tǔdòu | 土星 | tǔxīng |
| 土语 | tǔyǔ | 土质 | tǔzhì | 土著 | tǔzhù | 吐露 | tǔlù |
| 吐血 | tùxiě | 湍急 | tuānjí | 团队 | tuánduì | 团伙 | tuánhuǒ |
| 团聚 | tuánjù | 团圆 | tuányuán | 推迟 | tuīchí | 推崇 | tuīchóng |
| 推辞 | tuīcí | 推导 | tuīdǎo | 推倒 | tuīdǎo | 推定 | tuīdìng |
| 推断 | tuīduàn | 推举 | tuījǔ | 推力 | tuīlì | 推敲 | tuīqiāo |
| 推算 | tuīsuàn | 推想 | tuīxiǎng | 推卸 | tuīxiè | 推选 | tuīxuǎn |
| 推演 | tuīyǎn | 推移 | tuīyí | 颓废 | tuífèi | 颓然 | tuírán |
| 颓丧 | tuísàng | 腿脚 | tuǐjiǎo | 退步 | tuìbù | 退还 | tuìhuán |
| 退回 | tuìhuí | 退路 | tuìlù | 退却 | tuìquè | 退让 | tuìràng |
| 退守 | tuìshǒu | 退缩 | tuìsuō | 退位 | tuìwèi | 退伍 | tuìwǔ |
| 退学 | tuìxué | 蜕 | tuì | 蜕变 | tuìbiàn | 蜕化 | tuìhuà |

（续上表）

| | | | | | | | |
|---|---|---|---|---|---|---|---|
| 蜕皮 | tuìpí | 褪 | tuì | 吞 | tūn | 吞并 | tūnbìng |
| 吞没 | tūnmò | 吞食 | tūnshí | 吞噬 | tūnshì | 吞吐 | tūntǔ |
| 吞咽 | tūnyàn | 屯 | tún | 囤 | tún | 囤积 | túnjī |
| 臀 | tún | 拖车 | tuōchē | 拖累 | tuōlěi | 拖欠 | tuōqiàn |
| 拖鞋 | tuōxié | 拖延 | tuōyán | 托管 | tuōguǎn | 托盘 | tuōpán |
| 脱节 | tuōjié | 脱口 | tuōkǒu | 脱身 | tuōshēn | 脱水 | tuōshuǐ |
| 脱胎 | tuōtāi | 脱险 | tuōxiǎn | 脱销 | tuōxiāo | 驮 | tuó |
| 陀螺 | tuóluó | 驼 | tuó | 驼背 | tuóbèi | 妥 | tuǒ |
| 妥当 | tuǒdang | 妥善 | tuǒshàn | 椭圆 | tuǒyuán | 拓 | tuò |
| 唾 | tuò | 唾沫 | tuòmo | 唾液 | tuòyè | 挖苦 | wāku |
| 挖潜 | wāqián | 洼 | wā | 洼地 | wādì | 蛙 | wā |
| 瓦解 | wǎjiě | 瓦砾 | wǎlì | 瓦斯 | wǎsī | 袜 | wà |
| 袜子 | wàzi | 外币 | wàibì | 外宾 | wàibīn | 外出 | wàichū |
| 外感 | wàigǎn | 外公 | wàigōng | 外观 | wàiguān | 外海 | wàihǎi |
| 外行 | wàiháng | 外号 | wàihào | 外籍 | wàijí | 外加 | wàijiā |
| 外流 | wàiliú | 外露 | wàilù | 外貌 | wàimào | 外婆 | wàipó |
| 外人 | wàirén | 外伤 | wàishāng | 外省 | wàishěng | 外事 | wàishì |
| 外套 | wàitào | 外围 | wàiwéi | 外文 | wàiwén | 外线 | wàixiàn |
| 外销 | wàixiāo | 外延 | wàiyán | 外衣 | wàiyī | 外因 | wàiyīn |
| 外债 | wàizhài | 外长 | wàizhǎng | 外族 | wàizú | 外祖父 | wàizǔfù |
| 外祖母 | wàizǔmǔ | 弯路 | wānlù | 剜 | wān | 湾 | wān |
| 丸 | wán | 完工 | wángōng | 完好 | wánhǎo | 完结 | wánjié |
| 完满 | wánmǎn | 玩弄 | wánnòng | 玩赏 | wánshǎng | 玩耍 | wánshuǎ |
| 玩味 | wánwèi | 玩物 | wánwù | 玩意儿 | wányìr | 顽固 | wángù |
| 顽皮 | wánpí | 宛如 | wǎnrú | 挽回 | wǎnhuí | 挽救 | wǎnjiù |
| 挽留 | wǎnliú | 晚报 | wǎnbào | 晚辈 | wǎnbèi | 晚会 | wǎnhuì |
| 晚婚 | wǎnhūn | 晚年 | wǎnnián | 晚霞 | wǎnxiá | 惋惜 | wǎnxī |
| 婉转 | wǎnzhuǎn | 皖 | Wǎn | 万恶 | wàn'è | 万国 | wànguó |
| 万能 | wànnéng | 万岁 | wànsuì | 万紫千红 | wànzǐ-qiānhóng | 腕 | wàn |
| 蔓 | wàn | 汪洋 | wāngyáng | 亡灵 | wánglíng | 王府 | wángfǔ |
| 王宫 | wánggōng | 王冠 | wángguān | 王后 | wánghòu | 王室 | wángshì |
| 王位 | wángwèi | 王子 | wángzǐ | 网点 | wǎngdiǎn | 网罗 | wǎngluó |
| 网球 | wǎngqiú | 枉 | wǎng | 往常 | wǎngcháng | 往返 | wǎngfǎn |
| 往复 | wǎngfù | 往年 | wǎngnián | 往日 | wǎngrì | 往事 | wǎngshì |

（续上表）

| | | | | | | | |
|---|---|---|---|---|---|---|---|
| 往昔 | wǎngxī | 妄 | wàng | 妄图 | wàngtú | 妄想 | wàngxiǎng |
| 忘恩负义 | wàng'ēn-fùyì | 忘怀 | wànghuái | 忘情 | wàngqíng | 忘却 | wàngquè |
| 忘我 | wàngwǒ | 旺季 | wàngjì | 危 | wēi | 危及 | wēijí |
| 危急 | wēijí | 危难 | wēinàn | 危亡 | wēiwáng | 威 | wēi |
| 威风 | wēifēng | 威吓 | wēihè | 威望 | wēiwàng | 威武 | wēiwǔ |
| 威严 | wēiyán | 微波 | wēibō | 微风 | wēifēng | 微机 | wēijī |
| 微妙 | wēimiào | 微细 | wēixì | 微型 | wēixíng | 巍峨 | wēi'é |
| 韦 | wéi | 为害 | wéihài | 违 | wéi | 违犯 | wéifàn |
| 违抗 | wéikàng | 违心 | wéixīn | 违约 | wéiyuē | 违章 | wéizhāng |
| 围攻 | wéigōng | 围观 | wéiguān | 围巾 | wéijīn | 围困 | wéikùn |
| 围棋 | wéiqí | 围墙 | wéiqiáng | 围裙 | wéi·qún | 桅杆 | wéigān |
| 帷幕 | wéimù | 唯恐 | wéikǒng | 唯一 | wéiyī | 唯有 | wéiyǒu |
| 维 | wéi | 维系 | wéixì | 伟 | wěi | 伟人 | wěirén |
| 伪善 | wěishàn | 伪造 | wěizào | 伪装 | wěizhuāng | 苇 | wěi |
| 尾声 | wěishēng | 尾随 | wěisuí | 纬线 | wěixiàn | 委 | wěi |
| 委派 | wěipài | 委任 | wěirèn | 委婉 | wěiwǎn | 萎 | wěi |
| 萎缩 | wěisuō | 卫兵 | wèibīng | 卫队 | wèiduì | 卫士 | wèishì |
| 未尝 | wèicháng | 未免 | wèimiǎn | 未遂 | wèisuì | 未能 | wèinéng |
| 位子 | wèizi | 味觉 | wèijué | 畏 | wèi | 畏惧 | wèijù |
| 畏缩 | wèisuō | 胃口 | wèikǒu | 胃液 | wèiyè | 谓语 | wèiyǔ |
| 喂养 | wèiyǎng | 蔚蓝 | wèilán | 慰藉 | wèijiè | 慰劳 | wèiláo |
| 慰问 | wèiwèn | 温饱 | wēnbǎo | 温差 | wēnchā | 温存 | wēncún |
| 温情 | wēnqíng | 温泉 | wēnquán | 温室 | wēnshì | 温顺 | wēnshùn |
| 温馨 | wēnxīn | 瘟 | wēn | 瘟疫 | wēnyì | 文本 | wénběn |
| 文笔 | wénbǐ | 文法 | wénfǎ | 文风 | wénfēng | 文官 | wénguān |
| 文集 | wénjí | 文教 | wénjiào | 文静 | wénjìng | 文具 | wénjù |
| 文科 | wénkē | 文盲 | wénmáng | 文凭 | wénpíng | 文书 | wénshū |
| 文坛 | wéntán | 文体 | wéntǐ | 文武 | wénwǔ | 文选 | wénxuǎn |
| 文雅 | wényǎ | 文言 | wényán | 文娱 | wényú | 纹理 | wénlǐ |
| 纹饰 | wénshì | 闻名 | wénmíng | 蚊虫 | wénchóng | 蚊帐 | wénzhàng |
| 吻合 | wěnhé | 紊乱 | wěnluàn | 稳步 | wěnbù | 稳产 | wěnchǎn |
| 稳当 | wěndang | 稳固 | wěngù | 稳健 | wěnjiàn | 稳妥 | wěntuǒ |
| 稳重 | wěnzhòng | 问答 | wèndá | 问号 | wènhào | 问候 | wènhòu |
| 问卷 | wènjuàn | 翁 | wēng | 瓮 | wèng | 涡 | wō |

（续上表）

| | | | | | | | |
|---|---|---|---|---|---|---|---|
| 涡流 | wōliú | 窝头 | wōtóu | 蜗牛 | wōniú | 卧床 | wòchuáng |
| 乌 | wū | 乌黑 | wūhēi | 乌鸦 | wūyā | 乌云 | wūyún |
| 乌贼 | wūzéi | 污秽 | wūhuì | 污蔑 | wūmiè | 污辱 | wūrǔ |
| 污浊 | wūzhuó | 巫 | wū | 巫师 | wūshī | 呜咽 | wūyè |
| 诬告 | wūgào | 诬蔑 | wūmiè | 诬陷 | wūxiàn | 屋脊 | wūjǐ |
| 屋檐 | wūyán | 无边 | wúbiān | 无常 | wúcháng | 无偿 | wúcháng |
| 无耻 | wúchǐ | 无端 | wúduān | 无辜 | wúgū | 无故 | wúgù |
| 无尽 | wújìn | 无赖 | wúlài | 无理 | wúlǐ | 无量 | wúliàng |
| 无聊 | wúliáo | 无奈 | wúnài | 无能 | wúnéng | 无视 | wúshì |
| 无私 | wúsī | 无损 | wúsǔn | 无望 | wúwàng | 无畏 | wúwèi |
| 无谓 | wúwèi | 无误 | wúwù | 无暇 | wúxiá | 无心 | wúxīn |
| 无须 | wúxū | 无需 | wúxū | 无遗 | wúyí | 无益 | wúyì |
| 无垠 | wúyín | 无缘 | wúyuán | 毋 | wú | 梧桐 | wútóng |
| 五谷 | wǔgǔ | 五行 | wǔxíng | 五脏 | wǔzàng | 午 | wǔ |
| 午餐 | wǔcān | 午饭 | wǔfàn | 午睡 | wǔshuì | 午夜 | wǔyè |
| 伍 | wǔ | 武打 | wǔdǎ | 武断 | wǔduàn | 武功 | wǔgōng |
| 武生 | wǔshēng | 武士 | wǔshì | 武术 | wǔshù | 武艺 | wǔyì |
| 捂 | wǔ | 舞弊 | wǔbì | 舞步 | wǔbù | 舞场 | wǔchǎng |
| 舞动 | wǔdòng | 舞会 | wǔhuì | 舞女 | wǔnǚ | 舞曲 | wǔqǔ |
| 舞厅 | wǔtīng | 舞姿 | wǔzī | 务必 | wùbì | 务农 | wùnóng |
| 物产 | wùchǎn | 物件 | wùjiàn | 物象 | wùxiàng | 悟 | wù |
| 悟性 | wùxìng | 晤 | wù | 雾气 | wùqì | 夕 | xī |
| 夕阳 | xīyáng | 兮 | xī | 西服 | xīfú | 西红柿 | xīhóngshì |
| 西天 | xītiān | 西医 | xīyī | 西域 | xīyù | 西装 | xīzhuāng |
| 吸毒 | xīdú | 吸盘 | xīpán | 吸食 | xīshí | 吸吮 | xīshǔn |
| 希冀 | xījì | 昔 | xī | 昔日 | xīrì | 析出 | xīchū |
| 唏嘘 | xīxū | 奚落 | xīluò | 悉 | xī | 惜 | xī |
| 稀薄 | xībó | 稀饭 | xīfàn | 稀罕 | xīhan | 稀奇 | xīqí |
| 稀释 | xīshì | 稀疏 | xīshū | 稀有 | xīyǒu | 犀利 | xīlì |
| 溪 | xī | 溪流 | xīliú | 蜥蜴 | xīyì | 熄 | xī |
| 熄灯 | xīdēng | 膝 | xī | 嬉戏 | xīxì | 习气 | xíqì |
| 习题 | xítí | 习作 | xízuò | 席卷 | xíjuǎn | 席位 | xíwèi |
| 席子 | xízi | 袭 | xí | 洗涤 | xǐdí | 洗礼 | xǐlǐ |
| 洗刷 | xǐshuā | 铣 | xǐ | 喜好 | xǐhào | 喜庆 | xǐqìng |

（续上表）

| | | | | | | | |
|---|---|---|---|---|---|---|---|
| 喜鹊 | xǐ · què | 喜人 | xǐrén | 喜事 | xǐshì | 喜讯 | xǐxùn |
| 戏弄 | xìnòng | 戏台 | xìtái | 戏谑 | xìxuè | 戏院 | xìyuàn |
| 细胞核 | xìbāohé | 细密 | xìmì | 细腻 | xìnì | 细弱 | xìruò |
| 细碎 | xìsuì | 细微 | xìwēi | 细则 | xìzé | 瞎子 | xiāzi |
| 匣 | xiá | 匣子 | xiázi | 峡 | xiá | 峡谷 | xiágǔ |
| 狭长 | xiácháng | 狭小 | xiáxiǎo | 遐想 | xiáxiǎng | 辖 | xiá |
| 辖区 | xiáqū | 霞 | xiá | 下巴 | xiàba | 下笔 | xiàbǐ |
| 下等 | xiàděng | 下跌 | xiàdiē | 下海 | xiàhǎi | 下课 | xiàkè |
| 下流 | xiàliú | 下马 | xiàmǎ | 下手 | xiàshǒu | 下台 | xiàtái |
| 下文 | xiàwén | 下行 | xiàxíng | 下野 | xiàyě | 下肢 | xiàzhī |
| 吓唬 | xiàhu | 吓人 | xiàrén | 夏令 | xiàlìng | 仙鹤 | xiānhè |
| 仙境 | xiānjìng | 仙女 | xiānnǚ | 仙人 | xiānrén | 先辈 | xiānbèi |
| 先导 | xiāndǎo | 先锋 | xiānfēng | 先例 | xiānlì | 先驱 | xiānqū |
| 先人 | xiānrén | 先行 | xiānxíng | 先知 | xiānzhī | 纤 | xiān |
| 纤毛 | xiānmáo | 纤细 | xiānxì | 掀 | xiān | 鲜红 | xiānhóng |
| 鲜美 | xiānměi | 鲜嫩 | xiānnèn | 闲话 | xiánhuà | 闲人 | xiánrén |
| 闲散 | xiánsǎn | 闲谈 | xiántán | 闲暇 | xiánxiá | 闲置 | xiánzhì |
| 贤 | xián | 咸菜 | xiáncài | 涎 | xián | 娴熟 | xiánshú |
| 衔接 | xiánjiē | 舷窗 | xiánchuāng | 嫌弃 | xiánqì | 嫌疑 | xiányí |
| 显赫 | xiǎnhè | 显明 | xiǎnmíng | 显眼 | xiǎnyǎn | 险恶 | xiǎn'è |
| 险峻 | xiǎnjùn | 险情 | xiǎnqíng | 险要 | xiǎnyào | 现成 | xiànchéng |
| 现货 | xiànhuò | 现款 | xiànkuǎn | 现任 | xiànrèn | 现役 | xiànyì |
| 限定 | xiàndìng | 限额 | xiàn'é | 限期 | xiànqī | 宪兵 | xiànbīng |
| 宪章 | xiànzhāng | 宪政 | xiànzhèng | 陷害 | xiànhài | 陷阱 | xiànjǐng |
| 陷落 | xiànluò | 馅儿 | xiànr | 霰 | xiàn | 乡间 | xiāngjiān |
| 乡里 | xiānglǐ | 乡亲 | xiāngqīn | 乡土 | xiāngtǔ | 乡音 | xiāngyīn |
| 乡镇 | xiāngzhèn | 相称 | xiāngchèn | 相持 | xiāngchí | 相处 | xiāngchǔ |
| 相传 | xiāngchuán | 相得益彰 | xiāngdé-yìzhāng | 相仿 | xiāngfǎng | 相逢 | xiāngféng |
| 相符 | xiāngfú | 相干 | xiānggān | 相隔 | xiānggé | 相间 | xiāngjiàn |
| 相距 | xiāngjù | 相识 | xiāngshí | 相思 | xiāngsī | 相宜 | xiāngyí |
| 相约 | xiāngyuē | 香火 | xiānghuǒ | 香蕉 | xiāngjiāo | 香料 | xiāngliào |
| 香炉 | xiānglú | 香水 | xiāngshuǐ | 香甜 | xiāngtián | 厢 | xiāng |
| 厢房 | xiāngfáng | 湘 | Xiāng | 镶 | xiāng | 镶嵌 | xiāngqiàn |
| 详 | xiáng | 详尽 | xiángjìn | 详情 | xiángqíng | 祥 | xiáng |

（续上表）

| | | | | | | | |
|---|---|---|---|---|---|---|---|
| 翔 | xiáng | 享福 | xiǎngfú | 享乐 | xiǎnglè | 享用 | xiǎngyòng |
| 响动 | xiǎngdòng | 响亮 | xiǎngliàng | 饷 | xiǎng | 想必 | xiǎngbì |
| 想见 | xiǎngjiàn | 想来 | xiǎnglái | 想念 | xiǎngniàn | 向导 | xiàngdǎo |
| 向日葵 | xiàngrìkuí | 向阳 | xiàngyáng | 项链 | xiàngliàn | 巷 | xiàng |
| 相机 | xiàngjī | 相貌 | xiàngmào | 相片 | xiàngpiàn | 相声 | xiàngsheng |
| 象棋 | xiàngqí | 象形 | xiàngxíng | 象牙 | xiàngyá | 像样 | xiàngyàng |
| 肖 | Xiāo | 逍遥 | xiāoyáo | 消沉 | xiāochén | 消防 | xiāofáng |
| 消磨 | xiāomó | 消遣 | xiāoqiǎn | 消融 | xiāoróng | 消散 | xiāosàn |
| 消逝 | xiāoshì | 消瘦 | xiāoshòu | 消退 | xiāotuì | 消长 | xiāozhǎng |
| 萧 | Xiāo | 萧条 | xiāotiáo | 硝 | xiāo | 硝烟 | xiāoyān |
| 销毁 | xiāohuǐ | 销路 | xiāolù | 箫 | xiāo | 潇 | xiāo |
| 潇洒 | xiāosǎ | 嚣张 | xiāozhāng | 小便 | xiǎobiàn | 小菜 | xiǎocài |
| 小肠 | xiǎocháng | 小车 | xiǎochē | 小吃 | xiǎochī | 小丑 | xiǎochǒu |
| 小调 | xiǎodiào | 小贩 | xiǎofàn | 小褂 | xiǎoguà | 小鬼 | xiǎoguǐ |
| 小节 | xiǎojié | 小结 | xiǎojié | 小看 | xiǎokàn | 小米 | xiǎomǐ |
| 小脑 | xiǎonǎo | 小品 | xiǎopǐn | 小气 | xiǎoqi | 小巧 | xiǎoqiǎo |
| 小区 | xiǎoqū | 小人 | xiǎorén | 小生 | xiǎoshēng | 小数 | xiǎoshù |
| 小偷 | xiǎotōu | 小腿 | xiǎotuǐ | 小雪 | xiǎoxuě | 小夜曲 | xiǎoyèqǔ |
| 晓 | xiǎo | 孝 | xiào | 孝敬 | xiàojìng | 孝顺 | xiàoshùn |
| 孝子 | xiàozǐ | 肖 | xiào | 肖像 | xiàoxiàng | 校风 | xiàofēng |
| 校舍 | xiàoshè | 校园 | xiàoyuán | 哮喘 | xiàochuǎn | 笑脸 | xiàoliǎn |
| 笑语 | xiàoyǔ | 效法 | xiàofǎ | 效劳 | xiàoláo | 效能 | xiàonéng |
| 效验 | xiàoyàn | 效用 | xiàoyòng | 效忠 | xiàozhōng | 啸 | xiào |
| 楔 | xiē | 歇脚 | xiējiǎo | 协 | xié | 协和 | xiéhé |
| 协力 | xiélì | 协约 | xiéyuē | 协奏曲 | xiézòuqǔ | 邪恶 | xié'è |
| 邪路 | xiélù | 邪气 | xiéqì | 胁 | xié | 胁迫 | xiépò |
| 挟 | xié | 偕 | xié | 斜面 | xiémiàn | 斜坡 | xiépō |
| 谐调 | xiétiáo | 携 | xié | 携手 | xiéshǒu | 写法 | xiěfǎ |
| 写生 | xiěshēng | 写实 | xiěshí | 写意 | xiěyì | 写照 | xiězhào |
| 写字台 | xiězìtái | 泄漏 | xièlòu | 泄露 | xièlòu | 泄气 | xièqì |
| 泻 | xiè | 卸 | xiè | 屑 | xiè | 械 | xiè |
| 械斗 | xièdòu | 亵渎 | xièdú | 谢绝 | xièjué | 心爱 | xīn'ài |
| 心病 | xīnbìng | 心不在焉 | xīnbùzàiyān | 心肠 | xīncháng | 心得 | xīndé |
| 心地 | xīndì | 心烦 | xīnfán | 心房 | xīnfáng | 心肝 | xīngān |

（续上表）

| | | | | | | | |
|---|---|---|---|---|---|---|---|
| 心慌 | xīnhuāng | 心急 | xīnjí | 心计 | xīnjì | 心悸 | xīnjì |
| 心境 | xīnjìng | 心坎 | xīnkǎn | 心口 | xīnkǒu | 心旷神怡 | xīnkuàng-shényí |
| 心力 | xīnlì | 心律 | xīnlǜ | 心率 | xīnlǜ | 心切 | xīnqiè |
| 心神 | xīnshén | 心声 | xīnshēng | 心室 | xīnshì | 心酸 | xīnsuān |
| 心态 | xīntài | 心疼 | xīnténg | 心田 | xīntián | 心跳 | xīntiào |
| 心弦 | xīnxián | 心胸 | xīnxiōng | 心虚 | xīnxū | 心绪 | xīnxù |
| 心眼儿 | xīnyǎnr | 心意 | xīnyì | 心愿 | xīnyuàn | 芯 | xīn |
| 辛 | xīn | 辛辣 | xīnlà | 辛劳 | xīnláo | 辛酸 | xīnsuān |
| 欣然 | xīnrán | 欣慰 | xīnwèi | 欣喜 | xīnxǐ | 新潮 | xīncháo |
| 新房 | xīnfáng | 新婚 | xīnhūn | 新近 | xīnjìn | 新居 | xīnjū |
| 新郎 | xīnláng | 新年 | xīnnián | 新诗 | xīnshī | 新书 | xīnshū |
| 新星 | xīnxīng | 新秀 | xīnxiù | 新学 | xīnxué | 新意 | xīnyì |
| 新月 | xīnyuè | 薪 | xīn | 薪金 | xīnjīn | 薪水 | xīn · shuǐ |
| 信步 | xìnbù | 信风 | xìnfēng | 信封 | xìnfēng | 信奉 | xìnfèng |
| 信服 | xìnfú | 信函 | xìnhán | 信件 | xìnjiàn | 信赖 | xìnlài |
| 信使 | xìnshǐ | 信条 | xìntiáo | 信托 | xìntuō | 信誉 | xìnyù |
| 信纸 | xìnzhǐ | 兴办 | xīngbàn | 兴盛 | xīngshèng | 兴衰 | xīngshuāi |
| 兴亡 | xīngwáng | 兴旺 | xīngwàng | 兴修 | xīngxiū | 星辰 | xīngchén |
| 星光 | xīngguāng | 星空 | xīngkōng | 星体 | xīngtǐ | 星座 | xīngzuò |
| 猩猩 | xīngxing | 腥 | xīng | 刑场 | xíngchǎng | 刑期 | xíngqī |
| 刑侦 | xíngzhēn | 邢 | Xíng | 行车 | xíngchē | 行程 | xíngchéng |
| 行船 | xíngchuán | 行将 | xíngjiāng | 行进 | xíngjìn | 行径 | xíngjìng |
| 行礼 | xínglǐ | 行文 | xíngwén | 行销 | xíngxiāo | 行凶 | xíngxiōng |
| 行医 | xíngyī | 行装 | xíngzhuāng | 形容词 | xíngróngcí | 型号 | xínghào |
| 醒目 | xǐngmù | 醒悟 | xǐngwù | 兴高采烈 | xìnggāo-cǎiliè | 兴致 | xìngzhì |
| 杏儿 | xìngr | 杏仁 | xìngrén | 幸 | xìng | 幸存 | xìngcún |
| 幸而 | xìng' ér | 幸好 | xìnghǎo | 幸亏 | xìngkuī | 幸免 | xìngmiǎn |
| 幸运 | xìngyùn | 性爱 | xìng' ài | 性病 | xìngbìng | 性急 | xìngjí |
| 性命 | xìngmìng | 性子 | xìngzi | 姓氏 | xìngshì | 凶残 | xiōngcán |
| 凶恶 | xiōng' è | 凶犯 | xiōngfàn | 凶狠 | xiōnghěn | 凶猛 | xiōngměng |
| 凶手 | xiōngshǒu | 匈奴 | Xiōngnú | 汹涌 | xiōngyǒng | 胸骨 | xiōnggǔ |
| 胸怀 | xiōnghuái | 胸襟 | xiōngjīn | 胸口 | xiōngkǒu | 胸腔 | xiōngqiāng |
| 胸膛 | xiōngtáng | 胸有成竹 | xiōngyǒuchéngzhú | 雄辩 | xióngbiàn | 雄厚 | xiónghòu |
| 雄浑 | xiónghún | 雄蕊 | xióngruǐ | 雄心 | xióngxīn | 雄性 | xióngxìng |

（续上表）

| | | | | | | | |
|---|---|---|---|---|---|---|---|
| 雄壮 | xióngzhuàng | 雄姿 | xióngzī | 熊猫 | xióngmāo | 休 | xiū |
| 休假 | xiūjià | 休想 | xiūxiǎng | 修养 | xiūyǎng | 休整 | xiūzhěng |
| 休止 | xiūzhǐ | 修补 | xiūbǔ | 修长 | xiūcháng | 修订 | xiūdìng |
| 修好 | xiūhǎo | 修剪 | xiūjiǎn | 修配 | xiūpèi | 修缮 | xiūshàn |
| 修饰 | xiūshì | 修行 | xiū · xíng | 修整 | xiūzhěng | 修筑 | xiūzhù |
| 羞 | xiū | 羞耻 | xiūchǐ | 羞愧 | xiūkuì | 羞怯 | xiūqiè |
| 羞辱 | xiūrǔ | 羞涩 | xiūsè | 朽 | xiǔ | 秀 | xiù |
| 秀才 | xiùcai | 秀丽 | xiùlì | 秀美 | xiùměi | 秀气 | xiùqi |
| 袖口 | xiùkǒu | 袖珍 | xiùzhēn | 袖子 | xiùzi | 绣花 | xiùhuā |
| 锈 | xiù | 嗅觉 | xiùjué | 戌 | xū | 须要 | xūyào |
| 须臾 | xūyú | 须知 | xūzhī | 虚构 | xūgòu | 虚幻 | xūhuàn |
| 虚假 | xūjiǎ | 虚拟 | xūnǐ | 虚弱 | xūruò | 虚实 | xūshí |
| 虚妄 | xūwàng | 虚伪 | xūwěi | 虚无 | xūwú | 虚线 | xūxiàn |
| 虚心 | xūxīn | 嘘 | xū | 许久 | xǔjiǔ | 许诺 | xǔnuò |
| 许愿 | xǔyuàn | 旭日 | xùrì | 序列 | xùliè | 序幕 | xùmù |
| 序曲 | xùqǔ | 序数 | xùshù | 序言 | xùyán | 叙 | xù |
| 叙事 | xùshì | 叙说 | xùshuō | 畜牧 | xùmù | 绪 | xù |
| 续 | xù | 絮 | xù | 蓄 | xù | 蓄电池 | xùdiànchí |
| 蓄积 | xùjī | 蓄意 | xùyì | 宣 | xuān | 宣称 | xuānchēng |
| 宣读 | xuāndú | 宣讲 | xuānjiǎng | 宣誓 | xuānshì | 宣泄 | xuānxiè |
| 宣战 | xuānzhàn | 喧哗 | xuānhuá | 喧闹 | xuānnào | 喧嚷 | xuānrǎng |
| 喧嚣 | xuānxiāo | 玄 | xuán | 悬浮 | xuánfú | 悬空 | xuánkōng |
| 悬念 | xuánniàn | 悬殊 | xuánshū | 悬崖 | xuányá | 旋即 | xuánjí |
| 旋涡 | xuánwō | 选集 | xuǎnjí | 选民 | xuǎnmín | 选派 | xuǎnpài |
| 选票 | xuǎnpiào | 选取 | xuǎnqǔ | 选送 | xuǎnsòng | 选种 | xuǎnzhǒng |
| 癣 | xuǎn | 炫耀 | xuànyào | 绚丽 | xuànlì | 眩晕 | xuànyùn |
| 旋风 | xuànfēng | 渲染 | xuànrǎn | 削价 | xuējià | 削减 | xuējiǎn |
| 靴 | xuē | 靴子 | xuēzi | 薛 | Xuē | 穴位 | xuéwèi |
| 学报 | xuébào | 学费 | xuéfèi | 学风 | xuéfēng | 学府 | xuéfǔ |
| 学界 | xuéjiè | 学历 | xuélì | 学龄 | xuélíng | 学年 | xuénián |
| 学期 | xuéqī | 学识 | xuéshí | 学士 | xuéshì | 学位 | xuéwèi |
| 学业 | xuéyè | 学制 | xuézhì | 雪茄 | xuějiā | 雪亮 | xuěliàng |
| 雪片 | xuěpiàn | 雪山 | xuěshān | 雪线 | xuěxiàn | 雪原 | xuěyuán |
| 血汗 | xuèhàn | 血红 | xuèhóng | 血迹 | xuèjì | 血浆 | xuèjiāng |

（续上表）

| | | | | | | | |
|---|---|---|---|---|---|---|---|
| 血泪 | xuèlèi | 血脉 | xuèmài | 血泊 | xuèpō | 血气 | xuèqì |
| 血亲 | xuèqīn | 血清 | xuèqīng | 血肉 | xuèròu | 血色 | xuèsè |
| 血糖 | xuètáng | 血统 | xuètǒng | 血腥 | xuèxīng | 血型 | xuèxíng |
| 血压 | xuèyā | 血缘 | xuèyuán | 勋章 | xūnzhāng | 熏 | xūn |
| 熏陶 | xūntáo | 薰 | xūn | 旬 | xún | 寻常 | xúncháng |
| 寻根 | xúngēn | 寻觅 | xúnmì | 巡 | xún | 巡回 | xúnhuí |
| 巡警 | xúnjǐng | 巡逻 | xúnluó | 巡视 | xúnshì | 循 | xún |
| 训斥 | xùnchì | 训话 | xùnhuà | 讯 | xùn | 讯号 | xùnhào |
| 汛 | xùn | 汛期 | xùnqī | 迅 | xùn | 迅猛 | xùnměng |
| 驯 | xùn | 驯服 | xùnfú | 驯化 | xùnhuà | 驯鹿 | xùnlù |
| 驯养 | xùnyǎng | 逊 | xùn | 逊色 | xùnsè | 丫头 | yātou |
| 压倒 | yādǎo | 压低 | yādī | 压榨 | yāzhà | 押送 | yāsòng |
| 押韵 | yāyùn | 鸭子 | yāzi | 牙膏 | yágāo | 牙关 | yáguān |
| 牙刷 | yáshuā | 牙龈 | yáyín | 蚜虫 | yáchóng | 崖 | yá |
| 衙门 | yámen | 哑 | yǎ | 哑巴 | yǎba | 哑剧 | yǎjù |
| 雅 | yǎ | 雅致 | yǎzhì | 轧 | yà | 亚军 | yàjūn |
| 亚麻 | yàmá | 亚热带 | yàrèdài | 咽喉 | yānhóu | 殷红 | yānhóng |
| 胭脂 | yānzhi | 烟草 | yāncǎo | 烟尘 | yānchén | 烟袋 | yāndài |
| 烟斗 | yāndǒu | 烟花 | yānhuā | 烟灰 | yānhuī | 烟火 | yānhuǒ |
| 烟幕 | yānmù | 烟筒 | yāntong | 烟雾 | yānwù | 烟叶 | yānyè |
| 焉 | yān | 淹 | yān | 淹没 | yānmò | 腌 | yān |
| 湮没 | yānmò | 燕 | Yān | 延 | yán | 延迟 | yánchí |
| 延缓 | yánhuǎn | 延期 | yánqī | 延误 | yánwù | 严惩 | yánchéng |
| 严冬 | yándōng | 严谨 | yánjǐn | 严禁 | yánjìn | 严酷 | yánkù |
| 严守 | yánshǒu | 严正 | yánzhèng | 言传 | yánchuán | 言辞 | yáncí |
| 言谈 | yántán | 岩层 | yáncéng | 岩洞 | yándòng | 岩浆 | yánjiāng |
| 炎热 | yánrè | 炎症 | yánzhèng | 沿路 | yánlù | 沿途 | yántú |
| 沿袭 | yánxí | 沿线 | yánxiàn | 沿用 | yányòng | 研读 | yándú |
| 研究员 | yánjiūyuán | 研讨 | yántǎo | 盐场 | yánchǎng | 盐分 | yánfèn |
| 盐田 | yántián | 阎 | Yán | 筵席 | yànxí | 颜 | yán |
| 颜料 | yánliào | 颜面 | yánmiàn | 檐 | yán | 俨然 | yǎnrán |
| 衍 | yǎn | 掩 | yǎn | 掩蔽 | yǎnbì | 掩埋 | yǎnmái |
| 掩饰 | yǎnshì | 掩映 | yǎnyìng | 眼底 | yǎndǐ | 眼红 | yǎnhóng |
| 眼花 | yǎnhuā | 眼睑 | yǎnjiǎn | 眼见 | yǎnjiàn | 眼角 | yǎnjiǎo |

（续上表）

| | | | | | | | |
|---|---|---|---|---|---|---|---|
| 眼界 | yǎnjiè | 眼眶 | yǎnkuàng | 眼力 | yǎnlì | 眼帘 | yǎnlián |
| 眼皮 | yǎnpí | 眼球 | yǎnqiú | 眼圈 | yǎnquān | 眼色 | yǎnsè |
| 眼窝 | yǎnwō | 演技 | yǎnjì | 演进 | yǎnjìn | 演示 | yǎnshì |
| 演算 | yǎnsuàn | 演习 | yǎnxí | 演戏 | yǎnxì | 演义 | yǎnyì |
| 厌烦 | yànfán | 厌倦 | yànjuàn | 厌世 | yànshì | 砚 | yàn |
| 艳 | yàn | 艳丽 | yànlì | 宴 | yàn | 宴席 | yànxí |
| 验收 | yànshōu | 谚语 | yànyǔ | 堰 | yàn | 雁 | yàn |
| 焰 | yàn | 燕 | yàn | 燕麦 | yànmài | 燕子 | yànzi |
| 央求 | yāngqiú | 秧歌 | yāngge | 秧苗 | yāngmiáo | 秧田 | yāngtián |
| 扬弃 | yángqì | 扬言 | yángyán | 羊羔 | yánggāo | 阳历 | yánglì |
| 阳台 | yángtái | 阳性 | yángxìng | 杨柳 | yángliǔ | 杨梅 | yángméi |
| 佯 | yáng | 洋葱 | yángcōng | 洋流 | yángliú | 洋溢 | yángyì |
| 仰慕 | yǎngmù | 仰望 | yǎngwàng | 养病 | yǎngbìng | 养护 | yǎnghù |
| 养活 | yǎnghuo | 养老 | yǎnglǎo | 养生 | yǎngshēng | 养育 | yǎngyù |
| 痒 | yǎng | 样板 | yàngbǎn | 漾 | yàng | 夭折 | yāozhé |
| 吆喝 | yāohe | 妖 | yāo | 妖怪 | yāo · guài | 妖精 | yāojing |
| 要挟 | yāoxié | 腰带 | yāodài | 腰身 | yāoshēn | 邀 | yāo |
| 尧 | Yáo | 姚 | Yáo | 窑 | yáo | 窑洞 | yáodòng |
| 谣言 | yáoyán | 摇摆 | yáobǎi | 摇动 | yáodòng | 摇篮 | yáolán |
| 摇曳 | yáoyè | 徭役 | yáoyì | 遥控 | yáokòng | 遥望 | yáowàng |
| 瑶 | yáo | 舀 | yǎo | 窈窕 | yǎotiǎo | 药材 | yàocái |
| 药店 | yàodiàn | 药方 | yàofāng | 药剂 | yàojì | 药水 | yàoshuǐ |
| 要道 | yàodào | 要地 | yàodì | 要点 | yàodiǎn | 要害 | yàohài |
| 要好 | yàohǎo | 要件 | yàojiàn | 要领 | yàolǐng | 要命 | yàomìng |
| 要人 | yàorén | 要职 | yàozhí | 耀 | yào | 耀眼 | yàoyǎn |
| 掖 | yē | 椰子 | yēzi | 噎 | yē | 冶 | yě |
| 野菜 | yěcài | 野地 | yědì | 野心 | yěxīn | 野性 | yěxìng |
| 业绩 | yèjì | 业已 | yèyǐ | 业主 | yèzhǔ | 叶柄 | yèbǐng |
| 叶绿素 | yèlǜsù | 叶脉 | yèmài | 曳 | yè | 夜班 | yèbān |
| 夜空 | yèkōng | 夜幕 | yèmù | 夜色 | yèsè | 夜市 | yèshì |
| 夜校 | yèxiào | 掖 | yè | 液化 | yèhuà | 液晶 | yèjīng |
| 腋 | yè | 一筹莫展 | yīchóu-mòzhǎn | 一点儿 | yīdiǎnr | 一帆风顺 | yīfān-fēngshùn |
| 一概 | yīgài | 一举 | yījǔ | 一流 | yīliú | 一目了然 | yīmù-liǎorán |
| 一瞥 | yīpiē | 一气 | yīqì | 一瞬 | yīshùn | 一丝不苟 | yīsī-bùgǒu |

（续上表）

| | | | | | | | |
|---|---|---|---|---|---|---|---|
| 伊 | yī | 衣襟 | yījīn | 衣料 | yīliào | 衣衫 | yīshān |
| 衣食 | yīshí | 衣物 | yīwù | 衣着 | yīzhuó | 医师 | yīshī |
| 医务 | yīwù | 医治 | yīzhì | 依存 | yīcún | 依恋 | yīliàn |
| 依托 | yītuō | 依偎 | yīwēi | 依稀 | yīxī | 依仗 | yīzhàng |
| 仪表 | yíbiǎo | 夷 | yí | 宜人 | yírén | 贻误 | yíwù |
| 姨 | yí | 姨妈 | yímā | 胰岛素 | yídǎosù | 胰腺 | yíxiàn |
| 移交 | yíjiāo | 移居 | yíjū | 遗存 | yícún | 遗风 | yífēng |
| 遗迹 | yíjì | 遗漏 | yílòu | 遗弃 | yíqì | 遗失 | yíshī |
| 遗体 | yítǐ | 遗忘 | yíwàng | 遗物 | yíwù | 遗像 | yíxiàng |
| 遗言 | yíyán | 疑虑 | yílǜ | 疑难 | yínán | 疑团 | yítuán |
| 疑心 | yíxīn | 已然 | yǐrán | 已往 | yǐwǎng | 倚靠 | yǐkào |
| 义气 | yì · qì | 艺人 | yìrén | 忆 | yì | 议案 | yì’àn |
| 议程 | yìchéng | 议定 | yìdìng | 议价 | yìjià | 议决 | yìjué |
| 议题 | yìtí | 屹立 | yìlì | 异彩 | yìcǎi | 异端 | yìduān |
| 异国 | yìguó | 异化 | yìhuà | 异己 | yìjǐ | 异体 | yìtǐ |
| 异同 | yìtóng | 异物 | yìwù | 异乡 | yìxiāng | 异性 | yìxìng |
| 异样 | yìyàng | 异议 | yìyì | 异族 | yìzú | 抑 | yì |
| 抑或 | yìhuò | 抑扬顿挫 | yìyáng-dùncuò | 抑郁 | yìyù | 邑 | yì |
| 役使 | yìshǐ | 译本 | yìběn | 译文 | yìwén | 驿站 | yìzhàn |
| 疫 | yì | 疫苗 | yìmiáo | 益虫 | yìchóng | 益处 | yì · chù |
| 逸 | yì | 翌日 | yìrì | 意会 | yìhuì | 意料 | yìliào |
| 意念 | yìniàn | 意想 | yìxiǎng | 意向 | yìxiàng | 意愿 | yìyuàn |
| 意蕴 | yìyùn | 意旨 | yìzhǐ | 溢 | yì | 毅力 | yìlì |
| 熠熠 | yìyì | 臆造 | yìzào | 因袭 | yīnxí | 阴暗 | yīn’àn |
| 阴沉 | yīnchén | 阴极 | yīnjí | 阴间 | yīnjiān | 阴冷 | yīnlěng |
| 阴历 | yīnlì | 阴凉 | yīnliáng | 阴霾 | yīnmái | 阴森 | yīnsēn |
| 阴险 | yīnxiǎn | 阴性 | yīnxìng | 阴雨 | yīnyǔ | 阴郁 | yīnyù |
| 阴云 | yīnyún | 音标 | yīnbiāo | 音程 | yīnchéng | 音符 | yīnfú |
| 音高 | yīngāo | 音量 | yīnliàng | 音律 | yīnlǜ | 音色 | yīnsè |
| 音讯 | yīnxùn | 音译 | yīnyì | 音韵 | yīnyùn | 姻缘 | yīnyuán |
| 殷 | yīn | 殷切 | yīnqiè | 殷勤 | yīnqín | 吟 | yín |
| 银河 | yínhé | 银幕 | yínmù | 银杏 | yínxìng | 银圆 | yínyuán |
| 银子 | yínzi | 淫 | yín | 淫秽 | yínhuì | 寅 | yín |
| 尹 | yǐn | 引发 | yǐnfā | 引路 | yǐnlù | 引擎 | yǐnqíng |

（续上表）

| | | | | | | | |
|---|---|---|---|---|---|---|---|
| 引申 | yǐnshēn | 引水 | yǐnshuǐ | 引文 | yǐnwén | 引诱 | yǐnyòu |
| 引证 | yǐnzhèng | 饮料 | yǐnliào | 饮水 | yǐnshuǐ | 隐患 | yǐnhuàn |
| 隐居 | yǐnjū | 隐瞒 | yǐnmán | 隐秘 | yǐnmì | 隐没 | yǐnmò |
| 隐士 | yǐnshì | 隐约 | yǐnyuē | 瘾 | yǐn | 印发 | yìnfā |
| 印花 | yìnhuā | 印记 | yìnjì | 印染 | yìnrǎn | 印行 | yìnxíng |
| 印章 | yìnzhāng | 印证 | yìnzhèng | 荫庇 | yìnbì | 应届 | yīngjiè |
| 应允 | yīngyǔn | 英镑 | yīngbàng | 英俊 | yīngjùn | 英明 | yīngmíng |
| 英武 | yīngwǔ | 婴 | yīng | 樱花 | yīnghuā | 樱桃 | yīng · táo |
| 鹦鹉 | yīngwǔ | 膺 | yīng | 迎风 | yíngfēng | 迎合 | yínghé |
| 迎面 | yíngmiàn | 迎亲 | yíngqīn | 迎头 | yíngtóu | 迎战 | yíngzhàn |
| 荧光 | yíngguāng | 荧屏 | yíngpíng | 盈 | yíng | 盈亏 | yíngkuī |
| 盈余 | yíngyú | 萤 | yíng | 营地 | yíngdì | 营房 | yíngfáng |
| 营救 | yíngjiù | 营垒 | yínglěi | 营造 | yíngzào | 萦绕 | yíngrào |
| 蝇 | yíng | 赢 | yíng | 赢利 | yínglì | 影射 | yǐngshè |
| 影像 | yǐngxiàng | 影院 | yǐngyuàn | 应变 | yìngbiàn | 应酬 | yìngchou |
| 应对 | yìngduì | 应急 | yìngjí | 应考 | yìngkǎo | 应邀 | yìngyāo |
| 应战 | yìngzhàn | 应征 | yìngzhēng | 映照 | yìngzhào | 硬币 | yìngbì |
| 硬度 | yìngdù | 硬化 | yìnghuà | 硬件 | yìngjiàn | 硬性 | yìngxìng |
| 拥抱 | yōngbào | 拥戴 | yōngdài | 痈 | yōng | 庸俗 | yōngsú |
| 壅 | yōng | 臃肿 | yōngzhǒng | 永别 | yǒngbié | 永生 | yǒngshēng |
| 甬道 | yǒngdào | 咏 | yǒng | 咏叹调 | yǒngtàndiào | 泳 | yǒng |
| 勇 | yǒng | 勇猛 | yǒngměng | 勇士 | yǒngshì | 蛹 | yǒng |
| 踊跃 | yǒngyuè | 用场 | yòngchǎng | 用法 | yòngfǎ | 用工 | yònggōng |
| 用功 | yònggōng | 用劲 | yòngjìn | 用具 | yòngjù | 用心 | yòngxīn |
| 用意 | yòngyì | 佣金 | yòngjīn | 优待 | yōudài | 优厚 | yōuhòu |
| 优化 | yōuhuà | 优生 | yōushēng | 优胜 | yōushèng | 优雅 | yōuyǎ |
| 优异 | yōuyì | 忧 | yōu | 忧愁 | yōuchóu | 忧虑 | yōulǜ |
| 忧伤 | yōushāng | 幽暗 | yōu'àn | 幽静 | yōujìng | 幽灵 | yōulíng |
| 幽深 | yōushēn | 幽雅 | yōuyǎ | 悠长 | yōucháng | 悠然 | yōurán |
| 悠闲 | yōuxián | 悠扬 | yōuyáng | 由来 | yóulái | 由衷 | yóuzhōng |
| 邮 | yóu | 邮电 | yóudiàn | 邮寄 | yóujì | 邮件 | yóujiàn |
| 邮局 | yóujú | 邮政 | yóuzhèng | 犹疑 | yóuyí | 油菜 | yóucài |
| 油茶 | yóuchá | 油井 | yóujǐng | 油轮 | yóulún | 油门 | yóumén |
| 油墨 | yóumò | 油腻 | yóunì | 油漆 | yóuqī | 油条 | yóutiáo |

（续上表）

| | | | | | | | |
|---|---|---|---|---|---|---|---|
| 油污 | yóuwū | 油脂 | yóuzhī | 游荡 | yóudàng | 游记 | yóujì |
| 游客 | yóukè | 游览 | yóulǎn | 游乐 | yóulè | 游离 | yóulí |
| 游历 | yóulì | 游牧 | yóumù | 游人 | yóurén | 游玩 | yóuwán |
| 游艺 | yóuyì | 游子 | yóuzǐ | 友爱 | yǒu'ài | 友邦 | yǒubāng |
| 友情 | yǒuqíng | 有偿 | yǒucháng | 有待 | yǒudài | 有的放矢 | yǒudì-fàngshǐ |
| 有理 | yǒulǐ | 有心 | yǒuxīn | 有形 | yǒuxíng | 有幸 | yǒuxìng |
| 有余 | yǒuyú | 酉 | yǒu | 黝黑 | yǒuhēi | 右面 | yòu・miàn |
| 右倾 | yòuqīng | 右翼 | yòuyì | 幼儿园 | yòu'éryuán | 幼体 | yòutǐ |
| 幼小 | yòuxiǎo | 幼稚 | yòuzhì | 佑 | yòu | 柚子 | yòuzi |
| 诱 | yòu | 诱发 | yòufā | 诱惑 | yòuhuò | 诱因 | yòuyīn |
| 釉 | yòu | 迂 | yū | 迂回 | yūhuí | 淤 | yū |
| 淤积 | yūjī | 淤泥 | yūní | 余额 | yú'é | 余粮 | yúliáng |
| 余年 | yúnián | 鱼雷 | yúléi | 鱼鳞 | yúlín | 鱼苗 | yúmiáo |
| 俞 | Yú | 渔场 | yúchǎng | 渔船 | yúchuán | 渔村 | yúcūn |
| 渔夫 | yúfū | 渔民 | yúmín | 渔网 | yúwǎng | 隅 | yú |
| 逾 | yú | 逾期 | yúqī | 逾越 | yúyuè | 愉悦 | yúyuè |
| 榆 | yú | 虞 | yú | 愚 | yú | 愚蠢 | yúchǔn |
| 愚昧 | yúmèi | 愚弄 | yúnòng | 与日俱增 | yǔrìjùzēng | 宇航 | yǔháng |
| 羽毛球 | yǔmáoqiú | 羽绒 | yǔróng | 雨点儿 | yǔdiǎnr | 雨季 | yǔjì |
| 雨量 | yǔliàng | 雨伞 | yǔsǎn | 雨衣 | yǔyī | 禹 | Yǔ |
| 语词 | yǔcí | 语调 | yǔdiào | 语汇 | yǔhuì | 语录 | yǔlù |
| 语重心长 | yǔzhòng-xīncháng | 与会 | yùhuì | 郁 | yù | 郁闷 | yùmèn |
| 育才 | yùcái | 育苗 | yùmiáo | 狱 | yù | 浴 | yù |
| 浴场 | yùchǎng | 浴池 | yùchí | 浴室 | yùshì | 预感 | yùgǎn |
| 预见 | yùjiàn | 预示 | yùshì | 预想 | yùxiǎng | 预约 | yùyuē |
| 预兆 | yùzhào | 预知 | yùzhī | 欲念 | yùniàn | 谕 | yù |
| 遇难 | yùnàn | 喻 | yù | 御 | yù | 寓 | yù |
| 寓所 | yùsuǒ | 寓言 | yùyán | 寓意 | yùyì | 寓于 | yùyú |
| 誉 | yù | 愈合 | yùhé | 愈加 | yùjiā | 愈益 | yùyì |
| 豫 | yù | 鸳鸯 | yuān・yāng | 冤 | yuān | 冤案 | yuān'àn |
| 冤枉 | yuānwang | 渊 | yuān | 渊博 | yuānbó | 渊源 | yuānyuán |
| 元宝 | yuánbǎo | 元旦 | yuándàn | 元件 | yuánjiàn | 元老 | yuánlǎo |
| 元气 | yuánqì | 元首 | yuánshǒu | 元帅 | yuánshuài | 元宵 | yuánxiāo |
| 元音 | yuányīn | 元月 | yuányuè | 园地 | yuándì | 园丁 | yuándīng |

（续上表）

| | | | | | | | |
|---|---|---|---|---|---|---|---|
| 园林 | yuánlín | 园艺 | yuányì | 员工 | yuángōng | 垣 | yuán |
| 原本 | yuánběn | 原稿 | yuángǎo | 原告 | yuángào | 原籍 | yuánjí |
| 原价 | yuánjià | 原煤 | yuánméi | 原文 | yuánwén | 原形 | yuánxíng |
| 原型 | yuánxíng | 原样 | yuányàng | 原野 | yuányě | 原意 | yuányì |
| 原油 | yuányóu | 原著 | yuánzhù | 原状 | yuánzhuàng | 原作 | yuánzuò |
| 圆场 | yuánchǎng | 圆满 | yuánmǎn | 圆圈 | yuánquān | 圆润 | yuánrùn |
| 圆舞曲 | yuánwǔqǔ | 圆周 | yuánzhōu | 圆柱 | yuánzhù | 圆锥 | yuánzhuī |
| 圆桌 | yuánzhuō | 援 | yuán | 援兵 | yuánbīng | 缘由 | yuányóu |
| 猿 | yuán | 猿猴 | yuánhóu | 猿人 | yuánrén | 源流 | yuánliú |
| 源头 | yuántóu | 远程 | yuǎnchéng | 远大 | yuǎndà | 远古 | yuǎngǔ |
| 远航 | yuǎnháng | 远见 | yuǎnjiàn | 远近 | yuǎnjìn | 远景 | yuǎnjǐng |
| 远洋 | yuǎnyáng | 远征 | yuǎnzhēng | 苑 | yuàn | 怨恨 | yuànhèn |
| 怨气 | yuànqì | 怨言 | yuànyán | 院落 | yuànluò | 院士 | yuànshì |
| 约定 | yuēdìng | 约法 | yuēfǎ | 约会 | yuēhuì | 月饼 | yuèbing |
| 月季 | yuè · jì | 月刊 | yuèkān | 月色 | yuèsè | 月食 | yuèshí |
| 月夜 | yuèyè | 乐谱 | yuèpǔ | 乐师 | yuèshī | 乐团 | yuètuán |
| 乐音 | yuèyīn | 乐章 | yuèzhāng | 岳 | yuè | 岳父 | yuèfù |
| 岳母 | yuèmǔ | 阅 | yuè | 阅兵 | yuèbīng | 阅历 | yuèlì |
| 悦 | yuè | 悦耳 | yuè'ěr | 越发 | yuèfā | 越轨 | yuèguǐ |
| 晕 | yūn | 云彩 | yún · cai | 云层 | yúncéng | 云端 | yúnduān |
| 云朵 | yúnduǒ | 云海 | yúnhǎi | 云集 | yúnjí | 云雾 | yúnwù |
| 云游 | yúnyóu | 匀称 | yún · chèn | 允 | yǔn | 陨石 | yǔnshí |
| 孕 | yùn | 孕妇 | yùnfù | 孕育 | yùnyù | 运筹 | yùnchóu |
| 运费 | yùnfèi | 运河 | yùnhé | 运气 | yùnqi | 运送 | yùnsòng |
| 运销 | yùnxiāo | 运载 | yùnzài | 运作 | yùnzuò | 晕 | yùn |
| 酝酿 | yùnniàng | 韵律 | yùnlǜ | 韵味 | yùnwèi | 蕴 | yùn |
| 蕴含 | yùnhán | 蕴涵 | yùnhán | 咂 | zā | 杂费 | záfèi |
| 杂技 | zájì | 杂居 | zájū | 杂剧 | zájù | 杂粮 | záliáng |
| 杂乱 | záluàn | 杂事 | záshì | 杂文 | záwén | 杂音 | záyīn |
| 灾 | zāi | 灾害 | zāihài | 灾荒 | zāihuāng | 灾祸 | zāihuò |
| 灾民 | zāimín | 灾情 | zāiqíng | 哉 | zāi | 栽植 | zāizhí |
| 栽种 | zāizhòng | 宰 | zǎi | 宰割 | zǎigē | 宰相 | zǎixiàng |
| 崽 | zǎi | 再度 | zàidù | 再会 | zàihuì | 再婚 | zàihūn |
| 再造 | zàizào | 在行 | zàiháng | 在乎 | zàihu | 在世 | zàishì |

（续上表）

| | | | | | | | |
|---|---|---|---|---|---|---|---|
| 在望 | zàiwàng | 在位 | zàiwèi | 在意 | zàiyì | 在职 | zàizhí |
| 在座 | zàizuò | 载体 | zàitǐ | 载重 | zàizhòng | 攒 | zǎn |
| 暂且 | zànqiě | 暂行 | zànxíng | 赞 | zàn | 赞歌 | zàngē |
| 赞赏 | zànshǎng | 赞颂 | zànsòng | 赞同 | zàntóng | 赞许 | zànxǔ |
| 赞誉 | zànyù | 赞助 | zànzhù | 脏腑 | zàngfǔ | 葬礼 | zànglǐ |
| 葬身 | zàngshēn | 葬送 | zàngsòng | 遭殃 | zāoyāng | 糟糕 | zāogāo |
| 糟粕 | zāopò | 糟蹋 | zāo · tà | 凿 | záo | 早春 | zǎochūn |
| 早稻 | zǎodào | 早点 | zǎodiǎn | 早饭 | zǎofàn | 早婚 | zǎohūn |
| 早年 | zǎonián | 早熟 | zǎoshú | 早晚 | zǎowǎn | 早先 | zǎoxiān |
| 枣 | zǎo | 澡 | zǎo | 造反 | zàofǎn | 造福 | zàofú |
| 造价 | zàojià | 造句 | zàojù | 造谣 | zàoyáo | 造诣 | zàoyì |
| 噪 | zào | 噪声 | zàoshēng | 噪音 | zàoyīn | 燥 | zào |
| 躁 | zào | 责备 | zébèi | 责成 | zéchéng | 责怪 | zéguài |
| 责令 | zélìng | 责骂 | zémà | 责难 | zénàn | 责问 | zéwèn |
| 择 | zé | 择优 | zéyōu | 泽 | zé | 啧啧 | zézé |
| 仄 | zè | 增补 | zēngbǔ | 增设 | zēngshè | 增生 | zēngshēng |
| 增收 | zēngshōu | 增援 | zēngyuán | 增值 | zēngzhí | 憎 | zēng |
| 憎恨 | zēnghèn | 憎恶 | zēngwù | 赠 | zèng | 赠送 | zèngsòng |
| 扎根 | zhāgēn | 扎实 | zhāshi | 渣滓 | zhā · zǐ | 轧 | zhá |
| 闸 | zhá | 闸门 | zhámén | 铡 | zhá | 眨巴 | zhǎba |
| 眨眼 | zhǎyǎn | 乍 | zhà | 诈 | zhà | 诈骗 | zhàpiàn |
| 栅栏 | zhàlan | 炸药 | zhàyào | 蚱蜢 | zhàměng | 榨 | zhà |
| 榨取 | zhàqǔ | 斋 | zhāi | 摘除 | zhāichú | 宅 | zhái |
| 宅子 | zháizi | 择菜 | zháicài | 债权 | zhàiquán | 债券 | zhàiquàn |
| 寨子 | zhàizi | 占卜 | zhānbǔ | 沾染 | zhānrǎn | 毡 | zhān |
| 粘连 | zhānlián | 瞻 | zhān | 瞻仰 | zhānyǎng | 斩 | zhǎn |
| 展翅 | zhǎnchì | 展望 | zhǎnwàng | 展销 | zhǎnxiāo | 辗转 | zhǎnzhuǎn |
| 战败 | zhànbài | 战备 | zhànbèi | 战地 | zhàndì | 战犯 | zhànfàn |
| 战俘 | zhànfú | 战功 | zhàngōng | 战壕 | zhànháo | 战火 | zhànhuǒ |
| 战绩 | zhànjì | 战局 | zhànjú | 战栗 | zhànlì | 战乱 | zhànluàn |
| 战区 | zhànqū | 战事 | zhànshì | 站岗 | zhàngǎng | 站立 | zhànlì |
| 站台 | zhàntái | 蘸 | zhàn | 张罗 | zhāngluo | 张贴 | zhāngtiē |
| 张望 | zhāngwàng | 章法 | zhāngfǎ | 章节 | zhāngjié | 樟脑 | zhāngnǎo |
| 长辈 | zhǎngbèi | 长老 | zhǎnglǎo | 长相 | zhǎngxiàng | 长者 | zhǎngzhě |

（续上表）

| | | | | | | | |
|---|---|---|---|---|---|---|---|
| 涨潮 | zhǎngcháo | 掌舵 | zhǎngduò | 掌管 | zhǎngguǎn | 掌权 | zhǎngquán |
| 掌心 | zhǎngxīn | 丈量 | zhàngliáng | 丈人 | zhàngren | 杖 | zhàng |
| 帐子 | zhàngzi | 账本 | zhàngběn | 账房 | zhàngfáng | 账目 | zhàngmù |
| 障 | zhàng | 招标 | zhāobiāo | 招考 | zhāokǎo | 招徕 | zhāolái |
| 招募 | zhāomù | 招牌 | zhāopai | 招聘 | zhāopìn | 招收 | zhāoshōu |
| 招手 | zhāoshǒu | 招致 | zhāozhì | 昭 | zhāo | 朝气 | zhāoqì |
| 朝夕 | zhāoxī | 朝霞 | zhāoxiá | 朝阳 | zhāoyáng | 着火 | zháohuǒ |
| 着迷 | zháomí | 爪 | zhǎo | 爪牙 | zhǎoyá | 找寻 | zhǎoxún |
| 沼气 | zhǎoqì | 沼泽 | zhǎozé | 召 | zhào | 召唤 | zhàohuàn |
| 召见 | zhàojiàn | 兆 | zhào | 诏 | zhào | 诏书 | zhàoshū |
| 照搬 | zhàobān | 照办 | zhàobàn | 照常 | zhàocháng | 照管 | zhàoguǎn |
| 照会 | zhàohuì | 照旧 | zhàojiù | 照看 | zhàokàn | 照料 | zhàoliào |
| 照应 | zhào · yìng | 罩 | zhào | 肇事 | zhàoshì | 折腾 | zhēteng |
| 遮蔽 | zhēbì | 遮挡 | zhēdǎng | 遮盖 | zhēgài | 遮掩 | zhēyǎn |
| 折叠 | zhédié | 折光 | zhéguāng | 折合 | zhéhé | 折旧 | zhéjiù |
| 折扣 | zhékòu | 折算 | zhésuàn | 折中 | zhézhōng | 哲 | zhé |
| 哲理 | zhélǐ | 哲人 | zhérén | 辙 | zhé | 褶 | zhě |
| 褶皱 | zhězhòu | 浙 | Zhè | 蔗 | zhè | 蔗糖 | zhètáng |
| 贞 | zhēn | 贞操 | zhēncāo | 针头 | zhēntóu | 侦破 | zhēnpò |
| 侦探 | zhēntàn | 珍 | zhēn | 珍宝 | zhēnbǎo | 珍藏 | zhēncáng |
| 珍品 | zhēnpǐn | 珍视 | zhēnshì | 珍惜 | zhēnxī | 珍稀 | zhēnxī |
| 珍重 | zhēnzhòng | 真迹 | zhēnjì | 真菌 | zhēnjūn | 真皮 | zhēnpí |
| 真切 | zhēnqiè | 真情 | zhēnqíng | 真丝 | zhēnsī | 真相 | zhēnxiàng |
| 真心 | zhēnxīn | 真知 | zhēnzhī | 真挚 | zhēnzhì | 砧 | zhēn |
| 斟 | zhēn | 斟酌 | zhēnzhuó | 臻 | zhēn | 诊 | zhěn |
| 诊所 | zhěnsuǒ | 诊治 | zhěnzhì | 枕 | zhěn | 阵容 | zhènróng |
| 阵势 | zhèn · shì | 阵亡 | zhènwáng | 阵线 | zhènxiàn | 阵营 | zhènyíng |
| 振作 | zhènzuò | 朕 | zhèn | 震颤 | zhènchàn | 震荡 | zhèndàng |
| 震耳欲聋 | zhèn'ěryùlóng | 震撼 | zhènhàn | 镇定 | zhèndìng | 镇静 | zhènjìng |
| 镇守 | zhènshǒu | 正月 | zhēngyuè | 争辩 | zhēngbiàn | 争吵 | zhēngchǎo |
| 争斗 | zhēngdòu | 争端 | zhēngduān | 争光 | zhēngguāng | 争鸣 | zhēngmíng |
| 争气 | zhēngqì | 争议 | zhēngyì | 争执 | zhēngzhí | 征购 | zhēnggòu |
| 征集 | zhēngjí | 征途 | zhēngtú | 征文 | zhēngwén | 征询 | zhēngxún |
| 征兆 | zhēngzhào | 症结 | zhēngjié | 蒸馏 | zhēngliú | 蒸馏水 | zhēngliúshuǐ |

（续上表）

| | | | | | | | |
|---|---|---|---|---|---|---|---|
| 蒸汽 | zhēngqì | 蒸腾 | zhēngténg | 拯救 | zhěngjiù | 整编 | zhěngbiān |
| 整风 | zhěngfēng | 整洁 | zhěngjié | 整数 | zhěngshù | 整形 | zhěngxíng |
| 整修 | zhěngxiū | 整治 | zhěngzhì | 正比 | zhèngbǐ | 正比例 | zhèngbǐlì |
| 正步 | zhèngbù | 正道 | zhèngdào | 正轨 | zhèngguǐ | 正极 | zhèngjí |
| 正门 | zhèngmén | 正派 | zhèngpài | 正气 | zhèngqì | 正巧 | zhèngqiǎo |
| 正视 | zhèngshì | 正统 | zhèngtǒng | 正文 | zhèngwén | 正午 | zhèngwǔ |
| 正直 | zhèngzhí | 正中 | zhèngzhōng | 正宗 | zhèngzōng | 证件 | zhèngjiàn |
| 证券 | zhèngquàn | 证人 | zhèng · rén | 郑重 | zhèngzhòng | 政变 | zhèngbiàn |
| 政法 | zhèngfǎ | 政界 | zhèngjiè | 政局 | zhèngjú | 政客 | zhèngkè |
| 政论 | zhènglùn | 政事 | zhèngshì | 政体 | zhèngtǐ | 政务 | zhèngwù |
| 支架 | zhījià | 支流 | zhīliú | 支票 | zhīpiào | 支取 | zhīqǔ |
| 支柱 | zhīzhù | 只身 | zhīshēn | 汁液 | zhīyè | 芝麻 | zhīma |
| 知己 | zhījǐ | 知了 | zhīliǎo | 知名 | zhīmíng | 知情 | zhīqíng |
| 知晓 | zhīxiǎo | 知心 | zhīxīn | 知音 | zhīyīn | 肢体 | zhītǐ |
| 织物 | zhīwù | 脂 | zhī | 脂粉 | zhīfěn | 执 | zhí |
| 执笔 | zhíbǐ | 执法 | zhífǎ | 执教 | zhíjiào | 执拗 | zhíniù |
| 执勤 | zhíqín | 执意 | zhíyì | 执照 | zhízhào | 执政 | zhízhèng |
| 执着 | zhízhuó | 直播 | zhíbō | 直肠 | zhícháng | 直达 | zhídá |
| 直属 | zhíshǔ | 直率 | zhíshuài | 直爽 | zhíshuǎng | 侄 | zhí |
| 侄女 | zhí · nǚ | 侄子 | zhízi | 值勤 | zhíqín | 值日 | zhírì |
| 职称 | zhíchēng | 职位 | zhíwèi | 植被 | zhíbèi | 止步 | zhǐbù |
| 只管 | zhǐguǎn | 只消 | zhǐxiāo | 旨 | zhǐ | 旨意 | zhǐyì |
| 址 | zhǐ | 纸板 | zhǐbǎn | 纸币 | zhǐbì | 纸浆 | zhǐjiāng |
| 纸烟 | zhǐyān | 纸张 | zhǐzhāng | 指点 | zhǐdiǎn | 指甲 | zhǐjia（zhījia） |
| 指控 | zhǐkòng | 指南 | zhǐnán | 指南针 | zhǐnánzhēn | 指派 | zhǐpài |
| 指使 | zhǐshǐ | 指头 | zhǐ · tou<br>（zhí · tou） | 指望 | zhǐwàng | 指纹 | zhǐwén |
| 指引 | zhǐyǐn | 指摘 | zhǐzhāi | 指针 | zhǐzhēn | 趾 | zhǐ |
| 至多 | zhìduō | 至上 | zhìshàng | 志气 | zhì · qì | 志趣 | zhìqù |
| 志向 | zhìxiàng | 志愿 | zhìyuàn | 志愿军 | zhìyuànjūn | 帜 | zhì |
| 制备 | zhìbèi | 制裁 | zhìcái | 制服 | zhìfú | 制剂 | zhìjì |
| 制图 | zhìtú | 质地 | zhìdì | 质朴 | zhìpǔ | 质问 | zhìwèn |
| 炙 | zhì | 治水 | zhìshuǐ | 治学 | zhìxué | 桎梏 | zhìgù |
| 致敬 | zhìjìng | 致密 | zhìmì | 致命 | zhìmìng | 致死 | zhìsǐ |

（续上表）

| | | | | | | | |
|---|---|---|---|---|---|---|---|
| 致意 | zhìyì | 掷 | zhì | 窒息 | zhìxī | 智育 | zhìyù |
| 滞留 | zhìliú | 滞销 | zhìxiāo | 置换 | zhìhuàn | 置身 | zhìshēn |
| 稚 | zhì | 稚嫩 | zhìnèn | 稚气 | zhìqì | 中层 | zhōngcéng |
| 中级 | zhōngjí | 中间人 | zhōngjiānrén | 中介 | zhōngjiè | 中立 | zhōnglì |
| 中秋 | zhōngqiū | 中途 | zhōngtú | 中文 | zhōngwén | 中西 | zhōngxī |
| 中线 | zhōngxiàn | 中药 | zhōngyào | 中庸 | zhōngyōng | 中用 | zhōngyòng |
| 中游 | zhōngyóu | 中止 | zhōngzhǐ | 中转 | zhōngzhuǎn | 忠 | zhōng |
| 忠厚 | zhōnghòu | 忠于 | zhōngyú | 忠贞 | zhōngzhēn | 终点 | zhōngdiǎn |
| 终端 | zhōngduān | 终归 | zhōngguī | 终极 | zhōngjí | 终结 | zhōngjié |
| 终了 | zhōngliǎo | 终日 | zhōngrì | 终生 | zhōngshēng | 终止 | zhōngzhǐ |
| 盅 | zhōng | 钟表 | zhōngbiǎo | 钟点 | zhōngdiǎn | 衷心 | zhōngxīn |
| 肿胀 | zhǒngzhàng | 种姓 | zhǒngxìng | 冢 | zhǒng | 中风 | zhòngfēng |
| 中肯 | zhòngkěn | 中意 | zhòngyì | 仲 | zhòng | 仲裁 | zhòngcái |
| 众生 | zhòngshēng | 种地 | zhòngdì | 种田 | zhòngtián | 重兵 | zhòngbīng |
| 重担 | zhòngdàn | 重金 | zhòngjīn | 重任 | zhòngrèn | 重伤 | zhòngshāng |
| 重心 | zhòngxīn | 重型 | zhòngxíng | 重音 | zhòngyīn | 重用 | zhòngyòng |
| 舟 | zhōu | 周报 | zhōubào | 周到 | zhōu · dào | 周而复始 | zhōu'érfùshǐ |
| 周刊 | zhōukān | 周末 | zhōumò | 周身 | zhōushēn | 周岁 | zhōusuì |
| 周旋 | zhōuxuán | 周延 | zhōuyán | 周折 | zhōuzhé | 洲 | zhōu |
| 粥 | zhōu | 轴线 | zhóuxiàn | 肘 | zhǒu | 咒 | zhòu |
| 咒骂 | zhòumà | 昼 | zhòu | 皱纹 | zhòuwén | 骤 | zhòu |
| 骤然 | zhòurán | 诛 | zhū | 珠宝 | zhūbǎo | 珠子 | zhūzi |
| 株连 | zhūlián | 诸侯 | zhūhóu | 诸如此类 | zhūrúcǐlèi | 诸位 | zhūwèi |
| 蛛网 | zhūwǎng | 竹竿 | zhúgān | 竹笋 | zhúsǔn | 竹子 | zhúzi |
| 烛 | zhú | 主办 | zhǔbàn | 主次 | zhǔcì | 主峰 | zhǔfēng |
| 主干 | zhǔgàn | 主根 | zhǔgēn | 主攻 | zhǔgōng | 主顾 | zhǔgù |
| 主机 | zhǔjī | 主见 | zhǔjiàn | 主将 | zhǔjiàng | 主角 | zhǔjué |
| 主考 | zhǔkǎo | 主流 | zhǔliú | 主人翁 | zhǔrénwēng | 主食 | zhǔshí |
| 主事 | zhǔshì | 主线 | zhǔxiàn | 主演 | zhǔyǎn | 主宰 | zhǔzǎi |
| 主旨 | zhǔzhǐ | 主子 | zhǔzi | 拄 | zhǔ | 嘱 | zhǔ |
| 嘱托 | zhǔtuō | 瞩目 | zhǔmù | 伫立 | zhùlì | 助教 | zhùjiào |
| 助理 | zhùlǐ | 助长 | zhùzhǎng | 住处 | zhù · chù | 住户 | zhùhù |
| 住家 | zhùjiā | 住宿 | zhùsù | 住所 | zhùsuǒ | 住院 | zhùyuàn |
| 住址 | zhùzhǐ | 贮 | zhù | 贮备 | zhùbèi | 注册 | zhùcè |

（续上表）

| | | | | | | | |
|---|---|---|---|---|---|---|---|
| 注定 | zhùdìng | 注解 | zhùjiě | 注目 | zhùmù | 注射器 | zhùshèqì |
| 注释 | zhùshì | 注销 | zhùxiāo | 注音 | zhùyīn | 驻地 | zhùdì |
| 驻防 | zhùfáng | 驻军 | zhùjūn | 驻守 | zhùshǒu | 驻扎 | zhùzhā |
| 柱子 | zhùzi | 祝福 | zhùfú | 祝愿 | zhùyuàn | 著称 | zhùchēng |
| 著述 | zhùshù | 著者 | zhùzhě | 蛀 | zhù | 铸 | zhù |
| 铸造 | zhùzào | 抓获 | zhuāhuò | 爪 | zhuǎ | 爪子 | zhuǎzi |
| 拽 | zhuài | 专长 | zhuāncháng | 专车 | zhuānchē | 专程 | zhuānchéng |
| 专断 | zhuānduàn | 专横 | zhuānhèng | 专科 | zhuānkē | 专款 | zhuānkuǎn |
| 专栏 | zhuānlán | 专卖 | zhuānmài | 专区 | zhuānqū | 专人 | zhuānrén |
| 专心 | zhuānxīn | 专一 | zhuānyī | 专员 | zhuānyuán | 专职 | zhuānzhí |
| 专注 | zhuānzhù | 专著 | zhuānzhù | 砖头 | zhuāntóu | 转播 | zhuǎnbō |
| 转产 | zhuǎnchǎn | 转达 | zhuǎndá | 转告 | zhuǎngào | 转机 | zhuǎnjī |
| 转嫁 | zhuǎnjià | 转交 | zhuǎnjiāo | 转脸 | zhuǎnliǎn | 转念 | zhuǎnniàn |
| 转让 | zhuǎnràng | 转手 | zhuǎnshǒu | 转瞬 | zhuǎnshùn | 转弯 | zhuǎnwān |
| 转眼 | zhuǎnyǎn | 转业 | zhuǎnyè | 转运 | zhuǎnyùn | 转战 | zhuǎnzhàn |
| 转折 | zhuǎnzhé | 传记 | zhuànjì | 转速 | zhuànsù | 转悠 | zhuànyou |
| 转轴 | zhuànzhóu | 撰 | zhuàn | 撰写 | zhuànxiě | 篆 | zhuàn |
| 篆刻 | zhuànkè | 妆 | zhuāng | 庄园 | zhuāngyuán | 庄重 | zhuāngzhòng |
| 庄子 | zhuāngzi | 装扮 | zhuāngbàn | 装点 | zhuāngdiǎn | 装潢 | zhuānghuáng |
| 装配 | zhuāngpèi | 装束 | zhuāngshù | 装卸 | zhuāngxiè | 装修 | zhuāngxiū |
| 装运 | zhuāngyùn | 装载 | zhuāngzài | 壮丁 | zhuàngdīng | 壮观 | zhuàngguān |
| 壮举 | zhuàngjǔ | 壮丽 | zhuànglì | 壮烈 | zhuàngliè | 壮年 | zhuàngnián |
| 壮实 | zhuàngshi | 壮士 | zhuàngshì | 壮志 | zhuàngzhì | 状语 | zhuàngyǔ |
| 状元 | zhuàngyuan | 撞击 | zhuàngjī | 追捕 | zhuībǔ | 追查 | zhuīchá |
| 追悼 | zhuīdào | 追肥 | zhuīféi | 追赶 | zhuīgǎn | 追击 | zhuījī |
| 追加 | zhuījiā | 追溯 | zhuīsù | 追随 | zhuīsuí | 追问 | zhuīwèn |
| 追寻 | zhuīxún | 追忆 | zhuīyì | 追踪 | zhuīzōng | 椎 | zhuī |
| 锥 | zhuī | 锥子 | zhuīzi | 坠 | zhuì | 坠落 | zhuìluò |
| 缀 | zhuì | 赘 | zhuì | 赘述 | zhuìshù | 准绳 | zhǔnshéng |
| 准时 | zhǔnshí | 准许 | zhǔnxǔ | 拙 | zhuō | 捉拿 | zhuōná |
| 灼 | zhuó | 灼热 | zhuórè | 茁壮 | zhuózhuàng | 卓 | zhuó |
| 卓著 | zhuózhù | 浊 | zhuó | 酌 | zhuó | 啄 | zhuó |
| 着力 | zhuólì | 着陆 | zhuólù | 着落 | zhuóluò | 着实 | zhuóshí |
| 着想 | zhuóxiǎng | 着眼 | zhuóyǎn | 着意 | zhuóyì | 姿 | zī |

（续上表）

| | | | | | | | |
|---|---|---|---|---|---|---|---|
| 兹 | zī | 资财 | zīcái | 资方 | zīfāng | 资历 | zīlì |
| 资助 | zīzhù | 滋 | zī | 滋补 | zībǔ | 滋润 | zīrùn |
| 滋生 | zīshēng | 滋养 | zīyǎng | 滋长 | zīzhǎng | 籽 | zǐ |
| 紫菜 | zǐcài | 紫外线 | zǐwàixiàn | 自卑 | zìbēi | 自大 | zìdà |
| 自得 | zìdé | 自费 | zìfèi | 自封 | zìfēng | 自负 | zìfù |
| 自给 | zìjǐ | 自家 | zìjiā | 自尽 | zìjìn | 自救 | zìjiù |
| 自居 | zìjū | 自来水 | zìláishuǐ | 自理 | zìlǐ | 自立 | zìlì |
| 自流 | zìliú | 自律 | zìlǜ | 自满 | zìmǎn | 自强 | zìqiáng |
| 自如 | zìrú | 自始至终 | zìshǐ-zhìzhōng | 自首 | zìshǒu | 自述 | zìshù |
| 自私 | zìsī | 自修 | zìxiū | 自学 | zìxué | 自以为是 | zìyǐwéishì |
| 自制 | zìzhì | 自重 | zìzhòng | 自传 | zìzhuàn | 自尊 | zìzūn |
| 字典 | zìdiǎn | 字号 | zìhao | 字画 | zìhuà | 字迹 | zìjì |
| 字句 | zìjù | 字体 | zìtǐ | 字条 | zìtiáo | 字形 | zìxíng |
| 字义 | zìyì | 字音 | zìyīn | 渍 | zì | 宗法 | zōngfǎ |
| 宗派 | zōngpài | 宗室 | zōngshì | 棕 | zōng | 棕榈 | zōnglǘ |
| 棕色 | zōngsè | 踪 | zōng | 踪迹 | zōngjì | 踪影 | zōngyǐng |
| 鬃 | zōng | 总称 | zǒngchēng | 总得 | zǒngděi | 总队 | zǒngduì |
| 总共 | zǒnggòng | 总管 | zǒngguǎn | 总归 | zǒngguī | 总计 | zǒngjì |
| 总务 | zǒngwù | 纵横 | zònghéng | 纵然 | zòngrán | 纵容 | zòngróng |
| 纵身 | zòngshēn | 纵深 | zòngshēn | 纵使 | zòngshǐ | 纵向 | zòngxiàng |
| 粽子 | zòngzi | 走动 | zǒudòng | 走访 | zǒufǎng | 走私 | zǒusī |
| 奏鸣曲 | zòumíngqǔ | 奏效 | zòuxiào | 奏章 | zòuzhāng | 揍 | zòu |
| 租借 | zūjiè | 租金 | zūjīn | 租赁 | zūlìn | 租用 | zūyòng |
| 足迹 | zújì | 足见 | zújiàn | 卒 | zú | 诅咒 | zǔzhòu |
| 阻挡 | zǔdǎng | 阻隔 | zǔgé | 阻击 | zǔjī | 阻拦 | zǔlán |
| 阻挠 | zǔnáo | 阻塞 | zǔsè | 组建 | zǔjiàn | 组装 | zǔzhuāng |
| 祖传 | zǔchuán | 钻探 | zuāntàn | 钻石 | zuànshí | 钻头 | zuàntóu |
| 攥 | zuàn | 嘴脸 | zuǐliǎn | 罪过 | zuìguò | 罪名 | zuìmíng |
| 罪孽 | zuìniè | 罪人 | zuìrén | 罪证 | zuìzhèng | 罪状 | zuìzhuàng |
| 醉人 | zuìrén | 醉心 | zuìxīn | 尊称 | zūnchēng | 尊贵 | zūnguì |
| 遵 | zūn | 遵从 | zūncóng | 遵照 | zūnzhào | 作坊 | zuōfang |
| 左面 | zuǒ · miàn | 左倾 | zuǒqīng | 左翼 | zuǒyì | 佐 | zuǒ |
| 撮 | zuǒ | 作案 | zuò’àn | 作对 | zuòduì | 作恶 | zuò’è |
| 作怪 | zuòguài | 作价 | zuòjià | 作客 | zuòkè | 作祟 | zuòsuì |

（续上表）

| | | | | | | | |
|---|---|---|---|---|---|---|---|
| 作文 | zuòwén | 坐落 | zuòluò | 坐镇 | zuòzhèn | 座舱 | zuòcāng |
| 座谈 | zuòtán | 做工 | zuògōng | 做功 | zuògōng | 做人 | zuòrén |
| 做声 | zuòshēng | 做戏 | zuòxì | 做主 | zuòzhǔ | | |

## 附录五　普通话水平测试用常见量词、名词搭配表

说明：本表以量词为条目，共选收常见量词45条。可与表中所列多个量词搭配的名词，以互见形式出现。

| 量词 | 读音 | 名词 |
|---|---|---|
| 1. 把 | bǎ | 菜刀、剪刀、宝剑（口）、铲子、铁锹、尺子、扫帚、椅子、锁、钥匙 |
| | | 伞（顶）、茶壶、扇子、提琴、手枪（支） |
| 2. 本 | běn | 书（部、套）、著作（部）、字典（部）、杂志（份）、账 |
| 3. 部 | bù | 书（本、套）、著作（本）、字典（本） |
| | | 电影（场）、电视剧、交响乐（场） |
| | | 电话机、摄像机（架、台） |
| | | 汽车（辆、台） |
| 4. 场 | cháng | 雨、雪、冰雹、大风 |
| | | 病、大战、官司 |
| 5. 场 | chǎng | 电影（部）、演出（台）、话剧（台）、杂技（台）、节目（台、套）、交响乐（部）、比赛（节、项）、考试（门） |
| 6. 道 | dào | 河（条）、瀑布（条） |
| | | 山（座）、山脉（条）、闪电、伤痕（条） |
| | | 门（扇）、墙（面） |
| | | 命令（项、条）、试题（份、套）、菜（份） |
| 7. 滴 | dī | 水、血、油、汗水、眼泪 |
| 8. 顶 | dǐng | 伞（把）、轿子、帽子、蚊帐、帐篷 |
| 9. 对 | duì | 夫妻、舞伴、耳朵（双、只）、眼睛（双、只）、翅膀（双、只）、球拍（副、只）、沙发（套）、枕头、电池（节） |
| 10. 朵 | duǒ | 花、云（片）、蘑菇 |
| 11. 份 | fèn | 菜（道）、午餐、报纸（张）、杂志（本）、文件、礼物（件）、工作（项）、事（件）、试题（道、套） |

（续上表）

| 量词 | 读音 | 名词 |
|---|---|---|
| 12. 幅 | fú | 布（块、匹）、被面、彩旗（面）、图画（张）、相片（张） |
| 13. 副 | fù | 对联、手套（双、只）、眼镜、球拍（对、只） |
| | | 脸（张）、扑克牌（张）、围棋、担架 |
| 14. 个 | gè | 人、孩子 |
| | | 盘子、瓶子 |
| | | 梨、桃儿、橘子、苹果、西瓜、土豆、西红柿 |
| | | 鸡蛋、饺子、馒头 |
| | | 玩具、皮球 |
| | | 太阳、月亮、白天、上午 |
| | | 国家、社会、故事 |
| 15. 根 | gēn | 草（棵）、葱（棵）、藕（节）、甘蔗（节） |
| | | 胡须、头发、羽毛 |
| | | 冰棍儿、黄瓜（条）、香蕉、油条、竹竿 |
| | | 针、火柴、蜡烛（支）、香（支、盘）、筷子（双、支）、电线、绳子（条）、项链 |
| | | （条）、辫子（条） |
| 16. 家 | jiā | 人家、亲戚（门） |
| | | 工厂（座）、公司、饭店、商店、医院（所）、银行（所） |
| 17. 架 | jià | 飞机、钢琴（台）、摄像机（部、台）、鼓（面） |
| 18. 间 | jiān | 房子（所、套、座）、屋子、卧室、仓库 |
| 19. 件 | jiàn | 礼物（份）、行李、家具（套） |
| | | 大衣、衬衣、毛衣、衣服（套）、西装（套） |
| | | 工作（项）、公文、事（份） |
| 20. 节 | jié | 甘蔗（根）、藕（根）、电池（对）、车厢、课（门）、比赛（场、项） |
| 21. 棵 | kē | 树、草（根）、葱（根）、白菜 |
| 22. 颗 | kē | 种子（粒）、珍珠（粒）、宝石（粒）、糖（块）、星星、卫星 |
| | | 牙齿（粒）、心脏 |
| | | 子弹（粒）、炸弹 |
| | | 图钉、图章 |
| 23. 口 | kǒu | 人、猪（头） |
| | | 大锅、大缸、大钟（座）、井、宝剑（把） |
| 24. 块 | kuài | 糖（颗）、橡皮、石头、砖、肥皂（条）、手表（只） |
| | | 肉（片）、蛋糕、大饼（张）、布（幅、匹）、绸缎（匹）、手绢（条）、地（片） |
| | | 石碑（座） |

（续上表）

| 量词 | 读音 | 名词 |
|---|---|---|
| 25. 粒 | lì | 米、种子（颗）、珍珠（颗）、宝石（颗）、牙齿（颗）、子弹（颗） |
| 26. 辆 | liàng | 汽车（部、台）、自行车、摩托车、三轮车 |
| 27. 门 | mén | 课（节）、课程、技术（项）、考试（场） |
| | | 亲戚（家）、婚姻 |
| | | 大炮 |
| 28. 名 | míng | 教师（位）、医生（位）、犯人 |
| 29. 面 | miàn | 墙（道）、镜子、彩旗（幅）、鼓（架）、锣 |
| 30. 盘 | pán | 磨（扇）、香（根、支） |
| | | 磁带、录像带 |
| 31. 匹 | pǐ | 马 |
| | | 布（块、幅）、绸缎（块） |
| 32. 片 | piàn | 树叶、药片、肉（块） |
| | | 阴凉、阳光、云（朵）、地（块） |
| 33. 扇 | shàn | 门（道）、窗户、屏风、磨（盘） |
| 34. 双 | shuāng | 手（只）、脚（只）、耳朵（对、只）、眼睛（对、只）、翅膀（对、只） |
| | | 鞋（只）、袜子（只）、手套（副、只）、筷子（根、支） |
| 35. 所 | suǒ | 学校、医院（家）、银行（家）、房子（间、套、座） |
| 36. 台 | tái | 计算机、医疗设备（套）、汽车（部、辆）、钢琴（架）、摄像机（部、架） |
| | | 演出（场）、话剧（场）、杂技（场）、节目（场、套） |
| 37. 套 | tào | 衣服（件）、西装（件）、房子（间、所、座）、家具（件）、沙发（对）、餐具、书（本、部）、邮票（张）、医疗设备（台） |
| | | 节目（场、台）、试题（道、份） |
| 38. 条 | tiáo | 绳子（根）、项链（根）、辫子（根）、裤子、毛巾、手绢儿（块）、肥皂（块）、船（只）、游艇（只） |
| | | 蛇、鱼、狗（只）、牛（头、只）、驴（头、只）、黄瓜（根） |
| | | 河（道）、瀑布（道）、山脉（道）、道路、胡同儿、伤痕（道） |
| | | 新闻、信息、措施（项）、命令（道、项） |
| 39. 头 | tóu | 牛（条、只）、驴（条、只）、骆驼（只）、羊（只）、猪（口） |
| | | 蒜 |
| 40. 位 | wèi | 客人、朋友、作家（名） |
| 41. 项 | xiàng | 措施（条）、制度、工作（份）、任务、技术（门）、运动、命令（道、条）、比赛（场、节） |
| 42. 张 | zhāng | 报纸（份）、图画（幅）、相片（幅）、邮票（套）、扑克牌（副）、光盘 |

（续上表）

| 量词 | 读音 | 名词 |
| --- | --- | --- |
| | | 大饼（块）、脸（副）、嘴 |
| | | 网、弓 |
| | | 床、桌子 |
| 43. 只 | zhī | 鸟、鸡、鸭、老鼠、兔子、狗（条）、牛（头、条）、驴（头、条）、羊（头）、骆驼（头）、老虎、蚊子、苍蝇、蜻蜓、蝴蝶 |
| | | 手表（块）、杯子 |
| | | 船（条）、游艇（条） |
| | | 鞋（双）、袜子（双）、手套（副、双）、袖子、球拍（对、副）、手（双）、脚（双）、耳朵（对、双）、眼睛（对、双）、翅膀（对、双） |
| 44. 支 | zhī | 笔、手枪（把）、蜡烛（根）、筷子（根、双）、香（根、盘） |
| | | 军队、歌 |
| 45. 座 | zuò | 山（道）、岛屿 |
| | | 城市、工厂（家）、学校（所）、房子（间、所、套）、桥 |
| | | 石碑（块）、雕塑、大钟（口） |

# 参考文献


［1］辽宁省语言文字应用中心．普通话水平测试指南．大连：辽宁师范大学出版社，2006.

［2］白星晶，韩文．普通话水平测试话题说讲技巧及范例．长春：吉林文史出版社，2004.

［3］广东省语言文字培训测试工作办公室．普通话水平测试教程．合肥：中国科学技术大学出版社，2010.

［4］曾志华等．普通话训练教程．北京：中国传媒大学出版社，2012.

［5］普通话水平测试实用教材编写组．普通话水平测试实用教材．北京：中国传媒大学出版社，2011.

［6］普通话学习网（http：//www. pthxx. com）．